Dictionnaire amoureux de la Mer

Yann Queffélec

Dictionnaire amoureux de la Mer

Dessins d'Alain Bouldouyre

PLON
www.plon.fr

Collection fondée
par Jean-Claude Simoën

La liste des ouvrages du même auteur figure en fin de volume

12, avenue d'Italie
75013 Paris
Tél : 01 44 16 09 00
Fax : 01 44 16 09 01
www.plon.fr

Dépôt légal : mai 2018
ISBN : 978-2-259-24335-3
Mise en pages : Nord Compo (Villeneuve-d'Ascq)

MIXTE Papier issu de sources responsables FSC® C003309

Plon est un éditeur qui s'engage pour la préservation de son environnement et qui utilise du papier fabriqué à partir de bois provenant de forêts gérées de manière responsable.

À Servane
À la mer

Avertissement

Vous entendrez « Mer » trois mille deux cent quatre-vingt-dix-huit fois, en tournant ces pages.

Répétez n'importe quel autre mot, il tombe en syncope. « Mer » ne tombe jamais. On peut le spatialiser en trois, quatre dimensions, l'amenuiser ou l'agrandir, l'envahir avec des lampes et des bathyscaphes, il est toujours ici, toujours là-bas – plus océanique et plus mystérieux que « Sea » (une scie), que « Meer » (ça bêle), que « Mare » (ça barbotte). « Mer » enchante l'univers à lui seul. « Mer » est un mot innombrable, un mot parfait : la mer une innombrable goutte d'eau.

Qui ?

Un jour l'océan descendit sur le monde, une poussière humide, une goutte d'eau. Salée ? Il n'y eut personne pour la ramasser, la lécher. Elle grandit, se multiplia, repoussa le feu sous les volcans, nous donna la vie. En échange de quoi ? La question se pose aujourd'hui, la mer nous la pose, les oiseaux, les poissons, tous les habitants du grand bleu, du grand vert des forêts et des bois. Sommes-nous venus au monde pour imaginer l'avenir ? Pour y mettre fin ? Sommes-nous des sauveteurs ou des fous ?

Qui sommes-nous ?

Nous, la mer

Ce livre dit la mer, il dit l'aimer, l'avoir toujours aimée. Il parle de mon lien viscéral avec l'océan, les gens de mer, les îles, de cette liberté que l'horizon marin procure aux sens comblés.

Il ne dit pas toute la mer (bien vu !) : il dit la mer et moi, pas un mot de plus. Tasmanie, Chili, Brésil, Argentine, Bornéo, Terre Adélie, îles de la Sonde, Lofoten, Polynésie, Moustiques et les autres : pardon de ne vous chérir qu'en rêve ou dans la parole de vos écrivains – quand je les connais. Pardon Arkhangelsk, golfe de Yana, pardon détroit de Behring, pôle Sud et Kouriles, pardon mers jamais vues, outremers… Pardon regards que je n'ai pas croisés, voix que je n'ai pas entendues, mains que je n'ai pas serrées.

Ce livre parle aussi des écrivains – Victor Hugo, Joseph Conrad, John Steinbeck, Simon Leys, Jonathan Raban ou Stevenson, etc. De mes amis les artistes charmés, charmeurs, et bien sûr des grands voileux qui font rêver les Terriens, dont l'as des as est Éric Tabarly.

J'aurais bien voulu vous épargner ce mal de la mer appelé tour à tour : CO_2, réchauffement, dégazage ou pollution… Mais comment rester muet quand c'est la mer, qu'on assassine, le vieil homme et la mer ? Quand c'est la Nature, le corail des Antilles ou d'Australie, l'albatros, le vent ?

C'est tellement beau, l'Océan, l'Homme, il n'y a pas un mot qui tienne au bord de cet infini.

J'irai au bout de vivre,
Sans nom, sans papiers,
La mer toujours à temps me nommera.

Édouard Maunick

Sur tous les quais des continents,
Marin sans nom parmi les autres,
Tu trouveras la bienvenue,
De l'enfant que tu fus jadis.

José Gers

Le désert t'apprendra ceci : qu'il existe une seule chose au monde que l'on peut désirer et aimer plus qu'une femme, l'eau, la mer.

Un marchand du Sahara

N
O
E
S

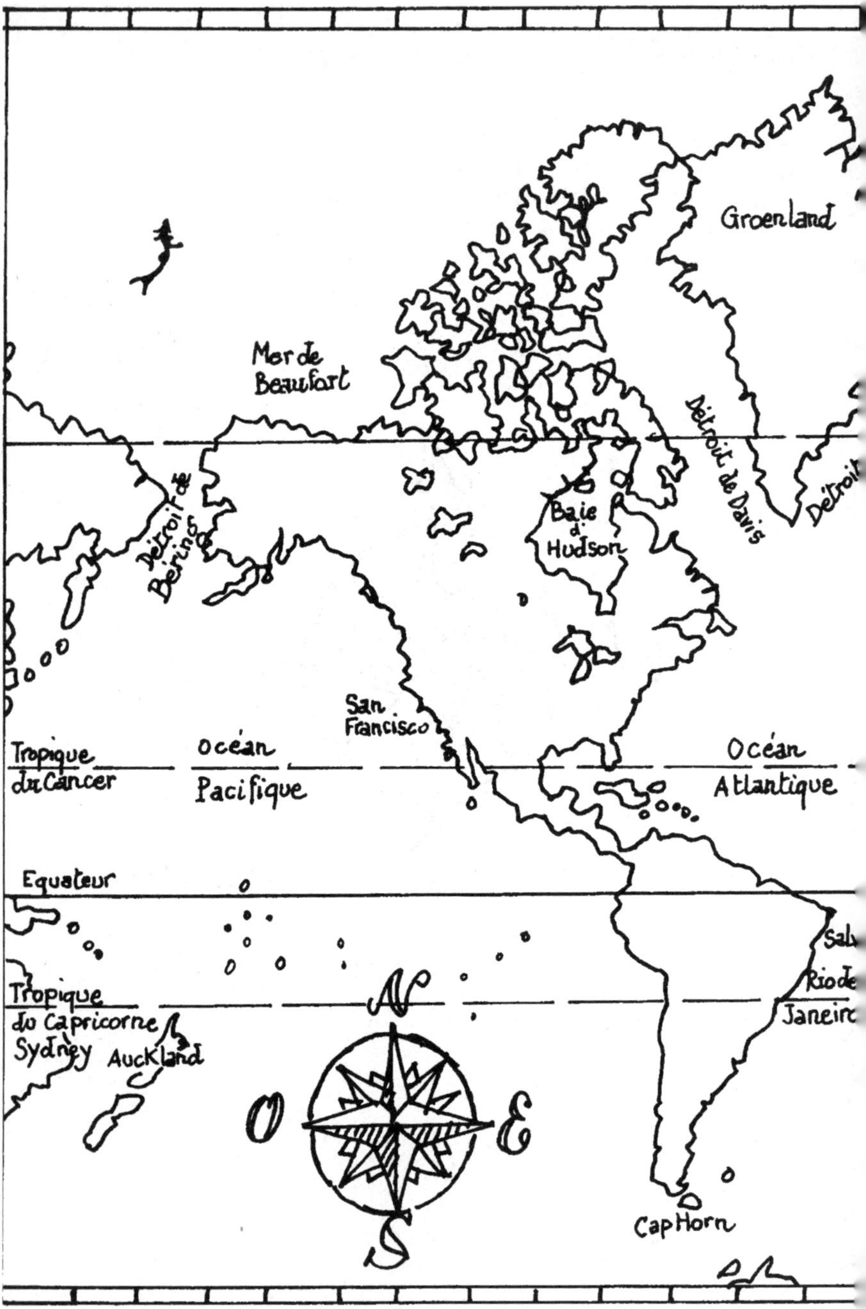
Groenland
Mer de Beaufort
Détroit de Davis
Détroit
Détroit de Béring
Baie d'Hudson
San Francisco
Tropique du Cancer
Océan Pacifique
Océan Atlantique
Equateur
Tropique du Capricorne
Sydney
Auckland
Rio de Janeiro
Cap Horn
N
O
E
S

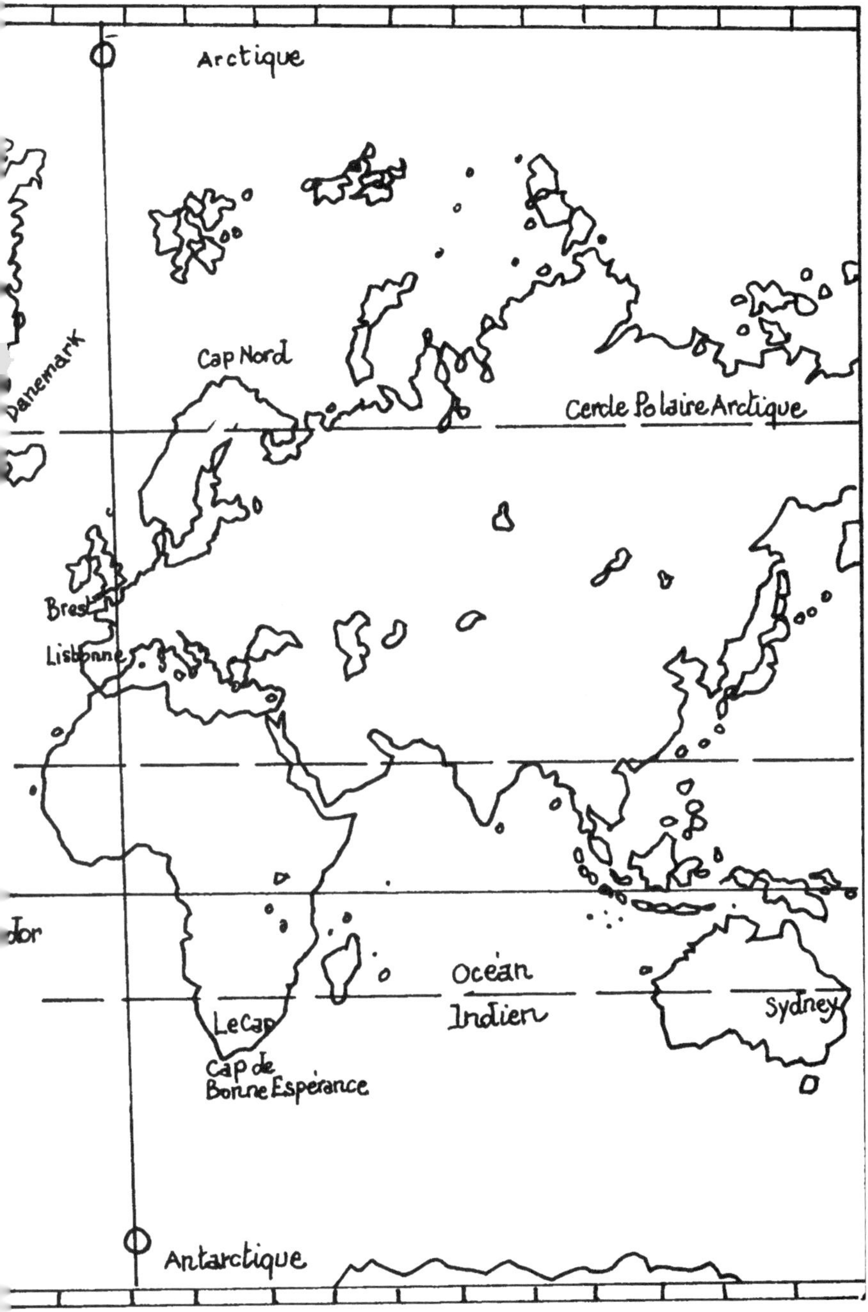

Arctique
Danemark
Cap Nord
Cercle Polaire Arctique
Brest
Lisbonne
dor
Océan
Indien
Sydney
Le Cap
Cap de
Bonne Espérance
Antarctique

Prologue

Je voulais partir en mer, après 68, vivre à bord d'un voilier, loin, très loin. Je travaillais dans une usine de produits chimiques à Vitry pour me payer la coque nue. C'était sale, obscur, malodorant à vomir, on buvait du lait tiède au goulot – ordre de la direction. Je donnais des cours de tennis, le soir, à des âmes en peine. J'économisais sou à sou, me nourrissant de crocodiles fantaisie rouges, verts, jaunes. Les factures pleuvaient, le ketch de 50 pieds réclamait son dû à cor et à cri : son lest en plomb, ses tôles zinguées, son mât, ses voiles, ses winchs, ses haubans, son moteur d'occase, etc. et tout le saint-frusquin du matériel embarqué, les amarres, le fourneau. Quelle honte, le prix d'un rêve aussi pur – la mer. On me regardait bizarrement, chez moi. Les pauvres, ils s'inquiétaient. Moi aussi, d'ailleurs, mais pour eux. Ils ne comprennent rien, ces « ringards ». Ils ne voient pas que l'avenir ne viendra jamais ? Que les carottes sont cuites ? Qu'est-ce qu'ils attendent pour vendre leurs appartements, leurs maisons, leurs bagnoles, et se procurer des voiliers ? Qu'ils me rejoignent en mer, là-bas, je leur expliquerai la vie.

La mer, la mer tous les jours que Dieu fait, c'était mon cap après 68, mon métier. J'en parlais à mes amis, j'avais besoin d'équipiers. Lâche tes études et suis-moi, c'est maintenant ou jamais. Viens te fourvoyer dans mon rêve, te ruiner. Mes arguments séduisaient les paumés : on largue les amarres, on fait un bras d'honneur aux bourgeois, on est sauvé. L'argent sourit aux audacieux, non ? Il souriait chaque nuit dans mes premiers sommeils : j'épousais une belle héritière fortunée, je plongeais sur une épave remplie d'or, je publiais des romans à succès conçus dans les îles chaudes, inspirantes – jackpot ! J'envoyais des manuscrits aux éditeurs qui m'envoyaient des millions par sacs postaux, en coupures usagées. Je les voyais, les sacs postaux, les billets verts graisseux, j'étais comme Averell Dalton au moment d'attaquer la diligence de Santa Fe.

En attendant, je prenais des cours de sextant chez Raymond Faigniez, dit « M. Ray », un ancien prof de maths espagnol débarqué à Paris sous Franco. Travail au noir, paiement comptant, discrétion exigée. Il habitait au vingt-cinquième étage de la tour Puccini, vers la porte d'Italie, le graillonneux secteur chinois. On était une dizaine, chaque fois, rien que des chevelus à pulls marins délavés, des apprentis qui la jouaient connaisseurs, moi le premier. Tous les mondains ont lu Proust : tous les soi-disant marins savent balancer un sextant, et si l'on monte voir M. Ray en rasant les murs, l'hiver, c'est uniquement pour s'entraîner, garder la main, sache-le, mec ! On ne se parlait guère, entre bourlingueurs frustrés, on se méfiait les uns des autres. À chacun son rêve aux abois, ses combines, sa petite amie en pleurs, son cap Horn l'an prochain.

M. Ray nous humiliait, la tour Puccini nous humiliait, le sextant nous humiliait. Il nous faisait suer, le sextant, avec sa trigonométrie, ses opérations, ses conversions, ses racines carrées, ses limbes, ses manières de vieux savant. Il ridiculisait l'aventure au large, il retardait le moment du départ, le bras d'honneur à tous ces moutons d'Ancien Régime. En plus, on n'avait pas le droit d'y toucher, au sextant, pas tout de suite. Il se méritait comme le microscope au cours de sciences naturelles. Il récompensait les besogneux retombés à temps sur les pattes de leurs brillants calculs solitaires : à moi les petites vis, le tambour, les miroirs, la lunette, à moi les étoiles, les antipodes… À quoi ça sert, un sextant ? À devenir ce qu'on est, sur la mer, où que porte le vent : un point ! Un misérable point ! Rien d'autre qu'un point sec sous la pointe sèche du compas. Que d'angoisses, de mesures pour cerner ce « quelque part » à visage humain, ce rien situé dans la nuit chiffrée des constellations.

Allez, disait enfin M. Ray, tous dans le nid-de-pie ! L'ascenseur tagué nous aspirait au trentième, au ciel, on grimpait sur le toit par une échelle de secours, au sommet du grand mât. Ça soufflait, là-haut, ça sifflait dans les antennes paraboliques, ça tanguait, un vrai cap Horn. À part le ronron du périph' et quelques « pimpons » typiquement parisiens, la nuit n'aurait pas déparé un ciel de pleine mer. Grande Ourse, Orion, Pégase, Voie lactée, Lune, on avait comme un océan d'infini sur la tête, et comme un bateau vacillant sous les orteils. Un sextant pour huit à tour de rôle, trois minutes chacun : « Et montez-moi l'horizon vers le foyer lumineux, les gars, top chrono ! » À la pêche aux étoiles, on attrapait régulièrement des avions en descente sur Orly, les loups de mer ricanaient, Puccini ricanait. Je n'étais pas mauvais, au sextant. Je bidouillais correctement la vis et les miroirs, je « balançais » comme il fallait. Mais le point astronomique n'est pas un bidouillage de plombier du dimanche et tant qu'il n'a pas chiadé ses décimales, il est aussi perdu qu'un agneau dans les bois. L'image me va bien, à l'époque. Ma mère n'est plus depuis deux ans, je cherche par où passer.

Mon beau voilier construit, je suis parti en mer. Loin ? Très loin. J'y allais, je revenais. J'étirais au maximum un cordon ombilical que je n'arrivais pas à trancher. Débarqué aux Antilles, il me tardait de mettre le cap à l'est, comme si l'on m'attendait. Et pas plus tôt rentré en Europe, je piaffais, gambergeais, reluquais les méridiens hauturiers. Je n'étais heureux qu'en mer, sur mon voilier, mais les cercles qu'il faisait sur l'eau n'épousaient jamais le tour du monde intégral, et les sacs postaux d'Averell me faisaient cruellement défaut. Mon bateau s'abîmait au port. Il rouillait, le moteur ne démarrait plus, les voiles grinçaient, le beurre manquait. La nuit, pelotonné sur ma couchette, j'entendais piauler cette chansonnette enguirlandée qui persistait à croire en moi : Vancouver, Aden, Callao, San Salvador, Samoa, Mariannes, Akureyri, Pitcairn, Moorea, Salomon, la Sonde, Antofagasta, Iquiqué, San José, Encarnación, Zanzibar, Nossi-Bé, Bahía-Blanca, Bornéo, Flessingue, Aberdeeen, Macao, Lagos, Ceylan, Guayaquil, Java, Paraguay, Veracruz, Durban, Benguéla, Tahiti, Caïman, Célèbes, Rapa Nui, Grand-Bassam, Djibouti, Saint-Paul de Loanda, Montserrat, Mogador, Conakry, Freetown, Sandwichs Hobart, Metlili, Sidney,

Caracas, Manta, Récife, Candie, Sfax, Gambier, Esmeraldas, Trujillo… Escales sans mémoire, songe.

Un milliardaire me héla du quai, un milliardaire déprimé, mal rasé. Il devait travailler dans les sacs postaux – s'il ne s'appelait Averell –, car nous tombâmes d'accord sur une remise en état du voilier, et sur des tartines à vie, en paiement d'un grand tour océanique *via* les ports et les îles qui m'obsédaient. Vous voulez partir quand ? Hier. Je larguais les amarres, n'en croyant pas mon bonheur, quand une seconde chance balaya la première. Une inconnue très sûre d'elle me criait comme dans la chanson : « Ne pars pas… » Le milliardaire s'impatientait, de plus en plus mal rasé. Trop tard, monsieur, j'ai vendu mon bateau.

Les années passent, et ce grand rêve océanique brisé dans l'œuf continue d'habiter mes nuits blanches, de m'appeler : « Alors, on y va ? » La belle voix qu'il a, comme la mer. Ignorant la réponse, je lui dédie ce Dictionnaire amoureux que je me garde bien de boucler par le mot FIN. Viens petite sirène, et dis-moi d'y aller, dis-le…

En tant que constructeur de bateaux, Harry se montrait hors pair. C'était un artisan inégalable. Des années durant, il avait vécu sous une tente, et il n'avait emménagé dans son bateau que le jour où la cabine avait été construite. Dès qu'il s'était trouvé au sec, il avait pris son temps avec le reste du bateau. Ce bateau, d'ailleurs, était plutôt sculpté que construit. Il mesurait trente-cinq pieds de long. Ses lignes changeaient perpétuellement. Tantôt, il tournait à la caravelle, tantôt au destroyer et tantôt au cargo. Harry étant toujours à court d'argent, il lui fallait parfois des mois pour se procurer un parquet ou une douzaine de boulons de cuivre. Mais cet état de choses lui convenait, car il tenait essentiellement à ce que le bateau ne fût jamais fini.

John Steinbeck

Année zéro

À quelques jours de ma naissance, ma regrettée mère embarquait à Brest sur le déjà vieux *Roi Gradlon*, un mouilleur de balises qui desservait l'Iroise à la Libération. Elle allait à Molène, la mieux protégée des îles du Ponant, ma préférée. Voyez comme elle est jolie, ma mère, à l'avant du bateau, malicieuse, les bras nus, regardant les flots ondoyer dans la rade. J'ai sur mon bureau cette photo noir et blanc prise un 2 septembre à midi sous un grand soleil. On y voit sympathiser les deux sources de ma vie : ma mère enceinte de moi, la mer enceinte du monde entier. Mais, bonté divine, qu'est-ce qui lui prend, à maman, si près du but ? Pourquoi revient-elle à Paris le surlendemain ? Pourquoi me donner le jour à la clinique Sainte-Félicité, le 4 septembre 1949, chez les sœurs du quinzième arrondissement ? On n'était pas bien, en Bretagne ? Je me console en pensant que j'étais…

Aber-Ildut

… en pensant que j'étais physiquement présent à Brest, la veille de ma naissance, la ville de mon père, de mes aïeux. Ma naissance à la mer se poursuivra plus tard à l'Aber-Ildut, le bercail finistérien des Queffélec au nord de Brest, celui des Pénau, Chauvel, Bodet – ma famille, les miens. J'en ai déjà parlé dans mon dico breton, c'est vrai, et ceux d'entre vous qui l'auraient déjà lu ne me vexeront pas en « sautant » mes trémolos labérois, les autres les apprécieront, peut-être.

Le mieux, pour découvrir l'Aber, c'est la mer en quittant Brest par temps clair. Munissez-vous d'un bon GPS au cas où, prévenez vos amis, soyez prudent. La balade en vaut la peine, on est comblé d'attentions panoramiques : la rade, le chenal du Four, l'éventail frémissant des clartés irréelles autour des îles du Ponant, Béniguet, Molène, Ouessant, etc. On danse un peu sur les courants en passant la pointe Saint-Mathieu, on ne rigole plus. L'approche finale est bouleversante, avec la dune et les grèves blanches en toile de fond, la tourelle rouge du Lieu, le clocher du village de Lanildut et l'angélus jamais bien loin. Vous voilà parvenu à bon port, bravo, nul ne saura que vous avez un peu talonné dans le goulet du Crapaud, ça reste entre nous. Sous vos yeux, c'est l'anse alanguie du Tromeur, un mol arrondi qui finit par une rangée de maisons contiguës. Chacune a son jardin, son muret de granit, son escalier qui descend à la grève. La maison du milieu, la plus grande avec les volets blancs, c'est chez nous, chez moi. Ma famille est sortie pour vous accueillir. On a même descendu mon arrière-grand-mère et son fauteuil rouge aux oreillettes capitonnées. Mes grands-parents ont les fauteuils d'osier. Il y a mes parents, mes frères et sœur, mes oncles et tantes, mes vingt-sept cousines et cousins germains, le rarissime oncle André : vieux garçon hilare, tout cela formant la belle image au soleil du soir d'une tribu soudée qui s'entend bien devant l'Éternel, oui, uniquement devant lui. Quant au poupon rigolo niché dans les bras de Maria, la jolie Bretonne aux boucles de jais à côté du lilas, c'est lui, votre serviteur, c'est moi. Et, sans vous mentir, je suis au paradis.

C'est là-bas que j'ai vu la mer pour la première fois, respiré son haleine iodée, entendu sa voix dans la bouche du vent. Tu te souviens, moussaillon ? On descendait l'escalier du jardin et c'était l'Atlantique. On détalait pieds nus sur la grève – et c'était lui, l'océan, la gigue inépuisable du gris, du bleu, du mauve, les mouettes criaient, le vent déboulait par l'ouest, ça tonnait la nuit sur le plateau des Liniou. Tu dormais à poings fermés dans un lit qui n'avait peur de rien, mais qui se réveillait souvent pour écouter pleurer la mer, se demandant si tous les marins étaient rentrés chez eux, si quelqu'un mourait.

L'aber, c'est un lac océanique arrosé d'un côté par une rivière, de l'autre par les marées luni-solaires de l'Iroise. Ils sont trois abers finistériens entre l'île Vierge et la rade de Brest. L'Aber-Wrac'h, l'Aber-Benoît, l'Aber-Ildut. On est pêcheurs à l'Aber-Wrac'h et l'Aber-Benoît : on est goémoniers à l'Aber-Ildut, chez moi, le premier port goémonier d'Europe, respect ! C'est avantageux pour l'emploi, pour l'économie, ça l'est moins pour les fonds marins. La cueillette se fait sur les platures de l'archipel de Molène, un jardin d'Éden amphibie peuplé d'algues uniques au monde. On les capturait à la faux, jadis, du bel artisanat manuel sans danger pour l'écosystème : un *gentlemen's agreement* avec les crustacés, les laminaires. Ils mouraient, mais pas trop.

Sont arrivés les navires à « scoubidou », merveilles de la technologie déprédatrice, et c'est à l'arrache qu'on a tondu les sirènes ondoyantes, extirpé du flot les rutilantes chevelures de la mer océane, en quantités industrielles désormais. Et l'arrache ayant bonne conscience, on a réfléchi que le « peigne » arrachait plus vite et mieux que le « scoubidou », et que personne n'irait jamais voir ce qu'il advenait de la mer défigurée au jardin d'Éden classé par l'Unesco. Quand j'étais un Petit Poucet des marées basses, la consigne était : Un galet retourné se remet dans son trou d'origine, fiston, c'est Mère Nature qui l'exige. Elle n'exige plus rien, Mère Nature, elle se laisse arracher les cheveux, retourner les galets, brutaliser, et tant pis pour eux si les dormeurs et les bigorneaux en font un *burn-out* létal, expulsés comme de vils migrants. Et l'on ose dire après que la nature ne se suicide jamais – que renaître est son péché mignon. Demandez aux crevettes ce qu'elles en pensent, si vous en trouvez d'assez hardies pour témoigner.

Le port de l'Aber se vidait à basse mer, autrefois. On allait à pied sec à Porz-Cav, l'autre village du lac. On rencontrait le tout-venant des batteurs de grève. Des poules, des vaches, des porcs, des goélands, des artistes peintres aux doigts bariolés, des crabes aux pinces brandies, une dame qui parlait toute seule, des pêcheurs de vase, des chats, des amoureux, des orphelins, des chiens accouplés par le ventre et par le derrière, inséparables amants, des marins à pompon rouge, un cheval d'orgueil divagant, son amarre rompue, Fine Peyton, l'ivrogne du Café du port – son amarre rompue lui aussi –, sa famille en pleurs sur les talons. Qui d'autre ? Moi, le plus débraillé, le plus heureux du tout-venant, l'Arche défilait au complet.

Je vais où, comme ça, pieds nus dans mes caoutchoucs blancs ? Je cherche la mer, j'imagine, je suis toujours après elle. J'ai un doute, souvent. Je me demande si je ne suis pas né à l'Aber, malgré mon état civil et tout ce qu'on m'a raconté, malgré la photo en noir et blanc. Elle ne ment pas ma première carte d'identité nationale immatriculée 36226022, valable jusqu'au… illisible… qui me domicilie au bourg de Lanildut (FRE) dont fait partie l'Aber-Ildut, sa cale et son Café du port, ses mouettes, son Pardon, ses belles, son assassin. Pour moi, je suis un enfant du pays des abers jusqu'à la saint-glinglin. C'est bien ma bouille en argentique satinée, d'ailleurs, sur l'instantané, mon immense risette d'enfant paniqué par le regard d'autrui, surtout les filles.

Quand la mer est trop basse, trop loin, je vais…

Kervaly

… je vais à Kervaly par la rivière, la gentilhommière de l'oncle André, il n'y est jamais. Il vit en Indochine sur les hauts plateaux annamitiques, au pays Moï. Il est roi, planteur, chasseur, il tue les fauves. Il envoie les fauves empaillés à sa mère, ma tante Jeanne. Elle a deux tigres, chez elle, un serpent python, une oreille d'éléphant. Mon oncle vend du thé vert et du poivre à Sa Majesté la reine Elizabeth. Il a beaucoup, mais alors beaucoup d'argent. On ne sait rien de sa vie privée là-bas, on ne veut pas savoir, on jase. J'arrive à Kervaly par le *Gour Bihan*, une anse à cochons où mon oncle fait hiverner ses yachts sacrés, ceux-là pareils à deux pharaons sous bandelettes, à ciel ouvert. Je commence par eux, la *Marmotte* et le *Petit Charlot.* Ils sont blancs, taillés pour la régate. Je monte à bord, ils font mal au cœur. Leur maître n'est plus là pour leur donner la becquée du vent d'ouest. C'est la tempête, l'hiver, qui les bastonne à qui mieux mieux, leur arrache des morceaux, leur crève un bordé, c'est la pluie qui les pourrit toute l'année. Interdit de s'en approcher, d'en parler à table, de supposer qu'une sortie en mer les dégourdirait. On sanctuarise leur agonie stupide, on la ferme. Ils partagent le sort d'une mère à l'abandon, doutant de jamais revoir son enfant Crésus.

Après l'*armor*, l'*argoat*, le parc de Kervaly. À moi ce domaine irréel de conte de fées, le temps suspendu, les sables vasards, les îlots de prés-salés, le vent beau parleur des futaies à légendes, les grands bois, vergers, potagers, landes qu'un cheval au galop mettrait plusieurs vies à parcourir. Je suis heureux, je suis libre, la nature embaume, ce tout m'appartient comme la mer chantée par le vent. Il y a deux barques noires retournées au fond du parc, sous deux mélèzes foudroyés, qu'est-ce qu'elles font là ? Il y a les restes d'un voilier à hublots échoué contre un mur de pierre où pousse le raisin des ogres clandestins, est-il jamais allé sur la mer ? Il m'appartient lui aussi.

— Tu feras quoi, plus tard, p'tit frère ?

— Marin, oncle André.

— Tu feras le tour du monde à la voile ?

— Oui, oncle André.

— Si tu es marin, je te donnerai mes cartes marines. Elles sont annotées en rouge, il y a tous les chenaux dont tu peux avoir besoin en Terre de Feu. Elles vont de l'Aber à l'Aber en passant par le Chili. Tâche d'en faire autant. Et si tu y arrives je te donnerai aussi…

— …

— … mes jumelles de cuivre et mes deux voiliers.

— …

— À une condition.

— Laquelle, oncle André ?

— Tu ne vendras jamais la maison de l'Aber.

— Jamais, oncle André.

— Ni Kervaly ni mes bateaux.

— Jamais.

— D'ici là, mes bateaux sont à moi, p'tit frère.

— …

— Et Kervaly aussi.

Seule conversation grave que j'eus avec l'oncle André qui devait mourir en mai 90 chez lui, dans sa gentilhommière, le crâne défoncé par la boule de cristal à facettes de son escalier classé. C'est idiot ? La vie adore nous surprendre, elle est farce. Mon oncle montait se coucher, après sa tisane rituelle, après quelques pas digestifs autour du manoir, quand sa charentaise décousue ripa sur une marche trop bien cirée. Ainsi meurent les grands aventuriers à baraka. On chercha le testament, on chercha partout, on fouilla les coffres et les armoires, on sonda les cloisons, et si quelqu'un mit la main dessus il ne jugea pas utile de s'en vanter. L'Aber fut vendu, Kervaly vendu. Les yachts ? Ils pourrissaient déjà depuis un bon moment lorsque mon oncle me les avait promis. Quant aux portulans annotés au critérium rouge, le notaire en fit un lot numéroté qui termina sa course à la benne municipale avec les invendables paperasses, les revues nautiques, les lettres d'Indochine, les bouquins moisis, infortuné rebut. Les lettres, bon Dieu ! Les lettres de mes arrière-grands-mères, de mon arrière-grand-père en poste à Nouméa, au bagne ! Pour ma part j'aurais voulu garder aussi la boule de cristal aux éclats prophétiques et les taches de sang, mais la benne broya tout ça, petite sœur du mépris.

Laissez-moi les charentaises, au moins, s'il vous plaît ! Pitié pour les charentaises ! J'en ferai les deux yachts sacrés du…

Amarinage

… J'en ferai les deux yachts sacrés du souvenir de mon oncle, je ne les revendrai jamais. Et qui sait si je ne les chausserai pas, de temps à autre, en rêvant du Chili ?

J'ai grandi parmi les bateaux à voile, à l'Aber-Ildut. Ils étaient en bois, peints et repeints comme des poteries antiques. « Gabare » était leur nom topique issu de « gabarit », terme douanier, allusion limpide à la servitude et au format : à la taxe. Ces matriochkas d'Armor embarquaient du sable et du maërl, et, chargées à bloc, ne laissaient plus émerger que leurs écubiers luisants pareils à des yeux ronds. Je les reconnaissais à leurs yeux, à leur voilure grise ou cachou, aux teuf-teuf surannés des Bolinder, à des riens comme la pomme de mât ou l'angle du rouf avec le pont. Pas de rouf sur la *Mad-Atao*, pas de rouf sur la *Gérard-Nicole* et l'*André-Yvette* – je les reconnaissais à je ne sais quelle infaillible vue de nez, clairvoyance des enfants.

La *Pieuvre* était en fer, mais était-ce un bateau ? Elle travaillait pour les Ponts-et-Chaussées qui travaillaient à déminer la mer et baliser les épaves après 45. La *Pieuvre* était comme une épave, elle aussi, rouillée, cabossée, un radeau carré ne ressemblant à rien qui puisse sortir en mer épouser la houle. *Pieuvre* lui allait bien, une pieuvre équipée d'un long tentacule d'acier jaune en érection sur le pont. De ses pêches à la ferraille, elle rapportait chaque soir des lambeaux originaires de cargos torpillés, des étraves, des hélices, des ancres, des tôles à hublots boulonnés qui passaient la nuit suspendues au treuil, parfois, se balançant et grinçant, comme si la *Pieuvre* était repue, gavée, incapable d'avaler une clé anglaise de plus – elle cuvait, ronflait, lugubre au milieu du port.

Je n'ai jamais vu ses marins, sauf un homme-grenouille en noir, un jour, à moitié dans l'eau. Les marins ne se montraient jamais sur leur vaisseau fantomatique – ce mangeur de cimetières engloutis. Ils avaient probablement des rires de squelette, ils restaient cachés. Ainsi l'imaginait le Petit Poucet des grèves.

Les autres embarcations labéroises étaient des canots à misaine, à rames, des « plates » maison : des passoires maison fabriquées au moins cher, et quelques ligneurs bon teint comme la *Girelle* et l'*Albatros*, l'un blanc, l'autre violet. Je n'avais que l'embarras du choix, enfant, pour amariner mes pas vagabonds. Je passais d'un bateau à l'autre, d'une île à l'autre, je connaissais le nom des cailloux, des balises, des pêcheurs et des goémoniers. Je vivais la mer jour après jour et je ne voyais pas quelle destinée pourrait m'en éloigner. J'eus un premier voilier, puis un second avec une cabine, puis un croiseur hauturier, et chaque fois je pensais : vivement plus tard que je m'en aille aussi loin que l'horizon peut aller en mer. Et loin loin, au bout du monde, j'étais infiniment heureux que les murs de l'Aber et de Kervaly fussent debout à l'ouest pour ancrer ma nostalgie, ma sensiblerie, mon rêve à perte de vue.

L'Aber fut vendu d'abord, un choc, pis qu'une déception d'amour. Quand le domaine de Kervaly…

Ayants droit

… Quand le domaine de Kervaly s'enleva pour une bouchée de pain, il était vieux, flageolant comme une vieille toile d'araignée, verdâtre et poétique à pleurer. Je laissai les ayants droit s'arranger avec le notaire du coin, et trente ans s'écoulèrent avant que je remette les pieds « chez moi », ce « moi » d'enfant qui ne valide jamais les transactions matérielles. Entre-temps j'avais tourné deux ou trois fois autour de la planète et pris quelque distance avec la mémoire du p'tit frère, avec ses chagrins. Ce fut un ami cher, François Cuillandre, le maire de Brest et Communes, un Molénais, qui me ramena là-bas un jour de novembre où la tempête cognait sur les abers et la *Penn-ar-Bed*, fixant au port de Brest le courrier *From-Veur* qui devait nous amener aux îles voir les agapanthes, ma femme et moi. Mais comment fait-on pour entrer *chez soi* quand les ayants droit ont changé ? Quand on n'a plus droit ? Quand les charentaises de l'oncle André ne montent plus l'escalier ciré du manoir ? François Cuillandre poussa la porte latérale du parc, jamais fermée, un grand vantail de bois massif à loquet d'acier bruyant – toujours le même bruit –, et je lui emboîtai le pas. Le p'tit frère m'attendait sur le seuil, inchangé, les oreilles décollées, la mèche au vent, sa bonne bouille de fumiste. On y va ? La grande maison aux volets fermés, le cèdre phénoménal du Liban, le jardin d'hiver, le ressac du vent dans les hauts feuillages des bois, le vapeur *Bélisa* sous les bambous à plumeaux, la serre à raisins, la maison des poules, le *Gour-Bihan*, la *Marmotte* et le *Petit Charlot* enlacés dans leur vasière à l'ombre : ils y étaient tous, jusqu'au parfum d'humus et d'océan, pour me souhaiter la bienvenue.

Non, pas de *Marmotte* et pas de *Petit Charlot*, pas vrai. Et pas un bout de fer ou manillon pour daigner s'en souvenir. C'était bien là, pourtant, que les vainqueurs du Critérium d'Argenton en 37 et 38 avaient péri enchevêtrés dans la vase. Là que je m'enlisais au risque d'y rester pour monter à bord écoper sous les bâches disloquées : attendez un peu que je grandisse, les gars, que j'aie de quoi vous payer des voiles neuves et du mastic, on ira voir la mer.

La journée s'est finie au Conquet chez l'Amiral, il pleuvait toujours, ses plus beaux arbres étaient tombés dans la nuit, un carnage. Il n'aime pas trop quand on dit *l'Amiral.* Tabarly n'aimait pas trop quand il disait *Pépé.* Ce qu'il y a de bien, avec lui, dans sa cuisine, c'est qu'on parle de la mer comme de quelqu'un qui pourrait débarquer d'une minute à l'autre, et même apporter son coup de blanc. Personne ne parle d'elle, la mer, comme Olivier de Kersauson, avec un pareil tact, une aussi merveilleuse intimité. Il ne l'écrit que pour la montrer, la sortir de sa poche et la laisser vivre sa vie, se balader, flairer les visiteurs si ça lui chante ou les câliner, marcher sur la tête, bâiller sans mettre la main, il lui passe tout, à la mer, et cet homme chez qui le respect classique, un rien faux cul celui-là, n'est pas gagné d'avance, ce vieux loup se prosterne au nom d'Océan, tremble d'émotion au…

Apprentissage

… tremble d'émotion au nom de la mer et du vent, *yamat* !

Je tremble aussi. Comme Olivier, j'ai tremblé très jeune à ces deux mots qui nourrissent de vigueur mes jardins secrets. Et plus on tremble tôt, plus ce grand amour de la mer vous construit son bonhomme à travers ses mille et une vies dont aucune ne parvient à l'aigrir, le vieillir ou le détourner de rester un enfant.

Enfant, j'avais une femme de mer pour professeur de voile. Une brave misaine au début, la voile. Madame

Roussel avait d'abord été madame Raguénez ou l'inverse, je ne sais plus. Avait-elle perdu son mari ? L'avait-il quittée ? L'avait-il quittée pour avoir un enfant ailleurs ? Elle habitait une maison sur la grève, elle aussi. Elle avait une barque noire à fond plat, misaine et mât couchés sur les banquettes. On les relevait pour sortir en mer. S'il vous plaît, ne froncez pas les sourcils. La misaine est la plus paisible des voilures. On la monte, le vent souffle, on avance. Il ne faut pas trop lui demander. Elle ne connaît que le sens du vent, ne cherche en aucun cas à louvoyer, privilège des bateaux bien quillés. Elle convient aux débutants, aux pêcheurs en panne de moteur, aux anciens navigateurs solitaires, très, très anciens. Elle m'a fait grand effet la première fois que je l'ai vue hissée, tellement haute, avec de jolis plis ondulants comme un rideau. « Vas-y, m'a dit madame Raguénez, c'est toi qui tiens l'aviron. » Sur tout autre voilier, on aurait parlé de barre ou de gouvernail, mais sur la *Miserere,* notre barque à fond plat, une rame servait à se diriger.

Nous étions faits pour nous rencontrer, madame Raguénez et moi. Elle descendait à la grève aux heures où j'y descendais. Nos deux solitudes ont fini par fusionner. Elle m'asseyait dans sa barque à marée haute et m'emmenait faire le tour du grand rocher. Elle citait les noms bretons de tous les cailloux qui truffaient l'aber et ses abords autour du Crapaud, jusqu'à la tourelle du Lieu. Je devais les répéter après elle et les situer. C'est elle qui m'a appris à godiller, faire les nœuds, les épissures, les culs de porc. Son ex-mari devait être pêcheur, ou son père, elle avait l'air de tout savoir sur les bateaux. Je ne suis pas sûr d'avoir été l'enfant qu'elle aurait voulu mettre au monde, si l'occasion s'était présentée, mais elle avait besoin de partager la mer avec un enfant, d'émerveiller un enfant, et c'était moi. Elle avait besoin, chaque soir, le bateau rangé, de me dire : « À demain, fils ! »

Fils ! J'étais le fils de madame Raguénez, et pourquoi d'ailleurs ne le serais-je plus ? L'enfance à la mer tisse des liens secrets qui sont l'étoffe du temps retrouvé, de l'échange pur avec les êtres qui passent. Et fils, on peut l'être aussi d'une femme de bien qui vous prend sous son aile un instant, pour adoucir la cuisson d'une peine à fleur de peau. Nul besoin d'en parler. Les amis s'entraident à leur insu, par le seul pouvoir de l'amitié, qu'ils se voient ou non. J'écoutais, elle transmettait. Celui qui donne est aussi gagnant que celui qui reçoit. Il n'y avait pas de secrets, dans les gestes marins qu'elle m'enseignait. Le sens caché tenait à ce dialogue engendré par la bonté, sans parole superflue. Et chacun de nous donnait à l'autre ce qu'il avait de plus précieux, d'unique : moi mon regard d'enfant cherchant à grandir, elle son regard d'enfant trop grand pour les jours de la terre, trop grand pour ne pas désirer tout donner, à la fin, toute sa vie.

À son école, je sus les mots coutumiers des bateaux sur le bout des doigts, de très vieux mots qu'elle avait appris dans sa jeunesse en écoutant les anciens :

Bout
Dame de nage
Drisse
Aurique
Écoute
Marconi
Bitte

Vit-de-mulet
Fémelot
Aiguillot
Cul de porc

Des mots charnels poncés par la mer, par les travailleurs de la mer, des mots péris en mer, ressuscités dans les chantiers navals, lavés de toute grossièreté, vitaux. Ils sont des milliers, dans la marine en bois, à dire l'accouplement des choses par celui des bêtes, une imagerie sexuelle traduisant moins l'obsession du marin que son génie mnémotechnique immédiat, gage de sécurité.

Celui des bêtes : celui des bêtes humaines. La « dame de nage », sur le bateau à rame, est cet anneau d'acier que traverse l'aviron désireux de montrer sa puissance à la mer, et souque, mignon ! Mais qui, de la « dame » ou de l'aviron, concentre l'énergie matricielle de la mer et la solidarise avec le bateau, le marin, pour engendrer « la force qui va » ? Qui se plie à toutes les exigences de l'aviron pour sauver le cap et la distance parcourue ?

Tournure insensée, « dame de nage », formule cabalistique. Bernard Giraudeau en fit le titre d'un récit de toute beauté, *Les Dames de Nage* : il y parle d'amour, de mer, d'errance, comme il en parle dans *Le Marin à l'ancre*, encore une formule inouïe. Bernard Giraudeau est un grand écrivain de la mer, de l'homme, l'un des seuls à n'avoir pour méridien que sa propre fêlure secrète, cheminement sans fin d'un absolu à l'autre – une femme, une île, une vie, une mort. Toujours en bateau.

Il est mort, il nous manque, il ne nous manque plus quand on lit ses livres. On l'entend se parler à lui-même en nous parlant, et ses démons deviennent les nôtres.

« Ma mort est d'hier et demain l'enfance. » Ce n'est pas lui l'auteur de ces mots qui lui vont si bien. Qu'importe qui dit quoi, c'est dit, ça guérit, qu'importe l'auteur. Les marins sont toujours des enfants émerveillés par la mer dont ils font leur pouls, leur cadence de nostalgie. Je la sens battre sous mon poignet comme elle battait déjà quand…

Arctique

… comme elle battait déjà quand j'étais haut comme trois pommes, peut-être cinq, édifice branlant.

Il y avait un globe terrestre, sur le bureau de mon frère aîné, une sphère de métal. Un globe n'est à personne, il est à moi comme à vous, et bien sûr à mon frère aîné. Regardons-le. Plus petit qu'un ballon de foot, plus gros qu'une orange. Il tourne à la main, penché, pincé par un arc de fer gradué mystérieux comme la nuit : firmament des chiffres vertigineux dont la marine a besoin pour se déplacer. Nous sommes « là », dit mon frère en piquant son compas dans l'immensité (il le pique souvent, d'où les nombreux points de rouille). Et c'est où, « là » ? Le détroit de Behring. Et là ? Juan Fernández, l'île de Robinson Crusoé. Et là ? Le pôle Nord. Pourquoi il est blanc ? Parce qu'il y a des ours blancs, idiot ! Et parce qu'il fait froid comme au pôle Sud, tout en bas. Mais c'est quoi, le « pôle Nord », le « pôle Sud » ? Ce sont les deux extrémités du monde. Elles ne bougent pas, reliées par cet axe de rotation autour duquel nous pivotons. Tu veux dire que je pivote ? Pas que toi, pauvre pomme ! « Nous », c'est tout ce qui bouge à la surface de la Terre, les loups, les poissons, les boulangères, toi, moi. Et quand ça ne bouge pas ? Ça tourne aussi. Et la mer ? Pareil. Non seulement elle tourne, la mer, d'est en ouest, mais elle monte et elle descend.

Ah, je ne vous ai pas dit. Mon frère se nomme Hervé, on l'appelle « Bouéboué ».

Mon premier contact visuel avec le monde entier fut ce globe de métal où je voyais s'imprimer des mots fascinants comme « Tropique du Capricorne », « Équateur », « Dorsale atlantique » « Mer de Weddell » –, des mots et des lieux que j'aurais à cœur, plus tard, de chercher dans les livres et sur la mer (pas tous). Le globe me fit d'abord l'effet d'une étoile, et moi de l'habitant d'une étoile. Quand je marchais dans la rue, je marchais sur une étoile. J'étais un « étoilien ». Le globe se déboîtait au niveau de l'Équateur et je voulus voir de près le feu central de la planète, cette rage luciférienne qui passionnait ma mère. C'était vide, à l'intérieur. Rien. Une mince odeur de renfermé. J'avais dans les mains les deux hémisphères passablement cabossés, rouillés. La Terre ne tournait plus, elle se transformait en bols jumeaux. Je les remboîtai. Ils mariaient à présent l'Amérique du Nord et l'Afrique noire, mélangeaient les océans. Jamais je ne parvins à rajuster correctement les continents et les mers, à réparer l'étoile. Quel crime n'avais-je pas commis ? Et si la Terre s'arrêtait de tourner ? Les pôles d'avoir froid ? À cause de moi ! En signe de mépris, Bouéboué m'offrit l'objet sacré, bafoué, désormais sans valeur. Je me fis un bol à café de l'hémisphère Nord, puis de l'hémisphère Sud, ils roulaient, fuyaient tous les deux. Je m'en servis pour ranger billes et osselets. La honte ne s'est jamais effacée. Encore aujourd'hui, je n'entends jamais les mots Arctique, Antarctique, sans revoir mon frère attablé à son bureau de formica vert, dans le cône lumineux de sa lampe à chaînette, le globe au-dessus de lui.

Ce sont Petzi, Kim et Tintin, trois héros de fictions illustrées, qui me réconcilièrent avec la géographie, les pôles, et d'abord le pôle Nord. Les trois logeaient dans des iglous. Ils fabriquaient des maisons rondes en pierres de froid. Moi qui voulais passer ma vie dans une cabine de bateau, abri menacé par la météo, sorte d'iglou sur l'eau, je devins aussitôt leur ami. Comme celui du pôle Nord, d'ailleurs, une vraie passion, et plus tard de l'univers arctique, ce rêve immaculé pour livres d'enfants.

Le géographe situe l'Arctique au-delà du cercle polaire, et disons pour « mariniser » l'information : au-delà des 66° 33' 03" LN. Je suis allé au nord du Canada, au Groenland, au cap Nord : le lieu le plus septentrional d'Europe, jamais au pôle Nord. J'envie l'explorateur Jean-Louis Étienne qui vous en parle un peu comme s'il était là-bas chez lui et que vous pouviez passer quand vous voulez, même à l'improviste, il y aurait toujours un iglou pour vous.

Les arbres ne se bousculent guère, là-haut, et pourtant Groenland se traduit en français par : « terrain vert ». À quand remonte la verdure des lieux ? On l'ignore. La question se pose parfois de savoir si ce n'est pas en foulant à pied sec le « terrain vert » que les Vikings sont arrivés les premiers en Amérique du Nord, leurs beaux drakkars démontés sur des chariots. Aujourd'hui réchauffé par l'*Homo sapiens* ou *deus ex machina*, le Groenland serait en train de raviver ses couleurs d'origine, il se remet au vert.

À tel point que les cargos n'auront bientôt plus besoin du canal de Suez pour changer d'océan. Ils emprunteront les chenaux polaires délivrés du gel. Une aubaine pour les opérateurs de croisières extrêmes, toujours en quête de jamais vu.

Contrairement à l'Antarctique – un continent vierge où logeraient à l'aise l'Australie, l'Angleterre et le Pérou majoré de plusieurs Sénégal et d'une Corse ou deux –, l'Arctique est une mer gelée, sertie dans l'océan Glacial (on le croit sur parole), une eau ceinturée par les îles et les confins nordiques d'autrui. L'homme y vit depuis des milliers d'années sur une épaisseur de glace avoisinant les trois mètres soixante, la glace étant piètre conductrice de froid. L'indigène, là-bas, c'est l'Esquimau (Eskimo), qu'il faut appeler Inuit, son nom ethnique. Esquimau veut dire « mangeur de viande crue », terme péjoratif utilisé jadis par les Algonquins. J'ai du mal à dire Inuit, aussitôt contredit par mon enfance et par un aréopage d'ouvreuses de cinéma cornant leurs esquimaux Gervais. Pas si vieille que ça, l'époque où se mangeaient à l'entracte des mangeurs de viande crue.

Il reste un petit quelque chose lexical, de la période où l'on disait « Esquimau » pour « Inuit », un terme nautique. Lorsque l'« oumiak » a le malheur de se retourner en mer, l'Inuit « eskimotera » pour rétablir la flottaison, comme si de rien. Sur la banquise, c'est en « eskimotant » qu'on devient Inuit ou qu'on se noie.

À part ça, l'Inuit n'a rien d'un Esquimau. Prêtez l'oreille aux légendes, aux chansons, vous n'entendrez jamais…

Anne Quéméré

… vous n'entendrez jamais parler de formidables aïeux ayant dévoré les aïeux d'autrui. Ce peuple d'amitié garde en mémoire les chasseurs valeureux ayant osé défier l'ours blanc, harponner le morse, s'aventurer en *oumiak* sur les eaux glaciales ou braver la tempête de neige.

Se nourrir est une angoisse de chaque instant, pour l'Inuit. De tous les individus présents sur la banquise, il est physiquement le moins bien défendu contre la violence du climat, et c'est uniquement pour vivre, qu'il tue. Rien ne se perd, chez sa victime, rien excepté son rugissement quand elle meurt, proverbe maison. Le morse est sa chasse de prédilection. La graisse se fait lampe, la peau se fait esquif, les os : peignes, aiguilles, couteaux, lunettes, les boyaux : semelles, coupe-vent. La viande nourrit équitablement les hommes et les chiens. Le commandant Cousteau, l'océanographe au bonnet rouge, m'a dit des Inuits qu'ils faisaient grand cas du contenu de l'estomac des caribous, le bol alimentaire du caribou panachant le *nec plus ultra* des oligoéléments présents sur la banquise. Quant à l'ours blanc – Nanuk –, l'animal mythique du pôle Nord, ce n'est pas son bol alimentaire que l'Inuit cherche à lui ravir, mais son manteau, son incroyable fourrure de roi.

Durant des siècles, l'Inuit a chassé l'ours blanc pour ses poils thermogènes, à ses risques et périls. Ça court vite, l'ours, ça nage comme un poisson, ça trottine indéfiniment pour épuiser l'agresseur, l'égarer, ça vous attend au tournant du blizzard, même touché à mort, et ça voue tue. On ne peut d'ailleurs pas dire que l'ours, en tant qu'espèce, ait jamais été inquiété par son duel immémorial avec l'Inuit. Mais sont arrivés en hélico les massacreurs du dimanche, les riches partisans du carnage à discrétion. Silence, on tue : pan ! Risque zéro, les enfants... Du grand art, la chasse à l'ours polaire, photo ! Pire que « Pan ! », ce « Photo ! ». C'est plus fort que lui, l'homme, il faut qu'il tue d'abord, se montre avec l'éléphant, le tigre, la baleine, le requin, l'ours, un pied vainqueur sur le cadavre. Il faut qu'il éteigne les races au nom du selfie, cette gloriole des impuissants. Les Inuits ne sont pas contents ? Tout le monde a le droit de vivre, de tuer, tant que ce n'est pas méchant.

Les Inuits sont originaires d'une population d'Alaska originaire d'Asie, d'où leurs yeux bridés. C'est l'hiver qu'ils ont leurs iglous sur la calotte glaciaire. Le reste du temps, ils vivent à la périphérie du froid éternel : Groenland, Grand Nord canadien, Nouveau-Québec, Nunavut, Sibérie, Labrador, détroit de Behring, îles Aléoutiennes, toponymes enchanteurs des pays où l'on n'arrive jamais tant qu'on n'y est pas né. Ils ont ceci de breton, tout christianisés qu'ils soient : la croyance à l'Esprit des forces naturelles, aux divinités marines, à l'invisible. Et loin d'être les « ploucs de la glace polaire », ils en sont les amis, regroupés depuis 1977 au sein de la Conférence des Inuits du cercle polaire, affirmant leurs droits culturels et linguistiques, leurs droits politiques, déterminés à ne jamais « s'éteindre », plus forts que les ours.

La navigatrice Anne Quéméré les connaît bien, les Inuits. Elle va souvent à leur rencontre, en kayak. Son récit, *Passagère de l'Arctique*, décrit merveilleusement un monde où l'homme est enfin ce qu'il est : un bonhomme, un homme bon. Et la femme ce qu'elle est : une mère, une épouse, un esprit libre, une force pour le clan. De la nuit naît la parole que la lumière laissera s'envoler, la lumière appartenant à l'action. Et pas besoin d'écrire les choses, sur la banquise, pour les imprimer dans la durée, la suite. C'est la voix, c'est le partage des histoires et du feu qui de la mémoire fait une cérémonie, un rituel de passage. Procédant comme Hérodote en voyage, Anne a posé beaucoup de questions aux Inuits qui l'hébergeaient. Et bien sûr aux femmes inuits. Ces créatures peu causantes au naturel lui ont dit ce qu'il en était d'être une femme, sur la banquise, et de la relation des hommes et des femmes. Anne a bien l'intention d'exprimer cette oralité par écrit, dans un livre qui s'intitulera : « Paroles de femmes inuits. » Vivement sa parution !

On ne mange plus de « mangeurs de viande crue », à l'entracte, on n'achète plus de « têtes de Nègre » dans les boulangeries, un jour on interdira les « religieuses », les « financiers », un jour Bécassine aura…

Amour de la neige

… un jour Bécassine aura une bouche pour dire sa façon de penser. Et je parie qu'elle ira en kayak tailler une bavette avec les femmes de la banquise. Entre filles…

À propos de filles, il en est une qu'il faut absolument connaître, d'autant qu'elle a fait de la banquise le but de sa vie pour sauver l'honneur d'un enfant. Elle s'appelle Smilla, une sacrée louloute comme vous allez voir. Elle est l'héroïne du roman qui porte son nom : *Smilla ou l'Amour de la neige*, par le Danois Peter Høeg. C'est beau, palpitant, et j'ai vraiment envie de vous en toucher un mot.

Tous les écrivains ont un chouchou fatal dans les éléments naturels. Chez Melville, Stevenson et Conrad, la mer. Chez Chateaubriand, la mer. Chez Jules Verne, Hemingway, Michelet, Steinbeck, la mer. Chez presque tous, la mer. Chez Victor Hugo, Jonathan Raban ou Michel Le Bris, la mer aussi. Chez Mallarmé, l'azur, chez Kôbô Abe, le sable, chez Balzac, la pensée, dangereux fluide à son avis, presque un élément naturel. Et presque un élément naturel, la faute chez Dostoïevski, le mal chez Faulkner, le temps qui passe chez Tolstoï. Chez Peter Høeg, c'est la neige qui donne un sens à l'univers, et pas forcément celui qu'on veut. Les bons tueurs ne laissent pas d'empreintes, semble-t-il, même sur la neige. Ah, s'ils connaissaient la belle Smilla.

Elle est Groenlandaise, immigrée au Danemark, elle habite Copenhague. Son meilleur ami vient de mourir, Esajas, sept ans. Elle en a quarante, on devrait l'arrêter, non ? Si mystérieux sont les rapports des corps humains naturellement amenés, surtout dans les pays froids, à se donner du chaud, du nu. Écoutez ça : « La nuit, au fond de son sommeil, il roulait jusqu'à moi pour se blottir. Une minuscule érection lui montait au contact de ma peau, indécise, comme un guignol qui salue. » Mais non, Smilla n'est pas pédophile, qu'est-ce que vous croyez ! Elle aime Esajas comme elle aime la neige, un être pur, innocent, fragile. Le pauvre, il est tombé du toit. C'est dangereux, les enfants. Pour eux-mêmes. L'enfant n'a pas pire ennemi. Mais peut-être que si. Requiem pour Esajas.

Elle est un peu sorcière, Smilla, un peu gitane. Elle ne peut pas regarder le cercueil enneigé du gamin sans que les signes se mettent à fourmiller. Que fait sur le toit un petit garçon maladivement sujet au vertige ? Il s'apprête à mourir assassiné, tout simplement. Le roman démarre et va bientôt s'élargir aux dimensions d'une époque déjantée qui ne sait plus où planquer ses ogives périmées, ses bactéries, ses gènes manipulés, ses déchets, ses narcomilliards, ses génocides, ses psychopathes, comment se goinfrer d'or en grugeant les affamés, et par quel bout prendre l'année 2000 sans qu'elle tourne à la fin du monde. Or, Esajas est mort pour que le plus top secret des brise-glace, le *Kronos*, puisse convoyer en soute stérilisée, oxygénée, un mensonge aussi glamour qu'un champignon atomique.

Au fait, Smilla. Excellent milieu. Une mère chasseuse de narvals, un père anesthésiste, bourré aux as. Groenlandaise, elle brandit son appartenance aussi volatile qu'un toponyme de Shakespeare. Les Groenlandais existent, mais le Groenland ? La glace est-elle un sol terrestre, une utopie ? Quelles racines accrocher à la banquise ? À l'Ultima Thulé ? Elle est bien gentillette, Smilla, au début, un tantinet bas-bleu, vamp, fille à papa, de la soie sur les fesses et du vison par-dessus. Et voilà qu'elle nous sidère avec une imbitable sortie sur les nombres décalés : « Connais-tu l'expression mathématique de la nostalgie ? Les nombres négatifs ? La conceptualisation d'un manque ? Sais-tu à quoi cela mène ? Aux fractions. En additionnant les nombres entiers et les fractions, on obtient les nombres rationnels. C'est comme un paysage déployé devant soi dont l'horizon s'éloigne au fur et à mesure que l'on cherche à s'en rapprocher. C'est le Groenland, c'est ma raison d'être… »

Vu comme ça ! Pour complément d'informations, adressez-vous à la police qui cherche tout bonnement à la virer du Danemark. « Smilla Jaspersen. Née le 16 juin 1956. Études supérieures à l'Institut de géographie de l'université de Copenhague. Morphologie glacière, études statistiques et mathématiques fondamentales... Voyages dans l'ouest du Groenland et à Thulé. Tous vos professeurs disent en gros que, si l'on veut savoir quelque chose sur la glace, on s'adressera avec profit à Smilla Jaspersen. » Certes, mais sous l'endroit l'envers : « Il y a aussi les activités politiques. Arrestations répétées lors du siège du ministère de l'Environnement par les Jeunesses groenlandaises. Y a-t-il une seule institution d'où vous n'ayez pas été renvoyée, mademoiselle Jaspersen ? – Autant que je sache, je suis toujours inscrite à l'état civil. » Une agitatrice de choc, Smilla, une sœur de la côte, douée d'un sens miraculeux de l'orientation, capable de marquer les ours blancs, d'endormir les chiens méchants au foie de morue garni de Rohypnol. En outre, elle est des plus faciles à nourrir avec une préférence avouée pour la graisse de baleine rose, légèrement écumante, mangée à même le plat. Elle n'a peur de rien, surtout pas du danger, surtout depuis la mort d'Esajas.

Elle enquête au bluff, questionne les flics, le médecin légiste, la mère d'Esajas, une pochetronne au veuvage comme on est sans boulot. Tiens, tiens... Elle arrache à l'ancienne comptable de la Compagnie danoise de cryolithe, où feu le père d'Esajas émargeait, des aveux assez complets sur les pratiques douteuses de l'entreprise. Descente nocturne au siège de la compagnie, toujours en vison. Elle met la main sur des archives concernant des expéditions polaires où plusieurs personnes ont trouvé la mort dans des conditions mystérieuses. Du grand « top secret ». Elle a eu le nez creux. Sur ce, elle devient la maîtresse d'un mécanicien bègue, ami d'Esajas lui aussi. Autant pour se vider les nerfs que parce qu'il lui ment : une vraie piste, enfin… La voilà reçue en amie chez les tontons flingueurs et les tontons dealers, un peu trop candide à leur goût, si bien que la seconde partie se déroule auprès d'une Smilla tonsurée comme un moine, brûlée vive qu'elle a été sur le navire du Musée arctique spécialement incendié pour ses beaux yeux trop clairvoyants. « Derrière moi l'incendie fait rage. Je nage presque à la verticale. Seules mes lèvres émergent de la surface. La difficulté consiste à maintenir au maximum le poids du corps sous l'eau. Au bout de quelques minutes, les tremblements se manifestent, la température du corps chute alors de trente-huit à trente-six degrés. C'est le seuil critique. L'organisme s'alourdit et cesse de lutter. C'est là que l'on meurt de froid. »

Smilla ne meurt pas. Elle poursuit l'enquête, et ce roman qui pourrait en rester là quand il veut, s'accorder la blancheur de la page et le noir du point final, ne cesse de rebondir et d'ajouter un nouveau cercle à l'enfer de duplicité qu'est la planète aux mains des abominables financiers.

À moitié chauve, Smilla se fait pistonner par un armateur nain pour servir comme femme de chambre à bord du *Kronos*, un brise-glace des moins catholiques, affrété par qui ? Dans quel but ? La voilà roulant sa bosse au large à destination de Gotheab, le cimetière des icebergs, une bande côtière, secouée par les avalanches de glaciers. Elle y va pour Esajas, évidemment. Elle veut aussi découvrir pourquoi les radiographies des cadavres rapatriés lors des précédentes expéditions font apparaître un ver de Guinée dans l'abdomen de chacun. « Un parasite bien désagréable. Il peut grandir d'un centimètre par jour et atteindre un mètre de longueur. Il finit par pointer la tête à travers la cuisse. Les Africains le saisissent et l'enroulent autour d'un bâtonnet. Chaque jour, ils tirent un ou deux centimètres supplémentaires. Il faut un mois pour récupérer le ver entier au prix de douleurs effroyables. »

Elle arrive à ses fins, lui dit : c'est toi qui l'as tué, sans preuve. Et c'est bien lui, le plus beau de tous, hélas. Il n'est pas tout seul à l'avoir tué. Un enfant ne tombe pas du toit comme ça. Ils sont nombreux autour de sa mort, de son meurtre, avant sa chute, ils sont tenus par un secret. Les autres salauds sont de splendides Nordiques aux prunelles d'acier, tous déboussolés par la proximité du nord, ce point d'affolement magnétique, métaphysique, ce non-lieu bermudien. Le nord : leurre absolu, fatal à celui qui veut l'emprisonner dans sa main comme un flocon. Comme la vérité. Esajas est mort, vive la neige.

Il est beau, étrange, ce roman, il est malin. Son charme tient au faisceau d'ambiguïtés qu'il met en jeu. Smilla est la voix du livre, l'inflexion, elle en possède le secret. Non pas la fin de l'interrogation qui se tord en crosse de fougère au début, non pas la vérité dont la possession prématurée dans une histoire est le plus frustrant des trésors, mais le scintillement initiatique de la neige. C'est la neige qui lui dit : par ici… La neige, le secret imminent, la neige insaisissable, indéniable, illusion suprême, idole aux mille avatars. Et c'est peut-être aussi l'amour fou d'Esajas pour Smilla. Que se passe-t-il dans le cœur d'un petit garçon qui tombe d'un toit ? Il pense à quoi ? Il s'excuse ? Esajas, presque un mergule nain, le pauvre gosse aux tatanes vernies : ça fait chic au Groenland. Et que peut-il bien dire ou crier quelques secondes avant que le livre commence sans lui ? « Smilla, je t'aime ! » On le verrait bien dire ça, on l'entend, on court pour le rattraper.

J'aurai toujours un faible pour les romans où l'enfant subit la sauvagerie inavouable de ses géniteurs. Ils veulent son bien, et ils le mangent tout cru. Et quand il est mort, ils ont du chagrin, ces braves gens, des torrents de larmes à verser pour tous les siècles à venir. Ils s'en prennent à la terre entière, à leurs propres parents. Ainsi va l'univers et la littérature peut veiller tranquille en sa tour d'ivoire : on adore le mal, chez les humains, on adore le viol, la profanation, le crime imparfait, la violence gratuite, la mesquinerie, la trahison. On adore aussi la mer, l'amour, l'amitié. À présent fermez les yeux sans peur et…

Antarctique

… et débarrassez-vous d'Esajas, il a fini de porter sa croix, il dort chaussé de souliers vernis, oubliez Smilla, la neige et les orgueilleux parents, songez à du beau comme il en pleut sur la terre et sur la mer, à du « vivace » et du « vierge », à du « bel aujourd'hui », et puis tiens, rouvrez-les, regardez au bout du monde, le plus loin possible, encore plus loin. Voyez cette grande chose argentée en forme de hache ou d'« e » muet, là-bas, comme l'« e » dans l'« a » de la chanson « Laetitia ». C'est l'Antarctique, le pôle Sud, le frère antipodique du pôle Nord. Vous y êtes allé ? Moi non plus. Ce n'est pas la distance qui m'effraie, mais l'occasion qui n'a pas fait le larron. Bien sûr, on peut se demander pourquoi l'occasion fait certains larrons et pas d'autres…

Enfant, je préférais le pôle Nord au pôle Sud. Sans grande raison. Le sud et le froid polaire n'allaient pas bien ensemble. Contrairement au nord. Comme on est plus « sel » que « sucre », j'étais plus « nord » que « sud », voilà tout. Et puis, l'azimut « sud » contrariait mes grands-parents qui n'avaient d'yeux que pour le pôle Ouest, le Finistère, la famille. Que les traîtres aillent se faire pendre au sud, au diable…

Cette grande chose argentée, cet « e » dans l'« a », c'est donc l'Antarctique, deux fois l'Australie. Que s'est-il passé là-bas au cours des âges ? Infiniment rien. Pas d'humanité : pas d'Histoire, écran blanc. Le vent a soufflé sans interruption, la température chuté comme bon lui semblait, la glace ajouté la glace à la glace, et la goutte d'eau natale éternisé des jours heureux. Napoléon n'y est pas allé, personne, aucun roi. Aller là-bas pour quoi ? Se les geler ? Aucune ville à brûler, aucun peuple à spolier, aucune richesse accessible à mains nues

Il est vraiment très seul, ce continent virginal, en dehors de tout sentier battu. Lui aussi, le comte de Lautréamont aurait pu le traiter de « grand célibataire » flegmatique ou d'« immense blanc », ayant dédié son « immense bleu » à l'océan. Les marins sont allés jeter un œil, de temps en temps, les marins sont fouineurs, la tempête les porte à ça, l'appât du gain. Quand ils reviennent on ne les croit pas toujours, on les connaît, les marins, leurs salades. Et quand ils ne reviennent pas on pleure, on oublie. On ne sait même pas de quoi ils ne reviennent pas : si c'est la mer, la tentation, quelque nouveau monde, un rêve. Et que l'un d'eux rapporte l'Antarctique dans son bagage, il sera brûlé vif, *ecce homo*. Le Malouin Bouvet de Lozier rapportera l'île Bouvet, un morceau de calotte glaciaire australe, une espèce de dahu. Pas de quoi fouetter un renégat.

L'Histoire avance, évolue. En 1772, le Breton Yves Joseph de Kerguelen de Trémarec découvre les îles Kerguelen à l'extrême sud de l'océan Indien, tout près du cercle polaire. Il ne descend pas voir. Il est barbouillé, *gast* ! furieux d'avoir à relâcher dans ce patelin sans vie, sans apothicaire. Appelons ça les îles de la Désolation, dit-il à ses hommes, du fond de sa cabine, et retour à Brest. « Désolation » ça va, on évite le pire… Aux oubliettes, le Sud austral.

C'est la motorisation des bateaux, au XIXe siècle, qui l'extirpa du néant. Anglais, Norvégiens, Néo-Zélandais, Australiens, Chiliens, tous voulurent franchir le continent blanc de part en part, de mer à mer. Tous y vont, donnant des noms d'épouse, de reines avares ou dispendieuses, à des lieux ni faits ni à faire, revendiquant un droit régalien sur la partition d'une croûte terrestre assommée sous le poids monstrueux d'une chape glaciaire, l'*inlandsis*, quatre mille mètres d'épaisseur. La physionomie du socle rocheux dans cette carapace de froid éternel ? Nul n'est allé voir, et d'ailleurs comment ?

Le Norvégien Roald Amundsen, marin, explorateur, fut en 1911 le premier homme à planter son étendard au pôle Sud vrai, le point d'« inaccessibilité » – convergence parachevée du faisceau des méridiens, espace-temps « zéro », source brassée des océans confondus. Et les Français, ils plantent quoi ? On ne les a pas beaucoup vus au Sud, jusque-là, ils arrivent en retard. Dumont d'Urville découvre la Terre Adélie en 1840, le nom de son épouse (si elle voyait l'endroit, la pauvre, « balance ton pôle Sud ! »), et le commandant Charcot, glorieux capitaine du *Français* puis du *Pourquoi pas ?*, lève les plans des terres de Graham en 1908, soit la péninsule Antarctique à huit cents milles du cap Horn, celui-ci fin bout de l'Amérique du Sud. Plus récemment, en 1971, le Franco-Polonais Haroun Tazieff, un sismologue de génie, est arrivé au fond du cratère de l'Erebus – petit frère du Terror à l'est de l'Antarctique –, un volcan de quatre mille mètres de haut. Tout au fond, merveille, préservé du gel et des bourrasques givrantes : un lac de lave aussi pur que l'eau noire du diamant carbonado.

On n'étonnera personne en déclarant que l'Antarctique, pour invivable qu'il soit, est un bienfaiteur de la vie sur la terre, exerçant les pleins pouvoirs de son air pur à tous les niveaux du climat qui fait trembler aujourd'hui le ban et l'arrière-ban des vivants.

Les pleins pouvoirs ? S'il n'a jamais colonisé la région, l'homme ne s'est pas gêné pour la saccager dès qu'il s'en est donné les moyens. Il a violé le paradis terrestre des mers australes, comme il a violé tous les paradis naturels transmis par l'Évolution. Il s'est acharné sur les baleines, les phoques, les lions de mer, les morses, une telle boucherie qu'il ne reste plus aujourd'hui – tant mieux pour eux – que les goulus pingouins attelés par millions au festin du krill, le succulent crabillon que leur disputaient jadis les cétacés.

Vous ai-je dit que si le pôle Nord avait connu la verdeur avant la blancheur, le pôle Sud avait peut-être eu chaud avant d'avoir froid ? Il y a un bout de temps. On a retrouvé un os très loin sous la glace, si loin qu'on peut dater à deux cents millions d'années avant J.-C. la mort de son porteur vertébré. Pas un os humain, pas un os de baleine, pas un os de mammouth. Un os de mammifère, oui, mais quelle espèce carnivore ou brouteuse, on se sait pas. Est-ce à dire que le pôle Sud était un pays chaud, il y a deux cents millions d'années ? On a changé d'avis là-dessus. Ce n'est pas la température ambiante qui a migré au cours des âges, c'est le continent tout entier. Les autres continents bougent aussi, dérivent, la banquise du chaud répondant à la banquise du froid, le magma à la glace, et la croûte lithosphérique ripant sur l'océan de feu souterrain dont l'oxygène est l'écrin fermé. C'est dire s'il en a fait, du chemin, le nonos anonyme, avant d'arriver au pôle Sud. Et pourquoi cette fugue en solo ? Où sont passés les autres nonos du squelette ? La colonne vertébrale, la boîte crânienne, les dents ?

C'est en lisant dans un fjord norvégien les aventures antarctiques de l'explorateur Ernest Shackleton que je me…

Antipode

… que je me suis intéressé au pôle Sud. Le principe de l'exploration est bête comme chou. On va d'un point à un autre, on se fixe un but et cochon qui s'en dédit. Shackleton veut aller de la mer de Weddell à la mer de Ross. Il doit traverser à pied, dans leur longueur médiane, des solitudes jamais foulées par un être humain. Tel est son projet, son but, le plus grand voyage polaire jamais entrepris. Il échouera, mais peut-on parler d'échec pour une odyssée antarctique en enfer où l'explorateur, s'il n'est un héros d'Homère, n'a aucune chance d'en réchapper ?

L'*Endurance*, navire à voile et à moteur équipé d'un laboratoire scientifique, quitte Plymouth le 8 août 1914, destination la Géorgie, le poste le plus méridional de l'Empire britannique, à mille cinq cents nautiques du continent polaire. À bord, un équipage de vingt-huit volontaires et quarante chiens de banquise dont une chienne enceinte. Reparti de Géorgie le 5 décembre, l'*Endurance* est pris dans les glaces le 18 janvier 1915, broyé le 27 octobre, abandonné le 28. Aucun moyen d'alerter personne, et d'ailleurs qui viendrait les chercher ? Où ça ? Le photographe de l'expédition, James Francis Hurley, immortalise en partant cette épave contorsionnée, déchiquetée comme un oiseau par son prédateur. À défaut d'embarquer les chiens dans les chaloupes, la mer étant gelée, on les emmène. On a besoin d'eux. Ils tirent les traîneaux, les hommes les trois canots sanglés sur des patins. Où va-t-on ? On y va. On est britannique, on a le moral. Frank Worsley, le capitaine, est toujours le maître à bord. Il pense à la Géorgie, la terre habitée la plus proche. On a une boussole et, dès qu'on trouvera la mer, on voguera d'île en île, *God Save the Queen.*

Étrange et dramatique situation que celle de ces naufragés errant à pied sur un morceau de glace à la dérive autour du pôle Sud. La glace, une planche de salut ! D'après Worsley, elle dériverait dans le sens du soleil et, d'après Worsley, il y aurait de quoi faire les pieds au mur. Ouf ! disent les hommes. Le jour, ils tirent les canots, le soir ils dressent le camp pour eux et pour les chiens, la nuit ils écoutent chanter la glace – une vraie Castafiore –, au cas où elle viendrait s'égosiller sous leurs sacs de couchage, en duo avec la mer. Pour se nourrir, les fruits de saison : phoques et manchots à volonté, surtout manchots. On mange cru, cuit, bouilli. Pour se chauffer, le combustible local : la peau et la graisse de manchot. Un jour, un léopard de mer escalade une fissure et veut se jeter sur eux : il meurt fusillé en plein bond. Un Père Noël, ce léopard, l'estomac garni de poissons frais. Il n'y a plus qu'à les poêler à la graisse de léopard, délicieux. Les chiens n'ont plus rien à manger, ils dépérissent, un crève-cœur : on mange les chiens. « C'est un peu comme du bœuf, soupire le Dr Hussey, ils auraient adoré ça. » Par mer, sur leurs trois canots, ils atteignent un rocher en forme d'éléphant : l'île de l'Éléphant selon Shackleton et Worsley. Ils sont nombreux, les éléphants, au voisinage de l'Antarctique, ou plutôt les îles à nom d'éléphant. Les baleiniers exténués croyaient voir des pachydermes en furie, dans le temps, quand les tempêtes soulevaient la mer : tempête d'écume, tempête d'insomnie, mais c'étaient des amas rocheux qu'ils voyaient par troupeaux entiers, sauve qui peut !

C'est la déprime à tout-va, sur la grève gelée, le plus sinistre des *no man's land*. Allons chercher du secours, dit Shackleton, j'y vais. Accompagné de cinq hommes, dont Worsley, il prend la mer sur la baleinière *James Caird*, cap sur la Géorgie à mille milles de là. Dit comme ça, trois ou quatre mots à l'encre bleue, c'est assez anodin. Sur l'eau, c'est la perdition à chaque instant, l'angoisse, le froid, la soif, la faim, c'est la dernière chance à travers le plus vicieux des océans, c'est un pari absurde sur une coque de noix. Il faut écoper, écoper, écoper sans cesse, il faut gratter les embruns gelés sur la coque, oublier le mot « dormir », avaler du blizzard jour et nuit. Rivé à sa boussole, Shackleton voit enfin s'étirer une ligne blanche à l'horizon. Terre ! crie-t-il. Erreur, il a sous les yeux un « éléphant blanc », le genre de vague à vous culbuter un cuirassé. L'éléphant se meut dans la direction du *James Caird*, il a repéré la coque de noix, c'est un scélérat…

Plus tard, Shackleton dira qu'il y avait « quelqu'un », avec eux, sur la baleinière. Et d'autres hommes le diront aussi : « Quelqu'un. » Un ange, chut !… Si blanc soit-il, si vastes soient ses oreilles, un éléphant ne fait jamais le poids quand l'ange passe.

Voici deux oiseaux, un couple de cormorans huppés. La côte est proche, cette fois. Le lendemain, c'est l'ouragan, le pire que Shackleton ait jamais enduré : « Le vent rugissait en arrachant la crête des lames, noyant le paysage dans une brume aérienne de pluie battante, poussant l'embarcation vers des récifs abrupts où de grands glaciers descendaient dans la mer. »

Par chance, il y a « quelqu'un »… Et ce quelqu'un, mis pied à terre, va les escorter à travers des glaciers réputés infranchissables jusqu'à la station baleinière de l'île de Géorgie du Sud où la première personne à voir Shackleton est un enfant. Les anges sont des enfants.

Sir Ernest Shackleton est un héros absolu, celui qui défie l'impossible en mer grâce à Perlimpinpin : l'ange de survie qu'il a dans les tripes, dans l'âme. Bien des risque-tout, depuis son expédition fabuleuse, se sont frottés à l'Antarctique avec brio. Les Norvégiens Rune Gjeldnes, Erik Sønneland, Rolf Bae, les merveilleux Français Jean-Louis Étienne, Jacques Rougerie, d'autres encore, mais aucun ne vaut Shackleton. Depuis le 7 février 2017, il a son *alter ego* : l'Africain du Sud Mike Horn. Début décembre 2016, Horn aborde l'Antarctique au sud-ouest avec *Pangaea*, son voilier des glaces. Le 12, attelé à un traîneau de deux cents kilos, il se met en route, une route virtuelle, aucunement tracée. Cinq mille deux cents kilomètres plus tard et cinquante-sept jours, il atteint la base italienne Mario-Zucchelli.

Cinquante-sept jours !

En traversant l'Antarctique à pied, de mer à mer, en étant le premier homme à le franchir sur une longueur de cinq mille deux cents kilomètres, en solitaire, Horn a bien mérité la comparaison avec le Britannique. Certes, il avait des ailes de traction : de quoi se fracasser à chaque instant sur la neige glacée. Imaginons-le soulevé par les grands souffles polaires, tirant des bords supérieurs à deux cents kilomètres quotidiens. Dans l'inconnu, le jamais vu, jamais respiré. Dans l'éblouissant royaume de la mort *alias* la vie. « Je me demande si je suis bien sur Terre. » Il est passé, il a gagné, il y avait « quelqu'un ». Feu son épouse Cathy, son amour, sa muse, et ses deux filles Annika et Jessica pour qui ce « fakir » de la mer et des glaces est le plus aimant des pères, un spécimen unique au monde. Je parie que Shackleton aurait aimé lui serrer la main. Moi aussi d'ailleurs. À Horn, à Shackleton. Quel plus beau geste d'amitié entre deux inconnus ?

Qu'est-ce qu'il a d'inouï, ce Horn ? La mort lui fait crédit, chaque fois, la mort l'aime bien, met des anges à sa disposition, « quelqu'un ». L'impossible est sa mesure, son chemin de sagesse, le mot Liberté son unique horizon.

Va-t-on refermer cet épisode antarctique sans un mot pour les bateaux hors du commun de ces mortels hors du commun ? *Pangaea*, le voilier de Horn, un puissant navire de métal, symbolise l'idéal d'« adaptation » prôné par son maître. L'*Endurance* a le charme d'une allégorie quand il meurt dans les glaces, sacrifié à l'orgueil des humains. C'est à bord de ses canots « endurants », que les hommes vont sauver leur peau. Et j'ai gardé pour la fin l'histoire exemplaire de…

Aurora

… l'histoire exemplaire de l'*Aurora*, autre navire héros de l'expédition Shackleton. L'*Aurora* n'accompagne pas l'*Endurance.* Il est chargé de rallier l'Antarctique en mer de Ross, là où Shackleton a prévu de se rendre à pied, lui par le pôle Sud. Parvenus à destination, les hommes de l'*Aurora* installent une hutte sur le cap Evans. Elle est en planches, un toit de tôle ondulée, un poêle. C'est la première fois que s'allume un feu sur le sol antarctique. Certains marchent vers le pôle Sud pour déposer des vivres à l'intention de Shackleton. Solidement ancré en rade sur deux mouillages, l'*Aurora* est pris dans les glaces en novembre 1915. En mai 1916, un soir de tempête, la banquise disloquée se détache de la côte, arrachant les mouillages de l'*Aurora*, l'entraînant au large. Banquise et bateau dérivent conjointement deux mois durant, soudés entre eux. L'*Aurora* ne meurt pas broyé, lui, et c'est évidemment le miracle de « quelqu'un » s'il parvient mal en point mais vivant en Nouvelle-Zélande. Réparé, il reprend la mer, Shackleton à bord. Sidération des survivants du cap Evans voyant surgir cet *Aurora* qu'ils croyaient mort depuis longtemps et voyant débarquer, frais et dispos, un Shackleton censé arrivé de l'intérieur avec chiens et traîneaux. « Hello, Guys ! » Mike Horn n'aurait pas fait mieux.

L'Antarctique ? Sa virginité s'est détériorée depuis Shackleton. Le Sud fait saliver les financiers. Des conspirateurs climatisés l'auscultent à qui mieux mieux. Ils se demandent si c'est une bonne idée, tout compte fait, de lui épargner leurs prospections, forages, et autres assiduités invasives. Ils se réunissent beaucoup, ils siègent, ils votent, ils arpentent l'immensité, ce gâteau pas facile à partager. On avait parlé d'un sanctuaire de l'écologie, non ? Oui, mais la démographie galope, les enfants, il faut des moyens pour nourrir tout ce petit monde, pour l'éclairer, le chausser. On va faire de l'Antarctique bio, promis. Rentable, mais bio. En avant les derricks, sortez vos chéquiers.

De l'Histoire, il se dit qu' « elle ne repasse pas les plats », mais ce n'est qu'un bon mot. L'Histoire a toujours mis en contact les faibles et les forts, bon gré mal gré, et voyez où elle en est. Il arrive à l'Antarctique ce qu'il est arrivé à l'Afrique il y a des centaines d'années.

Des conspirateurs sont venus l'exploiter au nom du bien commun. Allez-vous en dépêtrer, des conspirateurs bienveillants ! Ils colonisent, ils tissent des liens, ils se fondent au paysage, installent leurs dieux, vous donnent à manger, ils sont plus chez eux que n'importe qui : ils aiment bien tout le monde, ils ont des valeurs. Il n'y a personne à dominer, en Antarctique, à déporter, il n'y a que la Nature. Est-ce qu'on peut la dominer, la Nature ? Ça dépend de la richesse du sous-sol, on peut toujours essayer, faire alliance avec elle – non la persécuter ni la dominer, pas de grands mots. Voilà ce qui s'est passé, en Afrique, cette région du monde où…

Afrique

… cette région du monde où l'ombre et l'eau sont précieuses comme la vie. On a joué sur les mots, promis la lune à des courtiers en chair humaine. On est arrivé par la mer, de toutes parts, et l'on a dépeuplé, dévasté des territoires entiers, fait de l'Atlantique un cauchemar pour tous ces bâtisseurs du Nouveau Monde capturés dans leurs villages – hommes, femmes, enfants –, et livrés enchaînés au *Good American Way of Life*. « Ce trafic a laissé dans la structure psychique de l'Africain une blessure profonde, douloureuse et durable, le complexe d'infériorité : le Noir, autrement dit celui que le Blanc, le trafiquant, l'occupant, le bourreau, peut arracher à sa maison ou à son champ, mettre aux fers, expédier sur un navire, exposer au marché, vendre aux enchères. » Ces mots sont de Ryszard Kapuściński, l'auteur polonais d'*Ébène*, le plus beau livre que j'ai lu sur l'homme en terre africaine, qu'il soit noir ou blanc : sur les rapports humains liés à la nature, à l'ombre, à l'eau, à la chaleur, sujets à la connerie. Et pas besoin d'avoir la fibre spécialement africaine, ni même d'être allé là-bas, pour s'identifier à cette histoire simple et bouleversante, aujourd'hui compliquée par l'esprit caritatif des Européens pour qui l'Afrique est d'abord un cas social, l'empire de la fièvre et du sida, la foire aux ONG, un gouffre à subventions.

Je connais peu l'Afrique noire. Je suis allé au Sénégal et à l'archipel du Cap-Vert, en bateau. Oh, je sais bien qu'il faut dire aujourd'hui « l'Afrique subsaharienne » et non pas « l'Afrique noire », et qu'il est indécent d'indiquer la géographie par le pigment, mais l'adjectif « noir » est si beau, si éclatant. À l'île de Santo Antão, du rivage, j'ai vu la mer passer du bleu pur au noir intégral en déferlant sur les hauts-fonds volcaniques avec des éclaboussures de neige tonitruantes, comme si l'on tirait au canon. Je pourrais retourner là-bas rien que pour voir le bleu passer au noir et le noir à cette poussière de neige, en déferlant. J'adore ces îles. D'énormes sauterelles se posent sur vous, elles vous regardent, elles se demandent sûrement qui va manger l'autre. Elles sont intimidées par le regard de la proie. Est-ce qu'elles ont une âme, un avenir dans la mort ? On croit aux esprits, aux îles du Cap-Vert et sur tout le continent africain : on est « animiste ». En bon Finistérien, je ne suis pas dépaysé par les esprits ni par les génies qui peuplent l'air ambiant, se font sauterelle à l'occasion. J'aimerais tellement, comme dans les œuvres de Lewis Carroll, que les animaux aient une voix humaine, de temps en temps, pour se moquer de nous. Et quand un oiseau fatigué viendrait se…

Abécédaire

… Et quand un oiseau fatigué viendrait se soulager sur la rose du compas à bord de mon voilier – c'est arrivé l'autre jour –, je pourrais lui donner un petit cours de vocabulaire marin. Comme à ceux d'entre vous qui ne savent pas ce qu'est « la rose du compas ». Il est vrai que la mer a ses tics de langage et qu'elle y tient. On peut croiser des mots déroutants, avec elle, et tant pis pour l'écrivain si le lecteur dérouté est un lecteur perdu, il n'avait qu'à lui donner les clés au bon moment. « Il m'embête, celui-là, avec son jargon d'initiés, comme si tout le monde avait fait les Glénans !… » Et pourquoi pas un *vade-mecum* nautique sous forme d'abécédaire, pour éviter les malentendus ? Un abécédaire au sein d'un abécédaire ?…

Ils sont magnifiques, les mots de la mer et des bateaux, et pas qu'à la mer : dans toutes les circonstances de la vie. Ne dit-on pas : « Mener quelqu'un en bateau », « lui monter un bateau » « c'est un sujet bateau » « naviguer sur Internet » « quel bon vent vous amène ? » ? Tel monsieur Jourdain, nous sommes les usagers inconscients d'une parole arrivée par la mer au cours des temps. Vous savez pourquoi ? Sur un voilier tous les mots sont concrets, doués d'un sens manuel et virtuel applicable ailleurs. Et modernité numérique ou pas, la mer prend plaisir à saliver dans nos faits et gestes les moins navals. « Démarrer », c'est « désamarrer », larguer les amarres ; « toucher le fond » se passe de commentaire ; « bien mener sa barque » aussi ; « se noyer dans un verre d'eau » (surtout si l'eau est salée) ; « se marrer comme une baleine » ; « virevolter », etc. Les expressions dérivées du flot marin sont légion : « couler à flots » « un débat houleux », « une affaire qui fait des vagues » (même les coiffeurs en font, des « vagues »), « à voile et à vapeur », « être vent debout », « c'est galère », la mer et les bateaux nous suivent à la trace. On ne dit plus « Jules », aujourd'hui, pour pot de chambre, le pot de chambre ayant plus ou moins disparu. Il devait aux galériens du Roi-Soleil son surnom impérial, « Jules » étant le prénom du cardinal Mazarin qui avait remis les galères de pénitence en activité. L'expression « tourner autour du pot » vient-elle de là ?… Il faudrait interroger Alain Rey, l'homme qui fait parler les mots comme la gitane la boule de cristal en duralex, sauf que lui n'invente rien.

Le vade-mecum océanique, j'allais oublier, le vocabulaire de base, quelques mots clés :

BÂBORD : C'est interdit, « bâbord », dans la marine française. Trop d'accidents. Il faut dire « gauche », terme affreux. C'est « bâbord », sur le *Costa Concordia*, en 2012, qui a coulé ce bidonville de luxe. Le commandant dit « bâbord toute » au timonier qui balance la barre à « tribord toute » : cinquante mètres de tôle déchirée, inondation, naufrage.

TRIBORD : Ce qui vaut pour « bâbord » vaut pour « tribord ». Interdit chez nous. On dit « droite », terme affreux lui aussi.

ABAQUE : boulier-compteur chinois ou japonais constitué de tringles sur lesquelles coulissent des boules. On a des bouliers sur les chaises hautes des bébés, des abaques. Ils ne sont pas nés qu'on leur apprend à compter. « Abaque » est aussi une tablette de navigation remontant à l'Antiquité, quand les calculs se faisaient à la main, à vue de nez. C'est une représentation graphique de courbes aidant à résoudre des équations compliquées. Vous voilà bien avancé.

ABYSSE, ABYSSAL : du grec *abyssos*, « sans fond ». Le mot désigne des fonds océaniques situés à deux mille mètres et davantage sous la surface de l'eau.

ANTHROPIQUE : qui résulte de l'activité humaine – le commerce, la pêche, l'aquaculture, l'extraction des ressources, vivantes, minérales, énergétiques, la guerre… Il en est bien d'autres.

BARBECUE : un mot qui s'est banalisé grâce à Léon Blum, un mot de vacances et plein air. Il n'est pas faux qu'il vient d'Amérique, exporté là-bas par les pirates français.

Ces rudes garçons des mers faisaient fumer et sécher la viande fraîche à l'arrière du navire, pour la conserver. Ils procédaient sur des plaques de métal, matériau à l'épreuve du feu. Les viandes ? Du gibier que l'on traitait par enfumage « de la barbe à la queue ». On ne s'étonnera pas de retrouver la formule dans « barbaque », fille naturelle de « barbecue ».

BATHYMÉTRIE : sondage des profondeurs de l'eau et des reliefs, qui permet de cartographier les fonds marins.

BENTHOS : fond de la mer. Un rapport avec les *dim-sum* et autres *sushi* ? Voire. Désigne les organismes vivant du substrat des milieux aquatiques, par opposition aux espèces pélagiques.

BIOCÉNOSE : êtres vivants coexistant dans un espace défini.

BIORÉACTEUR : appareil conçu pour obtenir une prolifération d'algues planctoniques favorisant la captation du dioxyde de carbone ou la production de biocarburants.

C'est moins concret que prévu, ces mots ? La mer ne les aime pas non plus. Et même elle les hait. C'est du charabia de vétérinaire. Mais il faut bien remettre l'animal sur pied. Et l'animal c'est nous, on l'oublie trop souvent. Quand on pollue la mer, on détruit l'homme.

BIOTOPE : milieu biologique offrant des conditions d'habitat stable à une espèce animale ou végétale.

BLANCHIMENT : surtout pas « blanchissement ». Stress pouvant entraîner la mort du corail. Il se traduit par une décoloration de l'animal. Causes du stress : variations de température, acidification, etc. Toutes sont anthropogéniques.

Dès qu'il y a « anthropo », on est en faute, on a raté plusieurs tris subjectifs, on doit s'amender.

Cyanophycées : Ce sont des bactéries photosynthétiques, capables de produire leur propre substance organique en utilisant l'énergie solaire. Présentes sur Terre depuis 3,5 milliards d'années, elles fixent le dioxyde de carbone et libèrent du dioxygène. Elles jouent un rôle essentiel dans l'oxygénation de l'atmosphère et des océans qu'elles désacidifient. On leur doit une fière chandelle.

Coccolithophores : squelettes des algues mortes. Ils tapissent les fonds marins.

Hélas, à tapisser les fonds marins il y a aussi pas mal de résidus. Tout va bien, en surface, c'est bleu, ça baigne. Mais au fond de l'eau, par-dessus nos amis les coccolithophores, la gadoue fait rage !

Conchyliculture : élevage des coquillages (huîtres, moules, coques, coquilles Saint-Jacques, ormeaux, etc.).

Ce mot-là devrait être enseigné dans les écoles maternelles.

Coraillage : prélèvement du corail. Le coraillage a causé la disparition des colonies de corail rouge, la majorité de ces colonies prélevées à des profondeurs dépassant les cent mètres.

Un mot sinistré, « corail », il faut lui venir en aide, le corail est la nourrice de centaines d'espèces exposées aux migrations suicidaires. Le corail, c'est nous.

Échelle : la mer a une tendresse pour ce mot qui désigne bel et bien l'objet réunissant deux montants de bois et plusieurs barreaux disposés à intervalles réguliers. Sur un navire, le mot « échelle » est employé pour « escalier ». Retrempé dans son étymologie, le mot gagne en nuance et diversité. Il nous vient du latin médiéval à travers le mot *skala* qui désigne la planche facilitant le débarquement ou l'embarquement. Et *skala* vient du grec *far sale.* Dans la marine, on parle des échelles du Levant pour les ports de la Méditerranée orientale où l'on peut débarquer par une échelle, et dès lors se ravitailler, s'abriter, se divertir au café du port – faire escale.

ÉCOSYSTÉMIQUE : relatif à un système écologique complet, biotope et biocénose. L'approche « écosystémique » est une stratégie de gestion intégrée des terres, de l'eau et des ressources biologiques favorisant leur conservation et leur utilisation.

Pourvu que les circonstances ne m'amènent pas à vous infliger trop souvent ce tour « écosystémique », si loin de mes façons de parler.

EUTROPHISATION : désigne la dégradation des milieux aquatiques par un apport excessif d'éléments provenant des engrais agricoles ou des rejets industriels et urbains.

ESTUAIRE : zone côtière où l'eau salée se fait douce au contact de la rivière, et salée la rivière au contact de la mer. L'estuaire est aussi la riche frontière entre le système aquatique marin et le système aquatique riverain. Si chaque estuaire engendre sa faune à lui, il attire aussi des espèces venues d'ailleurs se nourrir sur le vif des produits locaux. Il est de grands estuaires tel celui du Mékong qui rejoint la mer de Chine par neuf embouchures : on parle alors d'estuaire en delta ; le Mississippi, le Nil ou le Tigre ont des estuaires en delta. Il en est de moins spacieux comme les abers finistériens où l'on passe du milieu demi-sel de la rivière au milieu plein sel de l'océan, de l'eau grise à l'eau bleue.

FUMEURS : évents ou cheminée des sites hydrothermaux sous-marins par lesquels s'échappent des fluides brûlants (plusieurs centaines de degrés). On les appelle « fumeurs noirs » ou « fumeurs blancs » suivant la couleur des fluides qu'ils émettent.

Et ça grouille de vie autour de ces bouches de chaleur, ce qui n'est scientifiquement pas compréhensible, tant mieux, le mystère s'épaissit.

FUMIGATION : traitement des cultures par vaporisation de produits, éventuellement toxiques, pour en assurer la conservation.

HYDROSPHÈRE : ensemble des zones terrestres où l'eau est présente sous une forme liquide : océans, lacs, cours d'eau, nappes souterraines ; solide : calottes glaciaires, banquises, glaciers ; gazeuse : atmosphère.

Il y a plus d'océan sous la terre qu'il n'y en a dessus, cette idée m'enchante, Jules Verne est un visionnaire.

ICHTYOLOGIE : branche des sciences naturelles qui étudie les poissons.

LATITUDE : distance angulaire, hauteur d'un point au-dessus de l'Équateur.

LONGITUDE : distance angulaire d'un point au méridien d'origine. Latitude et longitude croisées donnent la position du navire.

MILLE : le mille marin sert à mesurer la distance parcourue sur l'eau. Il mesure 1 832 mètres. On peut dire aussi « nautique ».

NŒUD : unité de vitesse sur les navires. Correspond à un mille à l'heure. Un nœud à l'heure : pléonasme.

PÉLAGIQUE : qualifie le milieu de pleine mer par opposition aux zones côtières et au fond marin. Qualifie la biocénose attachée à ce milieu.

PHYTOPLANCTON : micro-organisme vivant d'origine végétale en suspension dans l'eau de mer. Premier chaînon alimentaire avec le zooplancton d'origine animale.

PHOTOSYNTHÉTIQUE : synthétisation de la matière organique sous l'action de la lumière.

PSYCHROPHILE : organisme capable de survivre et de croître dans des eaux dont la température est voisine de 0 °C – mers polaires ou abyssales.

PSYCHROSPHÈRE : partie inférieure de l'océan où les conditions biotopiques sont à peu près constantes, quelles que soient les latitudes ou les saisons.

TERRES RARES : groupe de métaux indispensables à certaines applications industrielles, en particulier la téléphonie.

Ce sont les Chinois, les grands fournisseurs de terres rares. Mais la France, plus grand espace maritime de la planète, pourrait en avoir énormément aussi. Grosse bagarre autour des gisements immergés : quoi est à qui ?

UPWELLING : remontée des eaux entraînant une quantité importante de nutriments sous-marins à la surface. Se produit sous l'effet des vents forts.

VIREVOLTER : eh oui, c'est du langage marin. « Virevolter », c'est « louvoyer », « tirer des bords ». Ces trois verbes distincts ont du sens pour celui qui rentre à la maison après avoir enterré sa vie de garçon. Tu « vires » et tu « voltes ». En mer, autrefois, on gagnait au vent par la manœuvre du « virevoltage ». Et d'ailleurs moi-même, tel un voilier impatient de franchir un cap, je vais gagner l'entrée suivante en…

Aimer la mer

… en tournant la page, c'est chose faite… Mer libre, enfin, page libre à perte de vue. Tout va bien pour vous ? Moi non. Il manque un mot dans l'abécédaire océanique, le plus important, le plus kitsch : « Aimer ». Allez définir « Aimer ». Il y a « mer » dans « aimer », ça ne suffit pas. Pourquoi j'aime la mer ? Je n'en sais rien. Montaigne n'a qu'à répondre à ma place : parce que c'est elle, parce que c'est moi. Et voilà tout.

Elle, moi.

Simple comme l'amour, un peu trop simple.

Je me suis psychanalysé, la nuit dernière, en pensant à vous, lectrice, lecteur. Je voulais cerner mes raisons d'aimer la mer, sans l'aide de Montaigne. À l'aube, enivré d'insomnie, j'ai couru à mon bureau dresser la liste ci-dessous. Est-elle « exhaustive », comme disent les ouvrages sérieux ? Je crois bien que oui. Et si non, je compte sur vous pour me signaler un manque éventuel, merci d'avance. Écrivez-moi à mon adresse de nostalgie, ce sera plus sûr :

M. Yann Queffélec
Maison blanche sur le port
L'Aber-Ildut-sur-Mer
Finistère, 29 N

Voilà où j'étais domicilié, dans mes bons jours.

Votre message m'arrivera tôt ou tard. Je vois mal pourquoi la poste serait moins zélée aujourd'hui qu'à l'époque où je répondais studieusement au courrier. J'y réponds désormais en écrivant des livres.

Mes raisons d'aimer la mer sont :

La mer
La mer
La mer

La mer
La mer
Un an
Deux ans
Trois ans
Quatre ans
Cinq ans
Six ans
Sept ans
Etc.
La mer
La mer
La mer
La mer
La mer
Dix-huit ans (Adieu, maman).
Dix-neuf ans.
Vingt ans.
Etc.
La mer
Etc.
La mer et moi
Moi et la mer
La mer, moi, la mer.

Tout le monde n'aime pas la mer, aucune obligation. J'en ai vu qui ne savaient pas quoi penser, face à la mer, ils cherchaient la botte de foin autour de l'aiguille. Une jolie maman à bicyclette, un après-midi, sur la dune de Sainte-Marguerite, son petit garçon avachi sur le porte-bagages : « Vous êtes du coin, monsieur ? Il y a quelque chose à voir, par ici ?... » J'en ai vu qui pinaillaient : « La mer ? Et la montagne, alors ? Hein, la montagne ? Autre chose que la mer ? Vous avez déjà vu un flocon de neige au microscope ? » J'en ai vu qui la critiquaient : « On ne peut pas dire que c'est beau, la mer, et déjà c'est plat. Et puis l'odeur, je suis très sensible aux odeurs »… J'en ai vu qui s'ennuyaient, à la mer, on ne voit qu'elle à longueur de journée, on n'entend qu'elle, même la nuit, c'est tuant, de l'eau, du vent, des mouettes, pitié ! » J'en ai vu qui méprisaient l'océan : « La Méditerranée, oui, ça c'est la mer, ça c'est du bleu, mais alors chez vous, cette marée qui monte et qui descend, toute grise, le côté : « Il fait beau dix fois par jour », merci bien !… » J'en ai vu qui méprisaient la Méditerranée, une mer tisane, une flaque sans vie. « Du Rungis tout craché, leur "bouillabaisse des calanques" ! Du "par avion" direct, oui, leur poisson du jour… Attrapé "bar" en Atlantique, mangé "loup grillé au fenouil" à Palavas-les-Flots, six mois plus tard ! » J'en ai vu qui tremblaient : « Vous avez eu des tempêtes, monsieur ? On pense à quoi ? On a peur ? On dit sa prière ? » J'en ai vu qui vous expliquaient la mer, toute la mer, rien que la mer, ils étaient professeurs de mer, ils étaient plus la mer que la mer, ils étaient la mer, le mal de mer, ils riaient, tempêtaient. J'en ai vu qui n'aimaient pas quand on aimait la mer : « Oh ça va, la mer !… Vous, le Breton, vous arrêtez ! »

J'en ai vu qui l'aimaient par habitude, en mer tous les matins sur une barque éternelle – un petit filet, un hameçon, une île, un frichti, le bonheur. J'en ai vu qui la traversaient, l'encerclaient, l'affrontaient, la voyaient comme les autres ne la verraient jamais, sans la dire, incapables d'ajouter un mot à cette vision qui les hantait comme une passion d'amour.

J'en ai vu qui n'en revenaient pas. Mon copain Marc Linski, le roi Marc, « guide de haute mer ». Il enseignait la course au large à Calvi. Il n'en est pas revenu, un jour, le 5 février 1996. Ils étaient deux sur *Karma*, le voilier qu'ils convoyaient, son père et lui, trois avec la tempête. Les sauveteurs ont retrouvé le corps de Jacques Linski, soixante-quatorze ans, traîné par son harnais derrière le bateau naufragé. Ils n'ont pas retrouvé Marc.

Le 6 février 96, Patrick Leroux écrit ceci dans *Libération* :

> « C'est au milieu des années 60 que Marc Linski a commencé à enseigner la voile au large à bord des fameux "Frioul", ces grands voiliers de quarante-cinq pieds. Il en aura six et se retrouvera sur la paille. Dans les années 70, ses équipiers s'appellent Alain Gabbay ou Florence Arthaud qui, hier, se sont tous deux rendus à Calvi. Il touche à la compétition et l'Ostar, la Transat anglaise, devient vite son aire de jeux favorite. En 68, roulé par une déferlante, il va passer dix jours à pomper l'eau qui s'engouffre dans son monocoque avant d'être recueilli épuisé au large de la Corogne. En 72, toujours au départ de la Transat anglaise, il ne pardonnera pas à Jean-Yves Terlain de l'avoir abordé avec *Vendredi 13* et de lui avoir arraché son balcon. Il le percute volontairement dans la minute qui suit. »

… Comment n'aurais-je pas un…

Arthaud (Florence)

… Comment n'aurais-je pas un pincement au cœur en lisant le nom de Florence Arthaud dans cet hommage à Marc ? En 96, elle avait déjà gagné la course du Rhum sur

Pierre Ier. Elle avait toute la mer devant elle, toute la vie. Elle voulait mettre sur pied une course au large alignant des filles, uniquement des filles, un parcours avec étapes autour de la Méditerranée. L'argent chipotait. Le nautisme français préférait le *yang* au *yin* et le prestige des voileux à celui des voileuses, si croquantes et célèbres fussent-elles. C'est pour gagner des sous (le picotin préféré du grand voilier) qu'elle est partie là-bas tourner *Dropped,* la réalité vue par la télé, la mort en direct depuis l'Argentine, mais n'importe quoi ! Adieu Florence, bon vent…

Elle a rejoint Marc, Tabarly, Colas, Vatine, Bourgnon, au royaume de l'imparfait, tant d'autres voileux. Elle n'a pas l'appellation de « péri en mer », contrairement à eux, et « péri en ciel » ne veut rien dire. La disparition en mer n'a strictement rien d'attirant, mais l'idée qu'un marin ne s'éteint pas en dérapant dans un escalier trop bien ciré correspond à l'image convenue que l'on peut avoir de son abnégation face aux lubies de l'immensité. Et sa mémoire s'en trouve grandie. À l'âge des premiers souvenirs formulés…

Atlantide

… À l'âge des premiers souvenirs formulés, j'imaginais qu'un marin perdu en mer ne l'était que pour les vivants, pour ses amis. Sous la mer il restait un marin, comme les sirènes, il était accueilli dans un monde secret. Et quand on me raconta l'histoire de l'Atlantide, ce qu'on en savait, je fus pleinement rassuré, confirmé dans mes intuitions. Les marins, les nageurs imprudents, les bateaux coulés descendaient tous continuer leur vie dans l'Atlantide, avec les autres noyés. On ne les aurait pas laissés mourir en mer s'il n'y avait pas eu l'Atlantide pour les héberger. Et les humains allaient tantôt ressusciter au ciel, tantôt sous la mer, dans l'Atlantide. Ouf, mon père n'était pas un fou qui régulièrement traversait l'Atlantique en paquebot, ou disparaissait je ne sais où sur des bateaux de pêche qu'il appelait chalutiers.

Un phénomène, cette île Atlantide ! Quel bourrichon ne s'est-on pas monté sur une fable d'écrivain comme il y en a des milliers. Un autre que Platon n'aurait jamais eu un tel succès à travers les âges, un succès grandissant. Ys, Avalon, Mu, qui parle de vous excepté les Bretons ? L'Atlantide, tout le monde connaît, veut en avoir le cœur net, il y a des fouilles, il y a des vestiges, des zélateurs, des témoins, des week-ends organisés, des tee-shirts, des pin's, des vidéos. Une euphorie que pas l'ombre d'un *carbonus quatuor decimus* ne permet d'amorcer, rien mis à part le *Dialogue* du maître en 389 avant J.-C. On ne sait même pas où situer la merveille, la chose. Aucune importance, d'ailleurs : on ne peut plus s'en passer, comme le Père Noël.

Dans son *Critias*, Platon fait l'éloge du « citoyen » assez vertueux pour clouer son bec au prédateur étranger salivant autour de la proie, la cité. Il imagine Atlantis, une thalassocratie de type spartiate – un vrai bijou pour les nazis –, située dans les ténèbres de l'Atlantique entre Gibraltar et les colonnes d'Hercule. Atlantis se propose un beau jour d'anéantir Athènes en cinq sec, nous vaincrons parce que nous sommes les plus forts. Mal en prend aux Atlantes de chercher noise aux Hellènes : ils sont défaits et leur inexpugnable paradis marin disparaît sous les flots, un clin d'œil apocalyptique de Zeus aux apprentis surhommes. Allégorie, métaphore, symbole, fait divers ? Comme Romain Gary, qui s'appelait Kacew qui s'appelait Ajar qui s'appelait Pavlovitch et Pied de nez, l'« austère » Platon n'y va pas de main morte. Il tient du sieur Critias, un parent à lui, l'histoire de l'Atlantis, une histoire vraie. Critias la tient de son arrière-grand-père, Dropidès, qui la tient d'un vieux juriste athénien, Solon, qui l'a entendue – sous le sceau du secret – par la bouche d'un grand prêtre égyptien du Temple de Saï, lequel fait remonter le chambardement d'Atlantis à neuf mille ans, un âge où Dark Vador et Cruella jouaient à la main chaude au Pays des trente-six mille volontés.

Atlantis, Atlantide, Platon, c'est la beauté simple du génie grec – libérant les puissances de l'esprit. C'est le maître mot contre la vitalité chaotique des origines. C'est l'homme défini par un « je » citoyen, par la méthode et par le droit, l'homme égal de l'homme devant les dieux à son image, libre de penser ou non, d'être ou non. C'est la lumière contre la nuit : lumière de la Méditerranée, brouillard de l'Atlantique – lumière et brouillard au double sens des mots. Atlantis est engloutie sous une coulée de boue, comme les faux âges d'or sous les alluvions des littératures. Atlantis est une vue de l'esprit, pas de quoi sortir le pendule.

Et moi qui croyais l'intelligence artificielle au pouvoir ! Plus on fricote avec les robots, plus l'Atlantide renaît. Les Atlantes sont partout, et déjà dans les coursives d'Internet où la rumeur ne traîne pas. On les a vus pavoiser à Syracuse, à Gibraltar, à Babylone, à Troie, on les a vus ahaner sous les menhirs de *pen ar bed* au temps des Goliath, s'inviter en Minoens aux tables rondes du commandant Cousteau, en 1976, au large d'Héraklion : qu'est-ce qu'ils nous veulent, ces courants d'air, ces m'as-tu-vu-jamais-vus, à la fin ?

Est-ce qu'ils sont fréquentables, seulement ? Ils n'ont pas fait partie de la bande à Himmler, sans doute ? On ne leur a pas envoyé les hommes-grenouilles du Reich, en mer du Nord, en 41, pour s'assurer qu'ils n'étaient pas juifs et qu'ils avaient le sang pur, *sieg heil* ? Et qu'on pouvait s'en faire une lignée ? Difficile à suivre, le serpent de mer, du Nord au Sud, aussi furtif qu'une anguille ou qu'un U-Boot cherchant sa trace. Une nouvelle chassant l'autre, c'est l'île de Santorin, désormais, qui recèlerait dans ses bas-fonds sous-marins l'immense cadavre de la cité maudite. On a retrouvé l'Atlantide, enfin. C'était donc vrai. On va pouvoir la renflouer, la ressusciter, la visiter, les Américains seraient déjà sur les rangs pour ouvrir là-bas le premier McDo subaquatique, avec le « Super XXXL Platon curry » en promo, boisson gratuite.

Est-ce vraiment la mer qu'il chérit, l'homme libre ? Ou son reflet dans le miroir de la mer ? Il n'a jamais vu l'Atlantide se réfléchir au creux des abysses : c'était donc faux ! mais le fantôme en bon état d'un planétoïde géant, le plus grand jamais entré en collision avec la Terre, il y a douze mille ans au nord-ouest d'Héraklion. Et ce planétoïde aurait jeté nombre de cités riveraines par-dessus bord, dont la prestigieuse Atlantide fantasmée par le philosophe grec. En Méditerranée, l'Atlantide ? Pas en Atlantique ? Tiens donc ! Quel embrouilleur, ce Platon ! Un mystère de plus à porter au crédit sans limites de l'univers. Si la mer a ses nuits inviolées : l'Histoire a les siennes, et l'innommé sa chance, un jour, d'être exhumé nommé – divulgué. Et ce jour-là…

Aléas

… ce jour-là sera dit le fin mot de tous les aléas venus changer la mer en fortunes de mer, comme si la mer n'était jamais le fruit du hasard mais l'histoire de chacun de nous rédigée dans les grands livres du Père et du Fils, de la Mère, ou de *quelqu'un* d'attendu par qui l'enchantement des choses imprévisibles suit son cours, délivre ou tue sous le regard des étoiles. Aléas quand Jules César franchit le Rubicon en – 50 : « *Alea jacta est* » ; aléas quand Robinson Crusoé nage à l'aveuglette, en janvier 1705, vers son île de rémission ; quand la frégate *La Méduse* va se jeter sur le banc d'Arguin, le 2 juillet 1816 ; quand le RMS *Titanic* esquive un peu tard les avances du gros bloc gelé, la nuit du 15 avril 1912, au sud de Terre-Neuve ; quand la torpille N° 1 de l'U-20 frappe à mort le flanc droit du paquebot

Lusitania, la « Reine des Océans », le 7 mai 1915, à 14 h 08, au sud-est de l'Irlande ; quand le jeune Van der Bilt offre son gilet de sauvetage à une serveuse qui l'offre à une femme enceinte ; quand le 12 janvier 1920 le paquebot *Afrique* chargé d'or, capitaine Antoine le Du, coule au large des Sables-d'Olonne ; quand le navire d'exploration *Pourquoi pas ?* du commandant Charcot se brise en miettes sur la côte islandaise, le 16 septembre 1936 ; quand Tabarly est éjecté du *Pen Duick* dans la nuit du 13 juin 98, en mer d'Irlande ; quand Alain Colas disparaît sur *Manureva,* ex *Pen Duick IV*, le 16 novembre 1978, au sud des Açores ; quand le surfeur William Finnegan voit la mort fondre sur lui dans l'œil du grand bleu, en 1978, la plus belle chose qu'il ait jamais vue passer. Quand Marc Linski disparaît, Loïc Caradec, Gerry Roufs, Paul Vatine, Dominique Guillet, Didier Bestin, Georges Lemétayer et les autres ; quand le chalutier *Bugaled Breizh*, le 15 janvier 2004, au sud des Cornouailles, est précipité sous la mer où des sous-marins jouaient à chat perché ; quand Laurent Bourgnon s'en va plonger sur la beauté des fonds marins, à l'atoll de Toau, le 24 juin 2015, et s'évanouit dans l'inconnu ; quand Florence Arthaud, tombée à l'eau la nuit du 29 octobre 2011, bottines roses aux pieds, au nord du cap Corse, se fait sauver par un hélico ; quand un hélico la tue quatre ans plus tard ; quand Thomas Coville, skipper du trimaran *Sodebo,* percute à vingt-cinq nœuds la muraille d'un cargo, le 2 novembre 2014 ; quand à trois nœuds sur le cotre *Diz-Kuiz,* le 27 juillet 1965 à minuit, je crois judicieux de passer entre la balise et l'écueil, et pan ! naufrage ; quand rien ne va plus, dans la tête des bateaux, quand la mer perd la boule, quand ça rend fou, méchant, retors, quand on ne l'aime plus, la mer, quand elle vous prend en grippe, quand la mauvaise étoile vous pique au sang.

S'il coule, le bateau, c'est qu'il a tout essayé, c'est qu'il est au bout du rouleau. Mais non, il ne coule pas, voyons, qui a dit ça ? Il fait un peu semblant, puis il revient à lui, à la mer. Il est touchant, le bateau rescapé, rentré à bon port tout esquinté, l'étrave arrachée, grand seigneur ou coque de noix. Que de souvenirs, que d'aléas sur le cœur. L'ingratitude est son lot, bien souvent. Il n'a pas les vieux jours qu'il mérite, les petits soins dont tout esquif est friand. Tu viens d'où, mon vieux ? Qu'est-ce qui t'est arrivé ? Pourquoi tu es sale ? Pourquoi tu es seul ? Pourquoi tu es moche ? Quel qu'il soit, c'est toujours le même bateau négligé par celui qui l'aima d'amour fou, se ruina jadis pour ses beaux yeux. Il est en fer, en plastique, en contreplaqué, tout ce qu'on veut, mais c'est bien lui, c'est bien toi. Il moisit au ponton, foc bouchonné sur l'étai rouillé, range-moi ça ; il est plein d'eau, tu n'as qu'à pomper ; il a brûlé, tu n'as qu'à pas être en bois ; il gît sous un mélèze qui lui pleut ses brindilles sur le pont ; il se morfond contre un mur où la vigne vierge le prend en affection, lui demande… Qu'est-ce que la vigne vierge peut bien demander à une carcasse de bateau : Il est passé où, ton mât ? Ton gouvernail ? Ton capitaine ? Ton océan ? Il a mille avatars, ce bateau. Il est petit ou il est grand : c'est un grand bateau relégué sur un plan d'eau silencieux avec d'autres bateaux silencieux mouillés pour toujours, leurs grosses chaînes croisées sur le nez, leurs écubiers chassieux de rouille, comme d'énormes yeux, et bien sûr – DÉFENSE DE MONTER À BORD.

À Brest, je suis monté à bord du cuirassé *Richelieu*, du porte-hélicoptères *Jeanne d'Arc* avant sa déconstruction, du porte-avions *Clemenceau* avant sa déconstruction[1]. Un hasard, si ce sont des navires de combat. Pour moi, c'étaient des bateaux, d'incroyables villes fantômes que mes pas réveillaient dans leur songe. On dit « villes », on pourrait dire aussi bien forêts, labyrinthes, châteaux invisibles dans la nuit noire. C'était la nuit noire, le monstre du bateau. C'était son haleine que je respirais dans chaque salon, cafétéria, salle à manger, cabine, soute, local, hangar où s'entassaient des chaises, des extincteurs, des masques à gaz, des chaînes, c'était son esprit tentateur qui m'attirait dans tous les recoins du navire, me faisait surplomber des précipices, emprunter : sas, passerelles, échelles, coursives alambiquées, boyaux longés d'interminables tuyauteries marquées de sigles rouge sang, de croix, de numéros. Je m'éclairais à la torche, je redoutais qu'elle s'éteigne et que la nuit me tombe sur le poil, me reconnaisse et me transforme en nuit. Je m'asseyais au cinéma dans les fauteuils détrempés du premier rang, rayon lumineux braqué sur le mur écran. Si j'avais peur ? Une trouille bleue, géniale. C'est le silence qu'on entend, là ? Ces échos, ce babil, ces craquements, c'est quoi ? Loup, y es-tu ? La rumeur courait d'un matelot égaré dans les profondeurs du vieux *Richelieu*, jamais retrouvé. Deux cents kilomètres de coursive, une paille ! Manquerait plus qu'il me tape, sur l'épaule, le matelot : « C'est quoi, le début du film ? » Dans la

1. On ne démolit pas les navires périmés, dans la Marine française, et puis quoi encore ! On ne les déchire plus, ne les démantèle plus : on les déconstruit.

salle des machines du *Clemenceau*, quelque chose brillait au milieu des gravats, un petit écriteau rougeâtre.

Il disait :

ATTENTION
LE RACLEUR D'HUILE DOIT ÊTRE RETIRÉ
AVANT DE SOULEVER LE CHAPEAU DE PALIER

Il m'a ému, cet écriteau. Pendant quarante ans, par vagues successives, les mécanos du porte-avions n'ont jamais soulevé ce fameux « chapeau » sans retirer d'abord ce fameux « racleur ». Et ceux qui l'ont fait l'ont bien regretté, j'imagine. Voilà onze ans que l'écriteau dit ATTENTION sur la porte de mon bureau. C'est un peu comme la messe en latin. On ne comprend pas toujours, mais on sait qu'il faut bien faire les choses, et la conscience ne s'y trompe jamais. Et puis la tournure « Ne pas… sans » est une morale pour écrivain, un *carpe diem*. Attention : ne pas écrire sans avoir lu ses confrères morts ou vifs. Attention : ne pas allonger la phrase sans être sûr qu'elle en a envie. Attention, Attention, Attention… Oh, je sais ce que vous pensez : que j'ai lésé le bien public en dérobant un objet attaché au porte-avions *Clemenceau*, un navire d'État que vous avez payé sur vos deniers. *Mea culpa* ? J'ai fait bien pire.

Au cœur des années 70, les plus belles de ma vie malgré la mort de ma mère, un chalutier sans pavillon s'éternisait à Concarneau, probablement saisi, jamais dessaisi. En attendant, il filait de parfaites amours de rouille et d'abandon avec les remparts de la Ville close. Chaque année, de passage en voilier, j'allais frapper mes amarres aux taquets du vieux baroudeur, et je lui rendais une petite visite amicale, en voisin d'été, la nuit. Et c'était comme les « régulières » dont chaque client s'imagine ou veut s'imaginer être le seul ami régulier : j'imaginais être l'unique rendez-vous du chalutier, d'une année sur l'autre. Mêmes relents de mazout, même humidité stagnante, même silence… oh je dirais volontiers : « paranormal », mais c'est l'esprit humain qui sécrète un charme paranormal, sur les épaves des navires esseulés, depuis les temps obscurs où l'homme, la nuit, avait peur d'être mangé tout cru. Les portes grinçaient, un ciré verdâtre pendait à un croc dans la cambuse, une botte donnait un coup de pied dans le néant, les vernis s'écaillaient sur l'antiroulis des bannettes, les miroirs écaillés du lavabo produisaient un reflet chétif de ma personne ou recyclait mon reflet d'une autre année qui m'abusait : rien ne changeait si ce n'est que les bimbos à gros seins des magazines pour camionneurs avaient déserté les cabines sans public. Je descendais aux machines par deux échelles à pic : un moment de recueillement devant le moteur et je montais rêvasser à la passerelle. Par les vitres embuées j'apercevais Concarneau et ses luminaires de cinéma, je voyais clignoter les loupiotes du bar de nuit « Les Korrigans ». Il aurait fallu la fin des haricots pour que je n'aille pas là-bas m'en jeter un avec mes copains des Glénan.

C'est aux « Korrigans », en novembre 78, qu'une voix nauséeuse m'apprit la nouvelle. Le *Saturanzar* quittait la ville pour un pays d'Afrique, il serait remorqué avant la fin du mois. Sorti du bar, j'allai lui faire mes adieux, le périple habituel : cambuse, bottes, ciré, cabines, lavabo, baille à chaîne, passerelle. Jean Valjean claqua des doigts, et franchissant la baie vitrée un rayon de lune se posa sur le dôme ruisselant du compas. Et Jean Valjean, qui n'est pas un dieu, pas un homme, rien de moins que le prête-nom du destin auquel nul individu ne désobéit sans être châtié, Jean Valjean me souffla : Mais qu'est-ce que tu crois, vaniteux Breton ? Que ce compas a aucune chance d'atteindre l'Afrique sur ce bateau ? Qu'ils vont se donner la peine de la remettre à neuf, cette passoire ? Pour des Noirs ? Que leur plan n'est pas d'aller la couler loin des yeux, sans témoin ? Avec ses cuves de fuel et ses gaines amiantées ? Il n'est pas à toi, ce compas, mais prends-le. C'est du vol qualifié, mais prends-le, sauve-le, sauve-toi. Fais-en le symbole du choix. De la liberté d'aller par ici ou par là. Dans le mur ou dans la suite heureuse que tu as prévue, choisie. Ne laisse pas les crevettes en faire leur butin, imbécile ! Contrairement à toi, les crevettes n'ont pas le choix. Sur ce, Jean Valjean s'envola. Si je lève la tête, en ce moment, m'apparaît sur un tabouret le compas de route du chalutier pélagique *Saturanzar,* sous le « racleur d'huile » et le « chapeau de palier ». Il indique le Noroit depuis mon dernier déménagement, il y a dix ans. Pourquoi le Noroit ? Reviens, Jean Valjean.

Main basse, je l'ai faite sur deux objets sans grand intérêt pour les crevettes, ce soir-là. Outre le compas, j'ai rapporté sur mon voilier une double page d'écriture affichée dans le bureau de l'OFFICIER EN SECOND, deux grands feuillets plastifiés comme ces menus des bords de mer où la « sole de petit bateau de 300 grammes » est disponible à longueur d'année. Cet imprimé, fac-similé d'un journal imaginaire, reproduit sur quatre colonnes, en anglais, le rapport de mer d'un capitaine de cargo dans l'embarras. Je ne l'ai plus, mon imprimé. Quelqu'un s'en est emparé. Un Jean Valjean peut en cacher une autre. Le voleur volé. Mais le bon Dieu m'a fait présent d'une mémoire à dormir debout et l'insomnie n'est jamais un pensum pour moi. Je vaque à mes souvenirs, je ris aux larmes en récitant tout bas ce rapport de mer qui mériterait le Goncourt de la drôlerie navale.

Vendredi 5 janvier 1962, Shining-Moon, 21 heures 21 GMT.

Monsieur le Président,

J'ai le très regrettable devoir de vous écrire cette lettre alors que la situation du navire n'est pas absolument sous contrôle. Il est infiniment malheureux qu'un aussi petit malentendu puisse avoir de telles suites. J'espère que vous pourrez lire ce rapport, aussi détaillé que possible, et vous faire une opinion par vous-même, avant de prendre connaissance de l'incident par les médias. Je suis en effet convaincu, ayant déjà eu affaire à eux, qu'ils auront tendance à déformer la réalité objective des faits et leur portée dans l'opinion. Je tiens par avance à rétablir la vérité.

La nuit tombait à Shining-Moon. Nous venions d'embarquer le pilote à l'ouvert du chenal des Buoys, R.A.S. Le novice n'avait plus qu'à changer le pavillon « H » (« Nous attendons le pilote ») par le pavillon « G » (« Pilote à bord »). Très jeune, c'est son premier embarquement, il éprouvait quelque difficulté à envoyer correctement le pavillon « G ». Par conséquent, je me suis résolu à lui montrer comment procéder. En affalant le pavillon « H », je lui ai donné l'ordre d'usage : « Let go ! » (Laisse filer.)

À ce moment-là, un appareil de ventilation s'est déclenché par une grille du pont supérieur, couvrant ma voix. Aussi j'ai dû répéter l'ordre beaucoup plus fort, par deux fois. Simultanément, le second capitaine sortait de la timonerie, sa VHF individuelle à la main (il venait de porter notre position et l'heure sur la carte). Ne comprenant pas que je m'adressais au novice, il crut sans nul doute que je parlais de l'ancre parée à mouiller au cas où. Croyant bien faire, il répéta l'ordre dans sa VHF, mais à l'intention de l'équipe de manœuvre du premier lieutenant, celle-ci en position sur le gaillard d'avant. L'ancre bâbord n'étant plus saisie (une mesure de sécurité courante en manœuvre), l'ordre fut confirmé et immédiatement exécuté.

Mouiller une ancre lorsque le navire fait route en allure de manœuvre est insuffisant pour casser l'erre d'un bateau. Son effet se cumula avec celui du vent et notre navire continua d'avancer. De plus, quelque chose fut accroché par l'ancre, j'y reviendrai. Je souhaite que rien d'autre que les freins de chaîne n'ait été endommagé par l'incident sur la ligne de mouillage, mais rien n'est moins sûr. Naturellement, tendue comme elle l'était, la chaîne fit venir subitement le navire sur tribord, en direction du pont tournant situé au confluent des deux fleuves, en amont de notre dernière position notée au journal de passerelle. On peut dire que l'opérateur du pont a montré une grande présence d'esprit en ouvrant le pont lorsqu'il vit le navire arriver droit sur lui.

Par malchance, il oublia d'arrêter la circulation au préalable, détail important à cette heure de sortie des bureaux. Le résultat fut que le pont, partiellement ouvert, déposa sur notre plage avant une Volskwagen Golf, deux cyclistes, et une camionnette transportant du bétail.

À l'heure où j'écris ces mots, Monsieur le Président, l'équipage est encore à courir après le bétail entre les panneaux de cale. À en juger par les sons qui m'arrivent, ce sont très probablement des porcs.

Dans ses efforts pour stopper le navire, le premier lieutenant, toujours à l'avant, pensa mouiller l'ancre tribord. Je suppose qu'il était déjà trop tard. Quand il put le faire, l'ancre libérée à l'aplomb du quai tomba directement sur la cabine de contrôle du pont tournant.

Chose étrange, à l'instant précis où l'ancre bâbord touchait le fond de la rivière, il y eut une coupure d'électricité sur toute la ville, celle-ci subitement plongée dans le noir. Le fait que nous passions alors sur une « zone de câbles » laisse supposer qu'il n'est pas impossible qu'un ou plusieurs d'entre eux aient été touchés de notre fait. À propos, il est tout à fait heureux que les grands câbles électriques arrachés par notre mât de charge n'aient pas été sous tension ce soir, probablement remplacés par ceux du fleuve. Avec l'obscurité ambiante, il est trop tôt pour se faire une idée précise de l'endroit où sont tombés les pylônes.

Je reprends. Juste après avoir mouillé l'ancre bâbord, le bateau commençait donc à éviter. Parant au plus pressé, j'ai ordonné à la machine, par deux coups de sonnette du chadburn : EN ARRIÈRE TOUTE. Le navire ne réagissant pas, j'ai téléphoné à la salle des machines pour obtenir la puissance maximale en arrière. Une voix m'informa que la température de la rivière était à 11 °C, puis j'eus en ligne le second mécanicien me demandant quel film on diffusait ce soir à la vidéo. Ma réponse au mécanicien, je crois, n'ajouterait rien d'utile à ce présent rapport.

Monsieur le Président, il est dit que la réaction des étrangers devant les situations délicates me surprendra toujours. À l'instant même, le pilote embarqué, un officier naval pakistanais, semble avoir perdu son sang-froid. Il gît sur le canapé de la chambre de veille, se frappant la tête contre la cloison après avoir bu la totalité d'une bouteille de gin, en un temps digne de figurer au Livre des records. D'autre part, je me fais un devoir de vous signaler que le capitaine du remorqueur ne réagit pas mieux aux divers incidents de la soirée. Notre maître d'hôtel a d'ailleurs dû l'enfermer à l'infirmerie où il me hurle de faire des choses incohérentes avec mon navire et mon équipage.

L'équipe de manœuvre arrière, elle aussi, a eu son lot d'ennuis. Quand l'ancre bâbord fut mouillée, le second lieutenant et ses hommes étaient en train d'envoyer la remorque à ceux du remorqueur. L'embardée inopinée du navire fut telle que le remorqueur se retrouva engagé sous notre voûte arrière à l'instant même où je lançais la machine en arrière.

La réaction du second lieutenant fut très rapide, Monsieur le Président. Il empêcha le remorqueur de couler comme une pierre en virant aussitôt la remorque au cabestan. Ce qui d'ailleurs eut pour heureux effet le sauvetage immédiat de l'équipage et du capitaine.

Veuillez également trouver ci-joint les noms et adresses des conducteurs et cyclistes tombés sur le navire, avec les coordonnées de leurs compagnies d'assurances respectives. Le premier lieutenant a pensé à tout noter après une évacuation dans la hâte de la plage avant. Ce qui nous permettra, le moment venu, de réclamer des dommages et intérêts pour les avaries et dégâts divers subis par le panneau de cale et son dispositif électrique d'ouverture.

Nous en sommes là, Monsieur le Président, pardonnez-moi d'avoir été si long. Je me vois obligé d'interrompre ici ce rapport préliminaire, n'arrivant plus à me concentrer. En effet les sirènes et les gyrophares de la police se rapprochent rapidement, exigeant ma présence en uniforme à la coupée. J'ajouterai toutefois qu'il est désolant, frais émoulu comme il est d'une école d'apprentissage maritime, qu'un novice ignore qu'il n'est pas nécessaire d'envoyer un pavillon après la tombée de la nuit. Sans cette malheureuse initiative de sa part, rien de tout cela ne serait arrivé.

Il va sans dire, Monsieur le Président, que je reste à votre entière disposition. J'ai toute confiance dans l'interprétation raisonnable que vous jugerez bon de donner à cette affaire, quand bien même la brèche ouverte par le remorqueur sous notre flottaison me contraindrait à ordonner l'évacuation imm…

Et n'oublions pas de rendre à César sa parole de fatalité :

ALEA JACTA EST.

Ce qui veut dire, on le sait tous : « les dés sont jetés », et c'est probablement César l'inventeur du…

B

Sur une plage il y avait une belle fille
Qui avait peur d'aller prendre son bain
Elle craignait de quitter sa cabine
Elle tremblait de montrer au voisin
Un, deux, trois, elle tremblait de montrer quoi ?
Son petit itsy bitsy, teenie weenie, tout petit, petit bikini

Johnny Hallyday

Bateau

… et c'est probablement César l'inventeur du jeu des « Petits chevaux ». Si j'y ai beaucoup joué, à contrecœur au demeurant, j'ai toujours préféré les « petits bateaux » aux « petits chevaux ». Non que leur petitesse eût un attrait particulier, supérieur à celui des grands, mais un immense bateau réduit au maximum pour évoluer dans un appartement bourgeois, permet à l'imagination d'entreprendre sans peur les croisières les plus risquées, comme si la pleine mer était directement reliée au mitigeur de la baignoire – avant-dernière porte au fond du couloir. Tels des poupons géants en miniatures, j'ai baigné de mes propres mains le paquebot *Normandie*, le paquebot *France*, le cuirassé *Jean-Bart*, le croiseur *Toulouse*, le quatre-mâts *Victory*, le clipper *Cutty Sark* – bateaux de légende s'il en est –, certains en plastique thermoformé, d'autres en bois tourné. Je les ai baignés, coulés, sauvés, détruits. Mais ceux dont les ablutions m'ont le plus excité, enfant, sont des navires de guerre versaillais : versaillais parce que tous mis en chantier à la maison des Pages, une espèce de folie du Roi-Soleil déclinant.

La maison des Pages est un ancien hôtel particulier où ma tante Germaine et mes cousins Malo et Marie-Louise ont leur appartement au troisième, dans les années 50, vue sur les arrières du parc royal. Mon oncle Louis n'est plus. Malo sert en Indochine, lieutenant, patriote, militaire sous contrat. Il aime tant la mer et la marine qu'il a sculpté au couteau, sans en oublier une, les unités de la flotte de guerre sabordées à Toulon en 42. Sculptées, fignolées, peintes – le gris pâle exact de l'armée navale. Elles font la taille d'une souris, alignées à plat sur la corniche du lit clos, dans la salle à manger. Pas toutes, une petite quarantaine, jamais époussetées, même la poussière est sacrée.

Invité à passer quelques jours à la maison des Pages, le temps que mon frère Tanguy vienne au monde et prenne goût à l'air du temps, je n'ai d'yeux que pour cette marine de fer en bois qu'on dirait vrai, sur le point d'attaquer les amaryllis du papier mural. Ils me font baver d'envie, ces contretorpilleurs, ces avisos, ces escorteurs. Mon cousin parti à la guerre, pourquoi n'en ferais-je pas mes joujoux ? Non, dit tante Germaine. Non, dit Marie-Louise. Même pas un ? Non. Toucher à ces bateaux, c'est fragiliser la marine française, fragiliser les dieux, fragiliser l'intégrité corporelle d'un frère et d'un fils, d'un cousin exposé aux tirs de l'ennemi. Ces navires sont à lui, pas à toi, pas à nous. Chacun d'eux, si modeste qu'il parût dans cette expédition punitive à l'arrêt, représentait la voix, le sourire à fossettes de mon grand cousin, l'espoir de le récupérer sain et sauf. Tu n'as qu'à les toucher avec les yeux.

Non, c'est oui. Et tout enfant de cinq ans, lorsqu'on lui dit non, entend oui. Cherche la lime pour attaquer les barreaux. Recouvre sa liberté. Prend la mer. Un jeu d'enfant.

J'étais épanoui comme jamais, grisé, quand Marie-Louise entra dans la salle de bains au cœur de la bataille. À peine si je la vis, dans le feu de l'action. Elle était belle, j'étais beau. Je venais lâchement d'attaquer l'ennemi supérieur en nombre, de venger Malo, seul contre tous, mes bouches à feu crachant la mort par-dessus le rebord du lavabo dépassé par la violence de l'engagement. Ma cousine étouffa un « oh ! » décourageant. Sa réaction m'attrista, indigne d'une sœur de soldat. Rouge comme une tomate, elle marcha dans les flaques d'eau pour neutraliser les deux robinets vainqueurs, ne comprenant pas que les volutes de buée symbolisaient la canonnade, la mort et l'eau une effusion de sang. Elle nous dérangeait, nous offensait : moi, le capitaine de la guerre, et lui le petit aviso gris que je serrais dans mon poing, le plus humble tireur d'élite que j'ai trouvé sur la corniche. Elle dit seulement : « Ce n'est pas bien », en tendant la main. Je me mis à pleurer. Bien la peine d'avoir tué tous ces gens.

La nuit porta conseil à Marie-Louise. J'avais semé une inondation pas possible dans la salle de bains, bafoué les intouchables bateaux, trahi la confiance de ma tante Germaine, et la sienne : je méritais une punition. Et puisque les bateaux ont l'air de tellement t'intéresser, c'est toi qui vas réparer celui-là, un pinardier chinois. Il est très abîmé, ça t'apprendra ! Si tu as la patience de le remettre en état, ta tante Germaine et moi nous voulons bien t'en faire cadeau, et je ne crois pas que Malo s'y opposerait. Mais si tu ne l'as pas... D'ailleurs non, je suis sûre que tu l'auras parce que tu es un bon garçon, dans le fond, et que tu fais rire ta tante Germaine, et elle en a tellement besoin en ce moment. Tiens, je t'ai acheté de la colle et de la ficelle, tu n'as plus qu'à te retrousser les manches.

Un enfant peut-il rêver plus délectable châtiment, quand il aime la mer et tout ce qui va sur l'eau ? J'installai mon chantier naval dans la cuisine et j'examinai mon pinardier blessé. Ecchymoses, contusions, rien de grave. Il s'agissait d'un beau voilier verni à flottaison noire et fond plat, l'avant relevé, un large gouvernail à charnière, une plate-forme arrière, et sur la plate-forme un amas de barriques empilées, collées entre elles. Il n'était pas bien malade : étrave décollée, mât déboîté, cordages en tous sens, voiles chiffonnées. On tirait sur un fil : le mât se redressait, les voiles se déployaient. Un point de colle sur l'étrave : elle ne bâillait plus. Une pression sur le haut du gouvernail : la charnière tordue reprenait l'équerre. Il était irrésistible, mon pinardier chinois. Long comme deux fois mon pied de quatre ans. Depuis quand n'avait-il pas flotté ? Jamais, peut-être. Il allait prendre la mer, avec moi, naviguer, et j'eus aussitôt la vision du robinet à double manette qui faisait monter la marée dans les baignoires et rugir les tempêtes fumantes.

— Il n'a jamais été aussi beau, me dit Marie-Louise, je suis très contente. Ah, tu viens d'avoir un petit frère, il s'appelle Tanguy. Mais ça ne veut pas dire qu'on t'aimera moins.

— Et c'est quoi, un pinardier ?

— C'est un bateau qui livre du vin. Celui-là desservait le fleuve Yang-Tsé-Kiang il y a des centaines d'années. Il ne livrait pas du vin, mais de l'alcool de riz, c'est un « sampan ».

— Je l'appellerai Tanguy. Tanguy Sampan.

Ma tante Germaine vint m'embrasser, elle aussi très émue, très contente pour le pinardier.

Je n'osais plus dire un mot. J'avais peur qu'elles changent d'avis, maintenant qu'il était sur pied. C'est à n'y rien comprendre, les adultes. Ils vous crient dessus pour une bêtise de rien, et en guise de punition vous offre leur plus beau trésor. Il y a sans doute une explication, mais je ne la connais pas. Peut-être qu'elles avaient honte, ma cousine et ma tante, d'accorder autant d'importance aux petits morceaux de bois tout gris du lit clos, objectivement moins ouvragés, moins beaux que le pinardier chinois. Mais il y avait ce fils à la guerre, ce frère, il y avait cette guerre de tous les temps, dans la famille, et la valeur des choses s'en trouvait bouleversée : un cuirassé taillé dans un pied de chaise vermoulue devenait comme un crucifix, le seul bien qu'on voulût emporter dans la tombe ou pour lequel on aurait pu mourir de son mieux, tuer.

Il existe toujours, ce pinardier chinois rafistolé. Chez ma sœur Anne. Il descend le Yang-Tsé-Kiang sur son grand piano. Il en a enivré des fleuves, des souvenirs, avant d'en arriver là. Est-ce qu'il se rappelle son retour à la vie, en 1954, à Versailles, dans une cuisine où s'équeutaient les haricots verts du dîner, juste après la naissance de Tanguy ?

En l'honneur du sampan renfloué, de la…

Bain de mer

… de la bonne ambiance revenue, fut chanté en chœur le « Petit navire » affamé, l'air le plus doux qui soit, le plus joyeux, pour informer ce brave enfant do qu'il a tiré la courte paille, et que sitôt ses yeux fermés, il sera tourné à la broche et mangé par la compagnie. De toutes les chansons vespérales aux vertus dormitives, la seule à m'entraîner dans un rêve, une histoire, un grand amour de la nuit, parlait non pas d'un mousse en proie aux appétits brutaux des marins, mais d'un cordonnier, d'une fille indécise, et d'une rivière où buvaient les chevaux du roi. Encore aujourd'hui, je ne suis pas sûr que cette chanson ne soit pas l'un des plus beaux poèmes de la langue française, né du gosier fredonnant d'un ménestrel aux chausses percées. En y réfléchissant, la berceuse à laquelle un enfant ne résiste pas l'endort toujours au pays des merveilles, de la beauté, là où l'on est libre à tout âge d'avoir des secrets heureux. Je vais vous en dire un, de secret, et je serais mort plutôt que de l'avouer à l'âge où il me dévorait les sangs. Moi, « petit cordonnier » des années 50, et toi la « belle aux marches du palais », la belle à la vie à la mort, nous nous retrouvions à la rivière, le soir, rien que tous les deux, et tu étais blonde, et tu portais un bikini jaune, et tu avais les mêmes lunettes que ma maîtresse de l'école paroissiale, les mêmes yeux pas tout à fait droits, et tu m'épousais.

Qui prononçait « bikini », chez nous, dans les années 50 ? Qui, de mes cousines ou de mes tantes, aurait osé se montrer à la plage en « bikini » ? Osé trouver ça charmant, seyant, à la mode ? Cette injure à la pudeur ? Ce moulant rempart d'hypocrisie ? Cet éloge éhonté du vice, outrage à la Vierge Marie ? Mes chastes enfants, vous si pieuses, quelle abomination !... Croire en Dieu, c'était croire au mal, se tenir éloigné du « désir » qu'on appelait « tentation », « impureté ». Impure était la femme, de naissance, choisie par le serpent d'Éden pour suborner Adam. Pas de pantalon pour elle, pas de jupe aux genoux, pas de short. Le maillot de bain ? Du monopièce extrafort acheté à la cordonnerie du bourg (on n'en sort pas, décidément), une carapace antiviol d'après-guerre et d'avant-guerre, en stock depuis l'été 36, intemporelle comme le prix fixé *in aeternam*. Il vous plaît, madame ? Il est à vous ! Il déplaisait, c'était le but. La femme était gênée, mais en règle avec les idées reçues. À la mer, elle se déshabillait sous une « cloche à baignade », une espèce de corolle en tissu éponge bariolé. Sa tête nue dépassait, sa tête uniquement, une tête sans corps, absente de l'être charnel jadis voué au bûcher, comme une décapitation. Ma mère, mes tantes, mes cousines utilisaient la cabine, leurs amies. Moi aussi, juste après elles, pour m'imprégner du feu résiduel du péché. Mes grands-parents baignaient leurs pieds, leurs mollets, à l'écart des nageurs. Ils se tenaient appuyés contre des rochers, regardant la mer chacun pour soi. Ils paraissaient plongés dans la lecture de l'horizon, comme si leurs mémoires s'écrivaient là-bas. Est-ce que je fais comme eux, aujourd'hui ? Est-ce que je lis ma vie dans le regard de la mer, sans pouvoir m'interrompre ? Ma vie dont je ne sais rien ?

C'était du passé, la plage, pour ma tante Jeanne, elle n'y allait plus. À tout à l'heure, tante Jeanne. Elle aussi voyait dans la mer un miroir à souvenirs. Ses neveux au loin, elle brodait sur son tambour le *Naufrage du vapeur Hilda* ou tricotait pour son fils, mon oncle André, des maillots de bain marron archicouvrants, des caleçons dont les apôtres eux-mêmes auraient pu s'affubler sans démériter. En laine, les maillots, au point mousse. Je n'ai vu qu'une seule fois l'oncle André paré d'un caleçon de bain maternel au sortir de la mer. L'eau salée pesant de tout son poids sur les fibres saturées du tricot, il exposait aux yeux du monde entier – une demi-douzaine de crabes verts et moi – ce que le langage parlé suggère en trois mots parfaitement décents et visuels : son « service trois-pièces ». Quel malheur, pensais-je, que ma tante ne tricote pas aussi les maillots de mes cousines ou ceux des petites fermières espiègles que ma grand-mère recrutait l'été pour nous emmener à la plage.

C'est d'ailleurs à la plage, où la nudité jouait avec le feu, que la femme d'après-guerre se modernisait en douceur, en douce – dégrafant, baissant, montant, cachant, tiraillant, soupirant. Elle s'ennuyait ferme, elle papotait, tournait les pages des magazines où l'on racontait que « l'Huile de Chaldée » favorisait un hâle satiné, que Françoise Sagan conduisait pieds nus des voitures rapides, que les Égyptiens des pharaons pratiquaient l'héliothérapie, la jouvence par le soleil, que les Égyptiennes allaient s'asperger aux eaux du Nil en maillot de bain deux-pièces, que B.B. n'avait besoin de personne, aucun besoin, que l'on disait « bronzer » pour « brunir » maintenant : une affirmation d'*habeas corpus* féminin recommandé par Simone de Beauvoir, et qu'un bon amant valait mieux qu'un mauvais mari.

— Tu peux me passer la Nivea.

— Moi, c'est Jean Patou, « l'Huile de Chaldée », j'adore.

Deux mini révolutions annoncèrent la grande après les accords d'Évian : le deux-pièces et la tong. Les Égyptiens gagnaient sur toute la ligne, la Chaldée n'étant qu'un rêve arabo-persique assez voisin des chimères d'Osiris, et le nu-pied chaussant la Vallée des Rois depuis les premiers pharaons. La cordonnerie du bourg fit faillite ? Elle archiva les stocks surannés au garage et se mit au deux-pièces, à la tong, au pantalon pour femme, à l'ambre solaire, au bermuda, au short – adieu, tristesse.

Les hauts cris, dans la famille, chez les anciens. Le vocabulaire autorisé dégénérait. « Deux-pièces », le maillot de bain ? Deux-pièces, comme un intérieur de pauvre ? Un fils verrait sa mère en deux-pièces, à la plage ? Un père sa fille ? Un frère sa sœur ? Un oncle sa…, etc. ? Pièce du haut ? Du bas ? « Culotte » et « soutien-gorge » prendraient la parole à table ? Comme « sel » et « poivre » ? On s'était battu à Verdun pour en arriver là ?

— On a changé de bombardement, grand-mère, c'est tout. On est passé au nucléaire. Et ce n'est déjà plus « deux-pièces » mais « bikini » qu'il faut dire aujourd'hui, crois-en ta petite-fille. Tu te souviens quand les Américains lâchèrent « *Little…*

Bikini ! Bombe ! Boum !

… quand les Américains lâchèrent « *Little Boy* » sur les îles Bikini ? Et qu'il y eut quatre-vingt mille tués en quelques minutes ?… Ah bon ?… Tu es sûre ?… Je croyais… Brrr ! Je n'aurais pas voulu que mon bikini s'appelle « Hiroshima »… Pourquoi pas « Auschwitz » !

Ce fut par mes chères cousines Penau, adorables sylphides, petites sœurs de la mer aux éclosions précoces, d'un naturel réjouissant dans une famille où filtraient d'intarissables reproches à travers les murs, la nuit : ce fut par elles que « tongs » et « bikinis » se laissèrent adopter par nos étés labérois.

Ma grand-mère en souffrait cruellement, elle n'était pas la seule. On ne la vit plus guère à la plage, à l'avènement du « bikini ». Un maillot de bain si peu matériel qu'il se vendait parfois dans une boîte d'allumettes, symbole du feu. C'est amusant de ranger un bikini dans une boîte d'allumettes, ou de l'en sortir, on attrape le coup de main. Ça ne fait pas lourd de slip sur la peau, de soutif, mais ça permet au nombril de prendre l'air. Première fois qu'il se montre en public, celui-là, depuis le concile d'Éphèse en 431. En public, oui, mais uniquement à la plage. Il est marrant, ton nombril, il n'est pas comme le mien. T'as vu ? On peut mettre de l'eau, dedans. Ou du sable. Tu crois que les Égyptiennes aussi avaient un nombril ? Et les Chaldéennes ? Un héros fréquentable, le nombril, soudain. Le microclimat nébuleux des beaux jours labérois ne lui simplifiait pas la vie. Chaque soir, j'adjurais le baromètre du vestibule – esprit retors, scrogneugneu, vendu aux anciens – de vouloir bien riper sur « Beau Temps » ou « Variable avec Éclaircies ». « Éclaircie » ne rime-t-il pas avec « bikini » ?

Mais revenons à l'Histoire, celle qui fait les modes et défait les royaumes. Le 1er juillet 1946, forts d'un premier succès technique intitulé « Little Boy » au détriment du port japonais d'Hiroshima, les Américains lâchèrent une seconde bouse atomique de type H sur l'atoll de Bikini, vers les îles Marshall. Où ça ? Quelque part où le touriste lambda ne vient jamais se fourvoyer en *all inclusive*, au sud du Pacifique Nord. Zéro tué, quel talent ! La nature vitrifiée sur un bon mètre d'épaisseur : du sécurit intégral pour un maximum d'années-lumière, plus un chat. Bikini mon amour… Ça fait deux fois, non ? Guerre froide, Paix H, on se vengera plus tard.

L'Histoire ne mollit pas, tragique d'un côté, frivole de l'autre. Elle varie les émotions, il en faut pour tous les goûts. Le 5 juillet 46, surfant sur la « bikinisation » des esprits sous le choc du progrès létal, M. Louis Réard, couturier en vogue, lâcha sous les verrières de la piscine Molitor le premier « bikini » en pied, vivant. Une femme, une « bombe anatomique », le mot n'est hélas pas de moi. Aucun mort – le pur miracle. Mais une déflagration de *vox populi* clamant sa fureur et sa joie, sa vulgarité, sa hauteur de vues. Pendez-le ! Béatifiez-le ! À poil ! Le pactole du « bikini » n'avait plus qu'à ruisseler sur les épaules du bienfaiteur universel, et la femme à choisir son camp.

La suite est comme trop souvent déclinaison, déclin. Elle est « bikini » mais aussi : « monokini », « tankini », « microkini », « burkini », « zérokini ». « Transkini » ? Patience. En 1946, aidée par le barouf nucléaire, elle succédait au plus petit maillot de bain du monde lancé par Jacques Heim en 32 : « Atome ». Un flop. Et pourtant ça changeait du maillotgaine antiviol de la Belle Époque : cinq cents grammes de lambswool avant la mise en eau, trois kilos après.

« Atome » et « bikini » : le feu glorifiant l'éternel féminin, suffragette à chéquier ou Vénus. Mais quand on imagine Aphrodite au sortir de l'onde, conjuration de méduses et d'écume, Créature adorée au sommet des autels, on est a priori bien loin du big-bang terminal de l'Apocalypse.

Et Louis Réard, après Jacques Heim, n'eut d'autre génie que la mise en liberté d'un mot talisman assez riche en pulsions pour associer à la mer le sexe et la mort, Éros et Thanatos, le désir et la fin du monde, l'être et le néant.

Cinquante ans plus tard, on ne compte pas les expressions violentes célébrant la *pin-up*[1] avec ou sans bikini

1. Vous voyez une meilleure traduction que « bitte en l'air » ?

sur la peau. « Canon », « Bombe », « Avion de chasse » « Tuerie ». C'est ça, l'image de la femme libérée ? Elle n'est pas dans une forme éblouissante, la misogynie ?

À présent, les chocs culturels n'étant pas donnés, on n'ose imaginer le prix à payer en larmes humaines et litres de sang pour voir l'*itsy bitsy-Donald-T* ou le *teenie weenie-Kim-J* s'ébattre dans les eaux turquoise d'une piscine caparaçonnée en sous-sol contre les irradiations atomiques des fins du monde en train de pétarader en surface.

« To bi or not to bi or not to be », on n'a pas trouvé mieux pour…

Bernard-l'ermite

… on n'a pas trouvé mieux pour interroger on ne sait qui, là-haut, et, dans le tout-venant des questions essentielles, résumer la seule à nous indigner vraiment depuis les origines, que l'on soit homme, plante, rivière ou bernard-l'ermite. Celui-ci ne l'aurait jamais exprimée en ces termes, et je doute que le nom de Louis Réard fasse tressaillir aucune libido sous son abdomen mou. Mais « *to be* » lui fait des misères, l'obsède, et l'appétit qu'il a d'exister, d'engendrer, les pincettes qu'il remue contre l'adversité, sa voracité légendaire, démontre bien qu'il s'attend à vivre mille ans à marée haute, à marée basse, comme tous les caïds de la grève, amphibies ou non. Hélas !…

Hélas quoi ?… Qu'est-ce que tu as, pleurnichard ?… Bon, tu es un peu nu, c'est vrai. Plus nu, plus godiche qu'un crabe mou. L'Évolution fait des économies sur ton dos. Depuis quand ? N'as-tu pas combattu, toi aussi, résisté aux chocs thermiques, mécaniques, aux migrations des eaux marines, à la gloutonnerie du milieu ? Conquis ta part d'univers ? D'harmonie ? Tu naissais dedans, à la maison : tu nais dehors. « À la rue », disent les humains. Comme si tes gènes s'étaient mutinés. Dans quel but ? Sans coquille sous la mer ou sans os sur la terre, pitié ! Où trouver des os ? Un toit ? Et ne parlons pas d'amour, car laideron que tu es, ça ne doit guère se bousculer autour de tes phéromones. Vas-y, maintenant, présente-toi. Tu n'as pas de langue ? Les crocodiles non plus, sache-le. Pas de coquille, pas de langue, c'est la dèche, et je n'ai plus qu'à me commettre d'office pour t'annoncer au lecteur.

Un bien grand nom, bernard-l'ermite, pour ce nain. Il n'attire aucune sympathie, ni bon à manger, ni agréable à vivre. Chez les Égyptiens, dans le temps, on se rasait les sourcils à la mort du chat. Et tout le corps à celle du chien. S'est-on jamais rasé en l'honneur du bernard-l'ermite dans l'Atlantique Nord ? On lui en veut, inconsciemment. Il se prend pour un bigorneau, nous donne une fausse joie. On avance la main : il sort ses pincettes de voyou. Certes, il a des excuses, démuni qu'il est, qu'il naît. Sa maman ne l'a pas mis bas sous un galet qu'elle disparaît. Dans la nature, même hostile, sauvage, l'instinct maternel agit dans l'intérêt du nouveau-né, mais pas chez eux, pas chez les pagures. Il a faim ? Il mangera plus tard, un toit d'abord, un bouclier. Voilà une coquille : aïe, occupée ! Désolé, maman. Et celle-là ? Pareil. Désolé, papa. Et c'est le calvaire immémorial du bernard-l'ermite en quête de logement. Refoulé, découragé, fourbu, mordu, il avise une épave de bigorneau, un taudis troué, mille fois squatté par ses pairs. Y a quelqu'un ? Personne, c'est chez moi. À nous deux, la mer. La belle vie, enfin. Le poulpe peut s'enfler et souffler, il est en lieu sûr. Regardez-le rêvasser, flemmarder au seuil de sa coquille, grignoter son plancton. Tiens, il s'arrondit. Un heureux événement ? Il fait du lard, tout simplement. Il ne passe plus dans sa porte, il reste coincé dans son pas de vis. De nouveau l'exil, le grand chemin, et personne pour l'aider.

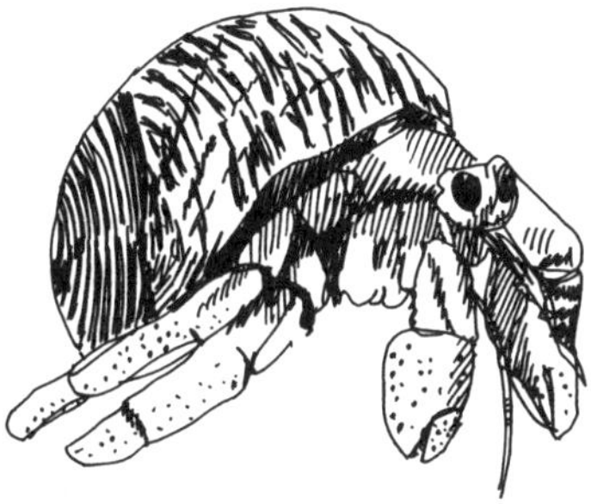

Dans le malheur, parfois, la fortune sourit. Le bernard-l'ermite apprend qu'il n'est pas le seul entre les pagures à souffrir de l'exiguïté. Nombre de ses pareils vivent à l'étroit, une pince à l'intérieur, l'autre à l'extérieur, comme lui, au péril du grand méchant poulpe. Entraidons-nous, les gars, désermitons-nous, allons-y en bande, le plus fort devant. Un sacré mastard de pagure, celui-là, va le caser, pépère ! Et tant qu'il n'a pas trouvé coquille à son gabarit, chacun prend son mal en patience derrière lui, remorquant sa maison douloureuse comme un soulier à clous.

Ça y est, le bibendum a quitté son ancien « chez moi », un autre peut l'occuper, libérer son ancien « chez moi », et de « bernard » en « bernard » jusqu'au plus petit. C'est l'euphorie, dans la procession, la foire d'empoigne, on entre, on sort, on s'installe, on ferme. Un chassé-croisé d'automatismes ataviques se déploie, subtil combinat d'intelligence et d'instinct. Vient le tour du nain, le pensionnaire du bigorneau troué, notre héros. Il a une baraque en vue, lui aussi, trois fois rien, le dernier « Sam Suffit » disponible après cette razzia. Mais je rêve ou quoi ? C'est qui, lui ? Un resquilleur ? On a beau ne pas être combatif, la moutarde vous monte, des fois. Et ça y est, c'est la baston ! Ça saigne, ça tue, la mer s'en fout, la lune s'en fout. Morts ou vifs : tous des casse-croûte.

Non, je ne me moque pas du bernard-l'ermite, au contraire. J'ai de la sympathie pour lui. Ce guerrier mollasson a tout compris du rapport avec autrui. La mer, la vie, c'est donnant-donnant. *To have or not to have* : donnant-donnant. L'anémone a besoin d'un support mobile ? Elle veut agrandir son champ vital ? Varier son alimentation ? Il est là, chauffeur privé, déambulateur de sa majesté. Voilà pour le donnant. Et pour le donnant, il attend d'elle un camouflage actif, permanent, et des crachats de venin systématiques sur les rôdeurs. Tope-là ? Un couple est né. L'un transporté, l'autre couvé par des jupons urticants. Ils communiquent entre eux, un langage si bien codé que les experts n'ont pas tout décrypté. Elle se languit d'un beau rocher de granit ? Elle émet des ondes chatouilleuses. Il répond à ses « guilis » par un tapotement de pattes complice, ils y vont. Un autre tapotement signifie qu'il a faim. Un autre qu'ils vont devoir s'agrandir. L'anémone se le tient pour dit, éloigne ses froufrous le temps qu'il déménage. Elle revient plus amoureuse que jamais ?… Est-ce qu'elle revient ? Est-ce que la mer a le temps d'aimer ? D'oublier sa faim, sa peur ? De patienter ? Est-ce que le bernard-l'ermite ne change pas d'anémone en changeant d'ermitage ?

Autant j'aime bien le bernard-l'ermite, qui fait tant avec si peu, qui trouve le moyen d'aimer la vie malgré les coups en vache de l'évolution, autant je…

Bombard (Alain)

… autant je n'ai pas une sympathie folle pour le Dr Alain Bombard, le capitaine de l'*Hérétique* – un canot gonflable de 4,60 m sur 1,90 m – qui traversa l'Atlantique Nord en 1952, seul. Le « naufragé volontaire » du minimum vital – une voile, une pagaie, un chapeau et deux souliers en guise d'écope, un transistor et une montre, des bouquins, des partitions de Mozart. Une poupée de fillette, aussi, mais chut ! c'est secret. Pas de vivres à bord, pas d'eau. Il boit la mer, mange du plancton, parle à sa poupée. Cent sept jours de cap à l'ouest sans trop savoir où l'on va, la mort ou la gloire : ce fut la gloire, une gloire fêlée. Peu importe qu'il me soit sympathique ou non, que son regard me gêne sur les photos, comme si quelque chose n'était pas vrai dans sa vérité : comme s'il n'avait présenté que la version flatteuse de son défi qui d'ailleurs fut mis en doute par les jaloux. Peu importe aussi qu'il me fasse l'effet d'un « Bombard l'ermite », un pagure humain en quête d'une maison où dormir profondément, la conscience en paix, sa poupée dans les bras. C'est qu'il en avait lourd sur la conscience, pour un docteur, un sauveteur en mer – un « héros du genre humain ».

Que voulait-il prouver avec sa traversée ? « Que la mer prend mais ne vole jamais », parole de Kersauson. Que le naufrage ne condamne pas à mort le naufragé. Que l'homme peut toujours plus que ce qu'il croit pouvoir. Que les mille cinq cents noyés du *Titanic* ne seraient pas les derniers péris en mer si l'on s'en tenait au cynisme des experts en matière de sécurité. Le naufrage du paquebot anglais les a déconcertés. Il faut agir, expertiser, changer les choses. Ils se réunissent à Londres en 1920. C'est la première Convention internationale visant à codifier le sauvetage en mer. L'ombre du *Titanic* plane sur les réunions. Plus jamais ça, messieurs. Désormais, on devra conformer le nombre des baleinières embarquées – ancêtres des canots de sauvetage – au nombre des passagers. On les sauvera tous, messieurs, la prochaine fois, jusqu'au dernier… On les perdra tous, messieurs, et la polémique de s'inviter aux débats. Un paquebot fait son trou dans l'eau ? Cinquante pour cent des passagers meurent parce qu'ils meurent, c'est la vie : parce qu'ils sont trop vieux pour monter les escaliers, descendre les échelles, appeler au secours, trop jeunes pour sortir de leurs landaus, trop inquiets pour sortir de leurs cabines, trop occupés aux chaudières, à la manœuvre, au sauvetage d'autrui. Et vingt-cinq pour cent meurent dans la panique, c'est la vie : ils se piétinent, se jettent à la mer avec leurs enfants, les canots surchargés s'arrachent des bossoirs. Non, non, pas de chaloupes supplémentaires, messieurs, on affolerait la croisière. Sur un paquebot insubmersible, et réjouissons-nous qu'ils le soient tous, grâce à nous, un passager ne veut pas être inquiété par la vision d'une chaloupe numérotée chaque fois qu'il passe le bout du nez. Sécurisons les navires, messieurs, ne les surchargeons pas. Et puis les chaloupes, entre nous…

Que le paquebot sombre en s'affalant sur le côté, il n'en fait qu'une bouchée, c'est arrivé combien de fois !

À l'issue de la Convention, le nouveau code international prévoit de sauver trois passagers et demi sur dix. La croisière n'en sait rien quand elle monte à bord, bienvenue ! Les chaloupes sont toujours alignées sur le pont supérieur, là où leur mise à l'eau relève de l'acrobatie. Pas de radeaux pneumatiques embarqués, refusés par les experts : les poissons mordent les boudins, la mer les chavire, les balles de fusil les crèvent et qu'un désaxé sorte un couteau, bref !... Dix ans plus tard, la Convention porte à quatre et demi sur dix le nombre de passagers à sauver. Toujours pas d'engins pneumatiques embarqués. En attendant, le 25 juillet 1956, lors du naufrage de l'*Andrea-Doria* éperonné par le *Stockholm* devant New York, toutes les chaloupes du paquebot italien amerrissent le ventre en l'air, versant directement leurs passagers dans la nuit des temps : les femmes et les enfants d'abord[1].

1. Sept cent cinquante-huit passagers furent recueillis sur le paquebot *Ile de France* commandé par Raoul de Baudéan.

Le pneumatique ! soutient Bombard mordicus, le canot pneumatique, c'est lui la solution en cas de malheur. Pour les grands navires, les chalutiers, les yachts, pour tous les naufrages où il convient de s'éloigner du drame au plus vite et d'amortir les chocs. Les experts en ont marre de ses radotages ? Il monte à bord d'un radeau pneumatique, hisse la misaine, et cap sur l'horizon.

D'où lui vient ce penchant pour l'air comprimé ? A-t-il travaillé dans un garage ? Dans le milieu du football ? Une fabrique de pneus ? Avec ses bonnes joues, ses rondeurs, il a le « physique de l'emploi ». La société L'Angevinière, spécialiste du caoutchouc transformé, ne s'y trompe pas. Elle donne le nom de *bombard* à ses canots. Parfait, *bombard*, pour des *bombard.* Il n'y a plus qu'à faire naufrage, sortir les pagaies.

Fort de ses *bombard*, le Dr Bombard devient M. Sauvetage en mer. Quand il regarde les flots remuer, il n'a pas peur. Là où les autres bateaux cabanent ou mettent en fuite, il passe en toute sécurité ! Pas lui : ses *bombard.* Le 3 octobre 1958, il est à Étel pour une démonstration devant les Ételois. Il y a six volontaires pour l'accompagner sur un nouveau canot. Où ça ? À la sortie du port, là où les sables mouvants lèvent une barre de rouleaux plus ou moins déferlants. Elle est célèbre, la barre d'Étel, une tueuse. C'est bien cette publicité que recherche le Dr Bombard avec son prototype à gonflage instantané. Et médiatisé, il va l'être au-delà de toute espérance, de tout désespoir.

Les vents sont au sud-est, la marée descend depuis deux heures à huit nœuds, la mer est démontée : la barre interdite aux navigateurs. Aux navigateurs : pas au Dr Bombard. N'en déplaise au maire d'Étel, Alfred Morvan, il y va la fleur au fusil avec ses naufragés volontaires. C'est le remorqueur *Ville d'Étel* qui les amène là-bas. Pas plus tôt largué sur la barre, le canot chavire, tout le monde à l'eau, sept hommes. Dépêché en renfort du *Ville d'Étel*, le canot de sauvetage *Vice-Amiral Schwerer II* chavire aussi. Cinq marins à l'eau. Le *Ville d'Étel* sauvera quatre hommes sur les treize éjectés dans les rouleaux. Le naufrage expérimental s'est fait perdition. Neuf noyés, huit sont du coin. Ils en pensent quoi, les Ételois ? Ils lui servent du vin chaud, au Dr Bombard, quand il descend du *Ville d'Étel* ? Il faudra l'exfiltrer sous bonne escorte, avec le conseil de ne jamais remettre les pieds dans la région. Il paraît qu'il tentera de se suicider. Quand on veut on peut, il est bien placé pour le savoir.

« Naufragé volontaire », héros, Bombard l'a bien été en 1953. Et son équipée transatlantique sur une bulle d'air qui fuyait mérite l'admiration. J'ai été impressionné, en lisant son récit : jamais ému. Je n'ai jamais été Bombard comme je fus Moitessier en lisant Moitessier, Kersauson, Adlard Coles ou Slocum. Nous n'étions pas amis, le docteur et moi, sur *L'Hérétique*, et je n'aurais pas aimé traverser la mer avec lui. S'il a son entrée dans mon dictionnaire amoureux, sa dimension…

Bravoure

… sa dimension romanesque y est pour beaucoup, son étrangeté. Il me fait rêver, son petit canot à boudins gris. Je suppose qu'il a des rustines à bord, de la colle à froid, du matériel de cycliste. Et dès qu'il devient fou, il parle à sa poupée, lui dit… Il lui dit : papa est là, mimine, papa a bien dormi, papa a un petit creux, papa va se tortorer un gigot d'agneau flageolets. Ça te dit, un gigot d'agneau flageolets, pour le dîner ? À l'ail ? Mais d'abord papa va faire le point. Bombard n'est pas un as du sextant. Il commet parfois des erreurs de six cents nautiques, il traverse la mer en zigzags. Mais tant que le soleil se couche à l'ouest l'Amérique est par là, mimine, droit devant.

Ils étaient deux naufragés volontaires, au départ de Monaco. Jack Palmer, un bourlingueur anglais, et lui. Jack est descendu à Tanger, las du plancton, des cuites à l'eau salée, et peut-être du Dr Bombard lui-même. Une vraie question, la promiscuité, sur un bateau. *L'Hérétique* est-il un bateau ? Un radeau est-il un bateau ? La Méduse ricane, à ce nom : « radeau »… On n'y mange pas que du plancton, sur les radeaux, et mieux valait vous séparer.

Tanger Las Palmas *via* Casablanca, seul. Premier contact avec l'océan. Bombard a d'abord longé la côte marocaine, vérifié qu'il pouvait se débrouiller sans Jack. Il est arrivé sain et sauf aux Canaries. Il y passe deux mois et demi, en famille. Il en faut, du courage, pour quitter une île de pleine mer et traverser l'océan. Est-ce qu'il a des hésitations ? Très certainement, mais il est brave, résolu, encouragé. Le 19 octobre 1952, il hisse la misaine et bon vent. En sortant du port, une question l'interpelle : sur quoi portait son devoir de philo le jour du bac ? Trou de mémoire.

Au fait, pourquoi part-il ? Pour démontrer la supériorité du caoutchouc sur le bois ? Pour convaincre les experts maritimes arc-boutés sur leurs vieux clichés ? Pour la gloire ? Il s'en explique dans son récit. En 51, jeune interne à Boulogne-sur-Mer, il a dû constater le décès des quarante et un marins du chalutier *Notre-Dame-de-Peyragues*, et le sauvetage en mer est devenu sa mission. Or le *Notre-Dame-de-Peyragues* a fait naufrage un an plus tôt. Et ce n'est pas quarante et un, mais dix marins qui ont péri. Et Bombard n'était pas encore arrivé à Boulogne-sur-Mer. Qu'en penses-tu, Mimine ?

Il ne se passe pas grand-chose, au cours du récit. Le lecteur s'ennuie un peu. Il attend l'action, l'imprévu, l'ouragan. Les boudins se dégonflent : on regonfle, ça va un temps. Ah, un coussin tombe à l'eau. Le soleil brille, il fait chaud, la voile pend sur son mât, le coussin bouchonne, immobile. Bombard le récupère en trois brasses, il veut remonter à bord. Il se sent terriblement seul, soudain, à la vue du canot vide de tout occupant haut comme le ciel. Il saisit la filière un peu tard, croit la saisir : un zéphyr enfle la misaine, éloignant *L'Hérétique*. Il nage vigoureusement, le rejoint : un second zéphyr le met hors de portée, gros chat moqueur perché sur la houle. Une folie, cette vision du canot cajolé par les ondes miroitantes, exécutant ses petits bonds félins. Il cherche à le rattraper, il y est, tend la main, touche le boudin : la brise adonne, la voile se gonfle, emportant *L'Hérétique*.

Une sensation de mort étreint Bombard nu dans l'océan avec son coussin. Combien de voiliers ont été retrouvés en mer sans personne à bord, leurs flancs scarifiés par des ongles ensanglantés. Combien sont morts en écoutant la radio chantonner au-dessus d'eux, rire, se moquer du monde.

Le vent, décidément très joueur cet après-midi-là, changea d'avis après plusieurs de ces minutes séculaires que la peur est incapable de mesurer. Il ramena le canot jusqu'à Bombard, comme s'il le lui avait emprunté pour l'essayer, faire un tour. Bombard reprit en tremblant sa place de naufragé à l'arrière de *L'Hérétique.* Il avait oublié le coussin dans la mer. J'ai mal agi, Mimine, en descendant du canot. C'est l'eau de mer qui m'est montée à la tête, je bois trop. Un marin ne laisse jamais son bateau livré à lui-même. Les bateaux sont capables de tout, quand on les néglige. C'était quoi, déjà, mon sujet de philo ?

L'Hérétique arriva de nuit aux Antilles le 23 décembre 1952. Bombard jeta son grappin devant une île inconnue. Au lever du jour, se baignant pour la deuxième fois depuis son départ des Canaries, il gagna la rive à la nage. Une impression merveilleuse, j'imagine, le corps délivré de toutes les tensions, l'esprit en paix. Et cependant qu'il nageait dans la douceur de l'aurore, un mot lui traversa l'esprit : « Solitude… » Il eut sous les pieds la terre ferme, et dans son cœur une voix jamais entendue chuchota : « Qu'est-ce que la solitude ? »

Il fit quelques pas titubants et se laissa tomber au bord de l'eau, tourné vers la mer. Il voyait son canot dégonflé, son boudin gauche flapi, prêt à rendre l'âme après cinq mille kilomètres d'océan, après cent jours d'océan. « Qu'est-ce que la solitude ? » murmurait Bombard en regardant son canot, et les larmes brouillaient sa vue. Depuis cent jours la solitude cherchait cette satanée question dans sa mémoire de naufragé, de bachelier risque-tout : « Qu'est-ce que la solitude ? » Et c'est à l'instant même où il touchait au but qu'elle daignait émerger.

Quant à la réponse, on peut penser qu'elle lui fut donnée le jour où, moins réfugié que planqué dans la salle des machines du *Ville d'Étel* qui venait de le sortir du bouillon, il se demandait s'il n'aurait pas mieux fait d'y rester, dans les déferlantes, et de quel droit il allait oser débarquer.

Elle est de tous les âges, la solitude, et pas besoin d'avoir causé la mort de neuf marins pour qu'elle s'intéresse à vous. Les enfants dont elle est la…

Bleu

… dont elle est la confidente assidue ne savent pas toujours quel nom lui donner, si même elle en a un. C'est en grandissant qu'ils la voient aller et venir, dans leur mémoire, en chair et en os, très sûre d'elle, et moins timides ils se risquent à l'aborder : « Hé ho, on ne se connaît pas, nous deux ? »

J'avais six ans quand mon père nous offrit un voyage en Suède chez son ami Rolf Edgren. Ils s'étaient connus dans leur jeunesse à l'université d'Upsal où mon père était lecteur de français. On allait passer tout le mois de juillet dans la forêt du Värmland, au bord d'un lac. Ma mère, excitée comme un enfant, m'énumérait tous les rêves qui s'annonçaient pour moi, inespérés à l'âge que j'avais. Et je ne me lassais pas de l'entendre me répéter d'une voix défaillante : Tu dormiras dans un wagon-lit, tu auras une petite veilleuse rien qu'à toi, tu déjeuneras au wagon-restaurant, tu boiras du lait à tous les repas, tu mangeras des beignets à la cannelle, tu verras des mésanges, tu traverseras la mer dans un ferry-boat, avec la locomotive et les wagons-lits, avec le wagon-restaurant, une mer que tu n'as jamais vue, tout au nord du monde, loin, loin, loin, la mer Baltique… Elle me faisait saliver avec ses beignets à la cannelle, avec sa locomotive et sa mer que je n'avais jamais vue. Elle ressemblait à quoi, la mer Baltique ? Ma mère qui ne l'avait jamais vue, elle non plus, soupirait d'un air extasié : « Elle est grande, elle est bleue… » Ce qui signifiait pour moi, petit Breton déjà fanatique de l'Ouest, que l'océan n'était ni grand ni bleu.

Je pleurais sans bruit, le soir du départ en wagon-lit. J'occupais la couchette du bas et je pleurais, d'ailleurs ma veilleuse ne marchait pas. J'avais beau me répéter que la mer était grande et qu'elle était bleue, ce rêve était le pire cauchemar de ma vie. J'étais tombé amoureux de Christine, au printemps, une amie de ma sœur. Un amour non partagé ? Un amour jamais avoué. Un grand amour, un grand malheur. Et comble de malchance, Christine déménageait pour aller vivre à Perpignan, au sud, un monde inimaginable. Pendant que mon wagon-lit roulait vers le Grand Nord, Christine roulait vers le Grand Sud en break Simca, et je ne la reverrais jamais. À six ans, je vivais le drame d'une séparation définitive, et je n'étais pas moins en peine que Titus et Bérénice ou Tristan et Yseult. Quand j'ouvrais les yeux, j'apercevais mon père en plein mots croisés sur la couchette du milieu, et je lui en voulais. Et pas qu'un peu, que je lui en voulais ! Pourquoi on allait en Suède ? Pourquoi on n'allait pas à Perpignan ? Pourquoi l'océan n'était pas bleu ? Pourquoi ma veilleuse ne marchait pas ? Tel Alain Bombard pelotonné dans la salle des machines du *Ville d'Étel*, j'étais un être seul au monde, prêt à mourir. Qu'est-ce que la solitude ? À six ans, c'est quand on est amoureux de n'avoir personne à qui en parler, même pas une poupée d'enfant. Et sous l'oreiller, je pétrissais le mini-kit savonnette et dentifrice des wagons-lits. Pour le donner à Christine, un jour. Pour lui envoyer par la poste avec tout mon amour, toute ma vie.

Ignorant mon chagrin, la Baltique se rapprochait à chaque tour de roue. On m'avait dit : demain matin, mais qui m'avait dit ça ? Ma mère, et elle n'y connaissait rien. Je voulais être le premier à la voir et à la montrer aux autres. Je la voyais en rêve, bercé par le train. Quand on dort à moitié, les yeux fermés, on voit mieux les choses que si on les voyait. Les yeux fermés voient tout. Je sursautais en entendant la voix gutturale des haut-parleurs, j'allais discrètement soulever le rideau : pas de Baltique. À Bruxelles : pas de Baltique. À Düsseldorf : pas de Baltique, à Brême non plus. Le train sifflait : pas de Baltique. On m'avait dit qu'il entrerait dans un bateau pour la traverser, un ferry-boat. Il entrait déjà dans mes yeux fermés avec le bateau. Est-ce que c'était normal, ces bruits ? Normal que le wagon-lit bouge autant ? Est-ce que nous n'étions pas déjà sur le ferry-boat ? Sur la mer ? Dans la tempête ? Est-ce que ça peut couler, un ferry-boat, avec les voyageurs en pyjamas dans leurs couchettes ? Mon imagination se cabrait contre la vision du Grand Express Européen bleu homard sanglé dans les entrailles d'un navire fermé à clé, piquant du nez comme s'il était fatigué. C'était trop dangereux. Mes parents n'étaient pas des fous, quand même. Et je me remettais à pleurer sur mes amours perdues. Est-ce qu'elle aurait du chagrin, Christine, si mon ferry-boat coulait dans la mer Baltique ? Est-ce qu'elle mettrait une belle robe pour venir à mon enterrement ?

Je parle de wagon-lit, de wagon-restaurant, de Grands Express Européens, de ferry-boat, de Suède, comme si nous vivions dans l'opulence. Mon père étant écrivain, ses revenus variaient d'une année sur l'autre. Il pouvait gagner très bien sa vie, mais aussi regarder à la dépense, froncer les sourcils chez les commerçants, attendre l'embellie. C'est dire s'il nous faisait présent d'un souvenir inoubliable avec ce voyage de luxe au pays des soleils de minuit. Et je ne l'oublie jamais : ni la couleur bleu homard du *Pullman International*, à la gare du Nord, ni le goût du lait au chocolat, le premier matin, au nord du Schleswig-Holstein, ni la soudaine apparition de la mer Baltique dans les baies vitrées du wagon-restaurant.

— La mer Baltique, dit maman.

Un ciel aussi grand que la mer, aussi bleu. Une lumière qui faisait briller les nappes et les tasses, les cuillers d'argent, comme si les reflets échappés des vaguelettes butinaient les objets autour de nous. Le train n'avançait plus, ne faisait plus un bruit, il se dandinait au milieu du vent. Sans les hautes herbes pâles en contrebas, on aurait pu penser qu'il avait jeté l'ancre en pleine mer. Grande et bleue, avait dit ma mère… On ne pouvait pas mieux dire… Le même horizon dans toutes les vitres, une espèce de bleu pétillant, très doux qui resterait pour moi la couleur des mers du Grand Nord.

Les douaniers passés, l'express entra sur la pointe des pieds dans les entrailles du ferry-boat. Lui aussi, je m'en souviens : son grand nez blanc relevé jusqu'au ciel, une cale sombre, des lampes grillagées, des extincteurs, des inscriptions rouges, des tuyaux, des coulées de rouille sous les boulons des parois, des cris ça bourdonnait. Je vois défiler avec lenteur cet univers mystérieux pour moi.

Le train s'immobilise et l'on nous dit par haut-parleurs de rester dans nos wagons pendant la manœuvre, papa traduit. C'est comme un jeu, cette manœuvre, comme un jouet, ce train ficelé dans un bateau, avec ces gens aux fenêtres échangeant des sourires, bâillant. Que se passe-t-il, après ? Est-ce que je demande à monter voir la mer sur le pont ? Est-ce que je descends voir de près les roues du train ? Ce n'est pas vrai qu'on se rappelle seulement les choses qu'on veut bien se rappeler, dans la vie. On se rappelle tout, chaque moment, chaque détail, mais les détails sont des flotteurs à la dérive, et l'on ne pense pas toujours à les attraper. Le départ du ferry, par exemple. Le moment où l'étrave se rabat et où les deux fois 25 000 CV des moteurs couplés communiquent aux hélices les tours démultipliés d'un régime au tiers, en « arrière lente » : je devrais m'en souvenir, je m'en souviens. La tôle heurtant la tôle, les échos claquants du verrouillage, les vibrations sous les pieds montant vous titiller la moelle des os, les mandibules, les tympans, la racine des cheveux, toute la peau. Il est en route, le bateau, il bouge, je veux sortir du wagon, aller sur le pont voir si j'y suis. C'est chose faite, je ne m'appartiens plus, la mer m'appartient. Je regarde par-dessus bord le remous du ferry-boat, un colosse de mousse radieux. Je n'ai jamais vu resplendir une telle chantilly à l'avant d'un bateau. On dirait qu'il pourrait décrocher l'ancre dans son logement. Chaque fois que l'étrave heurte la houle, une avalanche d'embruns retombe à la mer et vole en même temps comme du feu. J'en ai plein la figure, de mon rire, des embruns. Devant nous c'est Sjælland, le Danemark, notre première escale.

Un incident qui aurait pu mal tourner se…

Baltique (en mer)

… qui aurait pu mal tourner se produisit dans la soirée, en sortant du dîner. Je fis la connaissance d'un ami qui pouvait avoir quatre fois mon âge, un ami sûr, pour la vie. Il m'avait souri à la manière « soyons copains », sur la plage avant, on ne se quittait plus. Il me disait son nom, mais je fus incapable de le retenir, et le mien ne le marqua pas davantage. Il était suédois, j'imagine, et il avait besoin de parler d'amitié en regardant la mer, les phares. Je me tenais au bastingage, lui aussi, ses deux grandes mains de part et d'autre des miennes. Nos quatre mains m'arrivaient au menton. Il était marié, avec une tête de mort au petit doigt, une sirène au majeur. Il m'indiquait les points lumineux à l'horizon. Et comme j'avais appris à dire : « *Ja* », dans le train, je disais « *Ja* », en suédois. Ma mère ne voyait pas d'un très bon œil cette amitié, contrairement à mon père pour qui les marins soûls ont une âme d'enfant. Ils passaient derrière nous, revenaient. Il est temps qu'il aille se coucher, disait ma mère, il est tard. Tard ? disait mon père, il ne fait même pas nuit. Je ne voudrais pas dire, mais je pense qu'il avait un peu bu, lui aussi, au restaurant. Il ne faisait pas nuit, non, mais il faisait quoi ? Pas jour et pas nuit. Il faisait bleu foncé comme la mer, ce bleu qui n'existe qu'au nord de la nuit, l'été, quand le soleil tourne en rond sur la rose des vents. Mon ami me le montrait ici, puis là, se levant, se couchant, rougissant la mer. Tout le monde avait l'air d'avoir un peu bu, même le soleil.

J'ai reconnu ce bleu quasi funéraire des années plus tard au cap Nord, à l'île de Magerøya, un soir de Saint-Jean.

Le soleil tournait à l'horizon comme un ours en cage et tout le monde riait, tournait, dansait, battait son briquet. C'est la grande fête nationale, internationale, la Saint-Jean, au nord de la nuit. Un moment très attendu par les instances démographiques de la Norvège, en tout cas. Une fête de la mer, de la nature, des étoiles et du soleil, des baleines en difficulté. Un crépuscule hilarant qui fait tourbillonner les couples d'un soir et se jeter les amants aigris du haut des falaises. Et l'on ne voit pas pourquoi l'on irait se coucher alors que tout l'univers s'aime à la folie, quitte à piquer un coup de sang.

C'est peu après, dans le cocon du wagon-lit, au moment des derniers bonsoirs, que l'incident eut lieu. Ma mère trouva dans ma main une pièce de monnaie. Une couronne suédoise. Qui t'a donné ça ? Mon ami suédois. Mon père s'en mêla. Un enfant n'accepte pas l'argent des inconnus, et surtout pas celui des marins fatigués. Il m'arracha la pièce de la main et retourna furieux sur le bateau pour la restituer à cet ivrogne ! ce pochard ! Il revint longtemps après d'excellente humeur, alluma la lumière, nous réveillant tous. Je pouvais garder l'argent. Mon ami s'appelait Sven, il était pêcheur de saumon dans les fjords, il connaissait la Bretagne. Il s'était mis à pleurer en apprenant que je refusais son argent. Cet argent du péril en mer, cet argent qui lui servait à éduquer ses enfants, à vêtir sa femme, à leur payer des vacances, à réparer la toiture de la maison sur la côte, cet argent qui est le respect du travail des autres, un exemple pour les enfants, cet argent sans quoi… etc. Bref, j'eus de nouveau l'argent de l'amitié en mer dans mon poing et la lumière s'éteignit. Et durant la nuit, la couronne suédoise rejoignit sous mon oreiller la savonnette et le kit dentifrice des wagons-lits. Ah ! Christine, Christine…

Ce prodigieux séjour « à l'étranger » fut déterminant pour ma sensibilité aux lumières du nord, aussi belles et nuancées qu'à l'ouest, et pour la nostalgie que les mots Suède et mer Baltique diffusent aussitôt dans mon cœur d'enfance, lequel ne demande qu'à battre et se souvenir.

Un soir, dans le métro à l'arrêt entre deux stations, l'édito d'un gratuit chiffonné toucha…

Baltique à l'agonie

… l'édito d'un gratuit chiffonné toucha cette âme archiprivée que j'espérais invulnérable, et voyageuses et voyageurs m'entendirent crier : « Fumiers ! »

BALTIQUE À L'AGONIE

Chaque année, les pays riverains rejettent dix millions de tonnes de polluants dans la mer. Résultat : la mer Baltique est l'une des plus polluées au monde. La commission d'Helsinki planche sur la question. Certains pensent que les dommages subis par la mer Baltique ne lui permettront pas de recouvrer la santé avant soixante ans, voire cent. L'épuration des eaux des égouts de Saint-Pétersbourg, une métropole de plusieurs millions d'habitants, est le dossier le plus urgent à traiter. Un tiers des eaux usées de la ville est déversé directement dans la mer.

La mer, la mer Baltique en soins palliatifs ! Le bleu virginal de mon enfance ! Mon petit-déjeuner au wagon-restaurant ! De cet instant précis, je ne fus plus l'antibobo qui ricanait au mot « pollution » dans la bouche des bobos. J'eus à cœur d'opérer un tri subjectif entre les fanfarons du « tout va mal » et les flatteurs de la Marquise : tout va bien, très bien... C'est le champ gravitationnel des niveaux successifs qui gâche tout, la pente. Le mégot tombe au caniveau, le caniveau tombe à l'égout, l'égout tombe à la rivière, la rivière au fleuve et le fleuve à la mer – Bon appétit, messieurs les oiseaux, les poissons, et n'oubliez pas que « Fumer tue ».

Quelquefois, je me demande si c'est foutu, la mer. Je vous le dis à vous, mais dans la colère je balance tout : l'eau du bain, le bébé, ses jouets, je les balance à la mer, foutu pour foutu. Et je regarde les pélicans tortorer des couches-culottes, les albatros des piles au lithium qui leur flanquent des chiasses au lithium, les thons hurler à la mort tellement c'est lourd, l'uranium, le plomb, le cadmium, tous ces nutriments pour bidules « geek » à code pin ou paiement tactile, pardon, les gars, pardon ! Mais ça, c'est dans mes peurs de la nuit, là où personne ne met les pieds à part cet étranger que l'on devient à soi-même, au cœur des ténèbres, quand la cervelle se balade sur les toits avec les chats sataniques et jure contre la lune – t'avais qu'à pas faire monter la mer, idiote ! On se demande de qui ça se fout, leurs conférences en anglais, leurs « Grenelle » et compagnie, entre gens bien élevés, « to bio or not to bio », « my dear », « to love the sea » ? Et qui c'est qui paie la note à part le poiscaille, fils de la mer ? Si les soi-disant connaisseurs ne seraient pas des charlots stipendiés ? Si l'on a la moindre idée du « par où commencer » pour la réparer, cette vieille chose comateuse, la mer, et lui prédire une espérance de vie comme à chacun d'entre nous ? Quelques vieux jours peinards ? Si le « métabolisme des poissons » – est-ce que je sais seulement ce que je dis, gagné par la fureur des grands mots –, oui : si ces braves bêtes déjantées par l'acidité voudraient bien se régénérer dans une eau raccommodée par des mutants qui seraient nous et pas nous, qui seraient nos hyper descendants vertueux – qui n'iraient plus à la chasse d'eau, déjà ! aux toilettes, plus en vacances, au cinéma, au restau, surtout pas à la mer ni dans les magasins, aucun voyage, aucun transport à moteur, *à combustion*, qui n'auraient plus ni chaud ni froid et se contenteraient de suçoter en douce les baies abandonnées par la plante grasse, avec modération ? Qui choisiraient le parler « mouette » en première langue, « flamand rose » en deux, « cafard » en trois ? Et dis-moi, verre à moitié plein. Est-ce que tu es vide ou brisé, en miettes, et c'est moi qui fais semblant de ne pas voir saigner les choses comme elles sont ? C'est effarant ce qu'on devient étranger à soi-même, la nuit, à celui qui se lève à six heures trente, chaque jour, et soleil ou pas soleil déclare au soleil : « On y va ? »

Mais bien sûr on peut faire pire, faisons-le. Prenons un exemple en dur, la Baltique, et cauchemardons à la bonne franquette de Stephen King :

Ce soir-là, un lecteur lambda s'endormait au lit sur le *Dictionnaire amoureux de la Mer* lorsqu'il fut changé en homme-grenouille (ou femme-crapaud, parité oblige). Il nagea, nagea dans une eau troublée, s'éclairant à la bougie, tant et si loin qu'il rencontra l'auteur du Dictionnaire amoureux victime du même sort que lui. Il semblait nerveux, s'exprimait avec difficulté. Je viens de lire un édito qui m'a tué, je suis venu voir par moi-même, vous ne serez pas déçu. Je nous situe par quatre cent soixante mètres de fond, le point le plus bas de la mer Baltique, au large de Gotland, l'île suédoise. Je vous préviens, il se passe ici des choses pas tristes alors ayez l'œil. Et ne vous avisez pas de croiser le regard des saumons, surtout, ils sont contagieux. Ils le font exprès, je crois… Déjà un mot sur l'endroit, et ce disant l'écrivain pointa le rayon d'une lampe crayon laser sur un *paper-board* perché sur une caisse d'obus à tête de mort. Nous avons sur ce schéma l'ensemble du bassin baltique avec les îles et les grands ports, le gazoduc sous-marin, les épaves, les zones à poissons. S'il s'agit bien d'une mer entrebâillée sur la mer du Nord par les détroits danois, la Baltique n'en n'est pas moins humectée par les sept grands fleuves de six pays différents : la Neva, la Vistule et l'Oder, la Daugava, le Nemunas, le Kemijoki, le Göta. Rassurez-vous, je n'en connaissais pas la moitié avant de venir ici. Les six pays différents sont respectivement la Russie, la Pologne, la Lettonie, la Finlande et la Suède. Les trois autres pays riverains : l'Estonie, le Danemark et l'Allemagne n'ont pas de grands débits fluviaux à destination de la Baltique… Pourquoi je vous raconte ça ? Mais pour… Aïe, un saumon s'intéresse à vous, je m'y attendais. C'est leur territoire, les caisses d'obus, ils vivent en bandes. Celui-ci est leur chef, il a deux têtes à la place de la queue, ne regardez pas. Il vous jetterait un sort et Dieu sait combien de têtes vous auriez demain matin sur l'oreiller, je poursuis ?… Venez, on discutera mieux en nageant. Même les saumons ont du mal, ici, même les anguilles. Ce n'est pas qu'on a pollué la mer, c'est qu'on l'a flinguée, collée au poteau, elle et toute sa famille. Sur l'air de : Tu seras poubelle, ma grande ! Bleue en haut, crade en bas, voilà ce qu'elle est. Deux bons siècles qu'elle avale tout. Pas seulement les eaux grasses, les égouts, les cimetières à guimbardes : elle avale aussi les cimetières à médocs, à munitions, les épaves de guerre, et pas mal de sépultures hautement clandestines que des scientifiques repentants ont voulu signaler à l'international, depuis leurs épouses sont des veuves.

14-18, vous connaissez ? Et 39-45 ? Et 60 ? Et 70 ? On a eu, comme qui dirait, un trop-plein d'armements, dans le secteur. Les yeux plus gros que la mort. Il a fallu déstocker, mettre les joujoux hors de portée des enfants. Ce qu'« ils » ont fait. C'est qui, « ils » ? Les mêmes, chaque fois, cherchez pas. Ils ont tous un trop-plein de munitions sur le cœur, des enfants à protéger, des thunes à gauche. Ils sont tous d'accord pour se donner un coup de main fraternel, une fois qu'ils ont bien génocidé les environs. On met ça où ? À l'ombre, nulle part, sous la mer en attendant les équipes de nettoyage. Vous voyez ce que je vois ? Dans une louche lumière de vitrail avant l'orage, l'ami lambda vit s'allonger l'ombre d'un cuirassé portant canons et tourelles. Le *Slava*, indiqua l'écrivain, un vieux russe sabordé en 1917, avec l'étrave prognathe passée de mode. Tu as sous les yeux le géniteur indirect des saumons estropiés ou débiles mentaux qui squattent les caisses à obus. Pas très conventionnels, les obus, du matos chimique, les chimies sont claustros. Attends, tu n'as rien vu. À travers un flot d'escarbilles, l'ami lecteur distingua la silhouette empoussiérée d'une cité maudite où les maisons n'étaient autres que des navires de guerre échoués les uns sur les autres. Pareils aux lugubres corbeaux planant sur les châteaux hantés des contes de Grimm, des brochets noirs chassaient-croisaient sur ces fantômes qui gisaient à perte de vue. Quarante-deux navires allemands, dit l'écrivain, les débris de la *Kriegsmarine*, et cent trente mille tonnes de munitions chimiques ayant récemment emprunté les voies du *coming out*. Et toute la mer Baltique en est là : trompe-l'œil, terrain vague à poissons victimes des opérations secrètes de tous, planque anonyme recelant motus et bouche cousue les artilleries périmées des nations voyous, par dizaines et dizaines de milliers de tonnes, ici les déchets radioactifs des Russes, ici les gaz paralysants des Allemands, là-bas les chapelets de bombes au phosgène d'on ne sait qui, ailleurs l'arsenal chimique des anciennes bases militaires du Soviet Suprême. On n'est pas resté les bras croisés, en surface, tu penses bien, nous la société civile, nous les Zorro-lave-plus-blanc. On a des institutions à la hauteur, en démocratie, payées pour ça. Et quand le Conseil de l'Europe a fait les gros yeux pour obtenir des États concernés non pas leur *mea culpa*, mais le tableau Excel des immersions sauvages susceptibles d'empoisonner la mer à bref délai, ils ont tous répondu comme un seul homme : Et comment qu'on va vous le faire, le ménage, c'est bien le moins, ça coûtera ce que ça coûtera. Et depuis soixante ans, chaque fois que la question revient sur la table, la réponse est la même, la main sur le cœur la même, symboliquement : Et comment qu'on va vous le faire, le ménage, c'est bien le…

Mais pourquoi tu pleures, ami lecteur ? C'est à cause de mon dictionnaire amoureux ? Il n'est pas gentil ? Il t'a mal parlé ? Il est amoureux, mais il n'est pas aveugle, vois-tu. Il a besoin de dire les choses pour qu'elles aient à cœur de changer. Quelles choses ? Au-dessus de la mer Baltique il y a la mer de Barents, une eau vantée pour sa faune et sa flore, sa pureté, comme une forêt vierge au bord du cercle polaire, une forêt liquide. Au cœur de cette forêt gît la poubelle atomique de la Russie soviétique depuis, on ne sait pas depuis quand précisément. Depuis que les déchetteries à ciel ouvert ont une bonne chance de finir en selfie sur les réseaux ; la mer accommodera les restes, elle a le temps, les moyens. Dans la poubelle : les expéditions militaires secrètes des années 60 et 70, les vieux os irradiés des sous-marins océaniques de la classe K – chacun fort de son increvable réservoir de plutonium d'une tonne et demie –, les dix-sept mille conteneurs du caca radioactif « enrichi » par les manufactures d'uranium de l'Empire, et par centaines de milliers de tonnes d'eaux « grises » ayant refroidi les combustibles irradiés dans leurs aquariums dédiés. La rumeur galope, en Russie. Elle appelle ça du « Tchernobyl lent ». Antidote : vider la poubelle avant qu'elle ne commence à fuir, à faire des petits. Et dire que si je n'avais pas traversé la Baltique, à l'âge de six ans, ami lecteur, c'est peut-être le golfe du Mexique ou les cités coralliennes d'Australie qui nous verraient cauchemarder en ce moment, toi et moi. Ou le flot montant breton, merveille des merveilles, qui nous porterait de mer en rivière au fil de…

Becquée

… au fil de son premier douzième d'amplitude, celui qui, l'air de ne pas y toucher, commence à jouer du clapotis sous les barques échouées, à nourrir la nombreuse famille des eaux douces et des eaux marines au pique-nique du mange-moi-si-tu-peux. C'est uniquement par cette becquée relayée à tous les stades du règne vital que la nature s'épanouit en avenir et diversité. D'où viens-tu, rivière ? Comme toi, océan, de loin, nous sommes cousins germains. Tous deux se font des mamours, des présents : lui des gobies, du gros sel, du goémon, des bigorneaux, des crabes, des voiliers, ce qu'il trouve dans ses poches, elle des grenouilles, des papillons, des taons, des vers de vase, des crevettes grises, des mousses décomposées, des orties. Les voilà tous repus, c'est la pleine mer, quel festin ! quel carnage ! Ainsi va la vie à longueur de vie. Descendus à la rivière, les sels minéraux nourrissent et fortifient le phytoplancton riverain dont se nourrit le zooplancton marin dont se nourrit celui qui deviendra grand et fort, le bébé poisson, l'alevin – si les autres mangeurs le laissent passer à table. Et de « cric en croc » jusqu'à la baleine, jusqu'au renard des banquises, jusqu'à l'ours Nanuk, jusqu'à la « petite sirène » éplorée dans son « eau pure comme le verre et plus profonde qu'aucune ancre ne peut atteindre », jusqu'à vous et moi.

Modestes quant au format, n'étant pas Nil, Niger, Amazone ou Loire, les estuaires labérois n'en sont pas moins des pouponnières en flux tendu, les antres sans voix du baby-boom océanique jamais au repos. Ces chefs-d'œuvre d'écologie pourraient s'étioler un jour, eux aussi malmenés par le CO_2. On fait quoi si « Phyto » ne s'entend plus avec « Zoo » ? On n'y est pas et l'harmonie bat son plein. L'astre des nuits fait sa ronde habituelle et la marée aligne docilement ses coefficients, vives-eaux, mortes-eaux.

Si d'un mot je devais expliquer la marée, je répondrais comme le Vénitien Giordano Bruno brûlé par le

Saint-Office en 1600 : « Il y a ce qu'il y a. » Il y a la lune qui passe, la mer sur ses talons, celle-ci distancée deux fois par jour, obligée de revenir sur ses pas, bredouille. Éternel départ, éternel retour.

La marée n'est pas l'apanage des abers, ce dont gamin j'étais persuadé. Elle agit sur tous les océans qui n'en font qu'un pour elle. En Polynésie, ses cornes d'argent sont pointées vers l'horizon, une vraie menace de scorpion. C'est le monde à l'envers, là-bas : à l'envers de nos habitudes nord-occidentales, pas de quoi faire le 18. La lune sait où elle en est, même s'il est question d'un rendez-vous avec la mer au sein du trou noir qui devrait englober jusqu'au soleil. Demain, oui, dans quelques années-lumière. On dormira tous depuis longtemps, même les couche-tard.

Un don des dieux, la marée. Ce qui fait son charme, au pays d'Armor, c'est l'estran. Mais encore ? L'utopie littorale intermédiaire entre la haute mer et la basse mer. Il appartient à qui, l'estran ? À l'océan ? Au rivage ? À personne, si ce n'est le philosophe inconnu dont la silhouette brouillée se distingue au bord de l'eau, minuscule. Et qui peut-il être sinon toi, sinon moi ?

C'est trop *beau*, l'estran. L'épithète arrache au Mont-Saint-Michel un sourire de commisération, depuis le temps. Même sourire au cap Fréhel, à la pointe du Raz, au Croisic, au Trez-Hir, à Pen Bé, à Guérande, à Cassis, à la bambouseraie d'Anduze, en baie de Somme, à Gargalu. Depuis le temps qu'elle est belle, la beauté du monde, par-delà les mots ! Est-ce qu'il est « beau », d'ailleurs, l'estran ? Du brouillard broutant du sable mouillé, une mer comme une tache de gras sur un chiffon, mais où donc est la beauté ? C'est lent, c'est patient, ça frémit, ça pétille, ça renaît, ça bleuit, ça chante, ça chuinte, ça claque, ça grandit jusqu'au ciel, jusqu'au bout du monde, ça sent bon, ça saoule, c'est chaud, mystérieux, troublant, criant d'accords secrets avec les questions qui nous taraudent, la nuit, parfois. Eh oui, c'est chargé de sens, l'estran, comme un livre, et chacun de nous l'écrit avec ses mots à lui.

Je l'aime d'amour, mon pays dans la mer, comme dit l'autre. Je dirais bien qu'il est le plus beau, le meilleur, le moins pluvieux, mais j'aurais l'air de parti pris. Je garde mes convictions pour moi. Je parie que nous avons les mêmes, d'ailleurs. Bon, je me tais. J'aime bien quand la beauté mélange la sueur des hommes et l'esprit des lieux. Quand le paysage raconte une mémoire sans fin. Quand on ne peut pas séparer la mer et l'humain, tous deux un peu fous. Je l'aime d'amour, dénué de malignité qu'il est, ancré dans l'amitié qui ne pardonne pas, unanime autour de son nom. Résigné, rieur, courageux, toujours debout avec panache. *Ô combien de marins, combien de capitaines* originaires de Brest ou d'ailleurs, jamais revenus à bon port. Et combien de pioupious d'*Armor* ou d'*Argoat* à s'être avancés par troupeaux légers sur le Chemin des Dames, cote 32, au coup de sifflet du général Nivelle qui les trouvait bien hardis, *ses* Bretons. Et puisque j'ai dit Brest, le berceau des miens, allons voir de…

Brest

… allons voir de plus près la cité du Ponant dont le cardinal de Richelieu fit le grand port militaire français (les Anglais s'y sont toujours cassé les dents). Au premier regard sur la rade, on comprend tout. Victor Hugo, Jean Genet, Roger Vercel, Julien Gracq, ils ont tous cherché les mots qui traduiraient cet émerveillement, tous revissé leur stylo avec un soupir d'incrédulité. « C'est trop beau, la rade de Brest » : c'est moi qui ai trouvé les mots ! Il fallait y penser.

J'aime arriver à Brest en voilier, par temps gris, quand la ville blanche apparaît au loin suspendue comme une cité promise, un retour aux âges d'or d'un passé perdu.

C'est l'enfance, pour moi, Brest, « le vert paradis ». Il est en ruines, pourtant, quand nous faisons connaissance après la guerre, orphelin de toutes ses maisons, bombardé à zéro par les avions de la Sainte-Alliance atlantique, détruit jusqu'au dernier éléphant du zoo (la trouille qu'ils ont dû avoir). On a bouché les trous, depuis, remis des habitations et des éléphants, rouvert les magasins. Mais le nouveau Brest, en 1960, est mal vu des Brestois. De quoi se souvient-il, celui-là ? Où est passée la mémoire ? Elle est passée, amputée, dispersée, une prothèse n'y change rien, et l'enfant neuf ne vaut jamais l'enfant perdu. Mon père, un « né natif », se défoulait sur ce Brest artificiel : moche, carré, américain, des rues à angle droit, pas d'arbres, kitsch. Une ville d'ingénieurs que ni ses aïeux ni son père n'avaient connue. « On habite 33, place du Château, on vous reloge rue de Siam, quel mépris ! »

Avec le temps, le corps s'habitue à la plaie, le deuil se fait cicatrice, et Brest en oublie qu'il est une greffe de peau, le masque vivant d'un grand brûlé. Après 68, mon père a changé d'avis depuis quelque temps, comme les autres Brestois, jusqu'à renier sa mauvaise humeur de la veille. Il n'y a plus qu'un seul Brest, une seule mémoire dans le regard qu'il attarde sur la rade, les soirs d'été, émerveillé par le coucher du soleil.

N'ayant pas connu l'ancien Brest, je n'ai pas souffert du manque, et pas un de mes souvenirs ne me fait grise mine. J'ai vu mon « Brest même » surgir comme une végétation d'entre les baraquements, et quand j'entendais dire : C'est laid ! j'étais vexé comme un vieux gobie. La ville a connu les Américains, en 17, quand les boys sont venus par la mer, apportant leur jazz et leurs rasoirs mécaniques, leur modernité. Il en est resté quelque chose, un optimisme vital, une énergie. C'est assez new-yorkais, Brest, et pourtant les immeubles s'arrêtent au quatrième, le ciel peut jouer dans la rue. Le « moderne » et la « tradition », qui nomment si bien l'esprit des lieux, se partagent une même « force qui va », portant la ville jour et nuit dans ses fêtes et son bien-être collectif. Témoin le centre culturel du Quartz, l'une des scènes les plus imaginatives d'Europe ; témoin Océanopolis : musée vivant de la mer, aquarium géant, laboratoire scientifique ; témoins les Ateliers rénovés des Capucins : deux cents ans d'Histoire industrielle et maritime, avec l'arbre porte-hélice de la *Jeanne-d'Arc* exposé sur son tour d'usinage ; témoin le téléphérique urbain ; témoin le chantier naval du Guip où renaissent les yachts en bois ; témoin la Marine nationale à la pointe de l'océanographie ; témoins nos grands chasseurs d'horizons extrêmes : les Kersauson, Peyron, Cammas, Gabarre ou Coville pour qui Brest est l'anneau providentiel du départ, l'anneau du retour après l'Odyssée ; grands témoins les Fêtes maritimes rassemblant tous les quatre ans les plus beaux voiliers du monde à l'initiative de François Cuillandre, le maire de Brest ; et témoin l'auteur de ce dictionnaire amoureux que son grand-père emmenait sur les quais voir l'*Étoile* et la *Belle Poule*, les goélettes de l'École navale.

Il n'en revenait pas qu'elles fussent encore sur l'eau, si belles, si jeunes malgré leur âge. Il me parlait du cap Horn et des cap-horniers, les derniers seigneurs de la marine à voile. C'est avec un ancien cap-hornier, François Réguer, de Melon, que nous allions à Molène chaque année sur l'*Intrépide*. À l'âge de quatorze ans, il était parti s'enrôler mousse sur un cargo à voiles à destination du Chili. En guise d'argent de poche, pour se rendre à Nantes, sa mère lui…

C

Brise Marine

Fuir ! là-bas, fuir ! Je sens que les oiseaux sont ivres
D'être parmi l'écume inconnue et les cieux !
Rien, ni les vieux jardins reflétés par mes yeux
Ne retiendra ce cœur qui dans la mer se trempe
Ô nuits ! Ni la clarté déserte de ma lampe
Sur le vide papier que la blancheur défend
Et ni la jeune femme allaitant son enfant.
Je partirai ! Steamer balançant ta mâture,
Lève l'ancre pour une exotique nature !
Un Ennui désolé par les cruels espoirs
Croit encore à l'adieu suprême des mouchoirs !
Et, peut-être, les mâts invitant les orages,
Sont-ils de ceux qu'un vent penche sur les naufrages
Perdus, sans mâts, sans mats, ni fertiles îlots...
Mais, ô mon cœur, entends le chant des matelots.

Mallarmé

Cap Horn

… sa mère lui avait mis dans la poche quelques praires enveloppées dans un mouchoir chiffré par son arrière-grand-mère. Et trois ans plus tard, il avait rapporté le mouchoir de l'aïeule, celle-ci partie vivre chez les aïeux.

Il y avait un navire cap-hornier, chez nous, sur la cheminée du salon. Un quatre-mâts verni clair aux voilures de celluloïd. Il n'était pas destiné à flotter, vissé sur un socle en bois tourné qui disait son nom : *Victory*. Je mettais socle et navire à mariner dans la baignoire avec moi, indigné du chavirage immédiat. Mon bain fini, je le séchais au sèche-cheveux, le rapportais au salon ni vu ni connu.

On parlait souvent du « cap Horn », à la maison, une épopée née au XIXe siècle avec la ruée vers l'or. Quand mon père disait cap Horn, sa voix muait, on se taisait. Il en faisait un complexe, je crois, n'y étant jamais allé. Ma mère en parlait aussi. Lui pour se mettre dans la peau des marins disparus là-bas, maman dans la peau des mamans dont les fils, pas plus grands que moi, que mon frère aîné, devaient escalader les mâts verglacés du navire en pleine tempête, et serrer la toile sans tomber à la mer. Elle relativisait mes bobos du jour en déclarant : Ne te plains pas, mon biquet, tu pourrais être au cap Horn sur un cap-hornier. J'aurais bien voulu qu'elle m'en dise un peu plus, me raconte une histoire de cyclone et d'enfants jetés à la mer tout habillés. Elle ne s'y connaissait pas trop en cap Horn, à mon avis, juste assez pour m'impressionner comme si nous courions un danger de mort.

J'entendais souvent ces mots effrayants : Qu'est-ce que tu veux faire, quand tu seras grand ? Grand ? Moi ? Enfant, on est enfant tous les jours de la vie, on n'a aucune idée sur « demain ». Je croisais un « grand » qui m'aimait bien, je voulais faire comme lui. Micho réparait les bicyclettes : je serai réparateur de bicyclettes, je parlerai du nez. Le cordonnier romain m'appelait brise-fer : je serai cordonnier. Mon père avait un ami dans les remorqueurs : je remorquerai les navires en difficulté. Un autre cow-boy au Manitoba : je serai cow-boy. J'ai eu pas mal de métiers, comme ça, je savais quoi répondre aux questions des « grands ». Un jour, j'ai répondu : Garde ! à ma tante Yvonne. Garde ? Oui. Mais tu garderas quoi ? Les fous ? Les jardins publics, j'aurai un pistolet. Plus tard j'ai connu François Réguer, l'ancien cap-hornier, et plus tard Joseph Tonnerre, ancien cap-hornier lui aussi, et plus tard les cap-horniers Slocum, Moitessier, Tabarly, Kersauson, Peyron, Chabaud. J'ai tout laissé tomber pour le Horn, et finalement je suis devenu romancier – « comme papa », un œil rivé sur ma nostalgie du « cap Dur » ou « cap des Tempêtes » : ainsi disaient les matelots et les mousses, la botte calée sur le marchepied de filin, les doigts crispés sur les plis raidis par le givre, à trente mètres au-dessus du chaos des lames rugissantes, à Dieu vat !

Le cap Horn était aussi loin et lointain pour moi que le ciel et l'enfer, je n'arrivais pas à le situer ni l'imaginer. C'est comme le pôle Nord mais à l'opposé, me disait maman, sous la Terre de Feu. La belle jambe que voilà ! Un soir, elle me lut ce récit d'un navigateur espagnol : « Le nom de Terre de Feu semble donné par ironie à des lieux où il neige en plein été. Là-bas vit le spécimen le plus abject de l'espèce humaine. Aucune bête ne l'égale en saleté ni en infection. Tout son instinct se borne à la fabrication de quelques engins de pêche. Incapable de confectionner une hutte, il s'abrite derrière une branche d'arbre ou des touffes d'herbes accrochées sur des pieux. Il n'a point de vêtements, car il se contente de s'envelopper dans une peau de veau marin. Il ne lui viendrait pas à l'esprit de cuire ses aliments, il dévore le poisson cru. » Le poisson cru ? J'avais mangé du thon rouge en douce, une révélation. J'avais même essayé la crevette vivante. N'aurait-elle pas remué ses piquants dans ma bouche, cette chipie, son compte était bon. Moi l'amateur d'huile de foie de morue, une infection pour mon paternel, moi le croqueur de goémon, je me sentais pousser une âme de cap-hornier en écoutant ça, j'étais prêt à partir là-bas manger du poisson cru.

J'ouvris un atlas. Ridicule, l'Hexagone. Incroyable, la Terre de Feu. Le Finistère Sud du grand Sud américain. Un puzzle en vrac, un appendice caudal mordu, mâchuré par le bon Dieu. Les restes épars d'un chamboule-tout infernal opposant la Nature et son Maître. Le Horn est tout en bas, c'est un îlot arc-bouté au néant, plongé dans les houles indivises du cercle antarctique, une mer en rond brassant les trois océans Pacifique, Atlantique, Indien. Au-dessus : la vertigineuse Amérique du Sud comme perchée sur un talon aiguille biscornu. Au-dessous : la mer australe enroulée autour du pôle Sud, un jardin naturel que les hommes n'ont pas encore appris à défigurer, un paradis impossible à vivre.

Avec l'îlot du cap Horn, on arrive aux…

Crocs

… on arrive aux échelons inférieurs des latitudes, à la cave de la maison Terre, au-delà c'est l'enfer. Où sommes-nous ? Par 55° 58' de latitude sud, et 67° 38' de longitude ouest. Des chiffres laconiques pointant et bornant la tanière du cap aux dents longues. On n'y passe plus, aujourd'hui, on franchit le canal de Panama qui relie l'Atlantique au Pacifique, entre les deux Amérique. On s'épargne des émotions qui pourraient bien être les dernières. Avec les pêcheurs locaux, les amateurs de « Loup-y-es-tu ? » sont les seuls à s'y frotter. Pour y être, il y est, même si je lis ce matin dans le métro, à l'occasion d'un arrêt pleine voie : « À la fleur de l'âge, le loup n'est plus amateur de chair humaine. » Il faut croire que le Horn est un viandard pas comme les autres ou que son âge tarde à fleurir. Pas un bateau – bois, métal ou titane – qui ne redoute ses crocs lorsqu'il double la Terre de Feu dans les deux sens. Pas un. Et pas un doubleur du cap qui n'ait tenté d'en parler. Mais les mots sont des caps Horn de mauvais aloi, quand on la joue caïd, il ne faut pas les chercher, ô combien d'écrivains.

Il y a un « style Kersauson » et même un « babil Kersauzon » pour envoûter la mer, mine de rien. La dire – non. Tu dis la mer, elle part en courant. Tu l'écris, elle te noie. Comment il fait ? Il marmonne, improvise, et la mer vient à lui, la mer comme elle est sous le souffle du vent, la parole humaine devient son chant :

> « L'hiver est tombé quand nous arrivons au cap. On passe dans un monde où tout va fermer. C'est la première fois que je vois le phare du cap Horn dans la nuit. Une petite lampe de rien dans l'immensité noire, avec les montagnes derrière et de temps en temps un morceau de lune entre les nuages et les grains, des souffles à quarante, quarante-cinq nœuds. Nous passons dans un cap Horn qui est vraiment le dernier cap Horn, après nous on boucle. Cette lueur a quelque chose de complètement désuet, ridicule, comme dans les villes de province à trois heures du matin, c'est désert, c'est mort, il y a des bourrasques et de la pluie, et puis on distingue une petite lumière qui clignote avec un Père Noël de guingois parce qu'il a été arraché par le vent. Ça ne réjouit personne et ça ne sert à rien. C'est exactement l'impression que j'ai ce soir au cap Horn, mais je suis content. Demain nous ne serons plus en danger. Nous pouvons risquer l'avarie, mais nous avons une chance de ne pas mourir. »

Je suis sensible à cette petite musique mi-fredonnée mi-sifflotée pour soi, pour qui l'entend par hasard, à ce Père Noël de camelote qui n'a jamais vu la mer et qui met le cap Horn dans mon petit soulier : le cap Horn et tout l'océan.

Personne, au XIXe siècle, n'avait entendu parler du Horn, de la Terre de Feu. Des mots préhistoriques venant buter sur le gros mot que toute l'Europe a dans la peau, depuis la Bastille, un cri violent qui finira par susciter l'Internet : « Révolution ! » Miracle et cauchemar. On s'industrialise, on renaît par la Combustion sur le thème luciférien de l'air carbonisé, avec en bonus l'« après-moi » d'un déluge amorcé dès la première volute noirâtre issue du *M'as-Tu-Vu*, le premier des esquifs à vapeur, l'œuvre du sieur Jouffroy d'Abbans, ingénieur maudit. Pends-toi, brave Jouffroy !

Le progrès s'élance, il mijotait dans les météores de Nostradamus. Le feu se fait moteur, se fait vitesse, se fait guerre, hégémonie, marché, banque, veau d'or : on part en Californie tamiser les paillettes de Yerba Buena, charger du guano d'albatros au Chili, du nickel en Nouvelle-Calédonie, des viandes en Australie, du pétrole en Amérique, on commence à mondialiser. Rails, boulons, blé, froment, charbon, pinard, machines-outils, esclaves, opium, tout ça vous prend la mer comme jamais, commerce ou trafic. Et l'argent appelle l'argent, l'argent manque d'argent, l'argent pleure misère. Il faut nourrir les gosses, payer les ouvriers du feu, extraire le charbon, engraisser les riches, consolider les bateaux, construire en fer les mâts, les coques, les cordages, les cargos sans cordages et sans mats : les *steamers*, il faut se débarrasser du vent, ringardiser les dieux, piètres fauteurs d'ouragans. Nietzsche met les pieds dans le plat du Progrès, les remue : Dieu est mort, les enfants !...

Le feu pavoise, le vent se meurt, vive le vent. Le guérisseur inespéré, un officier de marine américain d'origine bretonne, s'appelle Mathieu Maury. Il hait la vapeur qui sort par les naseaux du Malin, ne signe pas comme ça l'acte d'inhumation d'Éole. Il va passer dix ans à colliger des informations, des témoignages, voulant tout connaître et tout analyser des…

Courants (aériens, marins)

… et tout analyser des courants marins, aériens. Force est de constater qu'il n'existe aucun livre du mouvement général des eaux et du vent. On prend la mer, on fait du long cours et du grand long cours en évitant les caps inhospitaliers. Et s'il était possible de gagner du temps ? De prendre de vitesse le charbon qui tombe en panne, explose, flambe, ne sait pas où loger à bord, rabat ses fumées abjectes sur les marins ? Si le tour d'hélice coûtait plus cher que le vent ? Riche des observations glanées auprès des capitaines – une grande première, on ne partageait pas le trésor des secrets navals, entre loups de mer –, Mathieu Maury nous tient à peu près ce langage : La Terre est ronde, frères humains, elle tourne autour de l'axe des pôles (et d'ailleurs ne tourne pas rond), c'est la rotation planétaire terrestre. Cause première du vent ? La rotation. Deuxième cause ? La température de la mer et du sol. Troisième ? La foi en Dieu, la prière. Rien que de très naturel, en fait. L'air chaud monte, l'air froid descend. Soulevé vers le nord et vers le sud glacés, l'air tropical s'alourdit à haute altitude et rejoint l'air tropical soulevé à son tour vers le nord et vers le sud. Le manège de la rotation déploie toute l'année ces flux ascensionnels, provoquant les tempêtes, les ouragans. Dans l'hémisphère austral, happés dans l'énorme turbulence thermique de la banquise, les vents lourds sont projetés d'ouest en est, et pas un relief ne fait obstacle à leur violence déchaînée autour de l'Antarctique, pas un si ce n'est la cordillère des Andes à la pointe de la Terre de Feu. Et les vents dominants soufflant de l'ouest, il est plus avantageux, pour tout navire voilier courant d'Europe en Australie, de passer par le cap Horn. Un mois de gagné à l'aller, deux au retour. Que le charbon retourne à la mine.

Il en allait des eaux comme du vent. Remous, courants permanents, glissement superficiel de la mer sur la mer, translations des mers obéissaient aux lois géophysiques des climats, ces derniers faisant circuler l'océan de l'équateur vers les pôles – aller et retour –, et l'acheminant par des corridors sous-marins en lieu et puissance.

Nouveau Testament des courants et des vents, le système Maury n'eut plus aucun mal à répondre à la machine à vapeur par la machine à voile, au *steamer* par le *clipper*. On venait de gagner cent ans, non sur la mécanisation des navires, mais sur la disparition du vent dans les voiles. Il suffisait de passer par le sud, par…

Cargos

… par le cap Horn, le plus court chemin pour « crever » les méridiens, comme disent les voileux de la course au large, un chemin qui pourrait s'appeler *alea jacta est*. Car une fois dans la gueule du loup, il importait d'en ressortir sain et sauf avant de songer à livrer ses machines à coudre ou ses voies ferrées à Valparaiso. On construit des bateaux particuliers pour essayer cette voie commerciale inventée. « Sûre », elle ne le sera jamais. Devenu carrefour universel de la marine à voile, le Horn continuera d'inquiéter les capitaines à chaque voyage, et d'endeuiller la mer.

Ce sont les fameux clippers américains, les voiliers sans hublots, les « coupeurs de mer » aux étraves en fil d'épée qui vont inspirer la ligne des cargos du Horn. Des mensurations jamais vues : cent mètres de long, soixante mètres de haut pour le grand mât, quatorze mille mètres carrés de voilure, onze mètres de creux. Les premières années ils sont en bois, si possible en teck, la coque doublée de cuivre sous la flottaison. « Doublé de cuivre » ne signifie pas qu'on attrape le marteau, et que, les pointes jaunes entre les dents, on cloute à même le bordage en bois. On commence par lessiver et poncer la coque à nu, on la passe au goudron de Norvège additionné de brai – un enduit d'étanchéité à la poussière de houille –, on applique un feutrage par-dessus, de bout en bout, et c'est ensuite qu'on vous cuivre tout ça.

Après 1870, le fer démodera le clipper de tradition, le cap-hornier devenant un tout homogène plus résistant qu'un assemblage de bois, plus léger. L'acier, puis la tôle d'acier démodera le clipper de fer, le voilier de charge et d'emport se faisant frégate pour forcer la mer et le vent. Le percement du Sinaï et la motorisation perfectionnée du steamer démoderont les cap-horniers à voile, après 1875, même s'ils continuent à croquer du Horn, et ce jusqu'au troisième Reich pour la marine allemande.

En France, les compagnies de navigation portent le nom des villes d'immatriculation : Compagnie dunkerquoise, Compagnie havraise, Compagnie nazairienne.

Compagnie Bordes pour la compagnie nantaise – qui construira le *Belem* et le *Para* –, la plus puissante du pavillon français. Lequel pavillon, assassiné par le fisc, n'hésite pas à faire construire ses bateaux sur les bords de la Clyde…

Mais si Maury sauve la marine marchande à voile, c'est par un extraordinaire pied de nez, sans commune mesure avec la technique en plein essor. Il a gagné du temps, obtenu un sursis, celui-ci mis à profit par l'ingénieur thermo-industriel. Le tour d'hélice est rapide, aussi rapide que la voile, il est bon marché. On commence à traverser l'Atlantique en paquebot : à voile et à vapeur, certes, mais la voile au service du piston, sa force d'appoint. Et quand le passager voit passer un cap-hornier toutes voiles dehors dans la beauté du soir, avec la rumeur des chansons à hisser, il soupire de contentement, trop heureux de mâcher en pleine mer les premières escarbilles du progrès industriel. Adieu la voile, vive la pollution.

Ce n'est pas la vitesse qui donnera le coup de grâce à la voile. Plus véloce en mer que le steamer, le cap-hornier du fret lourd le restera jusqu'au premier tiers du XXe siècle, filant une moyenne de treize nœuds, bouclant ses tours du monde en soixante jours de Liverpool à Melbourne. C'est l'argent qui brandira sa faux sur lui, l'argent fuyant des spéculations. En 1850, le premier câble sous-marin, tout bien garni de gutta percha, est immergé entre Douvres et Calais. En 1861, le gutta percha va d'Alger à Port-Vendres, puis de Suez à Bombay *via* Aden, en 65, puis un an plus tard onze câbles joignent l'Europe à l'Amérique du Nord, au Pacifique, à l'océan Indien. Les marchés s'ouvrent à New York, à Londres, à Anvers, l'offre et la demande entrent en scène, et le taux du fret s'effondre à l'instant même où, en pleine tempête sur les voiliers chargés à bloc, on chante à hisser, du côté du Horn, on cherche à tenir le…

Chansons

… on cherche à tenir le délai, à vaincre la mer en bons professionnels de l'ouragan. Comment s'imaginer que le chargement vaudra peau de balle, en jetant la pioche à Frisco ? Autant continuer à pousser la chansonnette sur le gaillard d'avant, et à saigner sang et eau sur les tendons d'acier du clinfoc récalcitrant.

On aime chanter, sur les bateaux, entre marins. On chante les chansons des cap-horniers, on chante les péris en mer, le mousse emporté, les marins pêcheurs, la femme restée là-bas au pays. J'ai appris les chants marins à Jeunesse et Marine, une école de la mer fondée par le père Y. D. Maynard, un ancien aumônier de marine. Elles sont belles, ces chansons, nostalgiques et tendres, c'est un hymne à l'océan, à l'amitié.

Voici la liste des chansons que je connaissais par cœur il n'y a pas si longtemps.

Quinze marins sur le bahut du mort
Les marins de Croix
Le Corsaire, le grand coureur
Adieu foulard, adieu Madras
La Margot
Matelots, puisqu'il fait bon vent
Le mariage secret de la mer et du vent
Le clocher de Saint-Malo
Santiano (Hugues Aufray)
Le bagad de Lann-Bihoué (Alain Souchon)
C'est pas l'homme qui prend la mer (Renaud)
La Marine (Georges Brassens)
Il était un petit navire
Tri martolod (Alan Stivell)
Ding ding dong (Gilles Servat)
Flo (Pierre Bachelet)
Le voilier noir (Pierre Bachelet)
Amsterdam (Jacques Brel)
My Bonnie

Sur les cap-horniers, on ne donnait pas de la voix pour faire joli, mais pour vaincre la peur dans la tempête ou dans la brume, se couler dans l'énergie de tout un équipage attelé à la manœuvre, à l'action voulue par le navire à un moment donné. On chantait pour cadencer, diviser l'effort impossible en continu : hisser une basse voile, une vergue, on accordait l'élan collectif par un chant qui suivait le roulis du voilier, balançait la mélodie, ho hisse, la scandait, et ho…

Le signal du chant s'amorçait par un cri souvent lugubre, tel un cri d'oiseau poussé par un meneur, et les hommes rétorquaient par des bribes psalmodiées, mi-parlées mi-chantées, les hommes se rassemblaient pour chanter en chœur et lutter en chœur, charmer leur grand lutteur de cap-hornier épuisé. La mer donnait de la voix, elle aussi, répondant aux hommes par les sifflements du vent dans les agrès, par le mugissement des lames, les gémissements du navire endurant la tourmente aux limites de ses forces – les imprécations du chef éclataient, un marin blessé hurlait, le chant se poursuivait sous la neige, la grêle, la voile, se hissait, biribi, se hissait, hourra, se hissait à bloc, hourra pour la Margot !

Imaginons le pont du cap-hornier balayé par les lames, la nuit, le balancement d'une lanterne à huile et les ombres distendues, et dans cette fin du monde le souffle de ces mélopées entonnées à pleine poitrine par ces hommes de peine et d'espoir, ces gens de mer.

Elles étaient malicieuses, les chansons, dans les ports et les rades, quand on « virait au cabestan » : au treuil à bras, pour déraper les ancres. Elles savaient décliner en termes de mer choisis les appas du corps féminin, celui-ci divinisé par l'instinct vital sur le bateau, symbolisant le retour à terre, à la vie.

Et les filles c'est comme la mort,
Rage, en rage, les gars, souque et rage,
Et les filles c'est comme la mort
On les r'trouve du sud au nord…

Une de perdue, dix de retrouvées ? Peut-être bien, pas sûr. La seule manière aussi, pour le marin, de faire pièce à la mort qui peut embarquer à chaque instant, sur le cap-hornier, et mettre le holà à toute espérance d'amour, à toute chanson.

Les Anglais se servaient dans les chants de mer français, les Français dans les chants de mer anglais. « Oh mes bouées » devenait « Oh my boys » ; « Oh cheerly men » devenait « Célimène » ; « Give me some time » : « Galimentiame », et « Son of bitch » : « Salibobèche », du Queneau tout craché, tout chiqué.

Les plus entraînants des chants marins étaient ceux du « gaillard d'avant », les chants d'escale et de longue soirée sous les tropiques, la peur du cap Horn oubliée. Le gaillard d'avant, c'est le tiers avant du bateau, le lieu de vie des hommes. Ils y sont chez eux, ils font sécher leur linge dans les agrès, crochent leur hamac sous les barrots. Chacun a son coin, son coffre de marin. Le commandant n'y met pas les pieds, sauf aléa disciplinaire, il n'a d'ailleurs pas affaire aux matelots. Ceux-là veillent tard le soir, ils ont leurs conteurs, leurs chanteurs, leurs amuseurs, leurs danseurs, leurs joueurs de banjo ou d'harmonica, ils ont du vin. On chante, et les autres cap-horniers mouillés en rade répondent aux chansons. Il est interdit de quitter le bord, sous peine de désertion, interdit d'avoir des invités. Ces équipages apparemment soudés ont…

Changaïé

… apparemment soudés ont fait connaissance la veille ou le jour même du départ. Certains hommes n'en gardent aucun souvenir précis, parvenus sur le voilier dans cet état d'ivresse à mort dont le nom médical est « coma éthylique » ou « nausée syncopale », ce qu'ils ont également oublié.

C'est le commandant, *dixit* le code, qui fait son équipage et reçoit les marins en quête d'embarquement. Mais le commandant se repose, entre deux campagnes, il se repose avec son épouse, avec une amie. Il va partir « pour de longs mois en laissant Margot », et il en profite jusqu'à la dernière seconde. Embaucher des marins malodorants, très peu pour lui. Il charge donc un « marchand d'hommes » de lui constituer l'équipage dont le navire a besoin. Le meilleur des équipages, au meilleur prix. Et qui est ce « marchand d'hommes », dans les ports ? Qui connaît le mieux les marins à terre, les usagers du quai, les batteurs de semelle ? Qui, sinon l'ancien marin, l'ancien gogo du « marchand d'hommes », le digne patron de quelque « Café du port » ou débit de boisson multifonctions, à même de fournir au matelot, à prix d'ami, l'équipement dont il se félicitera, au cap Horn et toute sa vie. Un an de campagne, mon gars, tu te rends compte ? Il te faut ci, et encore ci, et encore ça. Le « marchand » est la nounou du marin sans boulot, il lui paye à boire, le plaint, l'aide à dépenser le peu d'argent qu'il a, lui présente une « petite », enfin lui parle d'un boulot sûr. Un p'tit tour au cap Horn, ça te dirait ? Ça ne lui dit pas trop, le cap Horn, au chômeur, il faut croire qu'il n'a pas assez bu, c'est moi qui rince. Un p'tit cap Horn bien payé, toujours pas ? J'pensais t'avoir dit non, JAMAIS ! Je sais, bois un coup, tu veux pas un cigare ? Si le matelot fume, il est cuit. Il se réveillait cap-hornier sur un bateau déjà loin des côtes et ne voulant rien savoir des mésaventures d'un pochetron sans le sou.

Il y avait les bons, il y avait les mauvais « marchands », les aigrefins. Les bons, les vraies nounous de marins, voulaient donner satisfaction aux capitaines et au navire en attente. C'était du commerce noble, et l'on ferait de nouveau appel à leurs services, la mer ayant une excellente mémoire quand le Horn lui laissait la vie sauve.

Il y avait les « mauvais » capitaines, un peu voyous sur les bords. Ils s'acoquinaient avec le mauvais marchand. Saoulez-moi ces trois incapables, voilà pour vous ! Et cependant que les trois incapables cuvaient dans une maison de passe, le capitaine levait l'ancre. Trois matelots absents : trois désertions. Trois soldes vacantes. Il empochait.

Il y eut des bars fermés, des règlements de comptes, des scandales, des morts.

Il y avait aussi les « rusés matelots », le plus souvent bretons. Ils se saoulaient aux frais du « mauvais marchand », fumaient les cigares, sabraient les filles, ronflaient… À la première distraction du marchand, ils se réveillaient frais comme des gardons et s'évanouissaient dans la nature.

C'est à Shanghaï ou Changhaï, le paradis des aventuriers aux riches heures de l'opium en Chine, qu'est née l'expression « changayer », la méthode Coué du recrutement naval avec douleur. On révèle au marin ébloui les délices de Capoue, ou plutôt de Changhaï, on le drogue, on le dépouille, on l'assomme au besoin, on le livre pour ainsi dire nu et roué de coups sur le cap-hornier en partance : Équipage au complet, commandant ! Larguez partout.

Dans la nuit, le pauvre gars sort vomir tripes et boyaux par-dessus bord, une aubaine pour les goélands. On lui dirait qu'il pollue, aujourd'hui, on lui dirait…

Chabaud (Catherine)

… on lui dirait qu'il y a des sacs biodégradables pour de tels rejets, que l'alcool mariné dans l'estomac humain est contre-indiqué pour le moral des méduses en bas âge, on lui dirait : qu'est-ce qu'on ne lui dirait pas ? Et justement j'ai pris des nouvelles de la mer auprès de Catherine Chabaud, l'autre jour. Elle était confiante : « Nous avons enfin de bonnes raisons d'être joyeux. » Joyeux, c'est la meilleure. Le bleu des mers va-t-il recouvrer la santé ? Les ouragans vont-ils espacer leurs grabuges ? Le corail rosir de bien-être ? Hein, Catherine ?

Catherine Chabaud fut longtemps responsable du fait maritime auprès du ministère de l'Environnement. Elle a pris ses distances. L'océan ne prend froid ou chaud nulle part au monde qu'elle ne soit la première à tousser, à dire : halte-là ! devant les congrès internationaux où la parole de la France est un évangile de ralliement. Autrefois Catherine Chabaud était marin, un grand marin. Elle est toujours un grand marin.

Le « grand marin » dit tel par ses pairs est humble au sens d'« humus » : il vient de la terre, il est humble comme la mer aussi terrestre que lui, il part en mer absorber la plénitude océanique de la simplicité. N'écoutez pas ce qu'ils disent au retour, les marins, ou ce qu'ils écrivent sous la pression des éditeurs : ils ont changé les voiles, envoyé le spi, ils ont eu froid, ils ont eu mal aux dents, sommeil, réchauffé du riz, jeté à la mer des œufs avariés, regardé la Croix du Sud à la jumelle, ils ont appris par la radio qu'ils étaient en position de gagner, ils ont vu leur premier albatros, leur deuxième albatros, leur dernier albatros, ils ont encaissé la tempête et déclaré : plus jamais… Lisez ça, mais pas trop, c'est du tabloïd océanique. Survolez la chanson de celui dont le silence est ce qu'il a de plus précieux à son retour chez les vivants attroupés sur le quai. Tabarly disait : « La mer m'a laissé passer. » Les journalistes à micro piaffant en ont déduit que cet homme sans limites était borné par sa voix. Le journaliste veut des mots, des aveux, du brûle-pourpoint, le marin du silence, il en a la gorge serrée, les yeux fous : ne l'égorgez pas, s'il vous plaît, ne l'aveuglez pas. Les actes sont les meilleurs témoins, les seuls qui soient exigibles à l'arrivée. Pitié pour celui que la mer a laissé passer. Elle en a trépassé plus d'un, elle en trépassera d'autres, une larme pour la mer où l'harmonie se conquiert toujours au risque de mourir plus seul qu'un oiseau. Et le laissez-passer du dieu Océan n'est jamais qu'une franchise à la vie à la mort. Un jour, la vie… un jour Tabarly ne rentre pas. Le 15 mai 1998.

Catherine Chabaud l'a vendue chèrement, la moelle de sa bête humaine, à la solitude en mer. Vendée Globe, Rhum, Jacques-Vabre, Around Alone, elle a connu tous les enfers et toutes les joies du défi hauturier. Que de courses elle a courues contre le top railleur du chrono. Elle a gagné le Fastnet, en 99, trente-trois ans après Tabarly. Non, les chers Anglais n'étaient pas contents. La quille, hein, la quille, *the keel* ! La quille de Catherine Chabaud déplaisait au règlement, c'est-à-dire aux Anglais sous la risée des médias du monde entier, *what a shame !* Il est dans l'idiosyncrasie d'Albion, bien lunée ou pas, d'abdiquer toute espèce de fair-play marin face à l'amateur de grenouilles, homme ou femme, qui lui rend des points sur l'eau.

Moi : Alors ? Pourquoi joyeux ?

Catherine : Harmonie. C'est le mot de ma vie.

M : C'est harmonieux, la mer ?

C : C'est elle, l'harmonie. On devient harmonieux soi-même en dialoguant avec la mer. Naviguer, se risquer sur l'océan, c'est dialoguer avec la mer, donc avec soi.

M : Harmonie, la tempête, l'ouragan ?

C : L'harmonie n'est pas l'eau de rose, attention. C'est une force qui se réunifie de manière permanente. Coûte que coûte. Son rôle est de réinitialiser les grands équilibres naturels que nous dénaturons.

M : Elle y parvient ?

M : Mère Nature est toujours victorieuse.

M : Et « joyeux » ?

C : Je n'ai pas toujours pensé ça, mais…

M : … On abat la forêt d'Amazonie, on détourne les fleuves, on pesticide à tout-va, on pompe le sable vivant des mers, on envoie tous les déchets, tous les effluents à la mer, macro, micro, on ne sait même pas évaluer leur quantité. C'est du tout-à-la-mer, le tout-à-l'égout, les ours blancs changent de sexe, les Inuits sont pollués, et on est joyeux ?

C : Chaque fois que l'on prend des mesures adaptées, la mer en tient compte et pardonne. Elle revit, c'est joyeux. Et l'homme d'aujourd'hui les veut, ces mesures adaptées. Je suis émerveillée par l'imagination de l'homme. On pense chaque fois qu'il a donné son meilleur, et la fois d'après il va plus loin, son génie créateur n'est jamais à court de solutions.

M : Comme ?

C : La rivière d'Étel, ce joyau du Morbihan. Elle était polluée par les nitrates et les phosphates du ruissellement des eaux. Les microalgues toxiques proliféraient, les huîtres en souffraient. Est arrivé Pierre Mollo, un spécialiste du plancton. Il a débarqué à Étel avec son laboratoire ambulant « du bout du quai au bout du champ ». Les paysans et les ostréiculteurs ont pu voir au microscope la vie grouiller dans une seule goutte d'eau. La vie bonne et la mauvaise vie. Compréhension, dialogue, harmonie. Aujourd'hui les huîtres ont retrouvé leur excellent moral et la rivière océanique ses qualités vertueuses d'autrefois. Il y a mille autres exemples.

M : Le corail ?

C : Il est en difficulté. C'est un être vivant d'une extrême fragilité. Il se meurt du réchauffement des eaux et de l'acidification du milieu. Il n'a pas dit son dernier mot, l'homme non plus. On découvre aujourd'hui l'extraordinaire résilience de la mer attaquée par nos agissements depuis des centaines d'années. Elle renaît beaucoup plus vite qu'on ne l'aurait cru. On ne pensait même pas qu'elle pouvait renaître, dans certains cas. Il y avait une sortie d'égout industriel, à la Seyne-sur-Mer, dans les profondeurs, loin des yeux. Nardo Vicente, un plongeur, est descendu filmer. Un décor presque infilmable, tellement la pollution troublait la vision du site. Un monde mort, asphyxié, pas un être vivant n'aurait survécu. L'égout a fermé. Même pas un an plus tard, les eaux étaient claires, les poissons étaient revenus.

M : Et le corail ?

C : Le corail est l'un des plus vieux écosystèmes de la planète. C'est un animal, pas une roche, un animal camouflé dans un squelette de calcaire, un vrai labyrinthe. Comme toujours dans la nature, c'est donnant-donnant. Le corail abrite une algue microscopique, la zooxanthelle, et c'est elle qui lui fournit son squelette : un squelette en couleur, presque fluo, en échange de sa protection. Une symbiose de rêve à travers les âges. La température de la mer augmentant ces dernières années, l'algue dépérit et le corail dépérit à son tour. Ce n'est pas tout. En plus du réchauffement des eaux, qui pourrait être naturel, cyclique, il y a l'acidité, et ça, c'est « nous ». Oh, je sais…

M : … Pourquoi « nous » ?… Ce n'est pas des salades d'écolos fanatisés, ce *mea culpa* systématique devant la Nature ?… Ils disent toujours que c'est nous : nous les salauds, les bousilleurs, et que la Nature nous punit. On ne peut plus respirer sans avoir tort, et celui qui vient au monde est moins un être humain qu'un déchet de plus à traiter comme tel.

C : Les faits sont les faits, rien de plus.

M : Bon, c'est quoi, cette histoire d'acidité, ça n'a pas toujours existé ?

C : Ça n'a pas cent ans. C'était cybernétique, la mer autrefois. La cause et l'effet se reproduisaient mutuellement. La nature se portait bien, la nature humaine aussi. Le CO_2 émis par nos activités était absorbé par la mer, on n'y pensait même pas. Nos belles technologies ont bouleversé la donne et la mer n'en peut plus, du CO_2. Elle est toujours aussi belle à voir, mais sa composition chimique a changé, d'où l'acidité. Toute la chaîne alimentaire est touchée. Et je ne te parle pas des sels minéraux indésirables charriés par les eaux terrestres qui se jettent à la mer, ni des stations d'épuration trop souvent débordées. Tout cela n'est pas très folichon, je sais. Tout cela explique aussi pourquoi la langouste s'est raréfiée en Bretagne et pourquoi le thon rouge a bien du mal à remonter la pente, quoi qu'en disent les experts.

M : Ce n'est pas une question de surpêche ?

C : Pas seulement. Tu as l'air révolté.

M : C'est le mot.

C : La vie n'est pas une promesse de risque zéro. C'est un train que l'on veut bien prendre en marche, après tout, qu'il ait tendance ou non à dérailler. À nous de l'aider à rouler correctement, à remonter sur les rails… Prenons l'exemple du niveau de la mer. Au cours des six mille dernières années il s'est élevé au maximum de 1 millimètre par an. C'est une moyenne. Quarante mètres en six mille ans. La Nature, si j'ose dire, a le temps de se retourner. Au XXe siècle, on est passé à 1,5 millimètre, et ce n'est pas une moyenne, c'est du chiffre dynamique, ascendant.

M : Ce ne sont jamais que des millimètres. Qui fait la différence ?

C : Chaque centimètre équivaut à un mètre supplémentaire d'occupation du rivage. On peut toujours dire : après moi le déluge, c'est sûr… Est-ce qu'on peut le dire à toute une jeunesse à laquelle on est en train de léguer une planète qui commence à faire eau de toutes parts ? Au Bangladesh, dix-sept millions de gens vivent au ras de la mer. Qu'elle monte de 1,50 mètre, et ce sont dix-sept millions de réfugiés climatiques à réinsérer. Il y en a déjà beaucoup. Aux archipels Tuvalu et Kiribati, dans le Pacifique, on réfléchit à la plus juste modélisation d'un sauvetage des populations menacées par le niveau de la mer.

M : On est quand même loin du déluge.

C : Tous les équilibres naturels se coordonnent mutuellement. La planète se réchauffe : la mer se dilate et monte plus haut sur l'estran, la faune et la flore s'anémient, les fleuves sont inondés par l'eau salée, les glaciers fondent et la circulation des courants change du tout au tout. Or les courants sont les régulateurs thermiques de la planète. Ils font le tour du monde, ils répartissent le chaud et le froid dans tous les points du globe. Les scientifiques n'ont qu'une crainte – en fait, ils en ont plusieurs –, c'est que les masses d'air équatorial entraînées par le courant ne remontent plus au nord. Paradoxalement, le réchauffement planétaire pourrait se traduire aussi par un abaissement de la température hivernale dans l'hémisphère Nord.

M : Tu ne m'as rien dit des plastiques.

C : Ah ! les plastiques ! Ils sont englobés dans la problématique, insoluble à l'heure qu'il est, du déchet en mer. La mer, non, n'est pas une poubelle, on la chérit… On chérit une poubelle, en fait, car pas un déchet ne se produit chez les humains qu'il n'aille à la mer. Et cela va de la couche-culotte aux papiers de bonbon, aux médicaments périmés, aux mégots… Rien que la liste des effluents immergés au quotidien nous prendrait des heures. Essayons d'imaginer la quantité de piles usagées, de papier journal aux encres toxiques, de résidus radioactifs, de pétrole, de sacs alimentaires, de munitions…

M : C'est vrai, les munitions, on n'en parle jamais.

C : J'en parle, moi. Nous tentons de sensibiliser l'opinion et d'agir. Une coopération internationale est en place.

M : Elle a intérêt à se bouger. Ce n'est quand même pas anodin si les écologies de la mer Baltique ont périclité à la fin du siècle dernier. Et pas qu'en mer Baltique. Devant Zeebruges, on a repéré trente-cinq mille tonnes d'obus oubliées, la plupart chargés d'ypérite et de chloropicrine, à cinq cents mètres de la plage. J'ai aussi lu que l'ONU avait pointé un certain nombre de zones mortes au large des côtes françaises. Et c'est précisément là où sont immergés des stocks de munitions en « déshérence ». Et quand on dit « stocks », précisons : millions d'amorces au fulminate de mercure dont s'accompagnent les têtes d'obus – 1 amorce = 1 gramme de mercure. Bon appétit, les écosystèmes.

C : Le déversement à la mer d'agents de guerre chimiques est strictement interdit.

M : Le mal est fait.

C : On s'en défera… Il faudra se défaire aussi du plastique, ça prendra du temps.

M : Ce n'est pas en cours.

C : Bien sûr que si, mais c'est l'un des gros marchés mondiaux, des centaines de millions d'emplois. Qui peut se passer de plastique aujourd'hui ? Il y a toujours un stade de la fabrication des choses où le plastique est présent. Même s'il s'agit d'un piano.

M : Si les pianos polluent la mer, à présent !

C : Il y a deux problèmes avec le plastique : en surface il finit par se transformer en poussière, laquelle est mangée par les poissons. Mais pour nous aussi. Second problème : le plastique ne meurt que sous l'action réitérée du soleil, il est presque invulnérable sous la mer, il peut durer des millénaires.

M : Il fait mal à qui ?

C : Aux poissons, aux oiseaux, à tout ce qui vit. Fertilité, occlusion intestinale, dérèglement génétique, j'en passe… Les albatros font des nids avec les matières plastiques, ils en nourrissent leurs petits. Même sous la banquise le plastique est omniprésent, apporté par les courants.

M : Solution ?

C : Toi, moi, l'être humain. Dès qu'il en a l'occasion, chaque être humain est responsable de toute la mer. Mais tous les êtres humains n'en ont pas l'occasion ou la liberté. Celui qui travaille dans une usine de produits chimiques ne va pas démissionner pour sauver la planète. En revanche, il faut se hâter de sensibiliser l'opinion à… à quoi ? Comment dire ?… Je dirais bien : « la maltraitance océanique » involontaire ou volontaire de tous. C'est bien ce que tu fais, non ?

M : Je maltraite la mer ?

C : Non, tu ne veux pas qu'elle soit maltraitée. Tu veux qu'on sache ce qu'elle subit. Pour qu'elle n'en soit que plus aimée dans sa beauté d'origine.

M : Tu ne penses pas qu'on l'a déjà gâchée, son origine ?

C : Il est dans la nature de l'homme de transformer la nature, hélas, et tu ne me questionnerais pas si tu n'avais pas confiance en lui. Il n'y a pas que des pollueurs, des arrivistes.

Il est vrai que ce Dictionnaire amoureux n'est pas seulement une…

Confiance

… n'est pas seulement une déclaration d'amour à l'océan et de guerre à ceux qui lui font du mal. Ce n'est pas moins une déclaration de fraternité souriante au bord de la mer en disant : voilà ce qui se passe avec la mer. Aimons-la, donnons-lui les moyens de sauver la planète où le Créateur a peut-être voulu nous initier à l'infini. Soyons dignes du Créateur, de l'infini, et bien sûr des enfants qui se souviendront de nous.

Notre conversation reprit, à Catherine et moi, toujours la mer. Le CO_2, cause du réchauffement ? En privilégiant le transport marin, la tendance générale aujourd'hui, on polluait dix fois moins qu'en prenant la route, le rail ou les airs. Il est exact qu'on ne peut pas aller à New York en train. Les rejets chimiques ? C'est hélas par l'interdit que les pouvoirs publics réussiraient à stopper cette hémorragie qui faisait de la mer et des cours d'eau la planque idéale pour les immondices de synthèse. La surpêche ? On savait comment l'enrayer. On composait avec les professionnels. On savait aussi que les Japonais, nation des plus civilisées, faisaient la sourde oreille aux accusations portées contre eux sur leurs façons génocidaires d'agresser l'océan. Ils n'entendaient rien, ne voyaient rien. Quand un seul thon vaut sur le marché deux fois le prix public d'une Ferrari Testarossa, on ferme les yeux sur l'identité du ravisseur et ses techniques de ravissement. On pactise avec les États infréquentables. Et l'on dit à Greenpeace et aux organismes internationaux : *Sayonara*, avec un sourire en guise de doigt d'honneur.

Il est des pêcheurs soucieux de préserver au mieux la ressource halieutique, de par leur attachement coutumier au milieu marin, La mer est nourricière, vitale, elle est sacrée comme le chameau pour les peuples du désert. En Indochine, avant la reconnaissance du Viêtnam, on n'achetait pas un filet de pêche sans payer un sacrifice à la déesse de la Mer, protectrice des pêcheurs et des poissons. À l'Aber, et dans les îles du Ponant, il est sacrilège, et préjudiciable au milieu, de ne pas réencastrer dans sa cavité le galet retourné à marée basse. Chez certains Indiens d'Amérique du Sud, la religion préconise fermement l'écologie marine, et gare au malfaiteur. Elle interdit la pêche à la saison du frai, elle interdit de pêcher plus qu'il n'est besoin pour l'appétit du clan, elle interdit la pêche aux jeunes poissons. Enfin, c'est une offense aux esprits topiques, passible de maux comme la guerre, la famine ou la maladie, de laisser les poissons pourrir sur le rivage.

Il est des cyniques, des voyous pour qui la mer giboyeuse est un coffre-fort à braquer. Les marées noires ? On s'acheminait vers l'obligation d'équiper tous les pétroliers d'une double coque et, pourquoi pas, d'un double gouvernail. Tous ? Comment s'assurer que certains États ne continueraient pas d'écumer les mers sur des pétroliers dont ne voudrait pas un brocanteur ? Et comment verbaliser tous les capitaines, ou les armateurs, qui vidangent leurs eaux grasses au large au lieu de les pomper en arrivant à quai ? Ça s'appelle « déballaster », le ballast étant l'eau de mer stockée dans les soutes à combustibles ou les cuves à fioul d'un pétrolier à lège, pour le stabiliser en mer. Un rapport estime à un million de tonnes, soit dix fois les cuves du *Prestige*, cinquante fois celles de l'*Erika*, la dose annuelle de pétrole versé directement dans la mer par des marins appliquant la règle du « pas vu, pas pris ».

Il serait déprimant, et stérile, de citer un à un tous les rapports chiffrant les millions de mètres cubes régurgités dans l'océan, chaque jour, par des villes portuaires comme New York ou Singapour. Deux mégalopoles choisies au hasard parmi des centaines d'autres. Les chiffres donneraient la nausée et l'on se demanderait à quoi…

M : … à quoi bon rester joyeux, Catherine ? C'est quand même un drôle de tableau que l'on vient de dresser. Si la mer a des oreilles, elle doit avoir envie de rentrer sous terre. Pour ma part, je ne suis pas du tout d'accord avec Pascal qui recommande la foi en Dieu comme un croupier fanatique de son tapis vert. Existe : champagne ! Existe pas : dans le pot ! C'est pareil, la mer. Soit on va dans le mur, soit on…

C : … soit un accord global des mers intervient à bref délai, mettant d'accord toutes les nations réconciliées par l'intérêt général, et la mer nous sera donnée par surcroît, la mer comme nous l'aimons. Comme l'aimaient nos grands aînés en la respectant, les Tabarly, les Colas, les Petipas, les Chichester…

Crowhurst, Moitessier

… les Petipas, les Chichester, les Moitessier.

M : Un grand écrivain, en plus, Moitessier.

Tamata, son autobiographie paraît chez Arthaud en 1993. « Mes parents avaient quitté la France, attirés par l'aimant des terres lointaines. Ils s'étaient embarqués pour l'Indochine, mon père avec son diplôme des Hautes Études commerciales, ma mère avec ses pinceaux des Beaux-Arts, et moi sous la forme d'un embryon niché dans ses entrailles. » On dirait presque un souvenir. Moitessier n'a pas vu le jour qu'il est en mer à bord du ventre maternel, aux antipodes, et la croisière ne s'interrompt que pour changer d'embarcation. Les années d'enfance à Saigon, d'ailleurs, sont comme une escale édénique entre sa mère et la mer.

À la différence de Tabarly, ce n'est pas la vitesse qui l'attire au large, et se mesurer à la perfide Albion lui est bien égal. Voileux, Moitessier le devient à l'école de la jonque fluviale et du sampan, navire de sagesse. En 68, sa quête de spiritualité fit pâmer les bobos et babas aux poches percées qui criaient sur les toits : « Je vais construire un bateau, moi, foutre le camp d'ici, bande de morts-vivants ! Rendez-vous là-bas où c'est trop loin pour vous. » Combien de voiliers sans le sou – coques de ferro-ciment ou d'acier ont mérité le nom de *Notre-Dame-du-Jardin* durant les vingt premières Glorieuses ? Ils naissaient en banlieue, grandissaient en banlieue, périssaient en banlieue. Ils filaient d'interminables jours de mélancolie sur les hauteurs du périphérique, encagés dans des courettes ou sous des hangars de location. Ils attendaient la mer, ils attendaient les sous, ils perdaient la mémoire. Ils n'attendaient plus rien si ce n'est le chalumeau du ferrailleur agréé par l'huissier.

Moitessier fut pour beaucoup dans mon rêve de voilier-maison, après 69, l'année où ma mère ferma les yeux. Il me fait l'effet d'un cousin germain sinon d'un jumeau… décalé. Lui né à Saigon en 25, moi en 49 à Paris (hélas). Vingt-quatre ans et douze méridiens nous séparent. Son père s'est enrichi dans l'Ovomaltine et le vin Chauve-Souris ? Mon grand-père dans le Viandox et la Soframycine (un dépuratif nasal). Il ne fiche rien en classe ? Moi non plus. Il sèche les cours, part vadrouiller sur les jonques de la rivière Saigon, lance-pierre en sautoir. Enfant, je n'aime rien tant que vadrouiller en plate, en dériveur, que prendre la mer. Et tous les deux nous pensons la même chose en regardant l'horizon : « Plus tard, j'aurai un bateau. »

Moi le Viandox et la Soframycine, lui l'Ovomaltine et le vin Chauve-Souris, quels beaux bateaux nous allons pouvoir nous payer ! Ce n'est pas le cas. Chez les Moitessier, en 40, on subit l'effet papillon du chaos mondial, c'est la faillite. Chez moi, à trente ans d'intervalle, aucun papillon nazi ne bat des ailes à croix gammée, mais les voiliers n'ont pas la priorité : un métier stable, on t'a dit. C'est stable, un bateau ? On t'a dit : une grande école, des diplômes, un traitement fixe, un bon mariage, des enfants…

À vingt-quatre ans, Moitessier est pauvre, il vit d'expédients, se languit devant la beauté du golfe de Siam. Je suis pauvre, à vingt-quatre ans, je connais la faim. J'épargne sou à sou le premier acompte de ma coque en acier. Quelle différence entre lui et moi ? Bien modeste est ma destinée, comparée à la sienne. Il a vécu les dernières années de la période coloniale française en Indochine, une aventure en soi, une mémoire épique. Il allait vêtu de grands shorts blancs, chaussé de claquettes à semelles de latanier, il attrapait des lézards volants au lance-pierre, la seule arme qu'il sut manier. Il a fait la guerre, tiré sur l'espèce honnie du « niakoué ». Ne voulant tuer personne, et n'ayant que de la sympathie pour son frère « niakoué », le rebelle, un copain depuis qu'il était né, il tire à côté, pan ! Bête comme chou, la guerre de position, pan ! Raté ! Celui qui réussit n'est pas forcément un méchant garçon. L'erreur, c'est de lui mettre un fusil dans les mains. C'est comme le volant, ça vous change un homme.

Moitessier reviendra du front l'appétit coupé, citoyen du monde entier, plus que jamais résolu à partir en mer.

Je souffrais avec lui, ses projets nautiques n'avançaient pas. Lisant ses mémoires, je savais qu'il allait s'en sortir à la page 221, et gagner un tas d'argent qu'il distribuerait ici et là, ne s'épanouissant que dans une vie désargentée. Je redoublais d'identification lorsque la chance lui souriait. Où dénicha-t-il enfin les mille piastres du *Snark*, ce tas de vieilles planches mangées aux vers, rafiot contrebandier saisi par les douanes ? C'est un peu flou, cette affaire-là. C'est un peu flou aussi quand je réunis les fonds de ma première coque nue. Six mille francs en liquide, avec l'appoint en miniferraille, le tout stocké dans un confiturier de famille, puis dans une enveloppe de papier kraft usagée. C'est beaucoup, six mille francs, c'est déjà ça pour une unité de 50 pieds, qui répond au doux nom de *Galapagos*.

J'apporte l'argent au représentant de la société Corail Marine un jour de Salon nautique à la porte de Versailles, en mars 75. Un *Galapagos* témoin est exposé sans mât sur le parvis, sans peinture, sans balcon, sans aucun ornement. Il a fière allure, il est plus grand qu'un autobus. Ce n'est pas mon bateau, mais c'est tout comme, j'ai de quoi payer, commander. Il souffle un vrai cap Horn, ce jour-là. Je monte à bord, j'ai rendez-vous. Ça remue, à l'intérieur, on est en mer. Aucun aménagement, si ce n'est le plancher nu qui sent la résine. Le représentant, un rouquin massif, sorte d'allégorie d'*irish coffee*, ne prend pas la peine de recompter les billets que je veux absolument lui donner à sentir, à palper. Il empoche, il empoche la ferraille, il me dit qu'il a confiance et que je recevrai mon contrat sous quinzaine. Il me fait visiter le bateau en vitesse – ici l'avant, au fond l'arrière, là nous sommes au milieu, et derrière vous c'est la sortie pour sortir. Il est pressé, il a d'autres rendez-vous, mais comment donc ! Je me confonds en remerciements.

Dehors, il fait toujours aussi froid, venteux. Des gens en chaussettes, leurs chaussures à la main, l'air traqué des acheteurs potentiels de voiliers hors de prix, attendent massés sur la plate-forme et sur les marches de l'escabeau debout contre la muraille du *Galapagos*. Je redescends à contrecœur, émerveillé, frustré. Je ne sais ni où, ni quand, ni par quel chantier mon bateau sera construit. Déjà, j'ai payé. Quel chic type, ce commercial rougeoyant ! Quel homme compétent ! Quelle confiance ! Aurais-je dû lui laisser un pourboire ? Je n'ai plus un centime sur moi. Je vais rentrer à pied. D'abord, je me retourne une dernière fois pour admirer mon beau bateau vacillant sous un grésil austral. Ouf ! me suis-je dit en enfilant d'un pas énergique la rue de Vaugirard, je n'ai pas oublié mon enveloppe à billets, ne la mouillons pas. Elle m'avait porté chance, mine de rien. On pouvait dire cette fois que mon tour du monde avait bien commencé. Il faut un début à tout.

Faut-il vous préciser que la société Corail Marine a mis la clé sous la porte avant même la fin du salon, remballant le seul voilier qu'elle aurait jamais construit, laissant dans Paris je ne sais combien d'enveloppes de papier kraft en détresse, les larmes amères des rêveurs à la place de l'argent.

Depuis, je ne vais plus jamais au Salon nautique sans un pincement au cœur. Et cette porte de Versailles où se pavanent les temples babyloniens du bonheur matériel de chacun, Automobile, Arts ménagers, Lingerie, Bateau, est devenue pour moi la porte du Malheur, Salon du livre ou pas. Le pire est que je serais bien capable, apercevrais-je mon commercial aux allures d'*irish coffee*, de retourner lui acheter un *Galapagos* ! Une chance que je n'en aie plus les moyens.

Moitessier a donc appelé *Snark* son contrebandier pourri, le nom du voilier de Jack London, le baroudeur secret auquel il veut ressembler. Là-dessus se présente Mounier, un équipier de hasard qui l'aide à financer le *Snark* et veut partir avec lui. Mounier est l'un de ces rêveurs qui n'aiment rien tant que réparer, bricoler, dénicher les pièces manquantes, s'identifier aux épaves et se retaper en retapant. Ils rêvent de vahinés et d'atolls sur un bateau solidement relié aux anneaux du ponton. Ils sont les loups de mer d'un rêve à quai. Le bateau ressuscité, ils se cherchent un nouvel embarquement sans départ, une autre épave. Nombreux, ces marins dont les tentations océaniques ne quittent jamais la caisse à outils. Ils aiment la mer du fond du cœur, mais de loin, jamais assez fous pour aller s'angoisser au large entre le sillage et l'horizon.

« J'avais envie de partir loin, peut-être seul »... Parole de Moitessier. Se présente un deuxième copain fortuit, Deshumeur, lui aussi un crac de la caisse à outils. Il est le bienvenu, le *Snark* peinant à recouvrer son étanchéité – qu'il ne recouvrera jamais – et à boucler ses fins de mois. Contrairement à Mounier, c'est en mer, lui, que son courage l'attend. Il n'a jamais eu le pont d'un bateau sous les pieds, mais il n'est pas plus tôt monté sur le *Snark* qu'il est mordu. Et le mot prophétique de sa vie devient : *partir*, et l'horizon l'infini. « Et voilà ma quote-part : vingt mille piastres. » Un *Snark* rafistolé reprend la mer.

Il n'a pas lésiné sur le programme. Une fois descendu la rivière de Saigon, tiré à dix nœuds par un dragueur de mines, il prévoit de rallier l'Australie, quatre mille milles d'océan Indien. Mais d'abord, à titre de galop d'essai, la traversée du golfe de Siam, huit cents milles au sud en visant la pointe méridionale de la Malaisie. Brève escale technique à Singapour, menues formalités administratives et dernier adieu à l'Asie. Ils sont deux capitaines, à bord, deux aventuriers dont ni l'un ni l'autre n'est ferré pour se positionner sous les étoiles. Moitessier, le moins novice des deux, a fait du bateau en famille, il a travaillé quelque temps sur une jonque fluviale. Il sait manœuvrer un petit voilier, mais ne connaît rien à la navigation, au régime des vents, à celui des courants. Deshumeur, lui, ne sait rien du tout. C'est la première fois de sa vie qu'il va sur l'eau. Le *Snark* lève l'ancre, la voile est hissée, la côte disparaît, Moitessier de citer à Deshumeur le bon mot d'un mécano chinois : « Tu ne pourras jamais réparer ce moteur si tu n'es pas mécanicien. Mais pour devenir mécanicien, tu dois commencer par réparer ce moteur. » Or, chez nous, pour devenir forgeron, ne suffit-il pas de…

Ils arriveront sains et saufs à Singapour, non sans quelques frayeurs. Ils deviendront mécaniciens et forgerons après avoir confondu la Malaisie avec les Narambas, une poignée d'îlots inhabités, un archipel de cocagne. Ils retrouveront le bon chemin grâce à la main tendue d'un pêcheur local dont ils ne comprennent pas un traître mot. Leur première croisière ne descendra pas plus au sud, le vieux *Snark* changé en passoire au cours de la traversée.

Quand il s'aligne au départ de la Sunday Times Golden Globe, course autour du monde avec *Joshua*, le 31 octobre 1968, à Plymouth, Bernard Moitessier en est à son quatrième bateau. Les trois premiers ont fait naufrage. Le *Snark* n'a pas coulé violemment, au corps à corps avec une mer en furie. Il a sombré en douceur. Disons qu'il était une sorte de naufrage ambulant et que les marins passaient leur temps à pomper l'eau des fonds. Une tonne par jour, deux ou trois lorsque le bord à la gîte se prolongeait. Ça fait beaucoup, même sur un douze mètres. C'est ridicule et ça rend fous les mieux disposés. On finit par ramener le bateau à Saigon où il n'a plus qu'à mourir de mort naturelle : en s'abandonnant à la potomanie, rempli de toute l'eau qu'il peut en avaler. Paix à sa mémoire engloutie.

La *Marie-Thérèse 1* et la *Marie-Thérèse 2*, quant à elles, se sont fait rosser à mort par l'océan, réduire en miettes. Moitessier ne croit plus à la force du bois pour affronter les rages extrêmes de l'océan. *Joshua* est en acier et le vent peut toujours enfler et souffler, il ne plie ni ne rompt. Dans les banlieues parisiennes, bientôt, suite à la popularité de l'invulnérable *Joshua*, vont proliférer les voiliers qui ne verront jamais la mer ou l'eau d'une quelconque rivière ayant la moindre chance d'aboutir à la mer. Mieux vaut s'en féliciter, d'ailleurs, bon nombre de ces constructeurs en herbe appliquant la théorie nautique du « trop fort n'a jamais manqué », et n'hésitant pas à doubler l'épaisseur des tôles, quitte à transformer leur voilier de rêve en fer à repasser. J'en ai croisé bien des fois, en mer, de ces voiliers trop forts et trop lourds qui regardaient s'approcher la houle avec suspicion, et donnaient le sentiment de flotter à contrecœur, jamais si heureux qu'amarrés au port derrière les portes verrouillées d'un bassin à flot.

À propos de *Joshua*, signalons ce don rarissime qu'a Moitessier pour attirer les dons. C'est un magicien de la finance inespérée. Enfin quoi ! Il n'a pas le sou : le *Snark* apparaît. Pas le sou : voici *Marie-Thérèse 1*. Pas le sou : voilà *Marie-Thérèse 2*. Il sanglote sur les débris du bateau massacré par le cyclone aux Antilles, et ses pairs lui disent : t'en fais pas, on est là ! Gratis les plans du *Joshua* dessinés par Jean Knocker, l'architecte naval, gratis le chantier Meta, gratis les aménagements de pont, l'accastillage et le petit matériel, hors de prix quand on peine à boucler le budget. D'accord, les deux mâts sont deux poteaux téléphoniques offerts par l'Administration et les haubans sont finis à la chaîne d'ancre, et les winchs, il n'y en pas, on borde au palan. Plus tard, les beaux winchs Goïot. Laissez-lui le temps d'écumer les solitudes sans péché qui font rêver les biffins, d'écrire le sens ou le non-sens du voyage en rond par les trois caps. Enfin d'amasser ce qu'il faut de droits d'auteur pour que *Joshua* puisse passer au magasin finir de s'équiper et payer les notes en retard. Oui, Bernard Moitessier a le charme des navigateurs solitaires au cœur pur, et le milieu des marins ne demande qu'à le dépanner. Mieux : on ne supporte pas de le voir sans bateau, on s'arrange pour lui en fournir un, celui dont il a envie.

Le 31 octobre 1968, à Plymouth sur *Joshua*, Moitessier est célèbre. Son récent demi-tour du monde par le cap Horn en quatre mois – 14 000 milles sans escales – est non seulement un record de vitesse, mais un exploit jamais accompli. Le nom de Moitessier n'est pas moins vénéré outre-Manche que celui de lord Francis Chichester qui vient de réaliser un tour du monde en solitaire, d'ouest en est, avec une seule escale, en Australie. Les Anglais, férus de prouesses nautiques, ne s'y sont pas trompés. Faire encore mieux, plus casse-cou, telle est…

Continuum espace-temps

… telle est l'idée du tabloïd *Sunday Times* en imaginant et finançant le Golden Globe, cette course à l'impossible-mais-vrai tentée par des navigateurs solitaires n'ayant pas froid aux yeux. Ils sont qui, ces merveilleux fous navigants ? Il y a les Français Loïck Fougeron, Yves Wallerand, Bernard Moitessier, l'Australien Bill Howell, l'Italien Alex Carozzo, les Britanniques Chay Blyth, Nigel Tetley, Robin Knox-Johnston, et le plus illustre des inconnus au bataillon, Mr Donald Crowhurst, ingénieur électronicien, maître spécialiste du « continuum espace-temps ». Qu'est-ce qu'il vient faire dans cette galère ? C'est la question qu'il s'entendrait poser aujourd'hui si la mer ne lui avait pas conseillé de quitter son voilier soixante-deux jours après le départ de la course, en plein Atlantique, par 33°11' latitude nord et 43°26' longitude ouest. On retrouva son bateau vide, et dans son bateau le journal de bord où il se livrait sur un certain nombre de points très personnels. La veille ou l'avant-veille de sa mort, il avait abordé l'une des plus grandes et des plus scandaleuses énigmes des mathématiques : la racine carrée de moins un.

« J'introduis cette idée de $\sqrt{-1}$ parce qu'elle mène directement au tunnel noir du continuum espace-temps. » Cette révélation avait dû lui donner chaud car il s'était coupé les cheveux, comme en témoignait le flot de mèches répandues sur le plancher.

Adieu !

En 69, l'affaire Crowhurst est éclipsée par l'affaire Moitessier. Entre celui qui triche et meurt, et celui qui gagne et se refuse à rentrer au port, l'opinion choisit l'homme de bien, le grand marin assez généreux pour mépriser les honneurs du podium. Deux tempéraments diamétralement opposés, mais en proie à la même haine du Golden Globe, mirage d'absolution.

Les faits. Le Golden Globe aura-t-il lieu ? La première course autour du monde en solitaire à la voile, d'ouest en est ? Les têtes d'affiche ne se bousculent pas, en mars 68. Moitessier, le prestigieux baroudeur des sept mers, ne veut pas d'une opération médiatique orchestrée par un tabloïd autour de son nom. Il ne veut galvauder ni l'océan, ni les intentions de celui qui prend la mer pour donner à son âme la consistance des flots. À d'autres la gloriole du chronomètre dont se pavanent, les *Titanic* et tous les progrès visant à confondre le temps et l'argent. Non, dit Moitessier à John H. venu le voir à Toulon pour l'affriander, le soudoyer, quoi qu'il puisse en coûter au *Sunday Times*. Non, jamais ! Foutez le camp. Et c'est tout juste s'il ne lui met pas son poing dans la figure, s'estimant injurié par cette ambassade. Un globe en or ? Un veau d'or ? C'est précisément ce qui le fait vomir sous le soleil de Satan.

Ayant dit non avec la voix, il dit oui par tous les pores de la peau. John H. n'a pas tourné les talons, que le *Joshua* se rend à Plymouth et part grand favori sous les hourras du public anglais.

Pourquoi ce revirement ? Moitessier n'est pas homme à se justifier. Il s'est trouvé un compromis avec sa virginité. Il compte sur la solitude en mer pour éclairer sa lanterne et celle des Anglais, ceux-là jamais en retard d'une ironie contre leurs voisins mangeurs de grenouilles, fussent-ils des héros.

Joshua double Bonne-Espérance, Leeuwin, le cap Horn qu'il a déjà doublé en 65, dans la tempête, *Joshua* va vite, plus vite que ses concurrents loin derrière lui, *Joshua* n'a plus qu'à filer d'un seul bord sur Plymouth à travers les Atlantique Sud et Nord pour décrocher la timbale, ou plutôt le globe en or et les cinq mille livres promises au voilier le plus véloce du grand tour. Il n'en va pas ainsi dans la tête de Moitessier. Il est heureux d'avoir bien navigué, si loin, si longtemps, mais il n'en a pas fini avec ce long temps et ce loin, et la perspective des tam-tams de victoire à l'arrivée lui fait horreur. Gagner ? Il a gagné la beauté du monde, au large, il a gagné la mer, gagné l'horizon qu'on ne gagne jamais qu'à tempérament, il s'est rendu vainqueur d'un trésor que les journalistes sont impuissants à désigner. Pas d'argent, s'il vous plaît. Gardez mon argent, mes droits d'auteur, donnez cette fortune au pape, le dernier gardien de la spiritualité en Occident. Si le pape n'en veut pas, donnez-la aux Amis de la Terre, les sauveteurs du vivant, et s'ils n'en veulent pas à l'école de mer des Glénans où l'on vous enseigne la paix intérieure sur les bateaux.

En février 69, du côté des Malouines – il est en mer depuis quatre cent vingt-cinq jours –, il croise un pétrolier. D'un seul tir impeccable, au lance-pierre, il envoie sur la passerelle du géant son message d'abandon : « Je poursuis ma route à l'est pour sauver mon âme. » Aussitôt dit, aussitôt fait : il part doubler Bonne-Espérance à six mille milles de là, soulagé non d'avoir perdu, mais de n'avoir pas transigé sur sa foi en la mer.

Soulagé d'avoir perdu, vaincu par un diable à son image, Donald Crowhurst ne l'est pas, lui, en février 69. La racine carré de moins 1 repousse ses avances, les écoutilles prennent l'eau le pilote perd ses vis, la radio est en panne, ce qui n'est pas un mal quand on se veut aiguille dans la botte de foin des méridiens. Holà ! mais qu'est-ce qu'il fabrique le long des côtes argentines, au sud de l'Atlantique Sud, alors qu'il est censé mettre le paquet dans l'océan Indien, cap sur la Tasmanie, ce que son livre de bord ne se fait pas faute d'expliquer, affichant les positions, les caps, les manœuvres, les distances parcourues, signalant les bestioles de rencontre, renseignant les navigateurs sur les conditions météo… Un océan peut-il en cacher un autre ? Un marin peut-il se tromper d'océan ? Qui trompe-t-il, Donald Crowhurst, à bord de son *Teignmouth Electron*, trimaran fantoche ?

Retour au bureau des inscriptions, un an plus tôt à Londres, dans le building du *Sunday Times.* On vient d'enregistrer la candidature de Donald Crowhurst, ingénieur né en Inde en 1932, marié.

Il part pour quoi ? L'appât du gain ? L'amour de la mer ? La gloire ? Le sport ? Il part, c'est tout. Il a une famille à nourrir et probablement quelques rêves de côté depuis qu'il est marié, père de famille, quatre fils à duffle-coats (du pas cher et du solide). On ne le pousse pas à partir, chez lui. S'il est content comme ça, s'il a trouvé le bon filon, on est tous derrière papa. Il n'est pas idiot, loin de là. Il possède une petite société d'électronique, la Crowhurst Electron qui ne demande qu'à faire florès. L'ingénieur a dans ses cartons quelques eurêka hautement secrets qui pourraient bien révolutionner incessamment la navigation aux instruments. Après l'alidade et la goniométrie, le « Crowhurst computer » : le pactole. On raccroche les duffle-coats, on s'installe à Londres. Un sponsor nommé Stanley Best (un pseudo, j'imagine) s'intéresse à Donald

Crowhurst. À ce Golden Globe, un combat de Goliath, il manque un David. Donald Crowhurst a le profil du parfait Anglais moyen dont le *Sunday Times* a besoin pour que la course remue la foule empathique des Anglais moyens – et plus la foule remue, plus l'argent change de mains.

Stanley Best finance le bateau, un trimaran de douze mètres en polyester dessiné par Crowhurst, une ligne résolument futuriste, un prototype de savant Cosinus mû par des voiles assistées et réglées par les bitonios révolutionnaires du maître à bord. En cas de chavirage, le *Teignmouth Electron* se redresserait automatiquement. Son nom de *Teignmouth Electron* marie celui d'un petit village portuaire des Cornouailles, d'où le bateau s'élancera, et la spécialité du futur vainqueur. On ne sait pas si la foule est dupe, mais Rodney Hallworth, l'attaché de presse de Best devenu celui de Donald Crowhurst, accomplit des prouesses médiatiques. À défaut d'être populaire, Crowhurst devient célèbre du jour au lendemain. Bêtement, c'est humain, il commence à se prendre au sérieux, songeant que si quelqu'un doit résoudre ici-bas la racine carrée de moins 1, ce pourrait bien être lui. Il s'en occupera en mer. La mer porte conseil. De jour comme de nuit.

Les choses ayant un prix, il est convenu avec Best que si par impossible il n'était pas *the best* autour des trois caps, s'il décevait les attentes du public, et donc des financiers, si pour une raison « x » ou « y » il faisait demi-tour, il devrait lui racheter le bateau : revendre la Crowhurst Electron, les duffle-coats des enfants. Crowhurst est sûr de lui. Il braderait ses travaux sur les racines carrées, il, il, il, il, il… il échapperait au « tunnel noir du continuum espace-temps ». Entre-temps il aurait découvert les clés de « l'existence extraphysique, celle qui dispense d'exister en chair et en os ». Un bon moyen de couper aux corvées de l'agonie.

Il ne se tuerait pas, jamais de la vie.

Le 31 octobre 1968, c'est le départ. À Teignmouth. Il pleut. Crowhurst a raté sa qualification dans les temps, mais les organisateurs ont fermé les yeux. Le bateau n'est pas prêt, c'est un bazar sur le pont, des fils, des tuyaux. Il faut prendre la mer, Monsieur Crowhurst, les télévisions sont là, les projecteurs sont braqués sur vous, veuillez larguer vos amarres, s'il vous plaît. Il défait les nœuds qui le rattachent à la vieille Angleterre, aux duffle-coats, à la vie. Pull beige avec encolure en V, chemise, cravate, bottes de caoutchouc jaune, il ne pouvait pas s'habiller plus moyen pour défier l'océan. Zut ! il n'arrive pas à…

Confrontation

… il n'arrive pas à hisser la voile. Ce n'est pas lui, c'est l'électronique qui s'est coincée dans une racine carrée en haut du mât. Il risque l'échouage, il faut le remorquer. Il part enfin, dernier adieu aux fistons, à maman, il s'éloigne, il disparaît, il est loin, loin, oh, comme il est loin, voilà des mois qu'il est en mer, tellement loin, beaucoup trop loin, emporté à une vitesse de tortue vers la folie.

Pas idiot, le contraire d'un idiot, doué de cette intelligence supérieure qui rend stupide à l'occasion. L'introuvable racine carrée lui fournit la solution à son problème immédiat : soit un voilier perdu dans l'immensité d'un moi qui ne sait plus à quel saint se vouer pour quitter la mer sans aller au diable… J'ai trouvé, se dit Crowhurst, je vais gagner la course. Il se dit ça, c'est noté dans son journal de bord. Il met de l'eau dans son vin : je vais faire comme si je la gagnais, et le moment venu j'arriverai dans les derniers. Le peloton de queue, l'honneur sauf, quelques télés compatissantes. On n'ira pas fouiner dans mon journal de bord. Et comme ça, je n'aurai pas à rembourser le bateau.

Perdu dans la mer, il veut maintenant s'y cacher. Les satellites n'existent pas, sa radio n'a jamais fonctionné, et s'il ignore où il est précisément, tout le monde l'ignore aussi, la presse, le public, le sponsor, les duffle-coats, ils sont tous à retenir leur souffle devant leurs télés :

« On est toujours sans nouvelles du navigateur anglais Donald Crowhurst, parti pour le cap de Bonne-Espérance le 31 octobre 1968… Avec nous sur ce plateau, notre invité M. Rodney Hallworth, son attaché de presse, aucunement inquiet pour le champion. Dites-nous, monsieur Hallworth, croyez-vous raisonnable d'imaginer que le *Teignmouth Electron*, en cette veille de Noël, soit déjà passé dans l'océan Indien ? »

En cette veille de Noël 68, rembourser le bateau n'est plus une raison d'avoir peur en mer pour l'ingénieur Crowhurst. Il a d'autres racines carrées à fouetter. Il écrit à tombeau ouvert. Ce n'est pas la mer qui lui porte conseil, c'est un horizon dont il ne mesurait pas la densité en quittant l'Angleterre, celui des mots qu'il fait courir sur un journal de bord qui pourrait d'ores et déjà s'intituler : *Journal d'un fou*, si le titre n'était pas déjà pris par Gogol. On est en mer avec l'un, on n'y est pas avec l'autre, la folie ne s'embarrasse pas de pareils détails, et nos deux fous délirent à la même enseigne, du tac au tac. Celui-ci dit que « tous les coqs ont une Espagne cachée sous leurs plumes », celui-là qu'il est appelé à se muer en « être cosmique de la deuxième génération », un produit dérivé du coq espagnol. Grand chambardement génétique en vue, annonce Crowhurst, mais les « autres » sont-ils mûrs pour l'accepter ? Ne sont-ce pas les « autres » qui l'attendent à l'arrivée, prêts à dépiauter ses motivations, le soupçonner, voire le déshonorer ?

Les « autres » le confrontent à un dilemme aussi pénible qu'une énigme mathématique en mal de solution. S'il va de l'avant, il fait naufrage et meurt dans les eaux antarctiques, s'il rejoint l'Angleterre, excipant du mauvais état du bateau, il fait naufrage aussi : sa femme le quitte, les duffle-coats lui tirent la langue, Stanley Best lui présente la note, les banquiers l'envoient au tribunal, le public se marre, fin de partie.

Puisque telle est la volonté de Dieu, se dit Crowhurst – le coq espagnol de la deuxième génération –, la racine carrée de moins 1, dorénavant, c'est moi. J'aurais dû y penser plus tôt. Dès lors, ce périple calamiteux autour d'un nombril sans issue devient le chemin de croix d'un Messie confit en abnégation. Un chemin de croix dont le héros-martyr ne peut souffler mot qu'à son journal de bord, alter ego qu'il devra sacrifier avant d'arriver à Teignmouth. Et que lui dit-il, à ce livre maudit ? Que mars 69 est le meilleur moment pour attendre dans l'Atlantique Sud le passage obligé des concurrents ayant fini leur grand tour, nargué les trois caps. Qu'il va s'intercaler en douceur et regagner l'Angleterre comme s'il revenait des trois caps, lui aussi, pour se classer ni tout à fait premier ni tout à fait dernier, non, pas trop dernier – moyen moyen jusqu'à la lie.

Il renaît. Il a un but, de nouveau. Il peut s'adonner à l'essentiel caractérisé par le fait d'être « un homme singulier », non plus un menteur sous la pression du péché. Il n'a pas moins de trois journaux de bord à documenter et trois Crowhurst sur les bras. Voyons ça. Il doit coucher sur le papier sa philosophie visionnaire et proclamer la fin du monde en cours ; il doit noter les positions vraies du *Teignmouth Electron* sous le ciel étoilé ; il doit noter les positions truquées du *Teignmouth Electron* sous le ciel étoilé des deux océans où il s'interdit d'aller risquer la peau du Messie ; faussaire de grand chemin, il doit réparer son transmetteur de bord et lancer dare-dare de vrais messages aux « autres », aux Terriens, de vraies nouvelles mensongères authentifiant jour après jour la circumnavigation qu'il est en train d'échafauder sur du vide.

Ce triple eurêka bidon soufflé par la fée Connerie mène aux enfers. L'ingénieur sombre dans la folie, naufrage imprévu. Il va tirant d'interminables bords sur une mer qui prêche le mentir vrai à la radio, jette la poudre aux yeux du sponsor et du public anglais. Des côtes africaines, il passe aux côtes américaines : il dit qu'il vient de ranger l'Australie sur bâbord. Il aperçoit les Antilles : il a l'Antarctique en vue. Il se laisse happer dans les grands calmes argentins : il vient d'essuyer un orage de mer à tout casser dans le Pacifique, il tient le coup. Il bouchonne dans les Sargasses sous un soleil de plomb : il est au cap Horn, une brume à couper au couteau, un vent à décorner les icebergs. Il y va un peu fort dans les positions déclarées, sur cette vacation, car le voilà malgré lui détenteur officiel du record de vitesse à la journée, et pire : vainqueur potentiel de la course autour du monde, aïe !

Grosse publicité pour lui, grosse frayeur pour le marin Nigel Tetley sur *Victress*, un trimaran *sister-ship* du *Teignmouth Electron*, qui s'imaginait bon premier. Incrédule, Tetley n'a pas le choix : il pousse au maximum le bateau, le cravache à mort, le casse net, se retrouve à pagayer sur un radeau de survie, attendant les secours dans une mer à tout casser. Non seulement il vient de perdre la course qu'il allait gagner, Moitessier leur ayant décroché son pied de nez d'honneur, mais de perdre confiance en lui. Et deux ans plus tard, en toute discrétion, Nigel Tetley sauvé des eaux se donnera la mort au fond d'un bois. Merci, Donald Crowhurst !

C'est le coup de grâce, pour l'ingénieur, ce record de vitesse imbécile, ce triomphe qui l'attend au pays, cet horizon couvert de bateaux et d'hélicoptères, ces coups de sirène, ces cris, ces banderoles, ces *God Save the Queen*, ces duffle-coats, ces manchettes de tabloïds à son nom, ces dollars à flots, assez !

S'il gagne, il est foutu !

Du jour au lendemain, Crowhurst se tait. Il boude. Il se drape dans les racines carrées, dans la philo, il parle aux oiseaux. Il s'est saoulé à mort de toutes les étoiles de la nuit pour dire où il était, n'était pas, serait, mais ça regarde qui, aujourd'hui ? Est-ce d'un sextant que dépend la position d'un homme égaré ?

La bouderie se prolonge, l'heure tourne, il recommence à perdre, il perd, et c'est Robin Knox-Johnston le vainqueur. Une victoire tirée par les cheveux. Parti avant les autres, rentré depuis des mois, Knox-Johnston est finalement le seul à l'avoir terminée, cette course à dormir debout. Il n'a pas droit aux hélicoptères de gala, aux mirlitons des majorettes et aux vins d'honneur, mais il a gagné le Golden Globe. Il se pensait battu par Tetley, écrasé par Crowhurst, et c'est lui qu'on fait monter sur le podium sous les vivats. Comme quoi, la Bible sait bien ce qu'elle dit…

Quant à l'ingénieur, son trimaran est retrouvé dérivant dans l'Atlantique Nord par *Picardy* de la Furness Withy

Line C°. Personne à bord. Une mouche messianique a dû piquer Crowhurst, car il est sorti du voilier, laissant tout en plan dehors et dedans : ses voiles, ses carnets intimes, ses journaux de bord, son frichti sur le réchaud à cardan, sa vaisselle dans l'évier. Encore aujourd'hui, fidèle à sa mémoire, sa famille soutient la thèse de l'accident malgré le dernier mot qu'il ait noté le 1er juillet 1969 :

MISÉRICORDE

Le mystère Crowhurst m'a passionné, chagriné, en 69, et je ne l'ai jamais oublié. Je ne sais pas grand-chose de Knox-Johnston, pas grand-chose de Blyth ou Tetley, mais de Crowhurst, l'ingénieur suicidaire du Golden Globe, à peu près tout. Napoléon est défait à Waterloo dans les grandes longueurs, mais sur place, aujourd'hui, c'est du Napoléon que le marchand de souvenirs vend tant et plus, pas du Wellington. Crowhurst, en bottes jaunes et pull beige, est ridicule sur le *Teignmouth Electron*, le jour du départ, et pourtant son…

Charter

… et pourtant son nom reste mystérieusement associé à la première course autour du monde à la voile en solitaire. On se dit qu'en juillet 69, été de tous les prodiges – avec ou sans méduses –, Armstrong a marché sur la lune et Crowhurst découvert sous l'océan la racine carrée de moins un. Des deux, s'il vous plaît, lequel est le plus humain, le plus révélateur de nos contradictions ? Il est vrai que j'ai porté des duffle-coats contre vents et marées, adolescent.

En 78, je pensais être le dernier à me souvenir de lui quand l'avocat Thierry Lévy m'en a parlé d'une voix vibrante. Cette année-là, je faisais du charter sur mon ketch *Aeleutheria* et je baladais mon prestigieux hôte payant dans les îles du Morbihan, affectant d'ignorer qui il était. Je n'osais l'appeler ni maître ni Thierry, encore moins le tutoyer. Je lui donnais du « vous » et du « Monsieur ». Il était beau, le regard inquiétant, un rien de strabisme dans l'œil droit. Je l'observais et songeais qu'il avait assisté à l'exécution de l'assassin Claude Buffet dans la cour de la prison de la Santé, en 72. Les pas-comme-les-autres étaient cette engeance pour laquelle il prenait fait et cause. On peut éventuellement condamner un homme, pas le juger, pas au nom de la loi.

Thierry Lévy n'y connaissait rien, à la voile, mais la mer et les marins l'impressionnaient. Il me regardait faire, il se demandait qui j'étais, de quelle nature était ma fuite en avant, si j'étais heureux d'habiter l'océan. Il se taisait la plupart du temps, debout dans la descente du rouf. Jusqu'au jour où il me dit : « Yann, connaissez-vous Donald Crowhurst ? » comme il aurait lancé le nom d'un ami commun. Et tel était le cas, d'ailleurs, si décevant fût notre ami. Nous étions liés à lui par la même affection douloureuse, intermédiaire entre pitié et complicité. Un double menaçant ? Allez savoir. C'est avant de prendre la mer qu'il avait fait naufrage, me disait Thierry Lévy, avant même de se marier. N'oublions pas qu'il avait une carrière de pilote à son actif, dans la RAF, et qu'il s'était fait virer pour des motifs jamais divulgués. Au-delà des affres pécuniaires, il pourrait bien n'avoir disputé le Golden Globe que pour se laver de la mémoire secrète qu'il ruminait. Resplendir au large ou mourir, une bien noble ambition, non ?… Se racheter. Il y va, s'emmêle les pinceaux, meurt lamentablement, hors-jeu, humilié par les démons qu'il pensait avoir semés. Des reproches ? Il n'en mérite aucun, si ce n'est d'avoir gâché sa mort. La souffrance qu'il s'est infligée en mer l'absout du péché mignon qu'il a commis en falsifiant les étoiles et les chiffres. Rien d'inhumain, dans son geste, mais au contraire le courage aberrant d'un homme qui s'est toujours cru peureux, à en devenir fou, et qui meurt de sa méprise en catimini, réclamant à la mer une fin qui l'épouvantait, comme une seconde chance dans l'au-delà.

— Est-il parti pour rompre ou pour renouer, je me pose la question.

Et moi je réentends cette dernière phrase de Thierry Lévy sur le pont de l'*Aeleutheria*, au large des îles Glénan.

Crowhurst est connu, aujourd'hui. On a vu son histoire à l'écran. Isabelle Autissier comme Jonathan Coe ont scruté son histoire. C'est un personnage de marin fou comme peuvent l'être le capitaine Haddock, Achab, Lord Jim ou le capitaine Queeg d'*Ouragan sur le Caine*, chacun dans sa perdition intime. Nemo l'aurait choisi pour second, mais Crowhurst aurait-il choisi Nemo pour chef ? L'ingénieur est un vrai marin, et même un grand, si l'on réfléchit à l'habileté qu'il faut pour calculer un point factice à une heure donnée, dans un lieu donné, sous des astres donnés et précis comme les horloges astronomiques qu'ils sont, tout en calculant son vrai point sur un voilier rempli d'eau qui parvient à traverser l'Atlantique en visant juste, après avoir longé la façade occidentale africaine, et à louvoyer devant l'Amérique du Sud en attendant Godot. Quelle différence avec Moitessier, l'autre lâcheur du Golden Globe ? Le Français n'était heureux qu'en mer, l'Anglais n'était jamais heureux : pas plus en mer qu'à terre, et l'océan l'inquiétait moins que « l'homme singulier » qu'il avait tenté d'élucider autour du monde, et, sur la fin, de recycler dans un dieu non mortel qu'il aurait appelé « moi ».

Si de tous les « moi je » aucun ne l'a jamais…

Chaîne de l'ours

… aucun ne l'a jamais tenté, l'ours blanc n'en prétend pas moins s'être adapté comme nul autre à la banquise, et ce depuis belle lurette. Il est le roi des animaux autour du pôle Nord. Où sont les animaux, où son règne ? Moins dessus que dessous, patience. L'ours agit par surprise. Qu'un phoque pointe son museau, il se prend une mandale – un revers du gauche, authentique ! –, il est mort. L'ours attaque tous les vivants à sa portée, le baleineau, le morse, le lièvre, il attaque l'ourson. Eh bien, quoi ! Les hommes se mangent bien entre eux. L'ourson finit ses jours naissants dans la gueule de l'ours, tout comme le moussaillon dans la gueule du marin confiné sur le radeau errant. Aucune maman, la truie exceptée, n'apprécie qu'on lui mange ses enfants, le fruit de ses entrailles. Qu'est-ce qu'elle y peut, maman ourse ? En fait elle n'a plus qu'à recommencer, s'accoupler avec le dîneur mal léché, faire d'autres oursons.

On ne vit pas en famille, chez les ours de mer. On se reproduit, et chacun pour soi. Dès qu'il est en mesure de s'émanciper, petit ours devenu roi se fait *lonesome* chasseur à la vie à la mort. *Lonesome ?* Ça dépend. La compagnie s'impose, à l'occasion. Le renard de l'Arctique, un petit malin, se plaît souvent à l'escorter. L'ours lui flanquerait bien sa mandale gauche, mais leste comme l'éclair est le renard. Qu'est-ce qu'on mange, à midi ? Il a confiance en l'ours, le regarde flairer la banquise en trottinant, flaire aussi. Les affaires reprennent : l'ours s'immobilise, se cabre à la manière du cheval ou d'un engin de terrassement, se laisse retomber de tout son poids sur la banquise, griffes sorties. Il recommence, encore une fois, il est en train de défoncer la glace, de tout casser. Que n'a-t-il pas senti : une nichée de bébés phoques pelotonnés dans un trou d'air comme il y en a des millions sous la banquise, colonisés par les amphibies du secteur. Ils sont bien là, réveillés en sursaut, clignant des yeux, trop petiots pour détaler, à table ! Un partage de midi uniquement dû à la faim. Son tour venu, fine gueule, le renard commence par les lèvres du nouveau-né, riches en vaisseaux sanguins, l'équivalent du sot-l'y-laisse de pigeonneau. L'ours a filé, retourné à son amble solitaire sans bornes, à cette jungle arctique où la diète est l'ordinaire du plantigrade.

Dieu sait pourtant qu'il mange de tout, hiver comme été, même le cadavre d'un chou pourri. Celui d'un renne mort de faim lui fait plusieurs repas. Celui d'une baleine à la dérive lui procure une fausse joie. Il plonge, grimpe dessus, disputant l'aubaine aux milliers d'oiseaux marins. Il pourrait nourrir tous ses congénères avec cette immense barbaque à discrétion. Il passe la nuit sur la baleine à gratter, griffer, lécher l'abdomen surgelé, dur comme la glace. Aux pâles heures il s'en va, quitte son immangeable perchoir, il a toujours aussi faim. Quand il n'a rien, mais vraiment rien d'un peu garni à se mettre sous la dent, quand la mort lui fait les yeux doux, il part manger des algues en Sibérie. Il se repaît, s'affale sur cette lisière sombre : sombre comme l'ours des bois qu'il fut un jour, et qui pourrait de nouveau l'assombrir à la longue.

Un ours blanc végétalien, la honte ! Il s'installe un moment sur les feuillages morts des laminaires. Son poil argenté se ressent d'un bol alimentaire aussi pauvre en acides aminés. L'ours devient frileux, ronchon, privé de sa protéine antigel. Il mord dans les algues avec rage, il a toujours aussi faim, lui le buveur de sang, le prédateur, carnage. Il retourne sur la banquise.

Sa nouvelle inquiétude, c'est la glace d'hiver, de plus en plus rare, tardive. Il en a besoin, l'été fini, pour gagner la banquise. Il est fier d'être un ours blanc, un ours de mer, le seul plantigrade à s'épanouir dans l'érémitisme du froid boréal, au cœur d'une invivable solitude qu'il fait sienne.

J'ai de l'empathie, pour l'ours. Nos regards se croiseraient-ils, l'ours se dirait : Viande ! toutes papilles en émoi. Ce que je me dis en présence du bœuf ou du mouton. On peut donc avoir de l'amitié pour celui qui vous mangerait à la première occasion. Un bifteck d'ours, je ne dirais pas non. Une langue d'ours. Des pieds et paquets d'ours à la provençale, hum !... Il est morfal, qui ne l'est pas ? Mis à part l'instinct du « bon appétit », nous sommes reliés l'un à l'autre par un souvenir d'enfance qui fait de lui mon protégé. N'aurais-je pas entendu la chaîne frotter sur le trottoir, en m'éloignant main dans la main avec mon père aux grandes enjambées, que l'ours me serait bien égal, je crois, brun, blanc. Je n'aurais pas l'impression qu'on fait du tort à ma personne en lui donnant la chasse, en le fusillant comme une pipe de fête foraine. Et lorsque j'entends : La glace fond, comme si la banquise se suicidait, ce ne serait pas l'ours ma première pensée, la vision du dernier des ours blancs en perdition sur la dernière des glaces encore à flot, prêt à rejoindre Sedna sous la mer, à n'être plus. Qui est Sedna ? La divinité chérie des Inuits, la reine de la mer aux doigts tranchés, la vie, la mort, charitable comme le blizzard hivernal. Sacrée louloute, Sedna, en ménage subaquatique avec un mari, une femme sans bras, un nain, un scorpion de mer – son amant, son âme damnée. Malheur à celui qui porte préjudice aux ours de mer, à la mer. Il périra par la mer, mangé par les poissons glacials comme le fut son géniteur après lui avoir sectionné les doigts un à un. Ça ne rigole pas chez les dieux inuits ! Ce n'est pas pire que la crucifixion ou la damnation d'Œdipe.

« Chaîne » est décidément le mot de passe, entre l'ours et moi. Au sens carcéral, au sens symbolique. Voyez aujourd'hui la « chaîne alimentaire », dernière-née des réactions suivies de la cause à l'effet, avec une réciprocité cybernétique, sur la planète malbouffe.

Voici la « chaîne », la « chaîne ancrée » dans un état des faits moins naturel qu'il n'y paraît.

Et quand on arrive à l'ours boréal en son jardin du froid le plus pur de l'ex-Éden, pas moins de cent produits chimiques finissent dans son estomac leur migration au long cours. Mortelle ? Indésirable pour lui, pour l'univers, pour l'homme. Et tout cela voguant de conserve à la remorque d'un progrès qui…

D

Le Glouton

À son souper un glouton
Commande que l'on apprête
Pour lui seul un esturgeon
Sans en laisser que la tête.
Il soupe : il crève, on y court,
On lui donne maints clystères
On lui dit pour faire court
Qu'il mette ordre à ses affaires.
« Mes amis, dit le goulu,
m'y voilà tout résolu.
Et puisqu'il faut que je meure
Sans faire tant de façon,
Qu'on m'apporte tout à l'heure
Le reste de mon poisson. »

La Fontaine

Découverte

… à la remorque d'un progrès qui voit tout dans les moindres recoins, réduit la personne à ses datas, ses instantanés perpétuels et virtuels, et pour qui le monde est devenu la propriété exclusive des vivants, même la mer.

En 2018, la mer, il suffit d'effleurer l'écran d'un ordinateur pour la voir se déployer. Et n'importe qui, depuis son fauteuil ergonomique, peut la zoomer à son gré. Imaginez l'inimaginable après la mythologie : les ignorants face aux visionnaires, les cyniques soudoyés face aux optimistes lèche-bottes, la foi en l'homme contre la foi en Dieu, les carnages de ces navigations en quête d'un rien supposé merveilleux, de nulle part en nulle part, à l'époque où la Terre n'était ronde que pour les renégats, où les démons voyeurs reluquaient les vivants par les yeux troués des étoiles, imaginez l'intuition qu'il fallut à quelques va-nu-pieds férus d'irrationnel pour instaurer l'harmonie des points cardinaux dans les âmes et sur les documents officiels des marins.

Imaginez l'an zéro du temps chrétien, le premier top chrono du Golgotha cinglant vers le top chrono nommé *little boy* du 6 août 1945. Il y a belle lurette, à la mort du Christ, à sa résurrection, que les Phéniciens, les Babyloniens, les pythagoriciens ont dit la sphéricité du monde et la courbe d'un ciel olympien ou non. Pythéas a touché les glaçons du pôle Nord, Ptolémée quadrillé la nuit étoilée, Ératosthène mesuré la Terre, la ceinturant avec la précision d'un couturier marocain. Mais les quatre clous du salut plantés dans l'Homme-Dieu, la terre humaine se dégonfle comme une vessie. Le monde n'est plus figuré sur des plans sacrés que par un T trinitaire inscrit dans un disque bordé par les ténèbres extérieures, séjour du prince noir. Dieu trône en haut du T, perché sur l'Asie, l'Europe est à main gauche, l'Afrique à main droite, Jérusalem au centre de l'univers, et quant aux astronomes gréco-latins, leur science est taxée d'hérésie, leurs parchemins et papyrus confisqués, brûlés, et tous leurs « cercles » déformés.

La mer fait peur, mais la peur est une vertu prônée par les docteurs de l'Église, une rédemption. De pseudo-géographes en pieds de chaussettes dessinent la mer à tort et à travers, un océan rectiligne en forme de croix, baignant des royaumes insensés. On y voit des lions, des licornes, des créatures humaines à tête de chien, des mutants aux pieds à l'envers, les yeux à la place des tétons. Les rites païens ont refermé leur livre d'heures, les nouveaux croyants ont besoin d'images, de merveilleux. Il y a toujours autant d'imaginatifs à vouloir explorer l'océan, mais pour aller où ? La mer est devenue superstition, ouï-dire et racontars – crobars de nautoniers sous le manteau. On parle avec le plus grand sérieux du Monomotapa, un continent fabuleux, et du royaume du prêtre Jean, ce roi catholique à tu et à toi avec les seigneurs de l'Asie, à tu et à toi avec Dieu debout sur son crucifix. Ces boniments ne doivent pas entacher les doctrines religieuses, inquiéter les papes omnipotents, cachottiers, menteurs, sinon les seuls à connaître la physionomie du monde, en tout cas les mieux renseignés. Pas touche au géocentrisme des choses, pas touche au Soleil : c'est lui qui tourne autour de la Terre et non l'inverse, on envoie au bûcher les esprits sceptiques, on traque les matheux. Christophe Colomb n'est-il pas d'abord jeté en prison quand il se fait fort de trouver les Indes – à l'ouest ? Ou le Portugais Magellan, le plus grand géographe du moment, trop curieux des cosmogonies ? Ou Galilée pour avoir insinué que la Terre tournait ? Et Giordano Bruno ne subit-il pas la « calcination feutrée », publiquement, à Rome, coupable d'avoir observé la Lune dans un verre grossissant ?

C'est la découverte du Nouveau Monde, en 1492, un immense pas pour l'homme, un immense pas pour l'humanité. C'est aussi l'apparition d'un nouvel océan, le mal nommé *Pacifico* pris pour un lac des tranquillités par Vasco Núñez de Balboa, conquistador espagnol abusé par le calme des flots et par son penchant pour l'amontillado. Les papes tordent le nez. Un nouvel océan ? Une sphère avec un hémisphère Sud à perte d'espérance, désert de tout littoral habité ? Pas âme qui vive ? Du vent soufflant sur du vent ? C'est trop grand, trop rond, trop vide. Ça fait honte au diable et à Dieu, c'est la mutilation du crucifix, comme si Jésus n'était plus qu'un manchot sur la Croix.

De mèche avec le marin, le prêtre ment à ses ouailles. Il récuse au nom du père et du fils la primauté du poisson sur la créature humaine issue de la chair d'un dieu. Il dépeint le nouvel océan comme le frère jumeau du seul océan réputé connu. Dans un souci d'équilibre géospirituel il y met des *Terra incognita*, des humanités à évangéliser. Ce sont les *Terra incognita* qui renferment l'or et la grâce, pas ces flots mouvants où l'on ne peut ni creuser, ni marcher, ni s'attirer la colère des Élohim. Et voilà comment naissent deux continents chimériques au sein du terrain vague austral, là où le marin n'a vu que l'horizon succéder à l'horizon et la mer s'enrouler autour du monde à se mordre la queue.

Dessillé, touché par la modernité, le siècle finissant n'est pas mûr pour aborder la planète Mer et ses *ultima Thulé* révélés par les anciens, ou l'enfer blanc virant sur l'axe vrillé des pôles arctique, antarctique. Et deux cents ans plus tard, des explorateurs tels le Malouin Bouvet de Lozier, Cook, Tasman ou Franklin, pionniers d'une géographie glaciale arrachée coûte que coûte aux éléments, auront moins à prouver l'existence des banquises et des mers que la non-existence des continents fantasmés dont se repaît la crédulité du quidam aux pieds du Sauveur.

Science exacte, imparable, auxiliaire désintéressée du spirituel de toute obédience, la géographie en plein essor devra combattre bien des tabous avant d'être tenue pour un bienfait. Ce n'est qu'au XVIIIe siècle, avec les premières expéditions polaires, que se boucle le tour du monde au sens métaphysique et que la vérité s'accepte nue sous des étoiles aux charismes changeants. Les voyageurs affluent, revenant de Chine, revenant des Indes ou des Amériques, revenant d'Afrique, ayant traversé la mer et les mers, exploré les six continents dont le sixième invivable au sud et pour de bon désert de toute présence humaine. L'océan fait toujours aussi peur – toujours aussi vorace, imprévisible –, mais latitude et longitude bordent les mappemondes, le sextant fait amerrir les constellations, la vapeur et l'acier prennent la mer, et les dieux se voient ravir leurs secrets. Mal enchaîné, Prométhée n'a plus qu'à s'évader et le *Titanic* à…

Dérive des continents

… et le *Titanic* à descendre s'affaler sous la neige des sédiments, à même le plancher des mers boréales. Ce sont des moyens américains qui permirent à Robert Ballard, américain, d'inventer l'épave du *Titanic*, en 97, mais c'est le plongeur français M…, du Cnexo, qui fut le premier à la dépister, le premier aussi, de conserve avec R. Ballard, à voir surgir des ténèbres inviolées cette vision digne de Blanche-Neige et des Sept Nains, comme si la nuit venait d'imaginer pour eux deux ce bateau fantôme en léthargie sous la tombée des flocons océaniques, par quatre mille mètres de fond. M… était un peu frustré d'avoir à céder la vedette à Ballard, mais il estimait l'homme et c'était Ballard qui payait – enfin, les Américains. Il me parla de son émotion face à la muraille rivetée du paquebot, en tout point similaire à la porte d'acier du bassin de radoub conçu pour lui chez Harland & Wolff, son chantier d'origine à Belfast.

— Comme de la neige, exactement… Neige et nuit noire, et nous dans le rôle du clair de lune avec nos loupiotes. C'est ahurissant la masse d'un paquebot naufragé… Plus personne ne l'avait revu depuis sa disparition en 1912… On voyait briller des petits objets dispersés autour de lui, comme s'il avait perdu ses dents.

— Vous êtes allés à l'intérieur ?

— Pas cette fois-là.

— Et pourquoi il neigeait ?

— Les sédiments. Les sédiments semés par les courants froids en route vers le nord. Tout bouge, sous la mer, on a l'impression qu'il y a du vent, qu'on l'entend siffler.

C'est les marées qui font ça ?

— La marée n'est qu'un rouage au cœur d'un ensemble mécanique vital pour la planète. Chaque gorgée d'air en dépend, chaque flocon tombant sur le *Titanic*, chaque centimètre gagné par les croûtes terrestres sur leurs voisines, dans un souci d'expansion naturel à tout ce qui vit.

J'avoue que, avant de rencontrer M…, je n'avais jamais entendu parler de la dérive des continents sur ce ton. Avec l'épave du *Titanic* en fond d'écran. Parmi les grandes forces mystérieuses du monde, et des environs, je connaissais la lune, point barre. La lune vieillissait par magie les faux papiers des Juifs pourchassés par les nazis, la lune inspirait aux jaloux des velléités meurtrières, la lune prêtait son clair-obscur aux amours naissantes, la lune attirait la mer par une affinité sibylline comme l'amour : n'inversons pas les rôles, ce n'est pas la lune qui a l'océan dans la peau, c'est l'océan qui veut accrocher ses atomes aux atomes lunaires, et convoler au ciel chez l'ami Pierrot.

— Tout cela, j'avoue, n'est pas d'une clarté folle pour moi.

— Rien n'est d'une clarté folle pour personne. Tout est divergent, atomique, pas davantage.

M… – nous buvions alors du lait-grenadine à la sortie du métro Volontaires, dans un café quelconque – parut avoir…

Divergence

… parut avoir pitié de moi. Il m'apprit que le globe était « une machine thermique à combustion réciproque », oui-da ! Il dit même, pour me simplifier la tâche : « une casserole d'eau posée sur le feu ». (Il s'assura du regard, et d'un silence, que l'image portait.) Le feu, c'est le noyau central de la Terre, annonça-t-il, et l'eau, c'est la mer. C'est la mer et la terre, en fait, le feu chauffe les deux à des vitesses différentes. Alors que se passe-t-il ? Le chaud se dilate, s'élève, se refroidit au contact de l'air et redescend, occasionnant un frottement, se réchauffe à nouveau, se dilate, etc. Oublions la casserole. Passons du thermique au géologique. Tu connais « l'Oreiller de la Belle Aurore » ? Une image concrète, comme la casserole. Laisse tomber. On va dire « l'oignon ». C'est parfait, l'oignon, pour illustrer l'agencement superposé du globe terrestre autour de son noyau central en feu – lui-même ayant son grain central dont on ne sait rien, le Saint des Saints du feu quantique. Imagine, à présent. Nous y sommes, toi et moi, équipés d'un scaphandre dédié, pas peu fiers d'avoir planté notre bannière au cœur du foyer. Remontons vers la mer, traversons l'oignon, ménageons des paliers. D'abord ce noyau qui pète le feu nucléaire à jet continu dans un rayon de 3 500 kilomètres. Arrêtons-nous un instant. Trop cool ! Une autonomie cybernétique aussi rétroactive que la chasse d'eau. C'est ça, la nature : donnant-donnant. L'océan et la lune ? Donnant-donnant. Le chaud et le froid des courants marins ? Donnant-donnant. L'œuf et la poule ? Donnant-donnant. Et donnant-donnant l'homme et la vie qu'il croyait tenir en laisse. Poursuivons. Voici le « manteau protecteur », la doudoune indispensable au noyau pour ne pas s'étioler. Quelle épaisseur ? Trois mille kilomètres environ, rien que des roches en fusion, du magma d'assemblage : nickel et fer, etc. C'est déjà plus nerveux, par ici, le va-et-vient thermique se fait sentir, on a des pulsions de magma jusque dans les narines des volcans de surface... Ouais, ça dérive sec, là-haut ! On y va ? On est presque rendu. Voici la dernière peau incandescente de l'oignon, cent cinquante kilomètres d'épaisseur, un jus minéral de feu déjà moins chaud sur quoi s'appuient les continents, comme le pied du quidam sur le verglas. Heureusement qu'ils sont reliés entre eux, les continents, qu'ils font bloc. Apparemment. La température enfouie cherche à les diviser, les divise, disloquant la peau supérieure de l'oignon, *alias* la croûte terrestre, notre monde oxygéné, la voilà qui part en morceaux.

On appelle « plaques », ces morceaux errants dus à l'instabilité naturelle du magma, à ses éruptions-irruptions dans la mer ou dans l'air. On appelle « tectonique des plaques » les altérations et lésions qu'il fait subir à l'écorce terrestre. Ces plaques n'épousent pas forcément la physionomie des continents, formées qu'elles sont d'éléments continentaux, océaniques, et parfois les deux. Leur flottement sur le magma les fait bouger d'un centimètre à cinq par an, selon des évolutions aléatoires générant carambolages, déchirures, contractions, pleurs et grincements de dents. L'Himalaya, d'ailleurs toujours en gestation, ne serait pas ce qu'elle est déjà si l'Inde et le Tibet ne s'étreignaient pas comme ils le font depuis soixante millions d'années. Effets secondaires ? Le bassin océanique s'élargit, les continents s'éloignent les uns des autres, et les vieux « pourquoi » du bon sens défient les scientifiques. Pourquoi cet air de famille entre l'Afrique de l'Ouest et l'Amérique du Sud ? Ne dirait-on pas les deux éléments complémentaires d'un puzzle ? Serait-ce qu'à l'origine ils s'emboîtaient ? Pourquoi cette séparation ? Se pourrait-il que les terres émergées n'aient d'abord été qu'un seul continent brisé par les coups de boutoir du magma, par les tempêtes de lave en fusion surgies des entrailles d'une planète à feu et à feu ? Comme une casserole d'eau enragée, on y revient !

En 1912, le géophysicien Alfred Wegener, un Allemand, fit de cette légende urbaine l'œuvre de sa vie, dotant la théorie controversée des preuves géologiques qui lui manquaient. Il imagina « Panthalassa », le super océan primordial, enlaçant « Pangaéa », le supercontinent primordial, et le super feu primordial, telle une pieuvre en cage, jouant de ses innombrables tentacules pour désintégrer sa prison. « Et cela se passait en des temps très anciens », il y a deux cent quatre-vingts millions d'années. Entre-temps, si la pieuvre a échoué dans ses tentatives d'évasion, elle a réussi à fragmenter la mer en sept mers et la terre en cinq socles continentaux portés à la bougeotte. Ce que Wegener intitula « dérive des continents ». Il passa d'abord pour un farceur. Mais, quelques années plus tard Hess, Vine, Matthews, trois géophysiciens de renom mondial, approuveront la justesse de ses visions, l'excellence de ses calculs, et leur « tectonique des plaques » ne fit d'ailleurs qu'épouser sa « dérive des continents ».

— Ça gêne qui, la dérive des continents ?

— Personne. Personne tant qu'elle ne fait pas trembler la mer et la terre. Mais quand elle s'y met, c'est la fin de tout. La Thaïlande en 2009, la Somalie, l'Italie en 2016, des milliers de victimes. D'une seconde à l'autre, la Californie peut s'arracher à l'Amérique ou la ville de Nice à l'Hexagone. Ça me fera du boulot…

M… était un aventurier du fond des mers, un misogyne endurci. Il avait battu des records d'apnée, il plongeait sur des navires chargés d'obus, sur des torpilles, des mines entre deux eaux, ne vivant que pour nager sous la mer, là où il se sentait libre au milieu des dangers. J'admirais le courage physique de cet homme poisson, sa simplicité.

Quand je l'ai revu, à quelques mois de là, M… se déplaçait dans un fauteuil roulant. Il avait plongé du bord de la mer et son front avait heurté un rocher.

— Tu te rappelles la dérive des plaques ?

— Oui, M…, je me rappelle.

— Moi aussi, je me rappelle. On s'était vus pour quoi, déjà ?

— Le *Titanic*, M…

— Le *Titanic*, c'est vrai, Encore lui. On n'en sort pas, du Titanic. le RMS *Titanic* de la compagnie White Star, un sacré canote… Il avait heurté un… Je fatigue vite, maintenant. Le *Titanic*, quelle histoire !… Il était couché sous la neige.

M… m'avait affirmé que l'océan grandissait un peu tous les jours, que les continents s'éloignaient. Mais quelquefois la terre gagnait sur l'eau comme à Brouage, à Aigues-Mortes, ou comme…

Dol

… ou comme en ce Dol-de-Bretagne à sec, battu par les flots marins du temps des Vikings qui l'appelaient Holar, et Hringsfjord la baie du Mont-Saint-Michel. Dol est aujourd'hui replié dans les terres et séparé des flots par cet asphalte qu'on appelle béatement « route touristique », la plus vile des appellations, pour un chemin de mer. Au sentier du chevrier, à celui du douanier a succédé l'enrobé drainant du touriste à roulettes qui s'écrie : « T'as vu, maman ? », un œil sur la baie du Mont-Saint-Michel, un œil sur la plaque du collègue en 4x4, à quelques roues devant les siennes « Non mais tu vas la trouver, ta pédale d'accélérateur, bouffi ? » *Dol* est un mot breton qui veut dire « méandre ». Dol est une ville méandre, une ville rue, comme disait Victor Hugo lorsqu'il y séjournait à l'hôtel de Bretagne, en allant à Brest. Pas seul, non, pas non plus avec son épouse : avec Juliette Drouet, une starlette potelée qui pratiquait le donnant-donnant du déduit. Bien sûr qu'elle aimait d'amour fou son Victor, et bien sûr qu'elle mourrait d'accepter la caresse d'un autre que lui, mais quand on a besoin d'argent, que l'huissier se fait pressant… Les doléances pécuniaires de Juliette consternaient notre génie national en humeur de câlins. La bourse ou les bourses, il faut choisir, misérable ! La belle de Cadix, à Dol, ne veut pas aïe, aïe, d'un amant, aïe, aïe, aïe, fût-il Victor Hugo, hélas ! À défaut de tirer les coups, il lui parle des premiers revolvers, comment on les fabriquait il y a cent ans et le pouce, avant l'existence du mot. Juliette est tout ouïe…

Imaginez la chambre d'hôtel, il est bien deux heures du matin, la bougie charbonne, Juliette a sommeil, il pense l'avoir à l'usure, en manœuvrant les mots :

— Comment ça se confectionne, ces machins-là ?... On vide dans la forge la hotte d'un vieux chiffonnier en vieux fer. On prend tout plein de vieilles ferrailles, des vieux clous de maréchal, des fers à cheval cassés.

— Et des vieilles lames de faux.

— Ah ! Quand je vous disais, ma chère, que vous n'étiez pas jolie mais pire. Des lames de faux ! On vous fiche à tout ce bric-à-brac une bonne chaude suante, et ça vous fait déjà une bonne étoffe de fer.

— Oui, mais qui peut avoir des crevasses.

— Pardine ! On remédie aux crevasses par des queues d'aronde, en battant ferme on corroie son étoffe de fer au gros marteau, on le rétablit par deux autres chaudes suantes, à petits coups s'il est surchauffé, on étire l'étoffe et puis on la roule bien sur la chemise.

— Vous êtes donc du métier ?

— Je suis de tous les métiers.

En roulant des yeux doux, des yeux fous, mais peine perdue. Ce fut derrière l'oreille, cette nuit-là, ce fut le silence de la mer qu'on n'entendait plus depuis les Vikings. En douce, il écrivait des fadaises à son épouse, lui disant que la ville était d'une beauté, mais d'une beauté, chérie ! Et belle ainsi qu'un rêve échafaudé à Disneyland – sauf qu'ici le granit est en pierre –, Dol a su le rester en dépit d'un Führer encore plus furieux qu'à son habitude, le soir du jour le plus long, n'aspirant plus qu'au feu et au sang. On se souvient de Brest bombardé par les Alliés, de Lorient, de Saint-Leu, de Caen, de Louvain, de Saint-Malo flambé jusqu'à sa dernière archive, son dernier bouquin, mais comment Dol échappe aux incendies, qui l'a jamais su ?

— Allô, vous êtes bien le général allemand tenant la place de Dol ?

— *Jawohl* !

— Ici le général américain qui prépare un raid aérien imminent sur votre position. L'opération Gross Patatras est prévue pour ce soir minuit.

— *Ach so* !

— Comme vous le savez, général, la cathédrale de Dol, reconstruite au XIIIe par les Normands, est un témoignage unique de l'architecture anglo-normande en Bretagne. Elle a d'ailleurs un chevet plat dans la manière des édifices religieux anglais, vous me suivez ?

— *Ja ja, sehr schön.*

— Vous comprendrez qu'il serait dommage de la démolir cette nuit. Les carottes sont cuites, ou les kartoffeln, à votre convenance. Vous avez perdu la guerre, et vos barouds sans quartier pour l'honneur du « *Gott mit uns* » n'y changeront rien. Voici donc le motif de mon appel.

— Je vous rezois zink zur zink.

— Soit je massacre vos blondinets à l'heure H, soit vous fichez le camp en chantant un dernier « *Heil hi heil ho* », et nous sommes quittes. Pas de sang pur versé, pas de cathédrale en miettes – et que l'autre gueulard cramoisi se bouffe la moustache en rémoulade avec son Eva, OK ?

— *Grüss Gott*, général ! *Vielen danke* !

Authentique histoire, authentique échange, à la virgule près, entre deux officiers « ennemis » cherchant à limiter la casse, l'un marchandant une cathédrale, l'autre cinquante-huit jeunes gens fatigués de mourir en héros pour les yeux déments d'un caporal autrichien drogué, constipé, impuissant. Et le vendredi 4 août 1944, à midi, le 330e régiment d'infanterie US, de la 83e division d'infanterie, faisait son entrée sans coup férir dans un Dol déserté par l'occupant. Deux héros, chacun à sa manière, dont l'un eut droit aux honneurs, probablement, et l'autre aux yeux dans les yeux du peloton d'exécution. Ce qui n'a pas empêché le mur de l'Atlantique d'élever ses folies sur la côte et les indomptables casemates de…

Dune

… et les indomptables casemates de proliférer. Il en est une sur la dune, après Saint-Pol-de-Léon, l'un de ces blockhaus grand format où la troupe allemande s'entassait à vingt, à vingt-cinq. On voulut la pétarder après la guerre. Elle avait résisté aux bombardements aériens : elle résista aux pétards, il ne se trouva pas un explosif pour la fiche en l'air. La veuve Jaouen dégaina la première : elle fit un chèque au domaine et le blockhaus fut sien. Il dominait la baie, une vue imprenable sur trois cents degrés, un amour de fortin comme neuf, mieux situé qu'un sémaphore. Que de vigies s'étaient relayées au pied du canon, jour et nuit, suppliant leur « *Gott mit uns* » de leur envoyer la flotte ennemie sous cet angle parfait.

La veuve Jaouen décora le blockhaus en night-club, elle badigeonna les murs de béton, plaça des flambeaux ici et là, des ampoules tamisées. Elle écrivit au préfet pour obtenir la licence IV. On pouvait danser à partir de dix-neuf heures et consommer des boissons alcoolisées dès neuf heures du matin, la place nettoyée à grande eau. Pas de whisky, de vodka ni de rhum, chez la veuve, pas même de chouchen. On buvait du vin. Du vin tant que tant. Elle se tenait derrière le bar au fond du blockhaus. Vin rouge à gauche, vin blanc à droite, des bonbonnes de trente litres. 20 cl, le verre.

Un Allemand s'approcha d'elle, un soir, la fête battait son plein.

— Un chocolat, madame, s'il vous plaît.

— Pas de chocolat, dit la veuve. On boit du vin ici. Du vin et rien d'autre.

— Pas de chocolat ?

— Sauf dans mon cul, dit la veuve.

— C'est une honte, madame, cet endroit. Des soldats ont souffert ici, pendant la guerre.

— Souffert ?… J'ai été faire un tour à Dachau, cette année, moi. Ils en ont fait un musée, du camp de concentration. C'est ça que vous…

E

Après la Tempête

J'ai continué à naviguer un bon moment. J'approchais des sables mouvants et j'étais toujours bredouille. Arrivé en vue du phare de Rebecca, j'ai aperçu toutes sortes d'oiseaux tournoyant au ras de l'eau.

À mon approche, tous les oiseaux se sont élevés en décrivant des cercles autour de moi.

De près, j'ai aperçu une sorte de grande ombre noire qui s'allongeait sous l'eau. Arrivé dessus, j'ai vu que c'était un paquebot. Il s'étalait dans l'eau, vaste comme le monde. Je me suis laissé dériver au-dessus de lui. Il était couché sur le côté, la poupe enfoncée vers les profondeurs, mais j'en devinais la masse entière. On voyait briller dans l'eau le verre des hublots hermétiquement fermés.

La proue n'était pas loin de la surface. Je pouvais tenir debout sur les lettres de son nom, avec la tête juste hors de l'eau.

J'étais arrivé dessus le premier, il devait y avoir pour cinq millions de dollars à l'intérieur.

Ernest Hemingway

Écrans

... C'est ça que vous voulez ici ? Et qu'on viendrait tourner des films sur vos parents ? Je pourrais faire un livre, avec tout ce que je sais, tout ce que j'ai vu ? Alors c'est pinard ou *raus* !

De tels dialogues sur le vif donnent envie d'attraper une caméra ou un stylo, de donner la parole à ce blockhaus night-club. Et je comprends pourquoi j'aime tant les romans, le livre de mer quand il donne envie de prendre la mer – ou d'enfiler un gilet de sauvetage. Trop souvent l'auteur garde pour lui l'horizon marin, fait tout pour l'escamoter. Trop souvent les mots buvardent l'eau que les meilleurs d'entre eux font courir dans les tuyaux du rêve, invisibles plombiers trop heureux de passer inaperçus, de se fondre à leur avatar, à la mer. Esprits de l'eau, du vent, pourquoi vous montrer ? Depuis quand le marionnettiste offre-t-il ses mains à la vue des enfants, comme si Guignol n'était qu'un pantin ? Et trop souvent on voit gigoter la main du romancier quand la mer veut monter sur la page de son plein gré, sans l'aide de personne. On aimerait la trancher, cette main, la noyer ou la changer en poisson, la remettre à l'eau.

Je n'ai pas le même souci avec le cinéma, mais ça n'est guère mieux. Le cinéma est arrogant, sûr de lui, et s'il a décidé que la mer entrerait dans la salle et ferait peur au public, elle entrera. Elle ne ressemble à rien, mais elle est là, un cuirassé sur l'épaule, une baleine sous le bras. Le cinéma n'a pas le pied marin. Ce vieux truqueur nous emmène au studio. C'est de la fausse mer, la mer à l'écran. C'est une mer de musée Grévin, une mer qui fait confiance à notre imagination fertile, alors que nous avons payé pour en avoir plein les mirettes, remboursez ! Ridicule, ce galion qui fait route à bonne allure, sur eau plate, les lourdes paupières de ses voiles carrées pochant dans l'air mort, pas une ride à l'horizon. Tout juste si l'on n'entend pas le teuf-teuf du puissant moteur financé par la production, une rallonge de budget pour cause d'anticyclone paresseux. Ridicules, ces naufrages où le grand bateau se tord d'agonie dans une tempête de pâte à modeler, ces tornades à pleins seaux d'eau mal balancés, et désolant quand le budget d'un film hauturier soumet la mer au régime sec.

Parfois le raté réussit, tant mieux ; le raté réussi n'est que du réussi tout court. Le raté-réussi, c'est l'enfant qui pardonne tout, qui prête à ce riche M. Cinéma l'innocence qu'il a perdu. Et d'ailleurs, est-ce qu'il l'aime autant que lui, la mer, ce monsieur noir et blanc, ce monsieur Technicolor ? Autant que moi la pigeonnante Angélique ? Est-ce qu'il le hait comme je le hais, ce « rescator » balafré sur son brick noir de malheur ? C'est moi qui tiens la barre du bateau, c'est moi qui vais l'embrasser sur la bouche, Michèle Mercier, dès qu'il aura fermé sa cabine à clé. J'arriverai à la nage, je passerai par le hublot, je… T'en fais pas, cinéma, je suis là, j'y crois. Je t'apporte mon film que je mélange au tien pour que tu n'aies pas froid, pas honte, et pour que la mer soit pire que la mer quand tu fais bouger l'eau. C'est ça, tu vois, mon bonheur fou, « au cinéma », c'est ton nom, ton odeur, ta maison hantée, c'est l'ouvreuse, les fauteuils, les rideaux rouges de satin, les belles voisines parfumées ou les moches : la lumière s'éteint lentement, se fait nuit, se fait lampe, se fait rêve, il n'y a plus personne et tout le monde est là, ça craque, on entend respirer, souffler, rire, et le miracle apparaît sur le mur du fond comme je ne l'avais jamais vu avec mes vrais yeux, comme si c'était moi – j'en mourrais si le mot FIN venait gâcher ma vie, on en meurt chaque fois comme des gosses. Les enfants vont au cinéma, les grands voir des films. Qui est plus heureux ?

J'avais dans les quatre ans lorsque j'ai vu *Robinson Crusoé* au Centre national du cinéma où mon père officiait comme lecteur. Nous n'étions pas au premier rang, mais quand j'ai vu ce noyé pantelant s'échouer sur la plage, avec l'énorme bruit du ressac dans mes oreilles, *comme si j'y étais*, j'ai basculé dans l'horreur. Quinze ou vingt ans plus tard, ce même *Robinson* m'a fait l'effet d'un navet bien pâlichon. Le bon film de mer, truquage ou pas, est celui qui vous rend vos yeux d'enfant, vos nostalgies perdues. Ma mère me tenait la main à *Vingt Mille Lieues sous les mers*, au Gaumont-Alésia. Elle m'avait prévenu : « Tu verras une pieuvre géante, mon chéri. Il ne faudra pas t'en faire, c'est du cinéma. » Et vous savez quoi ? C'est moi que la pieuvre a fixé de son gros œil de cyclope dans l'obscurité, c'est moi qu'elle a voulu mordre en premier.

Ma mère devait penser la même chose, de son côté, car j'ai senti sa main brûlante se crisper sur la mienne, pour se rassurer en me rassurant. Depuis, je suis retourné voir le film bien des fois, et chaque fois le calamar m'a regardé fixement, et chaque fois je me suis dit que les biceps de Kirk Douglas et sa petite fossette au menton voudraient bien se greffer sur moi si j'y pensais très fort. Je m'imaginais pavoisant dans les *festou-noz* de l'Aber-Ildut, plus besoin de baratiner : « C'est fou ce que tu ressembles à Kirk Douglas… »

Le plus angoissant, le plus terrible des films de mer que j'ai vus, enfant, eh bien, je ne l'ai jamais revu. Il a disparu de la circulation. Pas une cinémathèque, pas un ciné-club, pas un YouTube un peu cool ne m'a ressorti ce vieux…

Ennemi silencieux

… ne m'a ressorti ce vieux métrage auquel je ne repense jamais sans frissonner – *comme si j'y étais*. (Avis aux bonnes âmes, au cas où vous auriez une copie chez vous, le titre est *L'Ennemi silencieux*.) Faute de mieux, je visionne mes souvenirs clairsemés et le capitaine Crabb, un beau gosse en noir et blanc, roule des mécaniques sur le quai d'un port au soleil. C'est la guerre, les Allemands contre les Anglais, contre les Français, contre le monde entier. Mon souvenir s'interrompt, reprend. Crabb, toujours sur le quai, refuse une mission top secret, sans bavures, mais bon Crabb qu'il est, plongeur de combat hors pair, il se résout à l'accepter. Il s'agit d'aller placer des engins explosifs sous les navires de guerre allemands, ceux-là mêmes qu'on voit amarrés derrière lui, des mastards. Mais comment ça, dessous ? Coupure de mémoire, reprise. Crabb est sous la mer en combinaison noire de plongeur, à cheval sur un cylindre noir mû par une hélice, Crabb est l'ennemi silencieux. Il doit franchir des barbelés sous-marins, se faufiler entre les mines, éviter les ennemis silencieux. En voilà deux, justement, tout noirs dans l'ombre de la mer. On n'y voit pas grand-chose, mais on a peur. Coupure de mémoire, retour. Crabb a placé la galette aimantée sous le ventre du cuirassé, tout va sauter. Parviendra-t-il à s'échapper ? Zut, l'hélice du cylindre se coince dans un barbelé. Les ennemis silencieux en profitent pour l'encercler. Coupure. Coupure définitive. Je me souviens qu'il y avait des baisers d'amour, dans le film, et des pleurs de femme. J'attends que la mémoire veuille bien les replacer aux bons endroits, entre deux cylindres noirs. De mèche avec l'oubli, la mémoire, et quand ils ont creusé leur carie, leur néant…

La mer, dans le film ? C'est madame Bovary, c'est toi, spectateur, toi dont le corps se souvient d'avoir un jour perdu pied, failli se faire étrangler par l'eau d'un étang, senti la peur s'enrouler autour de tes yeux, comme un serpent, ou reconnu la mort à travers la peau fuligineuse du brouillard, qui d'autre ? On a vite fait de mourir, avec la mer, on le sait, on le sent, on l'aime…

Un miracle que je sois allé voir *L'Ennemi silencieux*, ce jour-là, en cachette de mes parents. Mon frère Hervé l'avait vu la veille, et il m'en avait parlé des sanglots dans la voix. Lui aurais-je demandé, à ce moment-là, de choisir entre Lollobrigida et *L'Ennemi silencieux*, il aurait opté pour Crabb avec ravissement. J'y suis allé en douce, moi, comme si j'avais eu rendez-vous avec Lollobrigida. J'avais quoi ? Dix ans ? Onze ans ? Je transpirais d'angoisse au fond de la salle – toujours le Gaumont. Aurais-je été plus en émoi pour me payer un décolleté interdit aux moins de seize ans ? Coupure de mémoire, coupure de conscience. J'étais rentré à la maison sonné, muet, initié. Toi, m'avait dit Hervé, tu viens de voir *L'Ennemi silencieux*. Mais pourquoi tu dis ça ? Tu as des sous-marins dans les yeux. J'ai toujours nié, il a toujours été convaincu que je mentais. Je pense qu'il m'en voulait de lui avoir volé son film. D'ailleurs, nous n'avons plus jamais parlé ensemble de Lollobrigida.

J'ai vu beaucoup de films de mer, adolescent, le plus possible. Presque tous me plaisaient. Du moment que c'était la guerre, la guerre et la mer, avec des bateaux gris et des filles dans les bistrots enfumés. J'étais subjugué par l'ambiance à bord des bateaux, par l'intégration du marin à son logis naval, aux coursives, aux échelles, aux portes étanches, aux ampoules grillagées, aux battements de cœur des machines, à tout ça qui fait de la guerre imminente un cocon maternel sur l'eau : les manomètres, les téléphones, le berceau des obus, les écrans radars, sans voir la mer, en ne voyant qu'elle, en s'attendant à quelque chose de plus fort que tout. Chacun son poste, son devoir, sa sueur froide au moment critique, son humour, sa mélancolie, sa foi désintéressée dans le génie mal foutu des humains. *Le Marin blanc*, qui l'a vu ? J'en ai pleuré en voyant ce pauvre marin brûlé à l'infirmerie du… Coupure de mémoire. En même temps se penche sur lui une infirmière que tout adolescent rêverait d'avoir pour marraine et premier baiser. Un petit marin brûlé sur son hôpital océanique, c'était touchant, c'était pour moi. Et toujours en cachette de mes parents, de mon frère aîné. Toujours avec quel argent ? *Moby Dick,* je l'ai vu avec ma mère. (John Huston crucifié sur la baleine blanche, c'est quelque chose.) Avec ma mère, *Les Révoltés du Bounty*, *L'Île au Trésor*, *Le Port de l'angoisse*, *Le Monde du silence*, *Le Tour du monde en quatre-vingts jours*, tant d'autres. Chaque fois, la mer faisait bien rigoler, mais j'étais « au cinéma », trésor sans prix. Les romans, le cinéma, c'est grâce à eux que la vie peut n'être pas tout à fait la vie, mais d'abord une histoire qu'on vous chuchote à l'oreille et dont on voudrait ne jamais sortir.

Plus tard, j'ai vu des films de mer où la mer avait l'air de quelque chose – de la mer. Et quand il faisait mauvais, on était bien content d'être au cinéma, pas sur le bateau qui se débattait sur l'écran. Lorsque le capitaine Jean Rochefort dit d'une voix blanche : « Il souffre », en parlant de l'escorteur *Jauréguiberry*, l'enfant que l'on est resté de tout son cœur se dit qu'ils ont dû en baver, pour tourner ça, rester vivants. Autrement dit *Le Crabe-tambour* de Pierre Schoendoerffer est l'une des plus belles histoires de mer portées à l'écran. On y croit d'un bout à l'autre, à la mer, à cette quête de l'absolu sur la mer, à cette amitié entre les hommes ayant partagé l'expérience du pire, à ces amours du bout du monde et du froid qui ne mènent à rien, pas plus que la mer ne va quelque part en montant, descendant, poursuivant ses courants autour des méridiens – la mer cruelle, la mer fatale, la mer inséparable des instincts qui font du marin celui qui dit à sa famille : « Je m'en vais », et il s'en va, et on ne le reverra peut-être jamais. Ou deux ans, trois ans plus tard, lorsque ni les uns ni les autres ne sauront plus de quel pied danser leur intimité d'autrefois, avant la mer. Extraordinaire aussi, le film *Le Grand Océan* sur la première course française à la voile autour du monde, en 1973, trente mille milles marins. Cinq disparus. Première fois que l'on voyait à quelle sauce l'océan pouvait manger l'indomptable voilier. *Pen Duick VI* démâta deux fois, chavira dans l'Atlantique Sud et passa quatre-vingt-douze secondes sur le flanc, barres de flèche dans l'eau. À cette course jamais oubliée, qui passionna l'opinion, participaient ces navires dont tout l'Hexagone parlait alors en supputant leurs chances de gagner : *Kriter*, *Grand Louis*, *33 Export*, *Tauranga*, *Guia*, *Sayula*... Quelle poésie tragique, dans ce film, et quel amour à la vie à la mort du « grand océan », pour la seule beauté d'aller « voir là-bas-si-j'y-suis » et, toujours, de faire du « bon bateau », comme disait Tabarly.

Chef-d'œuvre, le film *Océan*, de Jacques Perrin, l'acteur fétiche de Pierre Schoendoerffer, le premier rôle du *Crabe-tambour*, de la *317ᵉ Section*. Perrin, sidéré par la puissance de la mer filmée par Schoendoerffer, voulait égaler cette puissance et cette beauté. Lui, ce n'est pas le vieux *Jauréguiberry* qui se prend la tempête force 12 en pleine figure, mais la frégate *Latouche-Tréville*, basée à Brest, que l'amiral Finaz commanda. Perrin cherchait la grosse vague, la plus grosse, l'Apocalypse Now déferlant sur un grand navire d'acier pour montrer au public l'ordinaire du marin hauturier. La frégate sortit par deux fois. Perrin voulait plus, plus violent. À la troisième, le *Latouche-Tréville* fait vraiment du « bon bateau », du « très bon », à se demander s'il va vraiment ressortir de la vague, et quand il ressort, quelque peu ruisselant de toute part, comment il va s'y prendre pour oser virer, présenter sa muraille à la muraille d'une mer, comment dit-on ?... Aidez-moi, s'il vous plaît. Démontée ? Déchaînée ? Quelque chose comme ça. À cette baston ? Taisez-vous, les mots. Baston : n'importe quoi ! Il ose, le public se cramponne aux accoudoirs, certains ont besoin du seau, d'autres applaudissent frénétiquement, tels ces passagers au bord de la crise de nerfs quand le pilote réussit à poser l'avion.

Le film n'a pas seulement le souhait viril d'exposer l'énorme puissance de la mer et du vent, mais aussi d'inviter le spectateur à fredonner le chant du monde, à s'émerveiller devant la Création. Voici l'homme. Il se nourrit, se reproduit, vit en alliance avec la Nature, vivant parmi les vivants. Voici l'homme. Il tue les vivants, il tue la nature, il tue la mer, il se tue. Il vient au cinéma visionner cet assassinat qui l'horrifie. Il dit : on va changer les choses. Tel est le but du film *Océan* de Jacques Perrin, outre la beauté : changer les choses au nom de la vie. L'écrivain aussi veut changer les choses, le marin, tous les artistes ont à cœur...

Entraînement d'hiver

... tous les artistes ont à cœur d'exhiber leur mieux, et quelquefois le mieux attend son heure, prend son mal en patience. Marguerite Yourcenar décrit magnifiquement le malheur des écrivains qui n'écrivent pas. Ce sont toujours des écrivains : des écrivains en souffrance. Ils éprouvent une solitude impuissante à se raconter sur la page ou dans l'oreille des amis. Ils patientent en secret, les mots reviendront. Du marin qui ne va plus en mer, ou pas assez, on peut dire aussi qu'il éprouve une solitude impuissante à s'expliquer. Il est toujours un marin, et quand il part en voilier, il renaît dans une âme d'autrefois qu'il imaginait perdue, trahie, et qu'il peut de nouveau perdre sur la mer, là où sa liberté l'appelle.

Thomas Coville en ligne, on doit se voir bientôt.

C'est l'après-midi.

— Alors, la mer ?

— J'y étais, cette nuit. Il y avait de l'air, rien de méchant. Quand est-ce que tu viens naviguer avec moi ?

— J'écris un bouquin, ces jours-ci. Chacun sa traversée. Mais, dès que j'ai fini, je saute dans mes charentaises et j'arrive… Tu reviens d'où ?

— Le golfe de Gascogne, avec mes gars… Quarante-huit heures d'Espagne et d'Irlande… Il y a pire comme terrain de jeux.

— Entraînement d'hiver ?

— Oh, Yann, on est en octobre, la saison des pommes. Entraînement d'automne.

— C'est vrai que tu prépares la Jacques Vabre.

— En décembre, ouais, cap sur le Brésil.

— Vous faisiez quoi, en mer, à part vous la couler douce ?

— On faisait marcher. On validait nos configurations.

Ils validaient leurs configurations ! À trente-cinq nœuds ! J'en suis malade en entendant ces mots. Depuis combien de temps n'ai-je pas validé les configurations d'un grand voilier en mer, loin de tout, validé l'horizon, la nuit, les astres hauturiers qui cinglent autour de la lune, validé la lune en personne, validé autre chose que le point final de mes phrases qui se demandent en ce moment d'où peut bien…

Eau

… d'où peut bien venir l'eau, cette eau que nous buvons, nageons, polluons, naviguons, transformons en vapeur, en vin… Que répondre à l'enfant qui veut savoir d'où vient l'eau sur la Terre, d'où la mer, pourquoi l'une est insipide, l'autre salée ?

J'avais posé ma question, j'avais eu ma réponse. L'homme avait péché, il avait plu sur le pécheur, voilà tout. La pluie est sœur du péché, du châtiment. Depuis, quand il pleut, on dit : il fait mauvais, on se souvient du Déluge, on a honte. Étais-je satisfait ? Un enfant l'est-il jamais ? Lorsque la pluie tardait à finir, je me représentais l'océan comme un géant pris de soif et se gorgeant d'eau douce. Et j'étais heureux pour lui. Je me disais qu'il serait encore plus grand et plus fort après avoir bu l'eau du ciel. Il me semblait d'ailleurs que la marée n'était jamais montée aussi haut. Je ne désespérais pas de la voir entrer dans la maison. Elle grimperait l'escalier, elle entrerait dans ma chambre, et je sortirais par la fenêtre en godillant dans mon lit-bateau, ma sœur dans son lit-piano.

La Question se réveilla bientôt. Certes, il pleut des étangs, il pleut des lacs, des rivières, des mares, il pleut des torrents et des fleuves, il pleut des ruisseaux et des larmes et du sang, il pleut des neiges éternelles, il pleut des océans, il pleut bergère et berger depuis Adam et Ève, il pleut à dormir debout, à coucher dehors, il pleut de l'Être et du Néant, il pleut des vaches qui pissent et des roseaux pensants, mais la pluie, elle sort d'où ? La première goutte de pluie, la première larme jamais versée dans la vallée des sanglots ?

Posez la question chez vous, la réponse a l'air dictée par le Fernand Raynaud du « C'est étudié pour… ». C'est étudié pour, en effet. L'océan s'évapore, la buée se fait nuage, le nuage se fait pluie qui se fait océan, qui se… Et voilà notre cher Christophe Colomb tout ébaubi devant son œuf frais du jour, il en bégaie :

— Est-ce toi, le commencement ?

— La poule ?

— L'eau ?

— La mer ?

— Le ciel ?

Le grand ciel de toutes les pluies tombant sur le péché du monde, quelle source l'a enfanté du temps que Dieu se cherchait un visage en l'Homme ? Un enfant du bord de la mer ne vaut-il pas mieux qu'une explication de la marée par la Lune et de l'océan par le péché des aïeux ? On lui dit : plus ronde est la Lune, plus haute la mer. On lui dit : l'eau nous a menacés, le feu nous anéantira. Il y croit, il croit à l'enfer comme aux Hespérides. Il croit au Déluge, il croit à l'histoire dorée des origines – la légende des siècles –, mais il ne prend pas une poignée d'eau de mer salée sans chercher à comprendre quelque chose dont les manuels sacrés ne soufflent mot. L'essence des objets, leur science, les causes, le chantier de la Création que les mythes grecs ont divulgué comme le plus banal des faits divers.

Les bouquins, mes sauveteurs de toujours, m'ont dit ceci que je n'avais pas l'impression de chercher.

Ils m'ont dit : la mer commence avec un grain de poussière errante, invisible à l'œil nu. Il est rond comme un œil – tout s'arrondit dans l'espace –, il est hydraté, gelé. Il nous apporte l'eau. « Nous », oui, « nous » les vertébrés qui ferons notre apparition trois milliards d'années en aval.

Et ce granulé jailli du néant, qu'est-ce qu'il fait là ?

D'abord il y a l'infini, et dans l'infini ce nuage d'hydrogène et d'oxygène, plein à craquer d'énergies : il craque, il s'effondre, s'envenime, il fait des petits – s'ensuit une mayonnaise d'affinités atomiques entre les différents éléments libérés. Quand les deux font la paire, ils ne la font pas qu'à moitié : ils engendrent le Soleil, les roches, les poussières de roche, les planètes, l'eau, une masse d'eau mille fois supérieure à l'ensemble des roches éparpillées, et toutes ces pièces détachées du géant primordial gazeux font cercle autour du soleil, gravitant sur un disque orbital commun. Cette débandade effrénée comprend la Terre, une Terre non terreuse, plus rougeâtre que bleue, peinte aux couleurs des incendies dont elle est issue. Le spationaute français Thomas Pesquet ne l'aurait pas reconnue. Il y fait jour et nuit pour la première fois, et si c'est Dieu qui l'a créée, pas un témoin n'est là pour le noter. Le Soleil brûle à deux pas, environ cent cinquante millions de kilomètres : deux pas d'arpenteur intersidéral.

Un peu plus loin Jupiter a froid, les pierrailles de poussière hydratée qui l'environnent à des années-lumière ont pris en glace, en grêlons mastodontes.

Mais que se passe-t-il là-bas, là-haut, dans ces régions sans bas ni haut ? On n'en sait rien, la Terre subit un bombardement, elle croule sous les gouttes d'eau, elle peut désormais se flatter, en langage astrophysicien, d'un « manteau humide ». Une margaille au-delà des mots pour cet astre nappé de lave et magma en fusion. Bing ! il se fait tamponner par un chauffard, le manteau vole en éclats, H_2O pulvérisé part se noyer dans les abysses extrasolaires. Une pauvre chose, notre planète, après ce boum qui l'a disloquée, naufragée. Sur ce, la Lune apparaît, bric et broc de résidus coagulés. Allons, Terre, remets-toi, on a besoin de venir au monde, nous autres les humains, la Vie nous attend, et Dieu si affinités.

Du temps passe. Il n'est pas encore le temps mesuré, celui du pavillon de Breteuil, mais je ne vois pas quel nom lui donner. Un beau jour, s'abat une giboulée venue des confins du système solaire, un mélange de comètes et d'astéroïdes imprégnés d'eau, et voici la Terre habillée de bleu marin pour la première fois, prête à l'émersion des continents, à la tour Eiffel, à Big Ben, à Mozart, à Tabarly. Quatre milliards d'années pour en arriver là, au terrain de jeux de tous les mortels encore inexistants. Nostalgie d'un impossible voyage dans le temps.

Est-ce que vraiment il n'existe pas avant le sablier, la montre et l'ordinateur ? La radio-astronomie nous dit que le ciel étoilé eut un commencement qui remonte à quatorze milliards d'années et que, dans un délai du même format ou peu s'en faut, il ne sera plus un souvenir pour personne, excepté son créateur s'il eut jamais lieu. Il y aura quoi ? Il y avait quoi ? Vive la vie.

Le décor est planté, place aux premiers des vivants, si vous permettez. Je n'irai pas jusqu'à déclarer qu'ils savent nager, mais j'observe, ayant la liberté de l'humide ou du sec, du continent ou du flot, qu'ils choisissent les fonds marins pour hasarder une combinaison telles des chimies à disposition – à la température des sources thermales bouillantes –, qu'ils échappent d'emblée au règne végétal, animal, minéral, bactéries pionnières de l'évolution – l'évolution commence.

C'est la famille ou la dynastie « procaryotes ». Nos ancêtres, les « procaryotes » natifs de l'eau. L'eau, c'est la vie. H_2O.

J'avais été bien inspiré de poser ma question à maman. Non que sa réponse eût ressemblé le moins du monde aux pages que vous avez sous les yeux. Elle m'avait lu ce premier chapitre du Pentateuque où Yahvé, qui n'est encore que Dieu, non pas celui qui châtie mais celui qui va pétrir la glaise, ressent que le monde est bien vide et bien vague à ses pieds, et succombe à la tentation d'être « celui qui suis » :

> *Que les eaux qui sont sous le ciel s'amassent en un seul endroit et qu'apparaisse le continent, et il en fut ainsi. Dieu appela le continent : Terre, et la masse des eaux : Mer, et Dieu vit que cela était bon. Dieu dit : « Que les eaux grouillent d'un grouillement d'êtres vivants, que les oiseaux volent au-dessus de la Terre contre les firmaments du ciel », et il en fut ainsi. Dieu créa les grands monstres marins et tous les êtres vivants qui glissent – les eaux les firent grouiller…*

Puis, maman m'avait lu « La conscience » de Victor Hugo, le poème où Caïn fuit la colère de Dieu. Chez nous, tout finissait par aboutir à la conscience humaine et à Victor Hugo, l'écrivain que mon père voulait devenir ou personne, de sorte que l'auteur de « La conscience », pour maman, c'était papa.

Sans repos sans sommeil, il atteignit la grève
Des mers dans le pays qui fut depuis Assur.
« Arrêtons-nous, dit-il, car cet asile est sûr »…

Qui d'autre que papa aurait osé parler de la mer et des grèves ? Je pouvais m'endormir tranquillisé par ces bonnes nouvelles. Mon père était bien Victor Hugo, Caïn s'était réfugié du côté de l'Aber-Ildut avec sa petite famille, et je savais enfin d'où venait la mer : de la voix de maman dont les inflexions me portaient à ne douter de rien – surtout pas de l'être qui m'avait donné la vie.

Aujourd'hui, en voyant se banaliser chaque jour un peu plus l'énigme du vivant – le néant générateur de néant générateur d'acides aminés, le minéral générateur de vital générateur de l'ADN générateur de lignées génératrices d'assassins, les hasards de la sélection naturelle, de l'accouplement, je pourrais sourire à la pensée des belles soirées d'autrefois où maman répétait d'une voix défaillante, comme s'il risquait d'apparaître ou comme s'il était déjà là : « Et Dieu vit que cela était bon… »

Je ne souris pas, non. Je crois à l'eau du premier jardin d'Éden et je crois en Dieu, bon, seul et promis. Peu me chaut de n'être qu'un chimpanzé aléatoire doué de raison, un *Homo sapiens* jouissant d'une âme intervenue sur le tard de l'évolution lorsque Dieu voulut bien l'infuser

« au sein du lignage animal » (Jean-Paul II, Académie pontificale des sciences, 22 octobre 1996).

Qui s'intéresse à la mer, qui prétend l'aimer, veut tout savoir de ses us et coutumes, il devient curieux, fouineur. Un jour, je me suis inquiété. On me disait : Que d'eau, que d'eau !... C'est grand, l'eau, et quand on regarde l'horizon marin, c'est démesuré. Et quand on voit mourir les bateaux encalminés qui n'arrivent plus jamais nulle part, et que tous les marins du bord sont changés en squelettes dans leurs vêtements pétrifiés, même les rats crèvent d'ennui, on se dit qu'il n'y a pas plus grand sauf peut-être la nuit étoilée – impossible traversée.

« Que d'eau ! Que d'eau ! », c'est bon pour les enfants et les marins déboussolés. Pas pour les livres sérieux ni les revues spécialisées. Curieusement, les chiffres de la mer sont moins grands qu'on imaginerait en la contemplant. On lit des anecdotes émanant d'imparables scientifiques qui s'amusent à la rétrécir, semble-t-il, une vengeance de mammifères affligés de tripes et boyaux, mal remis d'une sortie mouvementée en bateau. *Si notre planète avait la masse d'un avion de trois cents tonnes, toute l'eau des océans ne représenterait qu'un passager de corpulence moyenne.* Et le *Titanic*, il aurait l'air de quoi, dans l'avion ? C'est vexant de miniaturiser l'infini ! De transformer Moby Dick en hôtesse de l'air, naine qui plus est, microscopique. On se console en apprenant qu'il y a plus d'eau sous la croûte terrestre que dessus : des océans entiers piégés par le grand charivari tectonique initial. Ils ne sont pas à l'état liquide, ils font partie de la structure moléculaire de la roche, et seule une éruption au-delà du pire et de toutes les magnitudes envisagées par le génial sismologue américain Charles Richter pourrait éventuellement les remettre en liberté.

D'autres océans, plus vastes encore, plus profondément enfouis, ont une vie dans les oubliettes surchauffées du noyau planétaire. Comme quoi on peut se proclamer océan, le plus grand de tous les océans du monde, et ne pas avoir la plus petite goutte d'eau fraîche à verser chez les frères humains. C'est dire, en tout cas, si les provisions aquatiques de la planète ont de quoi nous rassurer, nous épater, même si le mammifère scientifique au foie douillet revient nous titiller avec son avion gros porteur. *Ajoutée à l'eau de surface, l'eau souterraine représenterait le poids d'un second passager jumeau du premier.* Pilote et copilote, en fait, car on n'imagine pas un tel scientifique prenant place à bord d'un avion fantôme. On ne l'imagine pas non plus se privant de nous communiquer les résultats de ses observations en surface, sol et sous-sol.

Profondeur maximale de la mer : 11 525 mètres (fosse des Philippines).

Profondeur moyenne (au cas où nous prendrait la fantaisie de raboter les Himalaya, les cordillères et tous les points saillants des continents) : 4 000 mètres.

Diamètre de la vessie du mégamonstre extragalactique assez assoiffé pour gober tout l'océan cul sec : 718 nautiques, il faut un GPS pour la traverser.

Distance entre la mer au sol et la mer au sous-sol de la planète : 3 000 kilomètres ou 1 620 nautiques.

En voyant les zéros peiner à s'aligner, on se demande moins pourquoi la Terre a…

Eurêka

… pourquoi la Terre a autant d'eau sur elle, que l'inverse, non ? Pourquoi elle en a aussi peu ?

Comme le Dieu du Testament, les scientifiques auraient pu se la couler douce, une fois peaufinées leurs théories sur l'origine de l'eau, sur l'océan. Mais Dieu n'est que trois en un, dans la Bible, et les astrochimistes sont des milliers au taquet du scénario des origines. Que l'un pique du nez, l'autre sort du bois armé d'un eurêka venant dézinguer les eurêka déjà passés dans les mœurs, et la fête ne s'arrête jamais.

Quelque chose clochait dans la spéculation des poussières d'eau fustigeant et refroidissant le monde à sec jusqu'à ce que la mer soit, qu'elle remue, que la lune en deuil exerce pour la première fois son génie marémoteur sur la masse étalée du premier-né des flots (dire qu'il y eut cet instant virginal où le courant se mit en branle à six nœuds entre la Vieille et les Chats, dans le raz de Sein, amorçant la première phase d'une oscillation océanique à deux temps – systole, diastole – qui depuis n'a pas connu un seul hiatus). La composition du flot marin laissait à désirer. La teneur en argon et en xénon, à peu près nulle, réfutait la thèse unique d'un apport de l'eau par les astéroïdes mitrailleurs, ceux-là richement pourvus en argon et en xénon, une signature chimique impossible à contrefaire. Ce météorisme a bien eu lieu, la Terre s'en souvient, mais, n'en déplaise à beaucoup, l'océan n'est pas le fruit des « splash » additionnés de ces bombes à eau lancées par des chenapans du troisième type, impossible. Question d'ADN, mon cher Watson.

Or les météorites et les comètes ne sont pas les seuls individus à fricoter dans l'univers. Les télescopes s'intéressent aujourd'hui, de près comme de loin, à ce corps céleste inventé par les Français en 2005, trop menu pour une planète, trop grand pour un astéroïde, ou alors un spécimen gullivérien jamais observé de mémoire de Voie lactée. Diamètre : neuf cents kilomètres. Son nom est Cérès, vingt tonnes de buée à l'heure s'échappent de ses flancs depuis que le monde est monde et la nuit la nuit. À se demander s'il ne s'agit pas d'un aquarium intersidéral et s'il y a des petits poissons verts à l'intérieur. À se demander si quelques Cérès – une demi-douzaine suffiraient – ne sont pas venues seconder les astéroïdes aux heures du grand chaos et pourvoir en eaux vives et fontaines notre Maison Mère, notre Maison Terre encore à l'état de plasma fumant.

Il a raison, cet eurêka ? C'est lui, la vérité ?

Oui et non, disent les chercheurs. Une analyse en chasse une autre, et chaque fois le champagne est sablé prématurément. Elle ne sait plus à quel saint se vouer, l'eau, pour venir au monde. Il en est qui la font venir de la galaxie, il en est qui la croient originaire du Soleil. Vous avez soif, buvez du soleil. Avec modération. En voilà une idée qu'elle est bonne. Elle tient la route, apparemment, portée par les vents solaires auxquels sont accrochés les ions d'hélium et d'hydrogène, à l'instant T, puis accrochée à cette poussière de chaos ionisée à gogo dont les nuées, par soubresauts successifs, auraient pénétré jusqu'au noyau du corps terrestre en gestation, après un détour par les froids extérieurs non ensoleillés. Quelle image, aussi limitée soit la vision cinémascopique de l'univers sur l'écran des rêveries, ces océans égarés, envolés, cherchant leur âme sœur au hasard de la nuit des temps pour venir un jour se liquéfier sur la Terre et sécréter la vie, l'espoir.

Un eurêka douteux ?

Totalement bidon – *caramba* !

Voici les partisans d'un globe harmonieux fourni avec les options, prêt à l'emploi. Accordez-lui seulement, comme on le ferait d'un pithiviers sortant du four, le délai nécessaire à son refroidissement. C'est chose faite ? Eh bien, vous n'avez plus qu'à naître, vous et vos enfants, et vous désaltérer sans modération. Et pour ce qui est de prendre la mer, libre à vous d'embarquer, tous les arbres sont des bateaux.

Ces chercheurs-là croient Dieu sur parole. Que la lumière soit, que la mer noie, que le feu brûle, que l'homme embrasse la mariée, c'est l'Évangile, c'est vrai, c'est ça, l'eurêka, le seul amen, le dernier. Ils récusent la théorie des grandes eaux venues d'ailleurs, forcément d'ailleurs, par petits grumeaux pétaradants, méli-mélo d'un puzzle où, lorsque tout s'est bien emboîté – à en oublier le délinéament des sutures – la Corse est au bon endroit[1], Molène, l'Équateur, le pôle Nord, les océans, il

1. Que je vous explique, pour la Corse. Ma tante Yvonne Marotel, une Bretonne mariée à un Normand – tout arrive ! – m'a offert mon premier puzzle quand j'avais sept ou huit ans. Ce n'était pas un jouet, mais un jeu, l'un de ces loisirs éducatifs qui font appel à la jugeote de l'enfant, l'ennui n'est jamais loin, surtout les jours de pluie.

Je ne fichais rien en classe, à l'époque – je n'y ai jamais fichu grand-chose, notez bien –, je dessinais des bateaux sur mes *Fluctuat nec mergitur* de vingt-trois feuillets lignés, largesse de l'État. Le puzzle serait pour moi l'occasion de me familiariser avec les quatre-vingt-neuf départements français métropolitains (trop cher, les DOM-TOM, trop sensible l'Algérie), chacun d'eux figuré par un élément numéroté couleur ivoire. Grâce

n'y a plus qu'à hisser la voile, matelot... La mer a toujours été là, dans la baraque, dans la soupe, mélangée avec le fatras cellulaire de tout ce qui s'est différencié pour donner des écailles à certains, des plumes à d'autres, pour engendrer les laminaires et les figuiers de Barbarie, le chêne et le roseau, Hitler et la fourmi, la cigale et l'artichaut, naïades, sirènes, le général Dourakine, sac à papier ! les souris et les hommes, vous, moi, en attendant Godot.

La Mère universelle, la Mer océane.

Personnellement, un certain mystère des origines ne me dérange pas, bien au contraire, et je ne suis pas pressé

---

au jésuitisme familial de ma tante Yvonne, un cancre-né deviendrait incollable en découpage administratif de la Constituante, et toute ma personne y gagnerait en confiance et tranquillité, et le puzzle de mon jeune moi foufou s'épanouirait. Doué d'une bonne mémoire, et plutôt habile de mes doigts, et n'ayant que peu de jouets sous la main – je méritais surtout des beignes et des confessions urgentes –, je ne fus pas long à réciter, que dis-je : à dégoiser mon puzzle avec l'aisance altière d'un perroquet né en captivité, chez les bourgeois. Bien des années plus tard, l'inéducable nullité du farceur dégommerait l'oiseau, et j'écoperais trois jours d'exclusion du lycée Buffon. Ignorance, grossièreté, châtiment. Ma faute à moi si le puzzle de ma tante Yvonne, pour des motifs tenant à l'usinage, à la modélisation, au prix public des objets, à l'ignorance du fabricant, positionnait résolument la Corse à l'ouest de la Méditerranée, bien en vue sous un Languedoc-Roussillon habitué à jouxter sur le terrain le seuil continental de la péninsule Ibérique, celle-ci tout bonnement rayée du décor.

Cette Corse atlantique est restée gravée dans mon cerveau, comme Un deux trois soleil ou le fromage du corbeau, et je n'y vais jamais à la voile sans qu'une petite voix me chuchote au creux de l'oreille : C'est l'île de Beauté, mon gars, pas la Corse, on le sait bien toi et moi. Si c'était la Corse, d'ailleurs, la mer monterait, ça sentirait la marée. Et qu'est-ce que tu sens, présentement, à soixante nautiques du phare de la Revellata ? Tu sens les aromates bien chauds, bien croustillants, mon gars, la marjolaine et les pas d'âne, le maquis, la haute mer parfumée aux herbes du désert des Agriates, t'as l'impression de fumer un joint, de planer, tu planes et tu...

de le voir élucidé. Mais l'homme est ainsi fait qu'avec les moyens dont son esprit dispose, il entend remonter à la source et déclarer : C'est là, j'en étais sûr, c'est comme ça que tout a commencé, la Genèse mentait. Ensuite il descendra son vieux Pentateuque au tri subjectif – le bac jaune pour papiers d'emballage et cartons.

L'homme veut prendre Dieu la main dans le sac.

Elle aura bonne mine, l'Humanité, le jour où on lui dira, preuves à l'appui : Dieu est un con, tu savais pas ?

Par chance, on est loin d'en avoir fini avec le décryptage des impacts élémentaires et la manière dont s'y prit l'eau pour nous monter aux yeux quand ça ne va pas, à la bouche quand ça va – pour imbiber tous les pores de la boule de feu sans éteindre le feu, sans gaspiller l'océan dans la fumée des magmas, sans désorienter la marée toujours à…

Dernier port

Il reconnaît ces trirèmes sans rames
Ces bricks sans mâts ces steamers sans vapeur
Ces rues sans bar ces fenêtres sans femmes
Ces nuits sans sommeil et ces docks sans peur
Alors pourquoi ces jonques ces tartanes
Chargé de fûts sans vin de Christ sans croix
De sacs sans riz de danses sans gitanes
De citrons sans vertu d'aciers sans poids ?
Pourquoi ces quais sont-ils sans un navire
Ces bois sans étincelle ces stocks
Sans douane et ces bars sans délire
Seule la mer travaille dans ces docks
Quel est ce port où nul bateau n'aborde
Quel est ce sombre cap sans continent
Quel est ce phare sans miséricorde
Quel est ce passager sans châtiment ?

Yvan Goll

Finistère

… toujours à l'heure, au bon niveau, quand l'*Almanach du marin breton* lui dit de se présenter à Brest le vendredi 7 février 2014, avec un coefficient de 48 le matin, une marée haute à 10,27 et une hauteur minimum de 5,65 mètres, dans une direction ENE, droit sur le Café des matelots.

Ils sont deux Finistère à se partager la rade de Brest, large démarcation entre le Nord et le Sud. Le Nord est bien l'enfant d'une Genèse à peine refroidie : un tohu-bohu déversé par Neptune et Pluton. Les dieux indigènes ont taillé les « Sphinx », les « Coqs », les « Souris », les « Crapauds », le bestiaire de granit du littoral : les hommes ont taillé les menhirs, dans les rognures du chaos, ils ont taillé les clochers, les enclos paroissiaux, les maisons. À l'état champêtre ou ciselé par l'équarisseur, schiste, granit ou grès rose, le roc est la substance irradiée du sol et du sous-sol finistérien. Il surgit partout : brise-lame, grève, chapelle, croix, fontaine, calvaire, gentilhommière habitée par cochons et lutins, ville entière comme Locronan, fantastiques monts d'Arrée, tous ces reliefs manifestant l'union intime de la pierre et du ciel.

Du nord au sud, la différence entre les deux bouts du monde finistériens – eurasiatiques – n'est pas seulement thermique. On arrive en Cornouaille, la plus grande région bretonne, avec le pays glazig au nord de Quimper, et le pays bigouden entre le cap Sizun et Bénodet. C'est au pays bigouden que la coiffe bretonne est la plus haute.

Passé la rade de Brest, la physionomie côtière change du tout au tout. À l'arrondi frontal du nord répond la complexité maxillaire du sud, comme si deux « gueuloirs » béants n'étaient pas de trop pour vociférer contre l'Ouest. Le Nord tend à s'incurver, le Sud fait front. Pour une pointe Saint-Mathieu au nord, une bonne dizaine de pointes et de caps bastionnent à qui mieux mieux les falaises du sud : pointe de Pen-Hir, cap de la Chèvre, pointe du Raz, pointe de Pen marc'h, pointe de Mousterlin, etc. Et pour chacun de ces postes avancés, un havre de civilisation blotti sous le vent dominant. Camaret, Morgat, Douarnenez, Audierne, Saint-Guénolé – gare au chenal ! –, Loctudy, Lesconil, Le Guilvinec, Bénodet, Concarneau. Des ports de pêche, oui, la plupart au bout du rouleau. En pleine mutation, la pêche traditionnelle, aujourd'hui, on s'en remet à la résilience des éléments. Quant à la douceur du climat, attendons Penmarc'h pour en éprouver sur le corps les premiers attouchements.

La Bretagne est un archipel atlantique, le cœur d'une étoile de mer. Au nord sont l'île de Batz, les Sept-Îles, Bréhat. À l'ouest les îles du Ponant : Ouessant, Molène, Sein. Les Glénan au sud-ouest. Plein sud Groix, Belle-Isle, Houat, Hoëdic. À l'est ? L'île de France, une île au sec. On peut s'y rendre à pied à toute heure de la marée. Quand ils y vont, les Finistériens disent : « Je vais en France. »

Sur le terrain les îles bretonnes se comptent par centaines, toutes mentionnées par les documents nautiques signalant récifs et chenaux à courants, mieux vaut s'y connaître. Que de mirages, que de sortilèges autour de ces paradis en mer. Prudence, marin du week-end, ton GPS est un beau parleur et peut-être…

Fléau

… et peut-être l'es-tu aussi, oublieux de ces malheurs que le marin apprend à désigner au contact de l'océan : brouillard, feu, voie d'eau, collision, Hydre, mutinerie, scorbut, Leviathan, calmar, tempête, ouragan… Autant de fléaux que chacun s'efforce de pallier selon ses moyens, le moment venu, à la grâce de Dieu, le Breton et l'Anglais avec une pincée d'humour. D'autres inconvénients, bien modestes ceux-là quant à la dimension matérielle, bien peu démonstratifs au début, menacent de mort la sécurité du navire en croisière. Les gens de mer les appellent entre eux les « quatre F », formule générique, intelligible aux seuls initiés, le marin est superstitieux. Ce quatuor de désolation, cause de si nombreux naufrages – allez savoir ce que qu'en pensent le *Titanic* ou *La Méduse*, voire le *Costa Concordia* –, se détaille et s'identifie sous les noms suivants : la Faim, la Fatigue, le Froid, et le pire de la bande : la Foif… Oui, la Foif est bien le guet-apens redouté du navire au large, un piège mortel. Doit-on pour autant rester au mouillage ? Renoncer à traverser la mer ? Le capitaine avisera : maître à bord, il est aussi le maître de la Foif, et la mer n'est pas toujours bonne à prendre, quel qu'en soit l'état. Tous les marins, tous les voileux ont…

La Promesse de l'aube

Je choisis toujours pour errer sur la terre les lieux où il y a assez de place pour tous ceux qui ne sont plus là. Le ciel, l'Océan, la plage de Big Sur déserte jusqu'aux horizons marins. Je cherche sans fin à peupler cette absence de bêtes, d'oiseaux, et chaque fois qu'un phoque se lance de son rocher ou que les cormorans ou les hirondelles de mer resserrent un peu leur cercle autour de moi, mon besoin d'amitié et de compagnie se creuse d'un espoir ridicule et impossible, et je ne peux pas m'empêcher de sourire et de tendre la main.

Romain Gary

Gamelle

… tous les voileux ont connu ces moments de haute mer où ils se sont dit : je n'aurais pas dû. À Edane, en Suède, à bord du *Tryss-yolen*, un dériveur scandinave au sang chaud, plus *Mousse* que *Vaurien*, je fis découvrir à Youhann et Lilane, des frère et sœur, les palpitants émois du dessalage à l'amiral. Je me prenais pour le Jean Sunny des plans d'eau, quand, toutes voiles bordées, le voilier remontait penché à mort dans une brise folle. Il penchait, penchait, mes deux Suédois en étaient babas. Je trouvais magnifique, à la barre, de laisser la dérive sortir de l'eau, flirter avec la risée, replonger, ressortir. Parfois le bateau chavirait. Regardez bien, disais-je à mes précieux naufragés qui barbotaient, moyennement complices de leur skipper finistérien. Je grimpais sur la dérive, attrapai le hauban et d'une traction athlétique, genoux fléchis, je remettais le voilier sur pied. Irrésistible, pensais-je attendri, le marin qui transforme l'oiseau en poisson mort, et le poisson mort en oiseau vivant, au pays de Nils Holgersson. Les Suédois se taisaient, muets d'admiration d'après moi.

Ces beaux jeunes gens aux boucles d'or me régalaient du dernier album des Beatles, le soir, dans leur chambre, et me demandaient mon avis. C'était génial, les Beatles, je leur faisais découvrir Johnny qu'ils connaissaient d'ailleurs mieux que moi. J'insultais mon père en écoutant passionnément ces « chansonnettes à la noix » (*verbatim*). C'était Mozart, chez nous, l'idole des jeunes et des moins jeunes, le musicien dans le vent. Ni Ringo ni Johnny n'avaient aucune chance de lui disputer la vedette. Je me sentais fautif, soudain, atrocement gêné par mes goûts dévoyés. Je déclarais à Lilane : « C'est bien, *Michelle*, mais ça ne vaut pas la *Petite Musique de nuit*, ma belle, désolé ! » Elle regardait son frère, me fusillait du regard, la soirée s'arrêtait là. Le lendemain, je pensais revenir dans ses bonnes grâces en faisant chavirer un voilier neuf lassé de tous ces retournements intempestifs. Il n'y avait pas marin plus sérieux que moi, pourtant, mais sans doute un peu trop sûr de lui pour ne pas recevoir un…

Groix

… pour ne pas recevoir un jour une bonne correction, de la part de la mer, au risque de me perdre, et pas que moi.

À quinze ans, été comme hiver, j'allais passer les vacances à Jeunesse et Marine, l'école de la mer créée par le père Maynard à l'île de Groix. Elle résidait à Port-Lay dans une ancienne sardinerie. J'étais d'un tempérament volontaire, accrocheur, j'obtins vite un grade élevé : « Patron de seconde classe », mon premier contact avec un ego susceptible de faire mieux, de faire bien. Moi, patron ? Mon père s'imaginerait une erreur, un canular.

En juillet 66, à JEM, on me confia la responsabilité d'une flottille à voile de six unités habitables : deux *Golif*, trois *Belon*, et un cotre camarétois, le *Diz-Kuiz*. J'étais le patron du *Diz-Kuiz*, on disait « chef de bord ». On disait « stage » pour la croisière d'initiation offerte aux adolescents par leurs parents. Des adolescentes, cette fois-là, rien que des adolescentes, la mixité devrait encore attendre un an – l'an 68, érotique - 1.

Vingt-huit gazelles du flot pour un mâle de seize ans (dix-sept en septembre), un seul, le chef, moi. Cap sur les îles fortunées.

Retour de croisière après quinze jours de pérégrinations nautiques mouvementées. Non mais de quoi j'ai l'air, à la barre du *Diz-Kuiz* : torse nu, bronzé, musclé, rieur, flambard. Je ramène les filles à bon port, je leur ai montré la mer à toutes. Certaines sont ravies, d'autres vont porter plainte, ambiance ! Une rotation des équipages était prévue, un partage équilibré des unes et des autres à bord du navire amiral. Le chef en a décidé autrement. Il s'est constitué une garde rapprochée d'amazones inamovibles, appliquant la règle d'un tri subjectif non négociable, privilège des tyrans.

Il est content de lui, cet imbécile, quand il fait son entrée vespérale à Port-Lay, en tête de sa flottille. Un jour et demi de retard sur l'agenda fixé par le Grand Claude, le directeur de la base. Calmasse. J'ai godillé des Glénan à Groix sept heures d'affilée, réapprovisionné en eau douce et divers encouragements par cinq amazones amarinées jusqu'au fond du cœur. Tous les bateaux sont rentrés, tout le monde va bien, va mal, pleurniche, s'embrasse. Il faut débarquer, les filles, sac à terre, adieu.

Une autre croisière commence le soir même. On attend un nouvel arrivage de stagiaires à Port-Tudy par le prochain bateau. Des filles, oui. « Leur chef d'escadre étant empêché par un deuil, on a besoin d'un remplaçant et il se trouve que je l'ai sous les yeux. » C'est Claude Rougevin-Baville qui parle ainsi, en me toisant. Il mesure 2,07 mètres de haut, cheveux en brosse, les yeux bleus. Il connaît la mer comme un poisson, un très, très grand poisson.

— Vas-y.

J'y vais au moteur, cette fois. Je suis invulnérable, en plein rêve. À raison de sept filles par embarquement, en les tassant bien, j'en ai pour trois allers-retours. Cette nuit elles dorment à la base : demain matin répartition sur les bateaux, demain après-midi appareillage, et demain soir la haute mer.

Il faisait l'une de ces belles nuits des îles du Morbihan, songeuse et noire, sans étoile et sans lune. *By such a night*, aurait dit Shakespeare, et d'invisibles sorcières auraient ri sous cape. Les lumières de l'île papillotaient dans les ténèbres, les feux rouge et vert de Port-Tudy brillaient devant moi. Qu'aurait-il pu m'arriver sur ce lac ? Quel danger y a-t-il à voguer dans un rêve, quand on vit au milieu des fées ?

J'ai récupéré mes stagiaires à la sortie du Pen Er Vro. J'ai fait l'appel sur le quai, zéro défection. Les filles bougonnaient, abruties par le voyage et par la traversée. Je vais faire trois passages, les filles, on n'a pas le choix. C'est ça ou rejoindre la base à pied par la côte, en portant les sacs dans le noir, tant mieux si vous avez des briquets. Les deux premiers passages furent plus longs que je pensais. Je devais transborder les sacs, aider les filles à s'installer au fond du bateau, répondre aux questions : « On va tout vous expliquer à la base, on prend la mer demain. » J'avais déjà commencé à repérer mes futures équipières, l'œil du prédateur nyctalope, vif comme l'éclair.

Bien que doté d'une vraie digue en béton, et connu pour offrir un abri sûr, le miniport de Port-Lay n'est pas éclairé par les Ponts et Chaussées ni balisée. Ne s'y risquent la nuit que les pratiques locaux et les inconscients. La manœuvre n'a rien de sorcier. Une fois repérées les ombres massives des môles, il n'y a plus qu'à se faufiler et, marée permettant, venir à quai. Oui, mais gare à l'écueil sous-marin à gauche de l'entrée. Par chance, il est débordé par un vivier à fleur d'eau badigeonné de coaltar : un enduit luisant comme l'émail. Le vivier sert de balise et voilà des années que ce roc malsain n'a pas mordu l'étrave d'un bateau.

Elles en avaient ras le bol, les filles du troisième dernier passage. Il était une heure du matin. C'était quoi, cette organisation pourrie ? Elles voyageaient depuis le matin. Train, bateau, rebateau, elles n'en pouvaient plus... La mer, les filles, c'est toujours un peu long, au début, rien ne sert de la gronder. On y va ? Les échelons sont glissants, attention. Celles d'entre vous qui préfèrent le sentier du douanier peuvent grimper sur la falaise et marcher vers l'ouest, l'usine est à moins d'une heure.

La lune s'était levée. À l'avant du *Diz-Kuiz*, une guitare égrenait ses jeux interdits. Qui portait la brassière obligatoire à bord ? Encore eût-il fallu en avoir en nombre suffisant. Ni vent ni roulis sous les étoiles. On aurait dit que la mer avait sommeil et que la nuit rêvait en silence autour du bateau.

J'ai dû m'assoupir les yeux ouverts, au bout d'un moment, car j'ai tressailli en apercevant les môles de Port-Lay. Déjà ?... Quelle fierté, cette arrivée par mer dans la nuit avec toutes ces filles à ma dévotion. Il m'est soudain venu à l'esprit que si la mer prenait son temps, un bon marin pouvait en gagner sans offenser les dieux marins. On lui dit de laisser le vivier noir à gauche, mais s'il passe entre le vivier noir et la roche, il y a de la marge, il connaît l'endroit.

Le vivier luit sur la mer, noir sur noir, telle une carapace au clair de lune. Il luit à droite, maintenant, et le bon, l'excellent marin prend sur lui de garder son cap au mépris des instructions. Il est porté par l'intuition que le rocher ne peut pas se trouver aussi près du vivier. Il n'y croit pas quand le bateau s'immobilise en douceur, émettant l'écho sourd d'une pelle raclant sur le pavé. La secousse a réveillé les filles. Que se passe-t-il ? On va couler ?

Croyez-moi, je n'éprouve aucun plaisir en vous dévoilant…

Grand Claude

… en vous dévoilant cet épisode intime de mon passé nautique, une honte que je me défends d'oublier.

Me voilà dans la peau de tous les capitaines ahuris sur le navire échoué par leur faute, tous se posant la même question idiote : Est-il possible de revenir en arrière ? Rien qu'une minute ? Non ? Puis-je espérer déséchouer le bateau ? Non plus. ? Pourtant si la mer monte, il flottera dans quelques instants ? Elle descend, et vite, c'est une grande marée, tu n'as pas vu que la lune était pleine ? Elle descend et l'arrière va descendre aussi, l'eau pénétrer dans le cockpit, le bateau s'enfoncer par l'arrière. Il va couler ? Oui, sans tarder, une demi-heure environ, le *Titanic* a mis une heure.

Une chaloupe de JEM est arrivée peu après, un équipage goguenard. Je ne sais plus qui la commandait. Le débarquement se fit dans la bonne humeur pour les filles, pour moi dans la sidération. Débarqué à mon tour, je suis monté sur la hauteur de Port-Lay qu'on appelait « la vigie ». J'ai pu voir *Diz-Kuiz* et le bout-dehors de *Diz-Kuiz* pointer vers le ciel étoilé comme sur les vieux tableaux qui ont pour nom : « Naufrage en Bretagne. » Un regard de courte durée, car subitement le voilier s'est enfoncé dans la mer sans aucun bruit, le bout-dehors disparaissant en dernier avec foc et trinquette. Sont restées les étoiles et la mer, la lune au ras de l'eau, un calme olympien.

Je me sentais comment ? Les rotules en flanelle.

— Dégage ! a fait l'ombre du Grand Claude sur le côté, une ombre de 2,07 mètres, plus haute que la nuit.

— Le vivier est mouillé trop près du…

— Dégage ! Va scier des blocs de polystyrène à l'atelier.

— Des blocs ?

— De polystyrène… Jusqu'à ce que t'aies les mains en sang.

— J'y vais.

— Après, tu coudras ensemble les voiles du *Scorf* et tu mettras les blocs à l'intérieur. Et tu recoudras par-dessus. Dégage !

La mer était comme un miroir ondulant sous la lune. Je n'arrivais pas à détacher les yeux de l'endroit où le *Diz-Kuiz* avait disparu. Mon cerveau moulinait la scène où je passais du bon côté du vivier, où je coupais le moteur au passage des moles, où je montais à la « vigie » signaler au Grand Claude : RAS.

— Tu as trois heures devant toi. Tu sais plonger ?

— Vaguement.

— Tu plongeras quand même. C'est basse mer, dans trois heures. Il y aura sept mètres de fond au pied du caillou. On descendra passer des élingues sous le bateau.

— On va le remonter ?

— Fiche le camp, je t'ai assez vu.

Bonne Dame[1],

J'ai rencontré quelqu'un d'incroyable, à JEM, il faut que tu le connaisses. Il s'appelle Grand Claude, je n'ai jamais vu quelqu'un d'aussi grand. Un bateau avait coulé, l'autre nuit, devant la base, et ce bateau flotte maintenant sous mes yeux. C'est le Grand Claude qui l'a renfloué. Je te rassure, personne ne s'est noyé. Sans le Grand Claude, ce bateau serait toujours au fond de l'eau avec ma guitare et toutes mes affaires. Je te laisse, ma bonne Dame, car je suis chef d'escadre et je dois repartir en mer sur le voilier coulé qui maintenant va très bien.

Je te donnerai les détails à mon retour, bons baisers.

Brise-fer.

P-S : Sans vouloir me vanter, c'est moi qui…

À trois heures et demie du matin, la *Marie-Thé*, une vieille vedette en contreplaqué retapée par Henri, un ami du Grand Claude, se présentait sur le lieu du naufrage. Il y avait aussi *Regulus*, le canot à moteur de la base. La vedette avait un moteur d'ID 19 marinisé qui faisait un drôle de bruit, *Regulus* un Renault Couach de 20 CV. Les deux embarcations flanquaient l'énorme ballot de polystyrène emmailloté dans les voiles du *Scorf*, un gros canot d'ostréiculteur mangé aux vers, impossible à vendre. Une œuvre collective, ce ballot. Je ne sais combien de scieurs, scieuses, couturières et couturiers étaient venus m'aider à le confectionner dans les temps.

La manœuvre consistait à solidariser le *Diz-Kuiz* et le ballot. Si tout allait bien, à marée montante, la flottaison du polystyrène agirait par contamination physique sur le

1. J'appelais ma mère « bonne Dame », adolescent, dans mes lettres, et je signais « Brise-fer », surnom que m'avait donné le cordonnier romain qui réparait nos souliers.

voilier qui décollerait du fond. Si tout allait bien, il n'y aurait plus qu'à le remorquer au fond du port, sous la mer, et à l'écoper au jusant. Si tout allait mal, le *Diz-Kuiz* retomberait au fond de l'eau. Il n'y aurait plus qu'à sortir le contrat d'assurance. À moins qu'il ne soit resté à bord.

Nous étions à l'eau tous les trois. Henri plongea sur le *Diz-Kuiz*, Grand Claude plongea. Ils passèrent les premières élingues et ce fut moi qui récupérai les extrémités, les attachai au ballot. J'avais si froid que mes doigts ripaient sur les nœuds. Comment savoir ce que pensait Archimède de nos ficelages nocturnes, et qui l'emporterait de la flottaison du polystyrène ou du lest en fonte d'un voilier bordé en chêne massif ?

La lune sombra, le ciel rosit, un oiseau gazouilla, il y eut deux heures que la mer montait. Le ballot de polystyrène avait coulé aux deux tiers. Henri plongea voir et quand il remonta, cette fois, il avait le pouce levé : « Il a bougé, dit-il. Encore une demi-heure et c'est bon. T'aurais pas le cul bordé de nouilles, toi ? »

P-S : … Sans vouloir me vanter, maman, c'est moi qui suis descendu en plongée passer des cordages sous le bateau, pour le remonter à la surface. Après tout j'étais un peu fautif, je t'expliquerai. Je n'allais pas laisser les autres s'en charger.

— Déjà, tu vas te raser, tu as l'air de quoi ! Ça se mérite, la barbe, à la mer… Et si tu n'as pas de rasoir, fais-t'en prêter un. Tu repars cet après-midi.

Il me fixait dans les yeux, l'air indifférent. Il avait autant que moi besoin de se raser. J'avais passé la matinée à écoper le *Diz-Kuiz*, et comme il faisait grand soleil l'intérieur était déjà sec. Le cotre n'avait pas souffert de l'immersion, mais le moteur était dans le coma. Cinq heures au fond de l'eau, dans une zone sablonneuse à courants, c'est beaucoup pour des contacts électriques et des culbuteurs, beaucoup pour un vieil embrayage aux trois quarts fichu.

— Je suis viré ?

— Tu prends la mer, espèce de crétin. Tu dors deux heures et tu dégages avec les filles.

— …

— Tu t'es bien comporté, cette nuit. En marin. Ils ne sont pas si nombreux, ceux qui peuvent se flatter d'avoir coulé un voilier.

J'ai commencé à bredouiller des « pardon, merci ».

— Ferme ça, pitié ! C'est la mer qui pardonne, uniquement la mer. Quand elle veut bien pardonner.

— Et le moteur ?

— Une horloge. Tu n'aurais qu'à faire la bise à Henri.

La honte me submergeait :

— Les filles, je leur dis quoi ?

— Ne jamais s'expliquer ni pleurnicher, à la mer… Allez, bon vent.

Je sors du bureau. Quelque chose m'échappe, avec le Grand Claude. Je coule un bateau, c'est lui qui le remet à flot et c'est moi qui passe pour le sauveteur. Et ma punition est une récompense.

J'ai fait comme il avait dit : je me suis trouvé un rasoir et j'ai dormi. Pas plus profond que le sommeil du marin quand il en a fini avec la mer.

Je pense souvent au Grand Claude. Je me demande ce que j'aurais fait, moi, confronté à cet arbitrage impossible entre le châtiment et la grâce. L'aurais-je gracié, moi, le skipper assez écervelé pour mettre au tas son piège à filles, un soir de clair de lune ? Aurais-je prévenu ses parents ?

La direction générale de JEM ? Je n'ai plus jamais donné signe de vie au Grand Claude, je ne l'ai jamais revu. J'y pense en écrivant ces mots. J'espère qu'il est toujours de ce monde où j'ai l'impression qu'il m'a sauvé la vie, un jour. Je vais tâcher de reprendre contact avec lui, l'homme de 2,07 mètres, et le cœur bien plus grand. Retrouvons-nous vers la fin du dico pour en parler de nouveau, je vous dirai comme se sont passées les retrouvailles. Pourquoi pas la consonne R ? R comme : Rendez-vous, Retrouvailles, Retour, Respect, Reconnaissance, Rire, notions chères à…

Jean François Deniau

… notions chères à ce grand Jean François que fut Jean François Deniau, l'amiral des Écrivains de Marine et non moins leur ami.

Combien de vies eut Jean François Deniau ? Certes on peut les résumer toutes, façon bristol, sous l'étiquette intemporelle *Homme politique, Écrivain…* Il naît le 31 octobre 1928, s'éteint le 24 janvier 2007, et l'on dirait qu'il a vécu mille ans. Oyez : d'une famille de viticulteurs et de forestiers solognots, il est tour à tour, écolier, fort en thème, deux fois lauréat du Concours général, docteur en droit, baroudeur, « partisan montagnard » en Indochine, énarque (promotion Giraudoux), inspecteur des Finances sous Valéry Giscard d'Estaing, commissaire européen chargé des négociations avec l'Angleterre, avec l'Afrique, ambassadeur de France en Mauritanie (nommé par le général de Gaulle), ambassadeur de France à Madrid (sur la demande du roi Juan Carlos), ministre du Commerce extérieur, ministre de la Réforme administrative, etc. Il conduit des missions pour les droits de l'homme aux quatre coins du monde : Érythrée, Cambodge, Afghanistan, Kurdistan, Somalie, Yougoslavie, Liban, Chine, Afrique du Sud, Union Soviétique, Inde, Roumanie, Sarajevo – encore un, etc. En parallèle à ces vies politiques, Jean François Deniau est yachtman, écrivain : il publie un roman chaque année dont la *Mer est ronde* (une merveille), il est chroniqueur au *Figaro*, à *L'Express*, académicien de marine, académicien français, et c'est en 2003, en symbiose avec la Marine nationale, qu'il crée le corps des Écrivains de Marine, ceux-là choisis pour leur amour de la mer et leur esprit d'amitié.

Un soir, chez Marie Dabadie qui nous recevait à dîner, il tombe sa veste d'amiral et me la fait essayer publiquement : « Sois des nôtres. » Je le suis depuis ce jour-là, capitaine de frégate, cinq galons panachés d'or et d'argent. C'est Michèle Alliot-Marie, ministre de la Défense en 2003, qui m'a accroché mon insigne officiel d'Écrivain de Marine, à moi et autres élus.

Désolé, Jean François, j'oubliais : tu es aussi l'auteur du premier *Dictionnaire amoureux de la Mer*, et j'ai l'honneur d'être le deuxième après toi.

Membres actuels du corps des Écrivains de Marine :
Président : Didier Decoin, de l'académie Goncourt
Vice-président : Patrick Poivre d'Arvor
Isabelle Autissier
Jean-Michel Barrault
François Bellec, secrétaire général
Amiral Loïc Finaz
Patrice Franceschi

Olivier Frebourg
Hervé Hamon
Titouan Lamazou
Emmelene Landon
Dominique Le Brun
Erik Orsenna, de l'Académie française
Yann Queffélec, prix Goncourt
Anne Quéméré
Jean Raspail
Jean Rolin
Jean-Christophe Rufin, de l'Académie française
Daniel Rondeau
Sylvain Tesson

Chers écrivains disparus :
Bertrand Poirot-Delpech
Bernard Giraudeau
Michel Déon
Jean François Deniau
Michel Mohrt
Pierre Schoendoerffer
Simon Leys
Yves La Prairie
Michel Déon

Secrétaire et coordinatrice générale, capitaine de frégate : Marie Dabadie

Devoirs des Écrivains de Marine : aucun si ce n'est dire la mer qu'ils aiment, soutenir la Société nationale de sauvetage en mer, embarquer sur les navires de la Marine nationale, se déplacer en uniforme une fois par an, tous ensemble, à la rencontre du public. C'est Marie Dabadie qui veille à leurs allées et venues, leurs petits soins dans les villes d'accueil, les sachant…

Gastronomie

… les sachant gourmands, gourmets, voire cordons bleus, écrivains et marins qu'ils sont. R comme, oui, comme ratatouille, un plat que je n'ai plus jamais mangé sans me rappeler mon dernier festin sur le *Diz-Kuiz*, le soir. J'ai appris à cuisiner sur les voiliers, et par tous les temps. Avant, je n'étais doué que pour la tartine beurrée, un art simple mais précis. Comme le dosage du lait dans le café au lait du matin. Simple, précis. En mer, la gastronomie commence à la première bouchée déglutie avec plaisir, mais aussi bien avec l'eau chaude versée, et non renversée, sur la poudre de Ricoré. Elle commence avec ces mets auxquels, enfants gâtés que nous sommes, nous négligeons trop souvent de tresser des lauriers : l'eau douce, le pain, la biscotte qui fut un jour Triscotte, le biscuit, la datte, le corned-beef, etc. Ce n'est pas le tout, d'avoir le pied marin, sur le pont, le tour de main en cuisine fait partie des qualités nautiques. Si la cuisson du riz est chose aisée dans une cuisine Ikea fournissant l'induction et la casserole à fond épais, elle ne l'est plus dans l'habitacle d'un *Olonnois* de cinq mètres hors tout : habitacle destiné à loger des casiers plutôt que trois voileux décidés à manger chaud coûte que coûte et à vivre en mer jour et nuit. C'est en effet sur un *Olonnois* d'occasion, que j'ai cuit mon premier riz grain rond pour mon grand frère Bouéboué et pour Christine Krafft, une amie de la famille, dont c'était la première sortie sur un voilier habitable. Nous allions de Belle-Isle à l'Aber-Ildut : du sud au nord de la Bretagne.

On partagea mon riz beurré à même la gamelle, dans le cockpit, un soir d'échouage forcé sur béquilles dans l'anse de Kerroch. Comme il n'avait pas trouvé ça mauvais, mon frère me nomma chef de riz. Je passai rapidement chef de nouilles, puis chef de nouilles et riz, et partant chef du Campingaz de l'*Olonnois*. J'étais adoubé cuistot. J'avais compris la technique du bien manger sur un voilier à la mer. On mélange ce qui nous tombe sous la main, tout un art en fin de croisière. Beaucoup de culot, de ténacité, de résilience, de modestie. On racle dans les équipets, on sauve des lambeaux d'échalotes, des ketchup antédiluviens, on ferme les yeux sur les dates de conservation (illisibles d'ailleurs), on entreprend des mixtures : huile, chocolat en poudre, corned-beef. Pas de fond de sauce ? Liqueur de banane ! Et quand on s'est bien tapé la cloche et qu'on tombe de sommeil, on peut même…

H

Mille millions de sabords ! Les scélérats ! Je vais leur dire ma façon de penser. Voilà. Envoyez le télégramme suivant : navire polaire Aurore à pseudo armement John Kingsby… Euh… Indignés par ce procédé… Non, ce n'est pas assez fort. Euh… Bandits !… Renégats !… Traîtres !… Cloportes !… Judas !… Naufrageurs !… Patapoufs !… Catachrèses !… Moujiks !….

Signé : CAPITAINE HADDOCK.

— Ajoutez encore :

RHIZOPODES et ECTOPLASMES !

Hergé

Hergé

… on peut même se dégotter dans la bibliothèque du bord un *Tintin* lu des dizaines de fois et piquer du nez dans un des sarcophages hauturiers des *Cigares du pharaon* ou sur une bannette de l'*Aurore* à la poursuite de *L'Étoile mystérieuse*.

S'il est un auteur qui m'a donné envie d'embarquer, très jeune, c'est Hergé, le père de *Tintin*, le Belge que tous les Parisiens croient parisien. L'as des as de la bande dessinée pour enfants de 7 à 77 ans, je compte bien pousser mon enfance au-delà. Dès qu'il montre la mer – il lui suffit d'une case – on est dans l'immensité. Dès qu'un avion de tourisme tombe à l'eau, je tombe avec lui. Dès que le professeur Tournesol prend place à bord d'un requin en fer-blanc, simulacre parfait d'un requin en chair et en os, je découvre la mer profonde avec ses yeux à travers le Plexiglas bien astiqué. J'ai froid sur le cercueil flottant des *Cigares du pharaon*, j'ai peur sur la barquette beige K15 en route pour l'île Noire. « Encore un qu'on ne reverra jamais. » J'ai chaud sur le boutre aux épices du Senhor Oliveira, en mer Rouge. Si vous avez lu *Tintin* – qui se lit, se vit, se voit, se visionne – vous connaissez l'*Aurore*, ce frêle cargo gris souris sur lequel Tintin et le capitaine Haddock font connaissance, un soir de rhum à gogo, dans *L'Étoile mystérieuse*. Je dessinais l'*Aurore* au lycée Buffon pendant les cours de maths. Je m'endormais en rêvant à l'*Aurore*, j'étais son capitaine et son marin. Mon rêve était aussi vrai que si j'avais navigué pour de bon et bravé la tempête que le capitaine Haddock appelle une « jolie brise », le soir où Tintin le rejoint à la passerelle.

La plus forte émotion, le plus beau décor abyssal, c'est quand sur les talons plombés du héros harnaché d'un scaphandre cosmonautique, on a besoin de la double page du cahier central – case démesurée – pour laisser à l'épave du vaisseau *Licorne*, navire de troisième rang de Sa Majesté Louis XIV, coulé bas par les pirates aux Antilles, tout loisir de s'étaler sur le fond marin. Encore aujourd'hui, je succombe au charme des albums d'Hergé.

Et je ne comprends pas que certains fassent la fine bouche à ce nom d'artiste surdoué pour qui le mal n'a aucune chance de venir à bout du cœur humain, et pour qui les chiens sont des esprits bienfaisants, parfois méchants pour gagner leur vie, leur os quotidien. Les femmes ? Il n'en est pas trop question ? Ce sont des mamans éplorées ou des êtres pittoresques de second plan, concierges ou marchandes des quatre saisons – excepté la Castafiore, diva de fort tonnage, amie chère du capitaine Haddock. Hergé dépeint les gens comme ils sont, portant leur âme sur leur physionomie, avec leurs tics, leurs profils particuliers, leurs chignons, leurs mollets étroits. Tout Belge que soit le père de Tintin, on est dans un monde à la Céline, à la Simenon – son compatriote –, à la Dubout, si ce n'est qu'Hergé n'enlaidit pas la nature humaine, ne force jamais sur le trait négatif pour se donner du style et du beau rôle. Pas de panache au détriment du voisin.

Au début des années 60, Hergé réfléchit qu'ils ont fait un bon bout de chemin ensemble, Tintin et lui, et qu'ils se sont peut-être tout dit. Depuis longtemps il est attiré par l'art abstrait, séduit par la manière de Lichtenstein, de Dubuffet, par le toupet jubilatoire de Warhol, l'ange inséminateur de la contre-culture. Il peint, il expose, mais la tyrannie des étiquettes lui vaut un accueil des plus froids chez les « connaisseurs », et la critique le voue à la « case » BD, réservant aux artistes du sérail la toile en forme d'infini. Hergé ne proteste pas : « Si l'on veut peindre, il faut que cela vienne du cœur. Or, chez moi, cet endroit est déjà pris par Tintin. » Il oublie que Tintin, c'est lui. L'époque a grandi. Aujourd'hui on s'accorde à penser que Tintin est aussi un génie du pop art. Tintin, oui. Allez séparer Flaubert de Madame Bovary, et Tintin d'Hergé, essayez un peu. Les deux postérités voisinent en douceur au musée Hergé de Louvain-la-Neuve. Un musée de verre imaginé par Christian de Portzamparc, un grand navire ancré parmi les chênes du Brabant wallon. La mer est à l'intérieur.

Hergé, c'est RG, c'est même GR : Georges Rémy. Il naît près de Bruxelles en 1907, il s'éteint en 1983. Il a connu quelques déboires, à la Libération. On chassait la sorcière, on a pensé à lui. Il est interdit de publication, interdit de Tintin. On lui reproche d'avoir dessiné quatre années durant pour le *Soir volé*, un journal estimé collaborationniste. Le reproche ne tient pas, un certificat de civisme lui est décerné par l'État reconnaissant, il se remet au travail. Comme le note Albert Algoud lui-même, dans son *Dictionnaire amoureux de Tintin*, Hergé a bien fait montre de paternalisme envers les Noirs, dans *Tintin au Congo*, mais pourquoi ? On est en 1930, la Belgique envoie des missionnaires en Afrique, elle se croit chargée d'un rôle civilisateur, pour le bien du monde, la paix, la fraternité. C'est de la naïveté, pas de la xénophobie. On est belge ou on ne l'est pas. Aucun mépris, aucun racisme fielleux de la part d'Hergé. Tintin prend la défense de l'indigène opprimé par le Blanc. Dans *Tintin au Congo*, et davantage encore dans *Coke en stock* (titre génial) qui flétrit les mœurs négrières de l'Occident. On peut donc fréquenter sans rougir ce géant du neuvième art plus que jamais d'actualité. Michel Serres – ancien officier de marine et grand penseur de nos temps futurs naissant au forceps – n'hésite pas à le comparer à Jules Verne pour son regard visionnaire sur la science, et à Montaigne pour la sagesse et la fantaisie. Que « le grand cric me croque » si je ne suis…

Histoire vraie

… si je ne suis pas d'accord avec cet ami d'Hergé. Ça se passe à Plomeur, en Cornouaille, au pays bigouden. Pourquoi cette précision ? Pour situer les choses dans l'insitué, car la Bigoudie n'est pas délimitée comme un enclos paroissial. Elle s'étend au sud-ouest de Quimper et, parvenue sur les bords de l'Odet, à Sainte-Marine, elle perd son nom. Au nord, la rivière du Goyen lui sert de frontière avec le cap Sizun. Le Goyen, oui, ce modeste cours d'eau qui d'un commun accord avec la mer baigne le port d'Audierne, à l'est de la pointe du Raz.

Trois marins pêcheurs de Saint-Guénolé Penmarc'h sont attablés un soir à la crêperie Men Lann Du, la meilleure de Plomeur. Ils ont quelque chose à fêter. Le thon a bien donné dans le nord-ouest du golfe de Gascogne et la criée bien payé leur marée. Pourquoi ne sont-ils pas rentrés chez eux directement ? Aucune idée. J'ose espérer qu'ils vont rentrer. D'abord ils ont partagé l'argent, comme l'atteste le flot des billets sur la table. Il y en a par terre, jusque sous la semelle de leurs bottes. Ils sont fatigués par la mer et par la fête. Ils dorment et ronflent, on les laisse tranquilles. Les deux plus vieux, la cinquantaine, sont affalés l'un contre l'autre sur la banquette. Le plus jeune, un bras pendant jusqu'au sol, est effondré sur une chaise en face d'eux, la joue dans une crêpe à l'œuf. Les verres sont vides. Plus une goutte dans la bouteille de vin.

Le jeune lève un sourcil, se lève, faisant choir de nouveaux billets, et d'un pas vacillant va voir quelqu'un dans la salle.

— Toi, dit-il en lui plantant son index dans le sternum. Toi !…. Toi, ton père s'appelait Georges. Il s'appelait Georges ?

— …

— et c'est lui qui jouait dans *Tintin et les oranges bleues.*

L'individu reste muet, estomaqué. Le marin le fixe d'une prunelle houleuse, attendant une réponse, son index toujours vissé dans le thorax du fils de Georges.

— T'es pas le fils à Georges ?

— En effet.

— Tu t'appelles pas Lambert Wilson ?

— Si.

Le marin fait demi-tour, revient sur ses pas :

— Quel âge tu as ? dit-il soudain.

— Trente-six ans, répond Lambert Wilson.

Le marin regarde l'acteur, des instants millénaires s'écoulent, le temps d'enregistrer la réponse, d'envisager une réponse à la réponse.

— Eh bien, moi, trente-sept, dit-il avec panache, et tournant le dos à Lambert Wilson, il repart roupiller dans sa crêpe à l'œuf.

Et tel est le marin pêcheur breton, même au bout du rouleau. Un homme de panache et d'amitié spontanée. Celui dont les ancêtres, bien avant les Espagnols de Colomb, avaient découvert le Canaan du Nord-Ouest, jetant filets et paniers dans les courants froids du Labrador, attrapant morues, saumons, homards, harengs, laissant là-bas des noms qui…

Histoire, histoires, mers

… laissant là-bas des noms qui deviendraient Cap-Breton, Saint-laurent, Québec ou Terre-Neuve. Leurs cartes marines ? Quand ce n'étaient pas leurs lignes de main qu'ils scrutaient, c'étaient les vagues et puissants secrets griffonnés sur des peaux, des papiers de fortune, et l'étoile polaire faisait l'appoint.

Petit, je refusais qu'il y ait un monde en dehors du mien, celui où je passais mes journées. J'étais dans la peau du premier chrétien se disant que Dieu commençait en mer là où sa vue déclinait. L'horizon limitait mon champ visuel, n'allait pas plus loin, ne traversait pas l'Atlantique, ne franchissait pas le canal de Panama ou le détroit de Magellan, de Behring, ne s'enroulait pas autour de l'axe vrillé des pôles, ne ceinturait pas l'infini bercé des océans. La mer était grande, mais jamais plus vaste que mes yeux éblouis, ceux-là vastes comme la mer, et les bateaux qu'on y voyait croiser avaient tous l'air de sortir d'un coffre à jouets. Moi-même, je sortais d'un coffre à jouets, la vie n'étant rien de moins qu'un jeu pour l'enfant qui mange et rêve à sa faim. Il n'y avait pas de « là-bas » qui tienne ou de « tu verras ». Les mers de Chine et d'ailleurs, les antipodes fortunés et les îles n'étaient ni mouillés ni capables de se présenter à l'attention d'aucun mortel, c'étaient des fantômes et légendes à la merci d'une étourderie. Et quand ma tante Jeanne me contait les malheurs de l'andouille fumée reçue par mon arrière-grand-père à bord du cuirassé *Bouvet*, dans le détroit du Bosphore, la veille d'une attaque calamiteuse contre les Germano-Turcs, il n'y avait là pas un mot de vrai, rien qui puisse me toucher au vif. La belle affaire, la belle histoire si mon arrière-grand-père et l'andouille accompagnaient sous les flots le vaillant cuirassé tombé à la bataille, heurté par une mine. De toute manière, ils n'existeraient plus aujourd'hui. Ma tante, elle, versait des larmes rêveuses en souriant. Elle avait empaqueté l'andouille de ses blanches mains, elle avait vu le beau cuirassé *Bouvet* partir de Brest à la guerre, dans la brume du petit matin, avec l'escadre majestueuse, elle avait agité son mouchoir sur le quai. Un au revoir, un adieu.

On pourra s'étonner, moi le premier, qu'un cuirassé en guerre astreint à la furtivité, au couvre-feu, ancré en zone de combat, puisse employer sa pavillonnerie codée et les précieux volts de son projecteur sémaphorique au guidage d'une vedette lambda l'informant de la livraison d'une andouille fumée à l'officier de santé. AVEZ-VOUS UN COMMANDANT LOUIS BODET À BORD ? La vedette signalait qu'elle avait cherché le commandant Bodet sur d'autres navires de l'escadre, et que le *Triomphant* avait répondu NON, que le *Redoutable* avait répondu NON, que la *Patrie* avait répondu NON, que le *Gambetta* avait répondu NON, que le…

Une fable d'Ésope, cette andouille fumée à la guerre ?… Une lettre de mon aïeul à mon aïeule, archivée en 1982, datée du 9 et 10 juillet 1915 à bord du *Jean-Bart*, en mer Ionienne, dit ceci : « … Nous sommes en dehors de l'espace et du temps, en dehors de tout, mais il y a de joyeux intermèdes. Régulièrement, Sa Majesté Nikita Ier, vaillant petit roi autoproclamé du Monténégro, supplie Son Excellence l'Amiral de leur apporter “le blé du soldat et le maïs du pauvre”. Nous n'avons que ça à faire, tu penses ! Nous le faisons. On affrète deux cargos, on mobilise les nôtres en opération. Croiseurs, torpilleurs, sous-marins montent la garde aux abords du Monténégro. Nous, cuirassé, nous escortons à la jetée d'Antivari les deux cargos chargés de blé et de maïs. Le port est désert. Ils sont tous morts ou quoi ? On hèle une espèce de guerrier squelettique : "Voilà votre blé, votre maïs, il faut décharger en vitesse. Il y a des sous-marins ennemis, des mines. Impossible, fait ce héros, il pleut. Les Monténégrins ne sortent pas les jours de pluie." C'est nous-mêmes, le lendemain, qui déchargeons les cargos. Paraît un fonctionnaire hors de lui : "Arrêtez ça ! Vous profanez un jour sacré. C'est lundi de Pâques. Nous n'accepterons pas votre blé aujourd'hui !" Je t'en raconterai bien d'autres sur nos pittoresques alliés… En fait, ce brave Nikita Ier, jadis vainqueur des Turcs, ne se faisait livrer du blé gratuit que pour le revendre à ses sujets dans la disette, et se constituer un bas de laine. Une autre fois, par valise diplomatique, il demande la venue en urgence d'un torpilleur pour une mission ultra sensible de son ministre des Affaires étrangères… Il s'agissait de lui rapporter des cigares de contrebande italiens ! » Décidément, les andouilles et les cigares privés ne lésinent pas sur les transports sécurisés, à cette époque ! Nikita en personne, le Monténégro envahi par les Autrichiens en 1916, emprunte un sous-marin français pour se réfugier dans l'Hexagone, et là continue ses enrichissements personnels de boutiquier royal, butinant les informations sensibles, les revendant à l'ennemi.

C'est la page blanche, désormais, mon coffre à jouets, le « vide-papier » qui ne craint ni l'horizon ni la nuit étoilée, rien qui se mesure à l'infini… Entre ses quatre coins s'étend la mer invisible du fatum où les mots respirent à pleins poumons. Tiens, envoyez-leur des andouilles fumées, aux romanciers, vous verrez s'ils n'en font pas toute une histoire, elle sera vraie, elle ira loin.

Au lycée Buffon, où mon nom ne figure dans aucun palmarès, sauf l'éducation physique, j'ai brillé un jour avec un exposé dont le sujet m'avait intrigué : La mer et l'Histoire. Du billard, pour un rêveur de ma trempe. Il se voit déjà sur l'estrade, mains sur les hanches (interdites, les poches), les pommettes en feu, jetant sa science infuse à la tête de ses petits camarades appliqués, besogneux. Le tour est joué, il n'a plus qu'à récolter les applaudissements et les bises effrénées des filles qu'il n'ose regarder qu'en douce…

C'était ma chère maman, l'auteur de ce laïus marin. Je m'étais contenté de l'apprendre par cœur, et, le jour J, de surfer sur le génie maternel avec un brio certain. Élèves et professeur s'y étaient laissé prendre, moi aussi, félicitations.

Je leur avais dit quoi ? Oyez. La mer n'a aucune histoire, la mer ne fait pas d'histoires, elle fait des poissons et des soleils couchants. Elle fait naufrage de loin en loin. Un navire a trop bu ? Repose-toi, mon ami, dors. Elle monte, elle descend, elle est dans la lune. C'est l'homme, depuis Cro-Magnon, qui raconte une histoire à l'homme qui la raconte à la mer. Et c'est lui qui civilise à chaque instant l'univers brutal dont il se porte garant à travers les Écritures, à travers les techniques et les guerres, à travers Dieu dont il est, jusqu'à plus ample informé, le meilleur morceau, celui qui pense et pardonne. Que la mer ait un rôle à jouer dans son calendrier immémorial, comment dirait-il non ? Il en est originaire et sa chair ne survit qu'imprégnée d'eau salée. À la différence des singes, il prend la mer, la reconnaît à ses risques et périls, l'identifie et, symboliquement, la découpe en quatre périodes alignées au cordeau : l'Antiquité, le Moyen Âge (formule insensée), les temps modernes (à la rigueur), l'âge contemporain (oui et non).

Alors là – ma mère lovée sur mon épaule ainsi qu'une fée Clochette –, quel bonheur n'ai-je pas éprouvé en…

Hégémonie

… quel bonheur n'ai-je pas éprouvé en racontant, toutes palpitantes encore d'une ivresse de mort, les batailles navales de l'Histoire antérieure à Jésus-Christ. Naxos où le Perse Darius, fort d'une flotte de six cents navires, vainquit les invincibles hordes scythes, émules des Huns, qui menaçaient d'envahir les Cyclades et le *Mare Nostrum* tout entier ; Ladé où le même Darius, toujours six cents navires à rames, ne fit qu'une bouchée des trois cents trières grecques dont les trois meilleures étaient phocéennes (lourde allusion à Marseille, au foot) : Marathon où l'invincible Darius, ayant eu le malheur de débarquer trop tôt sur la plage, avec sa troupe au complet, fut vaincu par des Athéniens qui se croyaient vaincus : comme quoi – pardon Joseph de Maistre – la bataille n'est pas toujours perdue parce qu'on la croit perdue. Salamine, victoire de la ruse et du courage, où une modeste flotte grecque, feignant la débandade, attira le puissant groupe naval perse à rames au fond d'un chausse-trape à la côte, et le tailla en pièces ; Aigos Potamos, où le général spartiate Lysandre, déjà vainqueur du piteux Alcibiade à Colophon, battit les Athéniens réduits à livrer leur flotte, leur ville, et à supprimer la démocratie ; Zama, où le Romain Scipion dit l'Africain venu par la mer en Tunisie, battit le Carthaginois Annibal et sa garde rapprochée d'éléphants soldats aveuglés par le soleil ; Actium, la plus romantique des tragédies militaires navales, où l'Imperator Octavien écrasa la flotte de son ancien compatriote et allié Marc Antoine, général romain devenu égyptien pour les beaux yeux en amande, et pour le nez péninsulaire de la reine Cléopâtre, une amante enragée d'amour et d'hégémonie sur les puissances régionales.

Je ne manquais pas d'agrémenter ma litanie d'anecdotes savoureuses, en cherchant le regard des filles : Savez-vous comment Cléopâtre, indignée d'avoir perdu la bataille d'Actium, humiliée par son vainqueur, se suicida ? Elle se fit mordre à la saignée du bras gauche par un aspic, le plus venimeux des serpents, l'ancêtre du cyanure. Et savez-vous comment Annibal, qui ne prenait pas les marins ni la mer au sérieux, sema la panique sur les vaisseaux d'Eumène, roi de Pergame ? En y faisant jeter des cruches remplies d'aspics, un franc succès. Le cyanure, décidément ! Enfin ceci que je distillais en témoin oculaire, d'une voix terrible, ayant vu deux fois le film *Ben-Hur* avec ma fée Clochette au cinéma Gaumont-Palace : « Cadence de combat ! Cadence d'attaque ! Cadence d'abordage !... » Oui, disais-je à mes camarades subjugués, c'était ça, la vie sur les galères, c'était « la galère », le sacrifice ultime. Imaginez l'entrepont, les ordres terrifiants rythmés par le tambour et par le fouet, les galériens enchaînés dégoulinants de sueur et de sang, tous ces affamés ramant tant et plus au moment d'éperonner la trière ennemie.

On ne va certes pas suspecter ces différents exploits navals d'être des faux, les complots réitérés d'historiens stipendiés par les Sages de Sion. On ne va pas non plus cantonner la mer dans le maigre schéma d'une Histoire conçue à l'usage exclusif du futur bachelier, lequel n'est rien d'autre qu'un citoyen en devenir.

Ajoutons enfin que « la magie funèbre des combats du passé » en péplum, pour meurtrière qu'elle fût, se prêtait jadis aux accents roucoulants du lycéen cherchant fortune autour de la lycéenne. Aujourd'hui, décrivant sur le mode *Il était une fois…* nos guerres chirurgicales, totales, aveugles, le même lycéen ferait l'objet d'une fouille à corps et d'une enquête sociale. Il passerait pour un esprit sous influence en veine de radicalisation. Il aurait affaire aux juges et aux psys. La guerre se fait : elle ne se raconte plus, même les écrivains s'en méfient. C'est qu'autrefois l'hostilité armée ne s'autorisait pas l'anéantissement pur et simple des ennemis sur la ligne de feu ou non. Le combat ne s'arrêtait pas faute de combattants ; une convention d'état-major décidait, le moment venu, de l'inégalité des forces et d'un raisonnable cessez-le-feu. Le bon vieux temps, la bonne vieille mort, l'honneur, ce cher tonton Clausewitz. On n'en est plus là, dans nos ères paradoxales. Est-ce la haine qui a monté d'un cran ? La puissance mécanique qui a décuplé la haine, qui la grise ? Aujourd'hui tous les moyens sont bons pour éliminer l'autre jusqu'à son dernier cri, sa dernière idée. La bombe, le couteau, la rafale en terrasse, mais pas seulement. On a la fourchette exponentielle, aujourd'hui, le sang veut couler dans les rues. Le combat se gagne par le vide intégral de la présence haïe, les femmes et les enfants d'abord. La guerre ne tue plus les soldats, elle tue l'humain incarné par le soldat comme le non-soldat, n'importe où. Rien à voir avec la mer ? Tous les conflits actuels, tous les terrorismes en cours mettent la mer au centre du jeu. La bataille navale est peut-être un vieux machin, *stricto sensu*, mais pas l'océan.

L'orgueil du penseur judéo-chrétien, un vivant qui se prétend supérieur au vivant, qui croit à la mort naturelle pour tous excepté lui, c'est d'avoir examiné la mer entre les œillères du vainqueur, dans un esprit de vassalisation des éléments et des peuples. Et s'il a vu s'épanouir l'histoire de l'Occident sous cet angle restreint, il a systématiquement négligé l'histoire de la mer et des mers à travers le monde. C'est l'être humain sous le regard d'un horizon sans nombre que le scientifique impartial tente aujourd'hui de remettre sur pied dans une version des choses étendue à tous les arcs océaniques, à tous les âges d'homme. Et vu du grand bleu universel, où qu'il déploie ses distances contiguës, confondues, notre schéma historique de Lagarde et Michard se désagrège aussitôt. Il se réduit, pour commencer. De quatre périodes, on passe à deux : le temps méditerranéen, le temps atlantique.

Qu'est-ce que la Méditerranée, au-delà du *Mare Nostrum*, sinon toutes ces mers du Sud oriental maillées et reliées entre elles jusqu'au Japon *via* la mer Rouge, le golfe Persique, la mer d'Oman, le golfe du Bengale, la mer de Célèbes, d'Arafura, de Sulu, de Timor, de Banda, de Java, de Chine, du Japon, la mer Jaune… Autant de Méditerranée autonomes et solidaires, autant d'histoires de l'Homme enfantées par l'eau imbuvable du vieux *thalassa*. Autant d'écologies régionales à visage humain comme il en perdure également sous les climats rigoureux du septentrion, là où la Baltique et la mer du Nord sont les Méditerranée du froid.

Le temps atlantique, tombeur du temps méditerranéen, ne tiendra pas mille ans, pas cinq cents, débouté par les « diables étrangers », nos semblables d'Asie, nos frères à la peau jaune. Japonais, Chinois, Mongols, Mandchous, Siamois, Indochinois, Tibétains, etc. Tous dans le même sac. Tous des faux-jetons nasillards aux yeux bridés. Sournois est l'Asiatique, fourbe l'Arabe, perfide l'Anglais, menteur l'Italien, lourdaud l'Allemand, léger le Français, etc. Clichés à deux balles dont se gavent les comiques troupiers.

Il avait commencé en fanfare, le temps atlantique, doublement amorcé par le marin portugais Bartolomeu Dias – inventeur du cap de Bonne-Espérance en 1488 – et par le marin génois Christophe Colomb –, réinventeur de l'Amérique en 1492. Il tourne court avec Internet à la fin du siècle dernier. La globalisation a dégoupillé son big-bang, et l'avenir s'est rué sur l'avenir, le progrès sur le progrès. Désinhibé, connecté jour et nuit, le temps mesuré par la mer, annoncé par la mer, devient celui d'un océan mondial, omniprésent. Il nous portait vers l'ouest ? Il met cap à l'est. Ce n'est pas que le penseur judéo-chrétien a perdu ses œillères, c'est qu'elles sont parties en fumée, dispersées par l'inattendu.

Concrètement, avant comme après Jésus-Christ, le *Mare Nostrum* n'a cessé d'engendrer les éternités provisoires des civilisations d'où notre culture est issue : Ninive, Élam, Assur, les Pharaons, la Grèce, Rome, Byzance, Venise, Gênes… Et l'Atlantique a fait sienne la route de la soie, des épices, des parfums, des bijoux, substituant la vélocité du bateau à l'amble du chameau. À l'ouest, il nous a fait largesse des deux Amériques et du plus vivant, du plus grand des grands bleus, l'océan Pacifique, et quatre siècles durant, avant la lettre, l'Alliance atlantique a régné sur le monde, les mondes, dominant des peuples qui n'avaient pas intérêt à vouloir « émerger ». C'est de sa relation maîtrisée avec la mer que l'Occident a fait dépendre sa supériorité militaire, commerciale, technologique, spirituelle. Si le Portugal, péninsule adossée à la péninsule Ibérique, n'avait pas eu l'océan pour vis-à-vis et l'Espagne à ses trousses, aurait-il jamais pris la peine d'aller découvrir le Japon ? Si l'Angleterre n'avait pas été une île, le plus avancé des reliefs européens, aurait-elle mis la main sur l'ensemble du Nouveau Monde, à la barbe des Espagnols qui s'en croyaient les maîtres naturels ? Si la France – « mère des arts, des armes et des lois » – n'avait eu un pied dans la Méditerranée, l'autre dans l'Atlantique, aurait-elle abandonné à l'Union Jack la cocagne de tous ces rivages ultramarins qui l'avaient choisie pour mentor ? Que serait devenue la Grande Guerre si les Allemands, forts de leur bon droit impérial, n'avaient pas dû laisser autant d'hommes aux labours, manquant de navires long-courriers pour lui donner à manger dans les tranchées, la vêtir, la chausser. S'il est vrai qu'avec des « si » Paris finit ses jours dans…

Harpon divin

… Paris finit ses jours dans une bouteille et Londres dans un tiroir fermé à clé, il n'en est pas moins vrai que la mer, bien plus que le plancher des vaches, la glèbe, a donné leur puissance et leur prestige aux peuples riverains.

La Chine ? Parlons-en. Quand on est la Chine, on est un peu chinois sur les bords, on ne fait rien comme les Occidentaux. On est une civilisation plusieurs fois millénaire, on a des us et coutumes inaliénables, on est l'empire du Milieu concentré sur le milieu du milieu, la Cité interdite avec le Fils du Ciel au milieu, l'Empereur. Pas touche à l'Empereur qui s'ennuie mortellement dans son être divin sous la protection des eunuques sacrés. Aller en mer, c'est prendre ses distances avec le Milieu, avec l'Empereur, on n'y va pas. On lui tourne le dos, on la perd de vue. Elle n'ouvre pas sur le monde, elle enclôt la Cité. C'est un mur d'enceinte qui prolonge à l'est la Grande Muraille édifiée au nord contre l'envahisseur mongol ou mandchou. Franchir l'horizon ? Interdit. Puni de mort. Un règlement reconduit d'une dynastie l'autre. Il autorise aux pêcheurs côtiers les filets et les rames. On donne la chasse aux pirates, ceux-là meilleurs marins que les chasseurs (la veuve Ching, femme pirate sanguinaire, nourrissait quatre mille pirates à bord de six cents jonques, et, plus chanceuse que Cléopâtre, fut graciée lorsque l'« humble renarde se réfugia sous l'aile du dragon »). Quant à la pérégrination ultramarine du roi Zheng He jusqu'en Afrique orientale, une croisière de la débauche, elle passa pour un caprice aquatique du « harpon divin ».

Ce déficit océanique à travers les âges, quasiment ritualisé par le peuple le plus sobre de la planète, le plus industrieux, le plus joueur et le plus nombreux, est pour nous une « absurdité » – notion nulle et non avenue dans l'idiosyncrasie chinoise. Boussole, gouvernail, imprimerie, mathématiques, astronomie, poudre, papier-monnaie, ce sont les Chinois les inventeurs de ces merveilles qui remontent à leur nuit des temps, chacun la sienne. Eussent-ils été navigateurs, ce n'est évidemment pas nous qui aurions découvert l'Amérique, mais eux qui nous auraient découverts et peut-être bien réduits comme nous l'avons fait des Indiens et des Noirs. Merci à toi, Lao Tseu, de n'être pas allé chercher trop tôt « la voie » du côté des mers.

Il a changé d'avis, Lao Tseu. Il s'est découvert le pied marin. La voie maritime est aujourd'hui la priorité des Chinois. L'empire du Ciel, planète séparée jusqu'à ces derniers jours, aussi éloignée de nous qu'un fantasme lunaire, a quitté son orbite. Du milieu qu'il occupait dans l'inconnu, il déborde sur les environs à la manière d'un volcan indolore – pour l'instant. Voici la Chine. On ne la connaissait pas. On la fantasmait. On mange les pieds des femmes, en Chine, on bande les nouveau-nés. Voici la Chine pour de vrai, nouveau monde en chair et en os, le plus ancien des mondes vivants que nous prenions pour une fantaisie dessinée par Hergé dans son *Lotus bleu.* Six cents millions de petits Chinois !... Mille millions !... Mazette !... Une engeance multitudinaire, les Chinois : Chinois comme on est Martien. À se demander si le nom d'hommes leur convient. Un peuple extravagant ni chrétien, ni juif, ni grec, ni romain, ni musulman, et pas un point commun avec nous, sinon l'art de procréer. Une autre sphère de réflexion, une autre chronologie ; des gens supérieurs à nous, mais impuissants à en tirer avantage : donc inférieurs à nous. Comment peut-on inventer la boussole et ne pas aller en mer ? Déchiffrer les cosmogonies et ne pas conquérir ses voisins, saccager, spolier comme auraient fait les voisins à leur place ? Inventer la poudre et laisser à d'autres l'invention du canon ? Gaspiller la poudre en pétarades ? Limiter l'usage de la poudre aux vains ornements de la nuit ? Comment peut-on inventer l'imprimerie sans concevoir parallèlement le brevet qui la préserverait des imitateurs et garnirait *ad vitam aeternam* les caisses de l'État ? Impensables, de tels manquements au progrès, pour les héritiers de la dialectique athénienne, formés à l'idée que l'homme est un loup pour l'homme dans un monde où chaque instant souffre du passé et de l'avenir. Ils sont réputés cruels, ils ont les supplices les plus raffinés du monde, mais ils respectent les croyances et les libertés des autres nations. Ils n'ont qu'à fumer l'opium dans leurs calumets d'amnésie sur des nattes en faille de soie.

Le géant chinois s'est éveillé. Un éveil océanique à grande échelle. Un métacentre extirpé de la Cité interdite, livré aux appétits de l'Internet. Tout un barnum de chantiers navals éclos du jour au lendemain. Une flotte marchande entièrement construite à la maison. Du travail en veux-tu en voilà pour une main-d'œuvre taillable et corvéable à merci. La nouvelle route de la soie emprunte les voies maritimes. Les flux commerciaux, d'ores et déjà, sont le double de ce qu'ils sont à travers l'Atlantique. Les autres pays du secteur, tous d'origine asiatique, s'ébrouent à leur tour. Ils forment l'APEC, l'Asian Pacific Economic Cooperation, un dominium ne représentant pas moins de la moitié du bizness mondial, une croissance trois fois supérieure à celle des pays européens. Des chiffres ? Vous y tenez tant que ça ? On n'en est pas saturé, des chiffres, tellement chiffré soi-même ? Ils seront démodés quand vous aurez ce dictionnaire sous les yeux, désolé. De toute manière, un chiffre, à part les zéros écarquillés et rouleurs qui font rouler et s'écarquiller la prunelle des apothicaires en herbe, ne dévoile rien aux « petits porteurs » dont je suis. Eh bien, disons-le tout net, ou tout brut, clamons-le TTC, soufflons-le franco de port, ce sont 11 000 milliards de tonnes de fret, en 2018, que la mer asiatique soulève à dos de houle et s'en va décharger aux mille et un points cardinaux. Et par « mer asiatique », entendez non seulement l'océan Pacifique, mais aussi l'océan Indien, et par effet cybernétique les mers du monde entier, jusqu'aux grands fleuves bucoliques enfantés par l'eau douce et par le sel. Une question de vie ou de mort, l'océan, pour les voisins du Fils du Ciel, pas toujours ses alliés. Pour l'Inde, pour l'Indonésie, pour le Japon, la Corée du Sud, les Philippines, etc. Et puisque les chiffres ont l'air de vous passionner, donnons la parole aux zéros. Ils grouillent, en Extrême-Orient, ils sont portés vers la mer : cent soixante-dix milliards en billets verts, c'est la bagatelle investie par l'Asie dans ses armées navales, autant que l'Oncle Sam, trois fois plus que l'ensemble des pays européens.

Quelques zéros non financiers : un milliard, un seul petit milliard en chair et en os. C'est nous la race humaine sous Napoléon Ier, nous autres les Terriens. On croît et se multiplie, on passe en 2011 à sept milliards, à huit en 2025, à neuf en 2030 – banco : à dix en 2050, dont quatre sont asiatiques. On n'a pas chômé ! Deux milliards d'humains supplémentaires en même pas trente-cinq ans. Pour le moment, l'amour fait mieux que la guerre, on croise les doigts. Et ces myriades humaines, à soixante-quinze pour cent, vont s'établir le long du trait côtier, les experts sont formels (la race de l'expert non formel n'a toujours pas été inventée). Waouh ! Quel vertige, mes aïeux ! Et c'est toi, bonne mer, qui vas devoir allaiter ces enfants du futur si les petits cochons ne les… Ouais, enfin les petits cochons, traditionnellement, c'est plutôt nous qui les destinons au pâté du mataf et autres mortadelles pur gras…

Le réveil intempestif de la Chine, après des siècles d'opium à huis clos – Albion la coquine veillant sur le coma des dieux –, rend quelque peu nerveux les ex-suzerains du monde. On fait quoi ? On prend part au petit déjeuner, pour commencer, on partage les miettes. On vend quelques avions, quelques sous-marins, on transfère des technologies, on fait rentrer un maximum de zéros, on cherche le fusil à tirer dans les coins.

C'était bien, l'époque où l'on déniaisait les sociétés primitives, où l'on rabrouait leurs divinités peinturlurées, le temps des Indiens et des Maoris.

Au-delà des chiffres, le réveil de l'Asie ne fait rien de moins qu'illustrer le réveil de l'océan. C'est lui, la chance universelle, comme il ne l'a jamais été. C'est lui, le bien commun des nations, le radeau pour tous, l'horizon sous-marin. Elle s'étendait face à nous, la mer, jusqu'à l'an 2000. On allait au gré des ondes, on pêchait, pillait, migrait, et des astres tournoyants guidaient nos bateaux. La mer était un arbre à pain, mais la mort patientait au fond, hébergeant les plus fiers des navires. Aujourd'hui les fonds marins laissent entrevoir les nouveaux rivages du futur et le jardin d'Éden renaît. On ne voit plus de quels remèdes à l'inconvénient d'être né la mer n'est pas riche aujourd'hui. Fibres optiques, forages, faune, flore, nanobiologie, terres rares, hydroliennes, sources hydrothermales, énergies thermiques, algues vivrières, eaux minérales, cette profusion ne demande qu'à se laisser cueillir.

Par qui ? Les puissants ont le droit pour eux : le droit du plus fort et le droit de la mer, une convention signée en 82 à Montego Bay, en Jamaïque. Elle fait bien les choses. Elle codifie les usages maritimes, circonscrit les souverainetés historiques des États sur les fonds marins convoités. Ce qui est à toi n'est plus à moi, réversible formule. Il y a une justice de l'eau garantie par des compétences judiciaires. Et la convention non seulement répartit les espaces maritimes de chacun, mais notifie les droits et devoirs des États en matière de navigation, d'exploitation des réserves et de protection du milieu marin. C'est aussi beau, précis qu'un acte notarié transmettant la mer à ses héritiers.

En 96, la Convention de Montego Bay est dûment ratifiée par les États signataires, elle entre en vigueur. Tiens, l'Amérique n'a pas signé. L'Amérique n'est pas puissante, elle est super puissante. Qu'irait-elle signer un chiffon de papier qu'elle réduirait en boulette chaque fois qu'il se mêlerait de lui donner tort. La guerre des fonds marins est déclarée.

Et pour cause. Le droit dit expressément que tout pays bordier, outre ses eaux territoriales s'étendant à douze milles marins, possède en propre une périphérie d'au moins deux cents milles marins où il est chez lui en surface, en profondeur et au fond. Ce droit du pourtour nommé zone exclusive économique fait grincer les mandibules d'Oncle Sam. Il est même prévu une extension domiciliaire jusqu'à trois cent cinquante milles marins si le plateau continental du relief émergé le justifie. Vous possédiez un palmier sur un caillou pointant au beau milieu d'un nulle part océanique, et vous voilà désormais roi du pétrole, de l'or, des sulfures hydrothermaux, du nickel, des encroûtements cobaltifères collés aux fosses nasales des volcans sous-marins, roi des terres appelées rares, des algues anticancéreuses et des poissons nageant en contrebas du palmier. Tous ces méchants îlots sous différents pavillons sont devenus des îles au trésor, des bijoux de famille sous haute protection. La plus grande bijouterie sous-marine bat pavillon américain, mais en seconde position le bijoutier français est à peine moins riche, et pourrait bien s'enrichir d'un million et demi de kilomètres carrés – une fois approuvés certains dossiers de voisinage douteux. Le bornage, toujours lui. À qui appartient le plateau continental au sud-est de la Nouvelle-Calédonie ? À elle ou au Vanuatu ? Celui du golfe de Gascogne ? France, Espagne, Irlande, Royaume-Uni, à qui ? Il y a de l'irrédentisme au fond des mers. La Chine l'a mauvaise. Elle excelle en surface, elle peine en profondeur. Elle n'arrive qu'en dixième position derrière l'Amérique, la France, l'Australie, la Russie, la Nouvelle-Zélande, l'Indonésie, le Canada, le Royaume-Uni, le Japon. Elle n'arrête pas de chicaner les prétendues appartenances des îles au Japon, aux Philippines, à la Corée. Elle a signé la convention, mais elle détient la première réserve mondiale de devises-or, et la Convention, dans l'avenir…

I

C'est alors que le fanal, décrivant un brutal quart de cercle au bout de sa chaîne, alla s'écraser au plafond de la cabine, tandis que le capitaine plongeait la tête la première par-dessus la table. Dans l'obscurité pleine de craquements qui l'entourait, Robinson tâtonnait vers la poignée de la porte. Il ne trouva rien, et un courant d'air violent lui apprit qu'il n'y avait plus de porte et qu'il était déjà dans la coursive. Tout son corps souffrait d'angoisse de sentir sous ses pieds la terrifiante immobilité qui avait succédé aux mouvements profonds du navire. Sur le pont vaguement éclairé par la lumière tragique de la pleine lune, il distingua un groupe de matelots qui affalaient une embarcation sur ses bossoirs. Il se dirigeait vers eux quand le plancher se déroba sous lui. Aussitôt après, une muraille d'eau noire croulait sur le pont et le balayait de bout en bout, emportant tout avec elle, corps et biens.

Michel Tournier

Îles

… et la convention, dans l'avenir, pourrait bien arrondir en sa faveur les angles de certains îlots historiquement non cadastrés. Des bouts de chandelle, ces îles, quelquefois, sur les cartes marines. On n'hésite pas à s'entretuer pour les garder, par flottes navales entières. Rappelez-vous les Malouines et le carton des Exocet français sur le *Sheffield*. Et voyez le binz diplomatique avec nos voisins du dessus chaque fois qu'un équipage de fêtards bretons vient planter son *gwenn ha du* sur les rudes cailloux anglo-normands des Minquiers.

Île, Isola, terre isolée, pas besoin d'un lexicographe. Le mot dit ce qu'il est : une île, un îlot, un relief dans l'étendue, là-bas, une oasis au centre de l'eau. Il dit plein de choses. Il y a la mer, autour de lui, la galaxie, le vent, les ténèbres, la lune, la routine effrénée des symboles. Le « chapeau chinois » sur l'« i » met Robinson à l'abri du soleil, de la pluie, mais pas des questions irritatives sont se nourrit l'écrivain. Il a peur de quoi, Robinson ?

Et Hamlet ? Et vous ? Et moi ?… De la destinée ? Trois petits tours et puis s'en va, c'est tout ? *That's all ?*

J'ai écrit cela, l'autre jour, chez les dieux, dans un autocar de Skópelos, une île des Sporades. Les pins embaumaient la résine, la mer scintillait par milliers d'éclats entre les aiguilles tendues à craquer. Bien malin qui reconnaissait la mer dans cet éblouissement. J'étais vêtu d'un maillot de bain et d'un marcel, une serviette-éponge autour du cou, et ça chantait là-dedans ! J'avais déplié sur mes genoux le plan de Skópelos, je grattais là où c'était clair, dégagé, sur les grandes plages de sable incurvées à l'ouest de l'île, un trait continu finissant au village de Loutraki signalé par du grisé. En descendant du car à Paléoklima, j'ai failli oublier de rendre son stylo-bille au chauffeur. Puis j'ai mené ma vie.

Ce plan de Skópelos gondolé, griffonné, a passé quelques années aux oubliettes, jusqu'au jour où j'ai remis la main dessus dans un fatras. Ai-je bien fait ? A-t-il sa place à la mer, dans ce Dictionnaire amoureux ? L'important, comme dit l'autre, n'est pas de s'imaginer inspiré, quand on écrit, mais d'inspirer. L'autre dit aussi que l'écrivain n'a pas de plus fidèle ami que sa corbeille à papier. Quel boulet, l'autre ! Comme si vous, lecteurs, n'étiez pas assez grands pour vous faire une idée. Entre nous, ces notes skopéliennes, tracées à la hâte en longeant la mer Égée, la sueur au nez, ne demandent qu'à retourner moisir aux oubliettes, à vous de voir.

« Hier » est une minorité dans la nuit des temps, pas même une île, et « demain », c'est pire. « Hier » et « demain » sont deux comparses aléatoires inventés par les sages, uniquement par eux, les fous n'en ont rien à battre, et pas davantage ceux qui pensent autrement, par signes. « Hier » et « demain » n'existent pas, dans les îles. Allez voir, et si vous en revenez on prendra un moment pour causer. Un moment qui n'existe pas. Agripponsnous aux îles, oké ?

Hier, j'étais né depuis quatre ou cinq ans, je jouais aux « îles » dans la baignoire de ma tante préférée – la tante Sabote. Elle n'existe pas, vraiment pas, zéro épitaphe, et l'oncle Sabot non plus. Deux ectoplasmes engendrés par la rumeur, comme dans toutes les familles. Ils ont une baignoire de granit à leur nom sur la grève, pas loin de chez nous, vers le goulet du Crapaud. Et si « baignoire » vous semble exagéré, parlons d'une cavité naturellement symétrique, un parallélogramme empli par la marée, disponible au jusant, lisse et chaud dehors, lisse et glacial dedans.

Deux individus normaux peuvent l'occuper face à face, pieds contre pieds, guili contre guili. Sabote, Sabot. Ma sœur, moi. Des poissons bariolés nous épient, on dirait des arcs-en-ciel miniature. Non, des papillons suspendus, non, des roudoudous mal élevés, non, des… Oh, ça va ! Je crains les méduses au point mort sous les algues placides, je donne un sérieux coup au ménage avant d'inviter ma sœur à partager mon bain. Je laisse émerger mon genou gauche, mon préféré (les goûts, les couleurs), pas une ondulation. Le voici mentalement coiffé d'un palmier, changé en île du bout du monde. Second palmier, j'ai sommeil. Je m'étends sur le hamac entre les deux palmiers, je rêve. Je suis Robinson, ma sœur Vendredi, samedi, dimanche, nous voguons… Que c'est bon d'être loin, sœurette, d'être là.

Le soleil ment sur la température de cet aquarium attirant comme un miroir à prodiges. Au premier claquement de dents, le dernier, nous sortons en frissonnant. Où sommes-nous ? Il pleut, il grêle, c'est la fin du monde, des centaines d'yeux ou des milliers crépitent un peu partout sur la mer déchaînée, il faut rentrer, faire du stop, franchir la masse énorme de l'océan plus noir que la cendre, on s'engueule, on se tire les cheveux en pleurant, je vois la bouche ouverte de ma sœur, on s'est fait avoir par cette cochonnerie de Sabote, c'est ta faute, c'est ma faute, et le temps passe, on n'aurait jamais dû venir ici, je vais le dire à maman !

Ma mère fut ma première île, mon premier océan.

Ma deuxième île ? Qu'est-ce que j'en sais. Une île en cache une autre, une autre encore, elles n'arrêtent pas d'émerger. Je finis par en adopter une, pour me fixer. Je la découvris en godillant dans les vire-court de Porscav, le pays des gabariers. Je la baptisai « l'île au trésor ». C'est joli, non ? Qu'elle sentait bon, ma barque vernie sur le sable vasard de l'île au trésor. Elle sentait la résine et la vase. Des herbes follettes rampaient ici et là, mi-goémon, mi-chiendent, mi-varech, mi-pissenlit, mi-beaucoup d'éléments végétaux, offrant gymnospermes et carpelles au souffle génital du vent marin. J'y allais à l'insu des humains, de mèche avec mes héros intimes, tous un peu loups de mer. Beaucoup d'ennui, d'espoirs vains sur ce caillou gullivérien où je vivais en rêveur solitaire, à la fois grand et petit, puissant, désemparé, zyeuté par les filles dont j'étais amoureux en bloc, le grand amour des filles à tous les âges de la vie. Des rafiots squelettiques m'environnaient, au rebut depuis un âge antérieur à moi. Des épaves, si l'on veut, des ruines. Ils avaient l'air de voguer, même échoués, crevés, mutilés par les rôdeurs en quête d'un bon feu. Ils sauvaient l'apparence, pour certains d'entre eux, se laissant flotter à marée montante, on distinguait leur nom sous la voûte arrière – *Roslohane*, *Cours-Après*, *Mad-Atao*, *Talisman*, *Espérance*… D'autres gisaient envasés, fondus au décor, exhibant des morceaux d'étrave ou des moignons de mâture aux câbles ballants. Je grimpais dessus, ils étaient costauds, ils faisaient route. Le silence planait sur nous, un silence où respirait l'univers. J'avais l'impression d'attendre une fée, toujours la même, elle arrivait sur ses petits petons étincelants et nos voix bouleversées disaient : chut, et nos rêveries s'enlaçaient, surtout les miennes… C'est là-bas que le trésor d'être né ruissela sur moi qui venais d'arriver au bord du monde, au bord de la mer, terrifié, subjugué. Cette richesse est toujours mienne à l'heure qu'il est.

Il y eut les Desléos, un pêle-mêle de granit au large de l'Aber, signalé par une perche noire tordue. Étaient-ce des îles ? Combien de boulets pour faire un tas de charbon ? De cailloux pour faire une île ? Pas de palmier, pas un brin d'herbe, aux Desléos, aucune bruyère ou lichen incrustant ces blocs frais émoulus des origines, assaillis d'oiseaux. J'y allais à la rame (la rame, ça va cinq minutes, loisir de forçat !...). Je grimpais à la cime du chaos, conspué par les mouettes. Je me demandais jusqu'où la mer allait, quand la lune faisait la roue. Elles n'étaient pas rassurantes, ces îles. On avait l'impression qu'elles voulaient s'écrouler, sombrer. Le port de l'Aber s'ouvrait un mille au sud. À l'ouest, les îles du Ponant s'égaillaient à perte de vue, comme un rêve sans fin entre les paupières du dieu Horizon.

C'était mon occupation numéro 1, aux Desléos : ce tête-à-tête avec l'immensité. Tous les sens sont de la partie, bien sûr, mais c'est l'œil le chef. Aux îles, on regarde la mer tout le...

Belle-Isle-en-Mer

... on regarde la mer tout le temps, qu'on la regarde ou pas, d'ailleurs, on a toute la vie pour absorber cette contemplation chargée de sens, on ignore lequel. Mais pourquoi faut-il que les choses aient toujours un sens homologué par la pensée, la raison ? D'où vient cette manie d'intellectualiser n'importe quel regard échangé avec la Création ?

En juillet 56, débarquant pour la première fois à Belle-Isle-en-Mer, je vis des fauteuils de toile rouge alignés au soleil devant un café nommé Frégate. Puis le temps se couvrit pour les siècles des siècles. Maman m'avait dit : tu verras, mon biquet, la chaleur. Elle m'avait dit : tu m'en diras des nouvelles. Elle m'avait dit : on passe des heures à l'eau, on vit pieds nus, on mange du poisson grillé sous les parasols à franges, on dîne à la belle étoile, jamais de pull… On peut même cueillir des mimosas. Elle m'avait dit : prudence avec le soleil, là-bas, prudence avec les méduses. Elle m'avait dit : on en a de la chance, nous autres, d'aller au sud. Pendant ce temps-là, j'en connais qui resteront se geler à l'Aber !

J'avais sept ans, mais j'avais déjà du Sud une idée précise.

C'est ainsi qu'un beau matin d'été, désertant notre paradis labérois sous une pluie venteuse, nous partîmes au sud – au sud de la rade de Brest, au sud du Finistère Sud, au sud du Morbihan, non mais quel Sud en perspective, mes aïeux ! Quelle fournaise ! Il y avait ma mère, ma sœur Anne, mon frère Tanguy – un an trois quarts à peine –, il y avait moi. La fine équipe, oui, fine et penaude, dans ses petits souliers *snowboots* à boutons pression, mis à part Tanguy. On s'éclipsa par le premier car, au revoir tout le monde, sans insister. Ils étaient mal vus, les sudistes, à l'Aber, ils s'opposaient aux Finistériens unis sous la férule de ma grand-mère et de ma tante Jeanne, sa sœur. Ils avaient l'air de snober la famille en snobant l'Ouest, et d'insulter notre chère pluie. Ils pensent aller jusqu'où, dans la félonie ? Ils s'imaginent revenir en vainqueurs ? Tout bruissants d'anecdotes ? Ça commence par le Morbihan, mais on les connaît, les enragés du Sud, c'est la Méditerranée qui les rend fous, la mer à température de tisane, le soleil, l'azur, la Côte d'Azur – brouille à volonté.

Maman n'était pas une sudiste, loin de là, moi non plus. Maman n'aurait pas dit non si la météo s'était montrée moins nébuleuse, en Iroise, la mer moins froide et le vent moins venteux, mais c'étaient d'abord les mauvais esprits familiaux qu'elle fuyait en nous emmenant au sud, la météo des ambiances à couper au couteau, parfois.

Le Sud, moi ? Ni pour ni contre. La pluie, le froid, la rafale, la baignade interdite avant la digestion, comme l'hostie – hydrocution corps et âme, mon petit chéri –, je déteste ça comme les autres, à la longue. Mais à six ans je suis un Finistérien de droit divin, naturel, un Labérois, et pas un château d'azur ne peut leurrer mes gènes atlantiques. C'est l'Ouest, chez moi.

… Les fauteuils rouges de la Frégate, donc, en arrivant à Belle-Isle-en-Mer, avec la citadelle Vauban en contre-haut. Les fauteuils, mais aussi l'eau d'un vert singulier, le vert bellilois. Mais aussi l'air bleu caressant, très fluide au toucher, très végétal. Mais aussi le bateau blanc dont nous nous apprêtons à sortir, blanc comme ne le sont jamais les grands bateaux qui desservent les îles du Ponant – ceux-là noirs, assortis au deuil de l'horizon. Mais aussi trois inoubliables porcelets qui tournoient dans l'espace, déchargés du *Guédel* au treuil, dans un filet. Ils hurlent de rage, nos frères porcelets, ils font des histoires, ils portent plainte. Et comme ils ne veulent pas sortir du filet, parvenus sur le plancher des porcs (et des vaches qui pissent), on leur allume au derrière les nouvelles du jour – *Ouest-France* ou *Télégramme*. Vous imaginez ? LA REINE ELIZABETH DÉSESPÈRE SON COIFFEUR… UN PILOTE POLONAIS ATTERRIT AU DANEMARK AVEC SON MIG SOVIÉTIQUE… « J'OUVRE À TOUS LES COMBATTANTS LA PORTE

DE LA RÉCONCILIATION »… Ainsi va le monde. Ainsi vont-ils réconciliés, nos trois petits cochons titillés au bon endroit, portant leurs bonds désordonnés en direction du pâté Hénaff – Dieu reconnaîtra les siens.

Maman a raison, il fait chaud. Tiens, il fait moins chaud. C'est pas des gouttes, ça ? Des gouttes de pluie ? Ne dis pas de bêtises, on est dans le Sud.

Nous passâmes quatre jours à Belle-Isle-en-Mer, et comment dire : il plut les quatre jours sans désemparer. Nous serions restés cinq jours, il aurait plu les cinq jours, et huit jours : huit – il en aurait plu mille, un déluge entier. Il pleuvait du crime et du châtiment labérois, pardi !

J'étais malheureux pour maman. J'étais sûr que le soleil aurait raison du gris. Nous faisions comme s'il brillait, comme si l'azur était au rendez-vous, comme si la pluie du Sud était bleue, comme si la mer était chaude. Nous louions des pédalos rouillés, nous nous étendions sur le sable trempé, nous faisions des feux qui ne s'allumaient pas, le nez passé à la crème solaire, exigeant que les UV bellilois soient aussi waterproof que la montre Kelton de maman. Au motif de se cultiver, pas de se chercher un parapluie, nous passâmes un, puis deux après-midi studieux au musée de la mairie. Musée + mairie, en vacances, les jours de pluie, il y a de quoi vous perturber un enfant bien dans sa peau. Je hais musées et mairies, depuis, et je vois mal ce qui pourrait me rabibocher avec eux. N'est-ce pas le zoo de la mémoire, un musée : une cage pour souvenirs empaillés ? L'ennui est de mauvaise foi, je sais, désolé. C'est la pluie, à Belle-Isle, qui m'a gâché le plaisir de voir la photo du Général Président, en couleur, veiller sur d'authentiques boulets de canon ébréchés en noir et noir, sur des godillots, des sabres d'abordage et autres accessoires navals d'autrefois, sur des écriteaux sous verre, certains reproduisant de vieilles lettres aux calligraphies pleines et déliées à la plume d'oie, d'autres invitant le public à ne toucher les objets exposés qu'avec les yeux, et à ne fumer qu'à l'extérieur du musée.

Visite à la citadelle Vauban sur les talons d'une cerbère aux charentaises crevées. Un trousseau de clés lui sonnaille à la hanche. « C'était une prison, ici, à l'heure allemande. On fusillait les espions dans la cour. Le nationaliste algérien Messali Hadj a passé quelques nuits à la citadelle à la fin des années 50. » Elle a l'air de bien la connaître, sa prison sans prisonniers. Est-ce qu'elle était déjà cerbère, à l'heure allemande ? Est-ce qu'elle a connu Messali Hadj ? Elle nous emmène au dernier étage voir les cellules. Un quartier lugubre, le vent siffle, il n'y a pas de carreaux aux fenêtres. On n'est pas si seuls que ça, là-haut. D'invisibles condamnés à mort ont dessiné leur effroi sur les murs. On croirait voir leurs mains, leurs ombres, on entend battre leur sang dans l'air glacé. Ma mémoire a gravé ces mots notés au crayon le 18 avril 1943. *Ma douce chérie, ils vont me fusiller à l'aube et je fermerai les yeux sans t'avoir revue. Lucien.* Sous les mots le croquis d'un avion monomoteur en piqué au-dessus des flots.

Nous essayâmes de voir la mer. C'est par là, dit maman. Nous la vîmes à Bangor depuis le fort Sarah-Bernhardt, nous la vîmes du haut du grand phare de Goulphar, et par les meurtrières de l'escalier en colimaçon, nous la vîmes depuis cette avancée trilobée de la côte sauvage, au sud-ouest, qui se continue au large avec les aiguilles ou les quenouilles de Port-Coton, nous la vîmes à la grotte de l'Apothicairerie, de tout près, cette fois, et nous entendîmes les « floc » et les « clap » d'un gosier minéral aux évents entrelacés. Chaque fois maman fit les présentations : mes enfants – l'océan Atlantique. Mais avec la pluie, l'horizon bouché, le vent qui refusait d'animer la surface de l'eau, la lumière qui refusait de se départir du gris, un gris-vert comme celui des wagons du Paris-Brest, j'eus la sensation d'une île au centre d'un vieil étang s'efforçant de mimer l'océan. Ne manquaient plus que les saules pleureurs et les piafs – eux-mêmes couleur de vieux train – pour me ramener au sinistre parc Montsouris devant la pièce d'eau qui m'entendait soupirer : la mer, la mer, ah ! la mer, quand la mer me manquait, l'hiver, à Paris, quand l'Aber me semblait un rêve échafaudé par le moi d'un enfant qui m'avait lâché la main.

C'était bien la mer, pourtant, ce gris sans limites, et, comme dit Nicolas Peyrac, la pollution n'existait pas ou plutôt ne menaçait en rien la santé du futur. On s'inquiétait pour la bombe atomique, à la fin des années 50. On disait : quand les Chinois l'auront, quand les Américains et les Russes ne pourront pas s'empêcher de voir comment ça fait d'appuyer sur le bouton, de rayer le continent du voisin, quand Hiroshima reviendra multipliée par dix, par cent, quand il faudra se serrer dans les abris – Où sont les abris ? Construisez des abris pour nos enfants ! –, mais la pollution : rigolade, propagande ! Salir n'est pas exterminer. Salir la mer ? Pas de quoi fouetter un poisson rouge. Tout-à-l'égout, matières plastiques, effluents, chimies, déjections nucléaires, elle peut tout absorber et déglutir, la mer, et changer en baleine à bosse ou raie manta, en praire, comme la vache à lait transforme en œuf de Pâques ou pièce montée l'herbe du pré qu'elle mâchouille à longueur de temps. Non, la mer ne risque rien. Elle monte, elle descend bien à l'heure, que demande le peuple ?

Nous vîmes aussi les enfants bagnards, des Bellilois d'adoption. L'adoption consistait en un milieu protégé sur les hauteurs de Sauzon, loin des regards indiscrets. Ils étaient en prison, à Belle-Isle, nous au pays des merveilles. Eux les bagnards, nous les veinards. Eux les pas gentils, nous les pas méchants. Eux les condamnés, nous les estivant indignés de rencontrer cette mauvaise graine en liberté. Est-ce qu'ils sont dangereux, maman ? Est-ce qu'ils ont tué des gens ? Pourquoi on ne les a pas encore guillotinés ?

Le soir, au premier étage de l'hostellerie Duchesse-Anne, sur le port du Palais, maman comptait les sous qui lui restaient. On a combien, maman ? Ça ne te regarde pas, mon chéri. Et de toute manière, ton papa m'a donné deux chèques signés. Nous descendions dîner à côté du bar, toujours des soupes au tapioca. J'avais l'impression qu'il avait plu dans mon assiette : plu du cresson, des carottes, des artichauts, plu du tapioca, je n'avais aucun plaisir à manger cette pluie aux légumes moulinés. Et quant aux poires au sirop du dessert, ils pouvaient se les garder, comme la vache qui rit – la vache qui pisse et qui rit.

C'est en retournant sur le continent que je pus enfin voir la mer et Belle-Isle-en-Mer, Belle-Isle-en-Pleine-Mer contemplée depuis l'arrière d'un petit navire à passagers, le *Rêve d'été.* Il n'avait jamais vu ça lui non plus, la tempête à bout portant. Si j'ai eu peur sur l'océan, cru ma dernière heure arrivée, c'est bien cette fois-là. Maman gisait à l'abri du vent sur un coffre à gilets de sauvetage, mon petit frère dans les bras, ma sœur pelotonnée contre elle. Une vision pathétique de sauve-qui-peut familial imminent. Pour ma part, j'occupais à tribord la banquette accrochée au bastingage, et les restes voltigeurs des paquets de mer me tombaient dessus. Maman hurlait : « Tiens-toi ! » Mon corps, mes sensations, les ahans du bateau submergé, le bruit du vent me disaient qu'on allait mourir l'instant d'après. Le soleil, lui, me jurait qu'il faisait beau, que le ciel était d'un bleu pur et la mer d'un vert étincelant, Belle-Isle aussi belle que son nom, là-bas, à midi, en plein sud, au bord de l'Espagne et des castagnettes.

La même peur, tapie comme un virus lent dans mon cerveau, me paralysa des années plus tard à Mach 2, lorsque le vol supersonique Paris-New York AF42, touché par un incendie, faillit s'écraser en mer d'Irlande avec ses deux cents passagers, ses deux cents nababs, tous milliardaires excepté l'équipage et moi. Aurais-je l'occasion d'en parler si les deux pilotes n'avaient eu les mains du miracle, ce jour-là, et si je ne sais quelle bonne fée

– ma regrettée mère, certainement, qui d'autre ? – n'avait détourné l'attention du mauvais œil fixé sur l'avion et sur moi en 26A : je voyais la mer se rapprocher, la mort, je lui récitais « La cigale et la fourmi », quelle idée, aussi, de chanter tout l'été ! L'espace d'un éclair, je me rappelais ce premier âge de…

Ô la douceur du bagne impossible et lointain !
Ô le ciel de la Belle, ô la mer et les palmes,
Les matins transparents, les soirs fous, les nuits calmes,
Ô les cheveux tondus et les Peaux-de-Satin !

Nous n'avions pas fini de nous parler d'amour,
Nous n'avions pas fini de fumer nos Gitanes,
On peut se demander pourquoi les cours condamnent,
Un assassin si beau qu'il fait pâlir le jour.

Jean Genet

Jeunesse

… L'espace d'un éclair, je me rappelais ce premier âge de mes souvenirs où la vie, et pas que la vie : toute la mer m'apparaissait comme un jouet, mon jouet. Vivre, c'était jouer, c'était un jeu d'enfant. Et comment pourrait-il en aller autrement, aux yeux du petit ? La marée basse est un coffre à jouets. La mer est joueuse, le bruit de la mer est joueur, le crabe et la bernicle sont joueurs, tout semble conspirer au bonheur de l'enfant dont les pieds nus emportent leur bruit mat de rocher en rocher. Tiens, il s'est écorché. Bah, ce n'est pas grave, un peu de sang, il n'y pense déjà plus. Il y a un trésor dans les flaques miroitantes, caché sous les chevelures des sirènes. Il y a des animaux qui sont les gardiens du trésor et ils voient tout. L'air est assailli par ce parfum qu'a l'océan sur la grève à marée basse. On ne peut pas se perdre en longeant la mer. On a l'impression d'aller loin, plus loin qu'il est possible d'aller au bord de la mer, on arrive au bout du monde. Les goémons brillent au soleil, un chien passe, pourvu qu'il ne m'ait pas vu, une mouette s'envole soudain avec un froissement de grandes ailes remuant du vent. C'est un trésor, ça ? Ça brille, en tout cas. Une boîte de conserve, un bidon cabossé. Coupé au milieu, on peut s'en servir de moque pour écoper les bateaux. On rapporte à la maison cette chose qui s'appelle *Knorr*, on va la donner à quelqu'un. Regarde ce que j'ai trouvé. *Knorr* est un peu jaune, un peu rouge, l'anse rouillée. On se demande si c'est tombé d'un bateau, à quoi ressemblaient le bateau, les marins. D'où ils venaient, de quel pays plus loin que n'iront jamais les pieds d'un enfant ? Je peux monter sur le bateau, monsieur ? Combien de fois l'ai-je dite, cette phrase, à des marins que le mauvais temps repoussait à l'Aber. Des centaines et des centaines. Moi, godillant sur une plate ou dans un canot, eux fatigués par la mer, me regardant godiller autour de leur bateau. Ils ne m'ont pas toujours dit oui. Pas même répondu. Ils rêvassaient par-dessus bord comme s'ils n'entendaient pas, ne voyaient rien, comme si j'étais une mouette, un courant d'air. Ils venaient de si loin qu'ils en dormaient les yeux ouverts. Ma voix s'envolait.

Un jour, en rentrant à la maison après un coup de vent, j'ai rapporté cinq Anglais trempés, dont une petite fille qui me regardait bizarrement. À cause de mes oreilles décollées, je suppose. C'étaient mes premiers Anglais, mes premiers naufragés. En me voyant godiller autour de leur bateau, ils m'avaient appelé pour que je les amène au rivage. Ensuite, ils m'avaient suivi sur la grève et nous étions arrivés à la maison en passant par l'escalier du jardin. Les Anglais sont restés dîner et mon oncle Marc leur a parlé tout le temps pour avoir l'air d'un Anglais, aussi fort qu'eux en anglais, aussi anglais qu'un yachtman en difficulté. Ma tante Jeanne aussi glissait un peu d'anglais de temps en temps. Marie leur avait fait du riz au four, en dessert, il n'est rien resté.

La nuit tombait quand je les ai ramenés à leur yacht couleur ivoire, tout en bois, avec du cuivre autour des hublots et un youyou blanc ficelé sur le rouf. Je peux monter ? Ils n'ont pas eu l'air de comprendre, ils m'ont dit *bye bye* et j'ai trouvé ça joli, *bye bye*, on aurait dit qu'ils souriaient en anglais. L'Anglaise a cherché dans son porte-monnaie une petite pièce qu'elle n'a pas trouvée. Et tout cela fait partie du trésor de la mer, tous ces bateaux sur lesquels je suis monté, pas monté, même le regard de la petite fille insolente qui n'aimait pas mes oreilles décollées, *bye bye*. La mer est un trésor qu'on ne peut ni mesurer ni dépenser, ni se représenter comme une pièce d'or volée à des pirates. Je l'ai reçu tout jeune, ce trésor vivant, on peut dire à la naissance, et depuis je me sens plus riche que n'importe qui. Du temps est passé, mais j'ai toujours la même envie de marcher pieds nus sur le pont des bateaux et de suivre les marins en mer. Quand on n'est pas un enfant toute sa vie, c'est qu'on ne l'a jamais été pour de bon, et qu'on n'a jamais été un marin. La mer peut monter, les bateaux jeter l'ancre, la boîte de conserve rouiller entre deux rochers : jamais un marin. Écrivant ces mots, je comprends mieux pourquoi ma…

Jeanne

… pourquoi ma tante Jeanne conservait dans un meuble breton, comme un trésor sonnant et trébuchant, cette fois, deux sacs de cailloux provenant du bagne de Nouméa. Les cailloux gris, les cailloux noirs, des sacs en pilou fermés par un cordon. À bientôt quatre-vingts ans, sur le plancher de sa chambre, à l'Aber, elle formait des chapelles bretonnes ou des maisons dont les cheminées noires émettaient un panache de cailloux gris en guise de fumée. Approchez-vous : on a même les gens qui vont à la messe, des noirs et des gris. Jamais une dispute entre les cailloux, ils fredonnent des cantiques bretons. On pouvait jouer avec ma tante à condition de ne pas dire un mot et, le jeu fini, de ranger les cailloux triés dans leur sac respectif, sans en perdre un seul, ils étaient comptés.

Ma tante Jeanne, fille d'un médecin de marine affecté à la colonie pénitentiaire de Nouvelle-Calédonie, avait passé son enfance au milieu des bagnards. La transportation, la relégation, la lie de la société. Pas pour elle. Je ne l'ai jamais entendue dire un mot contre eux. Ils étaient leurs domestiques : leur cuisinier, leur chauffeur, leur jardinier. Le soir, ils retournaient au cantonnement. On avait beau les fouiller, ils arrivaient toujours à voler quelque chose, pas plus rusé qu'un bagnard. Mon arrière-grand-père – que je n'ai pas connu – les grondait comme des enfants. Pour se faire pardonner, ils apportaient à ma tante Jeanne les petits cailloux gris et noirs qu'ils ramassaient au pied des falaises. L'océan les avait arrondis, polis comme de l'ivoire, un joaillier n'aurait pas mieux fait. Un jour, un bagnard du nom de Jason offrit à ma tante un ballon qu'il avait trouvé sur la plage. Il put lui enseigner les rudiments du football, elle avait huit ans. Le soir où son père buta sur le ballon oublié dans le jardin, Jason repartit menotté entre deux surveillants militaires et ma tante ne sut jamais ce qu'il était devenu. Son ballon de foot consistait en un crâne humain. Elle n'en savait pas plus. Un bagnard si gentil, qui la faisait rire. Après ça, son père avait interdit toute largesse de la part des forçats, mis à part les cailloux dont il vérifiait qu'ils étaient bien des cailloux, et pas des osselets humains.

Enfant, j'écoutais ces histoires singulières avec ravissement, dans la chambre de ma tante. Elle était si pieuse, si douce, que je ne mesurais pas la violence des faits qu'elle me racontait. Elle non plus, d'ailleurs, les regardant avec les yeux d'une fillette hors d'âge pour qui les coups de fouet reçus par un voleur de cigarettes étaient de « petits » coups de fouet, et la tête de mort une bonne blague de garnement. Et tandis qu'elle fredonnait – elle fredonnait en continu – et se lavait au gant derrière le paravent, j'assemblais des chapelles et des mondes avec les cailloux des bagnards de Nouméa. Et d'ailleurs je donnerais cher pour…

Jason

… je donnerais cher pour savoir où sont passés les cailloux et s'il s'est trouvé chez les miens un héritier assez avisé pour les soustraire au mépris des commissaires priseurs.

Où sont passés les cailloux ?

La mer autour des cailloux ?

Quel fait divers l'avait-il envoyé aux travaux forcés, ce joueur de foot appelé Jason ?

Le bateau qui avait amené ma tante Jeanne à Nouméa, en 1903, portait le nom d'*Isis*. Isis, la grande magicienne orientale, un pouvoir supérieur à celui des dieux. Elle donne à boire l'élixir de Jouvence, elle manie des sphères où de pâles serpents compulsent le futur, au bénéfice des uns, au détriment des autres, la magicienne type.

Le bateau construit par Jason pour aller voler en Colchide la Toison d'or porte le nom d'*Argo*, il a pour marins les compagnons d'Ulysse. Rusé comme un bagnard, Jason parvient à dérober la toison sous le nez du dragon insomniaque, son gardien bête et méchant dans la forêt d'Arès. Il peut alors épouser Médée, une fieffée magicienne elle aussi – une charmeuse de serpents rangée du vivarium –, qui n'aspire plus qu'aux joies de la maternité, désormais, sous la tutelle d'un époux riche et constant. Hélas, hélas, trois…

Jean Le Cam

… trois fois hélas, notre Jason n'a pas fini de tomber amoureux. Il croit pouvoir se confier à Médée, son épouse, sa meilleure amie, sa moitié d'orange (empoisonnée), mais elle ne l'entend pas de cette oreille, la ravissante criminelle, et n'est pas né l'époux qui la trompera sans y laisser des plumes. Quelle idée aussi d'épouser une magicienne, ou d'épouser un marin qui va et vient d'une île à l'autre à la manière de Jean Le Cam, dit le Roi Jean. Rien à voir avec Jason, si ce n'est qu'il a toujours couru la Toison d'or, lui aussi, cherché l'inaccessible étoile de mer. Quel baroudeur merveilleux, ce Jean Le Cam, quel champion, et jamais une parole de trop, fortune ou revers. Ça, pour gagner, il a gagné, tant et plus, en traversant les océans, sans lésiner sur les efforts de la bête ou du matériel. Il sait quel goût elle a, la mer, quand le grand voilier se met sur le toit comme une crêpe de Chandeleur. Il y a la fois où il suffoquait dans la soute avant de *VM Matériaux* retourné, sans quille, la fois où Tabarly, son coéquipier, son ami, n'avait pas donné le coup de barre qu'il fallait, et Jean s'est retrouvé en face de lui à califourchon sur la tranche du bateau chaviré, dans le genre Haddock et Tintin. « Alors, tu es content de toi ? » J'adore cette phrase d'institutrice rouspétant l'idiot qui vient de renverser son encrier. C'est bien ça, d'ailleurs, Tabarly vient de renverser la mer, on ne fait pas mieux dans le genre pâté.

Le plus bel incident nautique du roi Jean est raconté par l'écrivain-journaliste brestois Jean Lallouët dans *À la petite semaine*, un livre de souvenirs irrésistibles, un joyau d'écriture au naturel. « Sur la route du Rhum 2002, dans une nuit de folie, Jean entre en collision au large de Roscoff avec le trimaran *Groupama* de Franck Cammas qui avait chaviré. Le lendemain, il expliqua devant les caméras ce qui s'était passé : "Y a eu un choc, et quand j'ai vu au-dessus de moi *Groupama* écrit à l'envers, je me suis dit qu'il y avait un problème." À côté de Jean Le Cam, les Anglais sont des hystériques… »

Cette chronique en dit long sur un individu, sa poésie, son courage, son humour extrême et sa tendresse envers l'océan. Elle vaut la nouvelle étrange d'Hemingway sur ce yachtman aventurier qui voit soudain l'ombre d'un paquebot s'allonger sous la mer, après la tempête, naufragé si près du rivage qu'il peut marcher sur les lettres de son nom, la tête hors de l'eau. Il y a quatre cent soixante-cinq passagers à l'intérieur, il irait bien les dévaliser, mais hélas, hélas, hélas, quatre…

K

Bas et pesants, les nuages se traînaient sur la mer sombre comme une fumée noire, et la nuit vint vite sur Ouessant. Les deux phares se mirent au travail. Au nord, Stiff. Telle une lune effroyable pompant les ténèbres, il palpitait derrière la lande noire. Deux fois blancs, et une fois rouge. Au sud, très haut dans le ciel, un soleil fantomal commença de tournoyer avec ses quatre faisceaux de rayons blafards. C'était Créac'h. Il dardait ses gerbes de lumière à trente milles de là, tels des éclairs doubles. Ils volaient sur la lande noire, attouchaient un récif, une vague, la frange d'un nuage, une voile… Avec la nuit, alors que se taisaient les bruits du jour la mer tonnait d'autant plus fort, et l'on se figurait vivre dans un orage perpétuel.

Bernhard Kellermann

Kersauson

… quatre fois hélas, il doit s'en aller ailleurs, et le temps perdu ne se rattrape jamais. Pourquoi perdu ? Imaginons qu'il soit en rond, le temps, et pas en longueur, ce que les Celtes pensaient dans leur sagesse, comme les Africains. Il ne s'éloigne pas, il revient. Il fait un tour plus ou moins grand, puis infléchit son cours vers l'enfance et rien n'est perdu, aucun des cailloux de ma tante Jeanne. Hélas, je ne suis pas toujours de cet avis, notamment ce soir-là où j'estime que je ne vois pas suffisamment mes proches. À force d'écrire et d'aimer ça, on s'abstrait. Le temps qui passe en rond comme en longueur vous prive de vos frères et sœurs, de vos amis, de vos enfants. Il aligne des mots qui ne prennent part à la vie qu'en la disant tout bas. Voyons ça. J'attrape mon téléphone. J'appelle Olivier de Kersauson, de retour de Tahiti. Il est chez lui au C…, le faux aber au nord de Brest, à l'orée du chenal du Four. Il ne dort pas, la nuit, il bouquine, il zappe, toujours en plein rêve comme les marins. Il a vu ma maison d'enfance à la télévision, l'autre nuit. Émouvant, dit-il, une sacrée baraque. Il m'a vu petit garçon dans l'escalier qui descend à la grève et remonte fièrement avec les crabes du flot, esprits méfiants, prunelles gyroscopiques, du poil aux pattes. Nos frangins les crabes. Il s'étonne, je m'étonne, nous nous étonnons de regarder les pendules avec nostalgie tout d'un coup. Eh oui, le temps court vite, mon ami, sans bouger. Et vite ou pas vite, il y va. Il m'a mis soixante-huit ans dans la vue, à toi un peu plus. On savait qu'il passait, qu'il usait toutes choses ici-bas, tout sauf la mer et l'espoir en Dieu. L'espoir, l'espoir, l'espoir, il en faut, de l'espoir, pour espérer. Tout sauf l'esprit d'équipe et le besoin vital, parfois, de se payer la tronche du voisin bouffi de sérieux, de gravité, de Monseigneur moi-même. Sa Prépondérance. *Elle est belle, ta montre. C'est rare, une aussi belle montre. Tu l'as eue comment ?* On n'imaginait pas ce qu'on ressentirait, nous, quand il serait passé, ce rien immobile de l'heure en cavale, à pas de fourmi. On le croyait plus long, moins passant. Il n'avait pas l'air, comme ça. Il semblait nous ménager comme une bande à part de branleurs sympas, les petits vernis du rabiot qu'on vous refile en douce. Un jour, oui, il passerait, les gars, c'est pas ça qui manque, les jours. Il viendrait nous chercher en mer ou ailleurs, un jour tellement lointain qu'il n'était pas question d'y penser à l'avance, comme une île paumée à trois ou quatre océans d'ici, quelque part.

— Qui l'aurait cru ?...

— Ben... ouais ! Pas nous.

... qu'à force de crapahuter sur la houle et de jouer au plus malin avec les caps au vent, on en viendrait à se demander où sont passées les îles, et si l'horizon n'est pas derrière nous. Des phrases, des phrases, n'allons pas surimager la mer en l'écrivant, mon gars, elle n'aime pas ça. C'est elle, la bande dessinée. On fait moins les mariolles quand le « sorcier » pète les plombs.

— Tu viens quand, à Brest ?

— Quand tu veux.

— Ramène-toi. On prendra un « zode » et on ira voir le maire à Molène. Et tu ne sais pas ? Je pense qu'avec un peu de bol on...

On a déjeuné à Brest, le lendemain ou le jour d'après. On a mis quelques dormeurs en pièces, quai de la douane, chez nos amis du Crabe Marteau. Quelques dormeurs et quelques rasades de château-carbonnieu, son blanc de prédilection. En bavardant, en se marrant bien. En refaisant le monde, le tour du monde. L'essentiel sur fond de bonhomie. Il parle, on est subjugué par cette verve poétique en liberté non surveillée. L'école Rabelais, Villon, le libre envol du rire et des mots. On passe du merveilleux au graveleux. Un parler typiquement breton, en somme, l'image d'abord.

Depuis longtemps j'avais envie d'écrire quelque chose sur lui. Pas vraiment un portrait, un dessein moins cadré.

Une parole d'affection et de nostalgie. Kersauson aussi m'a donné envie de partir en mer le plus loin possible, quand j'étais ado, ce qui reste ma vraie nature. Je savais tout de ses navigations avec Tabarly. J'étais pendu à la radio, le cœur battant, quand ils prenaient la mer sur les *Pen Duick*. J'en avais fait mes grands frères océaniques. J'étais débordé par un trop-plein d'émotion qui se cherchait un sens, une raison d'être, depuis la mort de ma mère, au petit matin du 15 mai. Allô ? Votre femme n'a pas passé la nuit, m'avait dit au téléphone l'infirmière de la clinique. Elle s'imaginait parler à mon père, elle insistait pour me donner les détails. Monsieur ? Vous m'écoutez, monsieur ? Comme si j'étais au courant, moi, que ma mère allait s'en aller. Personne ne sait le rôle qu'il est amené à jouer dans le malheur d'autrui, parfois, et soi-même on peut mettre des années à les discerner, ces amitiés à distance qui nous ont porté secours en des moments où la vie semblait chavirer. Ce sont elles, peut-être bien, qui font que la vie n'est pas aussi moche qu'on prétend qu'elle est, quand le corps devient irréparable et demande à n'être plus. J'ai pris ma plume, ou plutôt mon porte-bille Mitsubishi à encre gel, et j'ai écrit : Mon cher Olivier de Kersauson, que la mer est jolie, qui tisse des liens indéfectibles entre deux parfaits inconnus dont l'un n'a aucune idée de l'existence de l'autre. Elle est jolie, elle est bleue, tachetée de blanc, elle est loin comme il n'est pas imaginable d'être aussi loin. Pour moi, tu as toujours été Sindbad le Marin et jamais « l'Amiral ». Toujours le marin et jamais l'enfant chéri des médias, même si je riais aux larmes et si j'étais plié en t'écoutant sur les ondes. Tes livres de mer enchantent le public, ils m'enchantent, ils enchantent la mer. Tu écris au rythme de ta voix, en toute simplicité. La mer indicible se dit par ta voix, ce qu'elle ne fait jamais avec personne, écrivain ou non, estimant… n'ayant aucune estime pour les mots. Comment fais-tu, toi, pour te la choper au lasso des phrases ? Rien à dire là-dessus. Mais tes lecteurs, si charmés soient-ils sur les gradins par ton aisance magique à raconter la mer, sans la réduire ou l'exagérer, sans la rendre plus folle qu'elle n'est, ont-ils appris à distinguer le parolier du marin : le cœur pur, inaliénable, et le jongleur courtisé par son époque ?

Kersauson est-il un écrivain ? On se pose la question en lisant ses mémoires, *Ocean's Songs* ou *Promenades en bord de mer* ? Son « écriture » est langage, projection physiologique de sa respiration. On entend sa voix, on est porté, bercé par ce talent finistérien d'incarner les choses en parlant, les petits riens et les riens démesurés comme la mer ou le ciel étoilé. Pourquoi est-il chimérique de l'imaginer un stylo à la main, rédigeant sa copie, raturant, soulignant, modifiant l'adjectif ? Je ne connais pas un autre marin – pas un auteur – ayant « peint » l'émotion d'être en mer avec ce brio désabusé, cette aisance à trouver l'image, à la rythmer. Un océan, pour lui, c'est quelqu'un, un être vivant, méfiance et compassion : « J'ai toujours pensé que l'Indien avait été abandonné par ses parents à la naissance et qu'il en voulait au monde entier de la lâcheté de ses deux grands géniteurs : l'Asie et l'Afrique. » Il y en a des milles et des milles, de cette écriture au fil de la voix. « Chaque mer est une partition qu'il faut déchiffrer… Le Pacifique est une œuvre compliquée à exécuter. C'est aussi le plus grand instrument à vent du monde. » Il se livre parfois. Il dit qu'il a perdu Caroline, sa femme, son amour, que tout deuil est un adieu sans répit. Il dit qu'il se réconcilie chaque soir avec sa conscience. Il dit qu'il peut prier à genoux comme un enfant.

Aujourd'hui, marié à Sandra, heureux en amour, ce formidable bonhomme de mer partage son temps entre le Finistère Nord et la Polynésie. Il va à la pêche avec les riverains, il sort *Géronimo* à l'occasion, se déchaîne à la radio comme un gosse éternel. Il dit qu'il peut tenir encore vingt ans : c'est ça, reparlons-en dans mille ans !

Chez Kersauson, j'aime le patronyme, déjà, martelé sur une enclume, d'un bleu métallique, comme son œil de mer. Je respecte et j'admire le capitaine courageux, j'envie les cap Horn et les tours du monde, les tours d'un « moi » vrai, disculpé, sans « ego ». Je tire mon chapeau au sorcier hilarant du 103.4 MHz, car se dilater la rate est du même ordre que le partage du pain : une fraternité assouvie sur le pouce, au détour de l'instant, cadeau ! Ce triple Kersauson, ce multi-Kersauson ne fait qu'un seul irréductible Finistérien, un homme fidèle à ses premiers secrets, mû par le sentiment tragique des choses, gagné au *sursum corda* qui laisse entrevoir un supplément d'horizon, là-bas où les cercles ne s'achèvent pas – ça serait bien. On n'est pas fils du pays breton sans garder sur la peau un vernis d'espérance.

Misanthrope, Kersauson ? Un misanthrope contrarié. Il sourit, à cette idée, il en joue. Le parisianisme lui donne la nausée, surtout quand il essaime au-delà du périphérique, larguant sa poudre aux yeux jusqu'en Polynésie. D'accord il en tâté, lui aussi, des milieux mondains, parisiens, il s'est bien amusé du côté des élites à caviar, il a blanchi les nuits chez Castel, roulé sa bosse dorée sur la « côte », joué à la pétanque sur la place des Lys, dévoré l'instant festif qui ne demande que ça, d'ailleurs, rassasier les ogres. Comment cet homme-là n'aurait-il pas toute ma sympathie, lui aussi ? Il a reçu en cadeau, pour le meilleur et pour le pire, « la flûte du preneur de rats », celui qui peut mener son monde à la rivière et compter les noyés. Il parle, et la galerie d'applaudir. Un don pareil ne va pas sans péril. Il vous donne l'aura du messie dans une société qui suffoque d'absurdité. Kersauson aurait pu sombrer corps et âme, dans cette gloriole victime d'un talent qui voit s'ouvrir portes et portefeuilles, et se livrer la beauté des filles. Mais la mer est sa plus grande joie, son absolution, il se sauve en appareillant.

Il imite à la perfection les goélands et les rames du naufragé, les pimbêches du moment, les politiques, il peut envoyer du graveleux Rabelais, du merveilleux. Il préfère l'image aux idées, la bouille cramoisie du homard à l'os de seiche. Un parler typiquement breton. Tout le monde s'imagine connaître l'Amiral, dans l'Hexagone, depuis le temps qu'il fend la mer, les ondes, ne lâchant la barre du voilier que pour s'emparer du micro et déclarer que « la pluie ne mouille que les cons ». D'ici que nous en soyons tous, des…

Kilomètre

… que nous en soyons tous, des amis de la pluie, quand la connerie fait rage, il n'y a pas des kilomètres. Un mot qui me chagrine, « kilomètre », et me fait dire c'était mieux hier, plus concret, vivant. C'est la Constituante qui nous l'a « imposé », kilomètre. C'est grec, ça en jette. Je préférais les mots d'autrefois pour indiquer les distances. « Kilomètre » me dit surtout « kilo », et kilo me dit Roberval, il m'écrase les orteils. Ce ne serait pas du tout la même émotion, dans *Le Petit Prince*, quand l'avion tombe au milieu du Sahara, si Gérard Philipe disait qu'il était tombé en carafe « à mille kilomètres de toute terre et non à « mille milles », qui me font penser à des milliers de chameaux sous les étoiles. Et pas du tout la même émotion, en mer, si la destination se calculait en « kilomètres », comme c'est le cas sur l'enrobé drainant des autoroutes. Je referme le bouquin ou je l'envoie contre un mur si je lis dans une traduction, mauvaise à partir de là, que « le RMS *Titanic* de la White Star n'était qu'à cinq cents kilomètres de Terre-Neuve lorsqu'il se paya un iceberg ». Il ne lui reste plus qu'à mettre ses warnings, au *Titanic*, pour avoir l'air d'un parfait camion en panne. Autrefois, on disait « lieue », on disait « pied », on disait « pouce », on disait « encablure ». Et « dame-jeanne » pour une bonbonne de cinq litres. Aucune ringardise ne disqualifie ces mots d'hier que les Anglais utilisent aujourd'hui comme hier. Mine de rien, chez nous, on a gardé le tour figuratif : « J'étais à cent lieues… » « J'étais à cent lieues d'imaginer, de croire, de penser… » Non mais vous vous rendez compte si on était « à cent kilomètres d'imaginer » ? Certains proposeraient d'y aller en stop, d'autres se décourageraient. Les idées les plus farfelues nous viendraient à l'esprit – en toute logique. C'est précisément ce que fuit l'esprit marin, et les mots n'ont de sens que celui qu'il veut bien lui accorder sans mettre le navire en danger. Mais ce n'est pas un hasard si le mille nautique vaut 1 852,60 mètres et celui du plancher des porcs 1 650. Tous ces mots de la marine infiltrent la manière de penser, d'imager l'inconvénient d'exister ou son avantage : « être sur le sable », « être à la côte » « sous l'eau », « déboussolé »… On est comme un sous-marin, quand on écrit. On est en plongée, coupé du monde extérieur. On est un peu fou, comme un sous-marin. Il n'en est pas conscient, l'écrivain non plus. Le même aveuglement qui va quelque part, la même envie de rester en bas, d'être en haut : en bas, en haut, les maux, les mots. Le stylo est un sous-marin qu'il faut savoir briser de temps en temps pour se donner à la vie, sauver sa peau.

On en voyait souvent, des sous-marins, autour de Groix, dans les années 60, quand ils avaient leur base à Lorient. C'était moteur électrique et diesel, à l'époque, et les Beatles chantaient leur…

Koursk

… et les Beatles chantaient leur « Yellow Submarine » à tout-va. Jaunes, verts, roses, albinos, c'était la couleur des sous-marins soixante-huitards zonant dans les parages de Groix. Le stylo dit ça, l'emporte-plume des planqués. Quelle est la couleur du sous-marin ? Indéfinie. Plutôt noire. Pigmentée par la sensation d'effroi qu'il crée en apparaissant. C'est un peu comme de croiser un taureau en liberté. Quelle couleur ? Plutôt noire, je dirais. Cet attrait pour le sous-marin n'est pas celui du gamin fasciné par les pistolets, mais par les bateaux-pistolets. Par ces poissons mortels où l'on vit à l'intérieur d'une arme à feu, dans les profondeurs. Où l'on fait de beaux rêves au sein d'une bombe atomique, s'il s'agit d'un SNLE, capable d'estourbir je ne sais combien d'Hiroshima. C'est beau, qui plus est, un SNLE, noir et beau comme la peur absolue. Comme le mystère de l'Homme. Où va se nicher la beauté ?

Dans la rade de Brest, une nuit, à moitié endormi à la barre, j'ai réalisé que l'ombre insistante en face de moi n'était pas un îlot insoupçonné, mais un sous-marin rejoignant l'arsenal en tapinois. J'ai vu briller trois yeux dont un qui scintillait. Il y avait un hélicoptère au-dessus de lui, mais pour faire quoi ? Tirer sur d'éventuels pirates ? Servir de nid-de-pie ? Il est passé à côté de moi, seigneurial, obscur, silencieux mais pas tout à fait : il mâchonnait les embruns sur son avant comme un taureau ses chardons bleus. Et ce mince glouglou avait quelque chose d'effrayant.

Des individus mystérieux, les sous-marins, ni bateaux ni poissons. Ils mènent leur petite vie sous la mer, en tout incognito – menez la vôtre. Ils se font mal, parfois, on entend parler d'eux aux infos. Ils se sont cognés à quelque chose, un objet non identifié. Après quoi, on n'entend plus parler d'eux. Ils passent leur temps à disparaître, c'est leur métier, et parfois ils disparaissent corps et biens. La mort les change en bateaux sur l'eau. Ils sont au fond, naufragés, mais on les voit passer à la télévision, larguer les amarres, s'éloigner au soleil, on ne les a jamais vus d'aussi près. Un sous-marin meurt, on s'intéresse à lui. Pourquoi il a coulé ? Il s'est cogné à quelque chose, un objet non identifié.

On en rencontre parfois, des sous-mariniers, dans la vie. Vous allez où, sous la mer ? On patrouille. Et quand il y a une tempête ? On ne la sent pas. Vous faites quoi, dans la journée ? Des exercices, on étalonne nos instruments, nos armements. Ça dure longtemps ? Un mois, deux mois, trois mois. Vous repartez bientôt ? C'est à la marine qu'il faut poser la question. Informé d'une mission prochaine, le sous-marinier prévient son épouse, une personne aussi furtive que lui. Entre femmes de sous-mariniers, on parle de sous-marins, parfois, on n'en parle pas aux profanes. Tant que l'époux est sous l'océan, on est sans nouvelles de lui. Quand il rejoint sa base, la marine informe l'épouse qu'il sera là sous huitaine. Une huitaine d'observation pour le sous-marinier envoyé d'abord à Font-Romeu se réacclimater au monde extérieur, à l'air non conditionné. Un psychologue vient l'informer quand il est prêt. Le sous-marinier téléphone à sa femme : j'arrive, mon amour, tout s'est bien passé ?

« Bateau », le sous-marin ne l'est qu'en surface, lorsqu'il a des yeux. « Submersible » il devient en plongée quand il perd la vue, ouvre ses « oreilles d'or » et n'avance plus qu'au sonar. En patrouille sous la mer, il espionne « l'ennemi potentiel ». « L'ennemi » fait des manœuvres, il y va. Lui-même en fait avec ses alliés ? « L'ennemi » est là, dissimulé. Chacun teste sa furtivité, son ouïe, sa capacité à se faufiler dans les eaux inviolables de « l'ennemi ». C'est de bonne guerre, en toute sécurité. Sauf accident. En plongée, le sous-marinier est totalement aliéné par le Secret Défense. Il a son métier – mécano, artificier, capitaine, etc. Il est « oreille d'or », capable d'identifier tous les sous-marins du monde, rien qu'au froufrou des hélices imprimant leur ADN à travers l'eau. Les incidents, les suées, la traque aveugle, la tôle froissée en flairant « l'ennemi » d'un peu près, les ogives nucléaires embarquées – « axiste pas ».

Le naufrage du sous-marin fait encore plus mal que celui du bateau non submersible. Peut-on dire qu'il a sombré, puisqu'il est déjà sous l'eau ? Il meurt dans le ventre noir de la mer assimilé au ventre de la mort. Il meurt dans la claustrophobie d'un boyau de métal envahi non par l'eau des vagues, des tempêtes, mais par l'eau si peu terrestre des fonds marins, une eau d'outre-tombe. Il meurt comme un fantôme, on ne sait même pas où jeter les fleurs.

La *Minerve,* sous-marin français « à hautes performances », disparu au large du cap Sicié le 27 janvier 68.

L'*Eurydice, sister-ship* de la *Minerve,* disparu au large du cap Camarat le 4 mars 70.

Deux submersibles de la classe Daphné.

Si le naufrage du sous-marin consterne l'opinion, c'est vite oublié. Pas d'images auxquelles accrocher son deuil, son empathie voyeuse, pas d'explication. La mer et les mots s'embrouillent, se disent non. La justice rend des non-lieux pour ne pas étouffer d'ennui.

Je n'oublie pas le *Koursk,* feu le croiseur sous-marin russe. Il a une longueur de cent cinquante-quatre mètres, une largeur de dix-huit, une propulsion nucléaire à turbines – deux fois 190 W –, il embarque avec lui cent douze marins et quarante-quatre officiers, et il disparaît corps et biens le 12 août 2000 en mer de Barents, à 7 h 28 GMT.

À 7 h 27, ce monstre de technologie navale surnommé par les Américains « le tueur de porte-avions » était comme tous ses congénères : un fantôme, une tache d'encre noire diluée dans l'encrier des abysses, en tout cas donnant cette impression à « l'ennemi ».

Cause du naufrage ? Demandez à la mer.

Le 12 août 2000, illustrant par l'action la renaissance de la marine russe après l'ère soviétique, le K-141 *Koursk* effectue des exercices à plusieurs en mer de Barents. Il va tirer pour la première fois la torpille Chkval de type 65-76, appelée « la grosse fille » par les servants. Le système Chkval garantit au projectile une vitesse de cinq cents kilomètres-heure par tout temps. Qui dit mieux ? Pas les Américains dont les torpilles ne dépassent pas les soixante-dix kilomètres-heure. Pas les Français, pas les Anglais. Personne ne dit mieux sous la mer. Les Chinois aimeraient dire aussi bien. D'ailleurs se trouvent à bord du « K » deux officiels chinois mandatés pour négocier des Chkval (on a envie de dire « Chkvaux », mais non), si le tir programmé en leur honneur est un succès.

À 7 h 28 GMT, soit dix minutes avant la mise à feu, la « grosse fille », outrepassant la fougue de ses paramètres, se met à feu de sa propre initiative, explosant à l'avant du sous-marin. Mort des deux Chinois, transaction différée *de facto*. Sonné, mais opérationnel, le « K » s'élance en avant toute à la surface de l'eau qu'il n'atteindra jamais. Se produit une seconde explosion, pire que la première, un orgasme de sept « grosses filles » jouissant à l'unisson, une magnitude sismique de 3,5 affolant sur le continent les appareils norvégiens. D'où provient ce « boum » ? Quelle guerre est-ce là ? Le « K » n'est toujours pas mort, il est juste à l'agonie, moteurs stoppés, proue disloquée, alarmes hurlantes, il chute vers le fond. Un semblant d'équipage s'est réfugié à l'arrière dans le compartiment 9 encore éclairé, ils sont vingt-trois. Voilà, leur dit le capitaine-lieutenant Dmitri Kolesnikov, il n'y a plus qu'à attendre les secours… Elle est bien bonne ! Il est où, le fantôme, dans la botte de foin ? La balise de détresse automatique ? Belle lurette que cet as de commandant Guennadi Liatchine l'a fait désamorcer, refusant de lésiner sur la furtivité du « tueur ».

Mais l'héritier naturel du KGB, qui sait tout comme son ascendant, fait envoyer deux navires sauveteurs au chevet du « K ». Lorsque le premier arrive à pied d'œuvre, le 13 août dans la soirée, il y a vingt-sept heures que le « K » prend son mal en patience. Des plongeurs descendent frapper à tout hasard contre la tôle, en signe de « tenez-bon-les-gars ! » Problème : le bathyscaphe censé récupérer d'éventuels survivants refuse de démarrer, panne de batteries : « On-revient-les-gars ! » L'autre navire dépêché en mission d'assistance renonce à cause du mauvais temps. Le 16 août, sous la pression des médias étrangers, les Russes acceptent l'aide britannique et norvégienne. Peine perdue. Ni les uns ni les autres ne parviennent à s'amarrer au « K ». Le 20 août, l'évidence donne son point de vue : à quoi bon sauver un tombeau ? Tout le monde s'y rallie. L'opinion internationale fait une croix sur le sous-marin assassiné par nul ne sait qui.

Assassiné : pas accidenté ! Mensonge, la thèse officielle de l'accident, la « grosse fille » trop pressée d'arriver au but, personne n'y croit en Russie. Un an plus tard, le *Koursk* est renfloué, remorqué au sec dans le golfe de Mourmansk, la pépinière des sous-marins russes, leur cimetière. Pas en entier, seulement l'arrière, le moignon dont le président Poutine a bien voulu autoriser la préservation eu égard aux familles des victimes, à l'honneur de la marine. On ose à peine imaginer, après un an, ce qu'ont pu voir les yeux des premiers « camarades » à pénétrer dans ce compartiment 9 occupé par les vingt-trois ex-survivants, dont Dmitri Kolesnikov, le hardi capitaine-lieutenant. Qui fait quoi ? Qui passe devant ? De quels gestes on devient le héros pour sauvegarder les restes mortels de ces enfants marins sans leur manquer de respect, pour les identifier ? On n'ose pas imaginer les souffrances endurées dans un sous-marin naufragé qui n'a plus que poison, terreur et ténèbres à prodiguer à des mourants, silence de mort.

Les questions gênantes affluent. Pourquoi avoir attendu un an ? Pourquoi laisser au fond de l'eau les compartiments avant du « K » peuplés de cent quinze marins ? Pourquoi n'avoir laissé publier qu'une infime partie du message manuscrit du capitaine-lieutenant Kolesnikov, retrouvé sur lui ? La vérité se cherchait un visage : trahison, vengeance, attentat, suicide, etc. La vérité rôdait comme un sous-marin fou dans les on-dit, pas si fou que ça, d'ailleurs. Elle fut là, au bout d'un moment, ébruitée par des marins haut placés, impossible à crier sur les toits, mais était-ce la vérité vraie ? Elle disait tout bas qu'on avait frôlé la guerre totale avec les États-Unis.

Le 12 août 2000, outre les deux Chinois invités aux manœuvres, deux étrangers s'intéressaient au *Koursk*, de tout près, cherchant ni plus ni moins à l'intimider. Deux indésirables ceux-là, deux sous-marins de la classe Los Angeles : les USS *Memphis* et *Toledo*. La bonne guerre habituelle entre submersibles « ennemis », sauf que bonne elle ne l'était qu'à moitié, ce jour-là, l'Oncle Sam voyant d'un très mauvais œil ce tir de missile Chkval, trop avantageux pour les Russes. La vérité disait alors qu'un frôlement du *Toledo* aurait tourné à la collision, provoquant l'explosion de la sensible « grosse fille ». Elle pouvait dire aussi que le *Memphis* avait tiré sur le *Koursk* pour protéger la fuite du *Toledo* chauffard. Elle était formelle concernant la présence des deux Américains venus perturber les emplettes russo-chinoises.

D'où le comportement paranoïaque de Vladimir Poutine au moment du drame. Il savait tout, lui. Il était feinté. À faire un scandale public, il risquait d'avoir la guerre avec l'Ouest, une guerre perdue d'avance. C'est donc la raison d'État qui l'aurait conduit à ravaler sa rage et sacrifier les vingt-trois survivants du compartiment 9.

Elle doit être poignante la lettre en russe du capitaine Kolesnikov. Une langue que j'aurais aimé parler, comme…

L

Un sous-marin italien embarque, dans un port de l'Afrique du Nord, trente prisonniers britanniques, deux carabiniers pour les garder, trois religieuses, trois prostituées. Les religieuses, malgré la chaleur, ont leurs grosses robes, plus le cœur en argent du Christ sur la poitrine. Le sous-marin a six torpilles, un canon bouché par un tampon en caoutchouc, soixante-quatorze mètres de long, soixante-quatre hommes d'équipage, un périscope érectile qui, en plongée, ne dépasse la surface marine que de six centimètres seulement. Tout ça va naviguer pendant neuf jours. Les navires et les avions adverses n'ont qu'une idée en tête : crever ce poisson mortel. Mais, parfois, survient quelque répit. On mange. Le cuisinier ne crache pas dans la tambouille sous prétexte que c'est la guerre. Il y a aussi un petit endroit réservé au commandant et aux dames. Les marins, les carabiniers et les prisonniers se servent de bailles, avec, au fond, deux centimètres de mazout, excellent contre la senteur.

Jacques Audiberti

Langue

… comme j'aurais aimé parler en breton, ma langue maternelle interdite. Je l'entends, sourdement cadencé par mon éternel passé labérois, résonner dans ma parole en français – bouleversant le son et le sens de tout, lui tordant le cou, à la raison qui pense *ergo sum*. Je l'entends résonner chez Jakez Hélias ou Chateaubriand, Corbières, Guillevic. J'ai chaque fois la sensation d'être l'enfant d'une autre manière de parler, de penser les choses du temps qui commence à m'énerver pour de bon, celui-là, avec ses bougies sucrées, chaque été. C'est la première cadence du dialecte labérois, mû par les accents toniques et traînants sur les syllabes de vie, qui saisit au collet, depuis mon enfance, le chat de mer pris dans mon larynx, la bête à piauler et se faufiler à travers les syllabes. Ce sont les paysans et les marins à la messe de l'Aber, les strophes enrouées de la ferveur labéroise dont vibre l'écho dans ma voix parisienne, langue d'or et parler vital de l'autrefois. C'est la mer, oui, qui berce mes pages, et l'horizon dont se nourrit le fil de ma plume emportée dans une histoire sans autre fin que la fin des histoires au bout du souffle de la voix, et c'est…

Lapin

… et c'est ainsi que le souffle des mots change de voix, que l'histoire se poursuit d'une enfance à l'autre.

Si jamais c'est en mer que vous lisez ce Dictionnaire amoureux, et si l'on vous demande où vous en êtes, à quelle entrée, abstenez-vous de répondre « Lapin », il vous en cuirait. On ne dit jamais « Lapin », sur un bateau. On dit « l'animal aux grandes oreilles », en montrant ses doigts en V d'un air entendu, chut ! Une superstition respectée par tous les marins. Le pourquoi semble tiré par les poils de la moustache, mais celle-ci tient bon jusqu'à plus ample informé. Un jour qu'il transportait lapins et lapereaux sur les mers, un navire marchand disparut corps et biens : corps des humains, corps des lapins, tous noyés – il faisait beau. « L'animal aux grandes oreilles », aux larges quenottes, se serait fait les dents sur les succulents bois tropicaux des bordés, à fond de cale, et la mer se serait engouffrée. J'ignore, depuis ce drame animalier qui remonte à la guerre de Cent Ans, si la muselière est de rigueur pour le lapin voyageant par la mer ou s'il doit prendre l'avion.

Moi, ce sont les ratiches du castor qui m'inquiéteraient, sur un navire en bois, mais je ne sache pas que la filière alimentaire du castor soit arrivée sur le marché.

Je n'ai même jamais rencontré quelqu'un qui en ait eu sous la dent. Ça m'embête, pour les lapins, cette répulsion des gens de mer à leur égard. J'ai du mal à croire qu'ils aient pu manger un bateau entier. Faut-il qu'on les ait mal nourris ou qu'ils en aient eu ras le bol de servir d'aliments aux marins. C'est mignon, un lapin, c'est doux au toucher. On dira « mon lapin », à son amoureuse, et même : « lapin ». Mais pourquoi dit-on : poser un lapin ? Comme s'il négligeait les rendez-vous ? Incitait à les négliger ? Il arrive en retard au pays des merveilles, semble-t-il, mais c'est Alice qui nous dit ça, la coquine, il en est malade, pauvre de lui. Et puis il ne s'agit pas d'un lapin de mer, de ville ou d'ailleurs, mais bien d'un lapin de rêve, de littérature.

Littérature

… et en même temps il entre en *littérature*, ce qui ne ressuscite rien. C'est toujours un peu gênant, ce mot : *littérature*. Surtout pour un écrivain, un romancier. Il a l'impression d'exhiber son derrière et de l'exhiber devant un public de voyeurs : voyeur lui-même de sa propre nudité. Pourquoi nous lisons ? Pourquoi nous écrivons ? C'est toute la question, avec l'homme : Pourquoi ? Il est ainsi fait. Il a besoin d'histoires, chansons, mythes, légendes, tout ce qu'on veut, au diable les *pourquoi*. Une histoire ne se hurle pas, elle se chuchote à l'oreille, vous met sa chaleur sur la peau, le souffle de quelqu'un. La littérature commence là, dans les yeux clos du petit enfant qui « se couche de bonne heure » depuis que le monde est monde : à lui les miettes du Petit Poucet, l'histoire sans fin, alors, alors, alors ?... La maman s'éloigne, l'histoire attend, il ne peut plus s'en passer. Tantôt c'est lui qui la dit, la souffle à l'oreille des autres, l'écrit, tantôt c'est un livre qui le connaît par cœur. Le livre : c'est lui, ce n'est pas l'écrivain, pas seulement. Lecteur, auteur, qui est qui ? On se comprend à demi-mot, sur la page, en toute confiance. On dit « écrivain », mais on peut dire aussi bien « griot ». C'est une voix dans la nuit, le livre qui nous réunit autour du feu. C'est un feu qui franchit les ténèbres, fontaine de reflets abreuvant chacun. Aujourd'hui, tout le monde est « écrivain », tout le monde veut faire du feu. Mais il ne suffit pas d'arroser les mots à l'essence et vlouff ! pour que la lumière soit. Et comme dit Thomas Mann : « L'écrivain est un homme qui a plus de mal à écrire que les autres. »

Mes livres d'enfant se passaient tous au bord de la mer. J'étais heureux, j'étais moi quand la mer brillait dans la phrase, comme un poisson d'or. J'étais furieux, volé, quand l'auteur la décrivait. J'étais bien assez grand pour l'imaginer tout seul. Je lisais : « la mer était mauvaise, un vrai temps de cochon, le capitaine n'avait jamais vu ça » : je voyais « ça » tout de suite, moi, j'y étais, je tremblais avec le bateau et les marins. Mais si l'auteur s'invitait à bord du navire en difficulté pour dresser l'état des lieux : barque et tempête, s'il commençait à lire et bavarder par-dessus mon épaule – la mer s'effaçait, j'étais vexé, j'allais jouer au flipper. Ils ne sont pas nombreux, les romans où la mer est bien dans sa peau. Ils se comptent sur les doigts des mains, dans la vie d'un lecteur. C'est qu'elle n'est pas facile à doser, la mer, quand on l'écrit. On a vite fait de la tuer, avec des mots. Flaubert est crédible en disant : « Madame Bovary, c'est moi. » Mais aucun écrivain ne peut dire : « La mer, c'est moi. » Il ne le dit jamais, d'ailleurs, mais il n'en pense pas moins. Et les grands écrivains sont souvent des grands tueurs minés de bonnes intentions.

Je ne me rappelle pas mon premier livre marin. Je me rappelle la voix de ma mère, et ma main dans la sienne. Je me rappelle aussi qu'il n'existait pas à proprement parler de livres pour enfants, chez nous, mais de belles histoires à raconter, des histoires pour la vie. Si bien que je ne savais pas lire quand j'ai lu l'*Odyssée* pour la première fois, dans la voix de ma mère, un livre où la mer parle en toute confiance au lecteur. Je me rappelle aussi que les livres n'avaient pas besoin d'images, chez nous, et que s'ils en montraient ce n'étaient plus des livres : on ne savait pas ce que c'était, on ne voulait pas le savoir. À ce « Non » initiatique des parents modèles, j'ai su répondre par la tentation, la seule voie pour un adolescent qui ne sacrifiera jamais l'obéissance à l'assouvissement.

Dans le pêle-mêle d'une chambre où trois garçons tempêtaient leur enfance en vase clos, vous extirpez sous les lits avec chaussettes et consorts : *Yaouen matelot*, *Bille et Cube*, *Bibi Fricotin*, *Popeye*, *Tartine*, *Elastoc*, *Aggie*, *Votre Beauté*, *M. Pump*, *Mickey*, *Plick et Plock*, *Petzi l'Ourson*, *Cinémonde* ou *Confidences*. Un butin planqué, mon père donnant la chasse aux illustrés (pour *Confidences* et *Votre beauté* j'aurais été passé à la question). Beaucoup d'eau, beaucoup d'océan dans ces pages, déjà, beaucoup d'émotions. *Petzi sur son grand bateau*, tiens, pur joyau d'imagination. Petzi et Pingo, son ami pingouin, ramassent un vieux gouvernail dans un champ.

À quoi ça sert ? Il vous manque le bateau, leur dit Riki le pélican. Petzi et ses amis récupèrent ici et là des planches et un tonneau. Ils fabriquent la *Mary*, un remorqueur avec une bonne bouille de copain. Ils vont dans la Lune, ils vont au pôle Nord, ils vont chez Robinson Crusoé – et je pars avec eux, non mais ! Le gouvernail est posé sur le pont. Dans la cabine, il y a des lits superposés, un poêle, une table et des chaises, et le fauteuil à bascule de l'Amiral, un vieux pétuneur de phoque à la retraite. Quand ils font naufrage, ils sauvent le gouvernail et fabriquent un nouveau bateau, toujours la *Mary*. Cette fois le gouvernail est posé sur la cabine, respect ! C'est en compagnie de semblables héros que je me suis laissé happer infailliblement dans l'archipel aux histoires du bien et du mal.

Le premier roman marin à m'avoir *embarqué* s'appelait *Le Galion d'Acapulco*, j'ai oublié l'auteur. Et j'ai oublié des dizaines d'auteurs grâce auxquels la mer est devenue pour moi ce personnage de roman unique au monde, car il contient tous les autres. D'accord, vous avez lu *Moby Dick*, adolescent, vous avez lu *Le Vieil Homme et la Mer*, *La Tour d'amour*, *L'Île au Trésor*, *Lord Jim* et *Vingt Mille Lieues sous les mers*, vous avez beaucoup, mais beaucoup lu la mer, et même *Les Travailleurs de la mer*. Mais *Le Cargo du mystère*, vous connaissez ? Foncez chez le libraire du bout de la rue, faites un foin s'il ne l'a pas. C'est Howard Pease, l'auteur, c'est Ted Moran, le héros, c'est le *Congo*, l'étrange navire de L'Union fruitière de Californie, et vous pensez bien qu'il ne perd pas son temps à livrer des bananes. Il en a écrit d'autres, Howard Pease : *Le Vagabond des mers* et *La Malle de San Francisco*, génial aussi. Pourquoi ? C'est comme le pianiste. Il pose les mains sur le clavier et il enfante la musique, mille autres auraient pu la tuer. Et pourtant, Howard Pease n'a pas son couvert chez les grands écrivains. C'est un romancier pour adolescents (bonjour l'étiquette !). Quand nous parlons d'Howard Pease, Didier Decoin et moi, nous en avons les larmes aux yeux. C'est à qui aura le plus de phrases à citer. Un grand livre, ce *Cargo du mystère*, vraiment, mais tout dépend bien sûr de ce qu'on entend par « roman marin », et surtout par « roman », ni marin ni terrien. Qu'est-ce que j'entends ? J'entends frémir les poils sur ma peau. Et, littérature oblige : ils ne frémissent que si la mer veut bien « aller avec le soleil ».

Elle y va dans les deux pages que voici. La première de Jacques Audiberti – un Antibois –, romancier méconnu, dramaturge connu, magicien du langage et de la voix des mots : un loup de mer du style. Je fais mien son credo littéraire exprimé dans une interview des années 60 : « Ce que je cherche à exprimer dans mes livres ? C'est l'inquiétude de l'esprit incarné dans le corps de l'aventure humaine. »

Cette page, donc, qui me met en joie :

Un pique-nique à la mer

« Madame Merla est assise à l'arrière du petit bateau qu'ils ont loué pour la journée à la plage. Les pieds de Madame Merla battent l'eau limpide, anisée. Comment c'est-il Dieu possible, elle tombe à l'eau. Si près des belles villas. Elle se noie. Le mari n'a rien vu. Il crie : « Vé Blanchette ! On la voit, la Corse ! » Il est surpris qu'elle ne réponde pas. Il se retourne. Il voit d'un coup ce qui l'attend, le commissaire, les journaux, les explications, le monde entier lui réclame cette femme.

Il plonge, il la discerne blanchâtre dans la flotte. Il la croche. Il est fort. Elle ne résiste pas. Ne pèse plus, ça vaut mieux dans un sens. Le petit bateau n'est pas loin, le mari nage tirant sa femme, elle est inerte, elle glisse couchée.

Aïe, aïe, aïe, le bateau !... Chaque fois que le mari touche le bateau, le bateau penche un peu vers le mari qui le touche, mais, sur le bateau, le mari ne peut pas se hisser. Le mari tient le bateau du bout des doigts, porte la femme à pleine main gauche, il s'épuise entre l'un et l'autre, entre la vie et la morte. Ah ! s'il pouvait seulement mettre un genou, mais rien à faire, la femme pèse, le bateau danse, le bateau ne penche plus du côté des doigts. Il penche de l'autre côté. Les doigts ne le touchent qu'à peine, le bateau s'en va, la femme s'en va, elle s'en est allée, elle est retombée au grand fond.

Lui, le mari, seul, il monte sur le bateau. Seul, c'est toujours pareil, on se débrouille mieux. Il prend une corde, il plonge avec la corde. De nouveau il discerne sa femme blanchâtre dans l'émeraude anisée. Il la pêche encore une fois. Il atteint le bateau. Il amarre sa femme. Il se hisse, seul. La corde à la main, il remonte à bord sa femme amarrée. Il n'en peut plus, il sue, il est dans le souffle brûlant du loup, elle est bien morte... »

Après cette fortune de mer à la plage, voici la seconde en pleine mer, en plein cœur. Elle est du célébrissime Josef Conrad :

Loch à zéro

« La nuit était noire et limpide, et toutes les étoiles aussi visibles et nettes que par une nuit de gel aux latitudes élevées. Tout d'un coup, il dit avec une espèce de petit soupir : « Je vais à l'arrière, et je vais remettre moi-même le loch à zéro, à votre place, de sorte qu'il n'y ait pas d'erreur possible. » Le capitaine Brierly descend l'échelle, son chien sur les talons comme chaque fois qu'il se déplace, de jour comme de nuit.

> J'entendis le tap-tap des talons de ses bottines sur le pont arrière, et puis il s'arrêta et parla au chien : « Va-t'en, Rover. Sur la passerelle, mon petit. Allons, va. » Puis il me cria du fond des ténèbres : « Enfermez ce chien dans la chambre des cartes, monsieur Jones, – vous voulez bien ? » C'est la dernière fois que j'ai entendu sa voix. Ce sont les dernières paroles prononcées par lui qui soient parvenues aux oreilles d'une quelconque créature humaine. » À ce point du récit, la voix du vieux bonhomme n'était plus du tout assurée. « Le capitaine Brierly avait peur que la pauvre bête saute après lui, vous comprenez ? Oui, il a réglé le loch pour moi. Il a, le croiriez-vous, il y a mis une goutte d'huile aussi. À cinq heures et demie, le second maître arrive en courant sur la passerelle : « Voudriez-vous venir à l'arrière, monsieur Jones, qu'il dit. Il y a quelque chose de bizarre. J'aime mieux pas y toucher. » C'était le chronomètre en or du capitaine Brierly, soigneusement suspendu par sa chaînette à la rambarde. »

La mer n'est même pas citée : on ne voit qu'elle. Elle et ce chronomètre d'or qui se balance et tictaque au-dessus du néant, mesurant le temps qui ne passe plus, n'est jamais passé. Si l'œuvre de Victor Hugo raffole des *vieillards*, celle de Conrad pullule de chronomètres bruyants. L'écrivain polonais est un angoissé du GMT. Il a son informe temps à lui qui ne tourne pas rond, mais se dilue, fait tache d'huile, de sang, le temps souverain de la mer.

Une troisième fortune de mer me vient à l'esprit, signé par un expert agréé par les dieux. Moins une fortune de mer pour assureurs aux dents longues que la fortune de la mer vue par les yeux d'Ali Baba déguisé en Victor Hugo, à moins que ce ne soit le contraire.

Philosophie

« Regardez encore. Ceci est la mer : Le mouvement gigantesque et continu, une sorte d'en-avant furieux et effréné des masses, des souffles, des bruits, un tas de montagnes en fuite, ayant l'écume pour neige, une inépuisable colère des nuées contre les vagues et des vagues contre les rochers, une poussée de l'ombre contre l'ombre, un cloaque de baves, un râle sans fin. Autans, Föhns, Borées, Aquilons, bourrasques, grains, rafales, tourmentes, raz de marées, coups d'équinoxe, barres, mascarets, ressacs, flux et reflux ; l'agitation à jamais ; le bouleversement indéfini ; un dragon est noué autour du globe, et souffle et hurle ; le tumulte s'est fait monstre ; voilà la mer. Écoutez. Voici ce qu'est le fond de la mer. Au-dessous de cette surface d'ondes que déchirent sans l'entamer toutes les proues de l'homme, proue tellement innombrables que le seul commerce de l'Europe et de l'Amérique entrecroise sur une seule ligne de navigation dix-sept mille navires ; au-dessous de la houle où voguent au hasard les goémons, les varechs, les grandes herbes couvertes de puces d'eau, les fucus nageants, *praderias del mar,* comme disait Colomb, et les arborescences aux longues nervures nues, et ces paquets d'algues qu'on rencontre parmi les vagues dans les solitudes, et qui ressemblent à des rouleaux de cordes dénouées ; au-dessous de la couche où se forment les crustacés et les coquillages, les actinies, astéries radiées, doris, porcelaines, agatines, volutes, cyclostome, crabes à cuirasse de bronze, poings-clos sanglants, homards, langoustes, poursuivis par le *devil-fish,* le monstre aux huit cents ventouses, au-dessous de la couche où tremblent et resplendissent les phosphores, néréides, cyclidies, mammaria, vers polygastriques, insectes lumineux, pierreries des flots ; au-dessous de la région déjà moins distincte où rôdent les nautiles, les jantines, les cyanées bleues, les glogigérinées, les rhizopodes, les méduses ;

au-dessous de toutes ces zones tourmentées et fauves, la mer s'apaise solennellement et, peu à peu, se tait. Cependant les poissons vont et viennent encore ; une nappe d'environ deux mille mètres d'épaisseur appartient aux colosses étranges de l'eau, fourmillement confus de ces transparences, aux squales, aux requins, aux poulpes, aux krakens, à Léviathan, à Céto, des formes épouvantables glissent ça et là, et les hydres se meuvent crépusculairement dans cet invisible. Plongez plus bas. Cette zone dépassée, l'eau devient lugubre. Plus rien. L'esprit – car l'esprit seul pénètre dans ces précipices – ne perçoit plus un seul frémissement d'être animé. Partout, en haut, en bas, en avant, en arrière, une lame de verre liquide et immobile. Vous êtes dans l'unité de l'eau. Ceci est l'eau toute seule, chose horrible. Descendez encore pourtant ; et tout à coup, sans que vous en soyez déjà à apercevoir le fond, toute la mer qui est au-dessus de vous vous apparaît comme une masse distincte, et vous croyez voir le dessous d'une incommensurable nuée. C'est une nuée en effet que forme au-dessus du fond inconnu cette première épaisseur d'océan, et de cette nuée il tombe, dans la seconde épaisseur, une pluie. Quelle pluie ? Une pluie vivante. Une pluie d'animalcules. Ici apparaît le mystère. L'immensité microscopique se démasque. Le tremblement de la création vous saisit. On pourrait dire que c'est à l'infiniment petit que commence l'énormité de la mer. La mer a son produit, c'est le foramninifère ; l'océan secrète l'infusoire. La molécule et la cellule, ces deux limites de la vision microscopique, tellement abstruses que la cellule animale n'est pas distincte de la cellule végétale, ce Calpe et cet Abyla de l'infiniment petit, engendrent en se combinant avec toutes les forces obscures en suspension dans l'océan, un être imperceptible. Que fait cet être ? Il bâtit sous l'eau des continents. La fonction de cet atome, c'est de remplacer à un moment donné les Europes, les Asies, les Afriques et les Amériques que vous avez à cette heure sous les pieds. Il est l'extrême ouvrier de l'œuvre inouïe. Là où semble finir la vie sous-marine, il naît, il charge le bas du nuage monstrueux des vagues, et sans cesse et à toute minute, et jour et nuit, il en tombe innombrablement une immense pluie éternelle.

Analogies vertigineuses ! Il neige sur le haut des montagnes, il pleut sur le fond de l'océan. Seulement, ce qui neige sur le haut des montagnes, c'est de la mort ; ce qui pleut au fond de la mer, c'est de la vie. »

On ne pouvait se permettre de louper ça, la mer en a les yeux tout chose. À se demander si Victor Hugo, bricoleur de génie qu'il était aussi, et bien avant le commandant Cousteau, n'a pas inventé le scaphandre autonome et vu les profondeurs océaniques à des niveaux que nos plongeurs connectés se croient les seuls à escalader. Hugo : Cousteau, l'oreille nous rime ça. Et l'œil nous rime les bonnets rouges, leur emblème de prédilection. Ces deux explorateurs d'abysses ont aussi pour génie commun de n'être dupe d'aucun discours, quitte à se faire mal voir des lèche-bottes. Ils se serrent la main au fond de l'eau.

« Philosophie », que j'ai lu dans le grand livre de Simon Leys sur la mer et les auteurs français, fut pour moi une révélation. Quand la mer se prend pour la mer, sur la page, elle se noie. Quand elle n'a que la salive du romancier pour humecter la soif du quidam, on court s'étancher au robinet. (Sauf quand c'est Victor Hugo qui souffle sur les mots : océan qu'il est au naturel, marée haute, marée basse.) Lisez *La Tempête du siècle*, de Stephen King, un ouragan diabolisé par madame Mc Miche dans une île sans histoires. Cinq cents pages de suspens : du grand barnum à dormir debout, mais qu'est-ce qu'il fait bon dormir debout dans un roman qui fait sonner la tempête avec les cloches du diable, et qu'est-ce que c'est bon, le diable des mers qui fait « areuh » dans une âme d'enfant. Car la mer est une midinette, quand elle se met au lit avec un bon bouquin, tour à tour petite sirène enamourée, Ned le harponneur se castagnant à mains nues avec le gros calmar hulkien, ou Victor Hugo descendant en apnée rendre visite au roi Gradlon dans son royaume de pluie. « Étonne-moi », dit la mer au romancier, plagiant Diaghilev à son insu. Et tous les lecteurs poussent le même cri.

Grande méfiance à l'égard de la *Littérature maritime.* Et c'est quoi, ce machin, « Littérature maritime », ce ghetto d'initiés, cette case de l'oncle Mouette : une espèce de tonton moitié pirate, moitié marchand de poissons, qui dit qu'il parle français comme vous et moi, mais qui parle surtout « bateau ». C'est une langue, le « bateau », un *idiome* issu des matafs, ô mes bouées. Ça s'apprend sur les bateaux. Faut aimer. Avoir le pied marin. L'index mouillé au vent. Un chandail bleu. On pisse à genoux, s'il vous plaît, sous la rafale, on se finit au rhum, au bordel. Littérature maritime : littérature de marins, pas vrai, tonton ? Les mauvais auteurs livrent du « roman maritime » à clichés, les grands ont l'universel pour atelier, pour océan dans l'océan, et l'humain pour figure de proue. On les compte sur les doigts d'une main, ces diseurs d'infini, ces visionnaires au cœur pur. Dénombré Stevenson, Melville, London, Conrad, il nous reste un petit doigt. Alors ? Pour qui celui-là ? Pour Hemingway ? Pour « Jules Verne-hélas », comme dirait Victor Hugo ? Ça nous ferait un Français ? Un Breton français ? Tout génial et novateur qu'il était, devancier des Stephen King et autres Bernard Werber, Jules Verne assemblait des tremplins pour films, et c'est dans la main du cinéma qu'on le porte aux nues.

Quant au petit doigt vacant, je vous laisse choisir à ma place, et merci par avance de « m'étonner », car je suis à cent lieues, vous pensez bien, d'avoir lu l'ombre de cet inqualifiable trésor des « lettres » de mer adressées par le romancier au lecteur, avec l'espoir de lui ressembler. Non, je n'ai pas oublié Homère – Ô Mère, Ô Mer –, il faut deux mains, et deux mains féminines, pour soulever et brandir l'*Iliade* et l'*Odyssée*, le plus grand livre de pitié jamais écrit sous le regard de l'eau.

Laissez-moi vous étonner en faisant mes adieux à l'entrée « Littérature », celle-ci promettant une marée du siècle où mon dico perdrait pied – je n'aurais plus qu'à faire appel à la SNSM des auteurs en détresse. L'entrée « Littérature » est le chas d'une aiguille où j'ai fait passer le fil de mon histoire, mon enfance à la maison, pour lier ensemble la mer et les mots « sans lesquels je ne puis pas vivre ». Mais tous mes chers écrivains, tous ces poètes auxquels j'ai volé des inflexions, tous ces chanteurs de la « marine », tous mes frères et sœurs d'océan jouent à la marelle dans cet ouvrage long-courrier qui leur doit tant.

Voici donc à défaut de consacrer à chacun l'éloge qu'il mériterait, la liste à peu près exhaustive des…

Livres à lire absolument

… la liste à peu près exhaustive des chefs-d'œuvre qui font mentir mon oreiller d'adolescent quand il prétend que je fus des années sans lire un roman marin de bout en bout.

L'*Iliade* et l'*Odyssée* (Homère). Le plus grand livre de pitié jamais écrit sous le regard de l'eau.

Rue de la Sardine (John Steinbeck) : Le plus beau des livres sur l'amitié au bord de la mer.

Sarnia (G.B. Edwards) : Le plus beau des livres sur une île et sur un îlien.

Le Cargo du Mystère (Howard Pease) : Ambiance du bord, aventure, angoisse de la mer, suspens.

Trois hommes dans un bateau (Jerome K. Jerome) : Pour les plaisanciers partisans du risque zéro. Désopilant.

L'Île au trésor (Stevenson) : Chef-d'œuvre.

Le Chancellor (Jules Verne) : Un naufrage avec errance en radeau comme si l'on y était.

Sindbad le marin : Chef-d'œuvre de la littérature narrative arabe du XIXe siècle. La « Relation » de l'Ulysse de l'Orient. La mer pour mirage.

Le Galion d'Acapulco. Pirates.

La Mer dans la littérature française (Simon Leys).

Les Œuvres complètes (Joseph Conrad).

John Paul Jones, le loup des océans (Robert de La Croix).

La Chasse au Snark (Lewis Carroll) : C'est en vers. Mais pas besoin d'aimer les bouts rimés pour être emporté dans cette utopie cinglée dont tous les héros feraient le bonheur d'Alice ou d'Ubu Roi.

Les Naufragés de l'île Tromelin (Irène Frain).

Culture rhum (Patrick Mahé).

Jours barbares (William Finnegan).

Le Prince des marées (Pat Conroy).

Octobre rouge (Tom Clancy).

Un feu s'allume sur la mer (Henri Queffélec).

Le Royaume des moustiques (Paul Theroux).
Seule la mer s'en souviendra (Isabelle Autissier).
Dans les eaux du Grand Nord (Ian McGuire).

Chacun de ces livres a été lu et relu tant et plus. Ils me procurent un bien-être inusable. Ils sont tous à décorer de l'Ordre de la Nuit Blanche. C'est Martin Eden, je crois, le héros de Jack London, le premier à m'avoir…

London (Jack)

… le premier à m'avoir tenu éveillé jusqu'au matin. Son histoire me bouleversait, violente, romantique, fatale, nous étions d'accord sur tout. Je ne correspondais pas vraiment à la description physique qu'il se donne de lui, par les yeux de sa Ruth bien-aimée, si ce n'est qu'étant Martin à chaque mot, j'assumais volontiers sa corpulence de beau gosse balafré. Mais qu'est-ce que tu nous fais, Martin, cette nuit-là ? Pourquoi tu meurs dans la mer ? Pourquoi tu sors de ta cabine en passant par le hublot ? De quoi te venges-tu ? Tu ne peux pas me demander ça. J'aime trop vivre, me remplir les poumons d'air iodé, j'aime trop les autres, trop la mer.

En deuil de Martin Eden, je le fus de Jack London en découvrant qu'il s'était suicidé. Un mystère, pour moi, comme toujours, les suicides. Il l'avait eue, lui, sa vie vagabonde sur un beau voilier, mon rêve, il avait même écrit *Martin Eden* à bord du *Snark*, le roman qui l'avait rendu riche et célèbre. Il faut croire que nos « moi » différaient, pas seulement pour les balafres.

Longtemps après, je lus de lui ses *Contes des mers du Sud*, et j'écrivis ceci dans mon premier cahier chinois.

D'un bleu l'autre

« Ayant connu la gloire, Jack London est tombé de son haut. On remet l'homme au paletot de cuir noir, aussi beau qu'un Kerouac, mais l'œuvre s'éloigne. Que reste-t-il de *Martin Eden* ou du *Peuple d'en bas* ?… Le souvenir tardant à briller, le doute s'insinue. Est-ce que le dégraissage ne sévirait pas du côté des vieux albatros ? La ringardise n'aurait-elle pas saisi London, lui aussi, après qu'elle eut figés les Vercel, Peisson, Dupouy, Loti, Monfreid, Garneray ? Des océaniques, s'il vous plaît, tous. En littérature, la mer a toujours eu du mal à monter. Elle redescend plus vite que son ombre, elle reprend ses baromètres fous, ses capitaines au bout du rouleau, ses pieuvres myopes, ses négriers. Et même le vieil homme, Santiago, on se demande s'il n'aurait pas été mieux avisé, l'autre fois, d'écouter son match de base-ball à la radio jusqu'au bout, au lieu d'aller embêter l'espadon.

J'étais dans cette humeur boudeuse en ouvrant les *Contes des mers du Sud*. Et soudain je suis harponné par ce je-ne-sais-quoi de parfaitement insondable, apanage du grand écrivain. Impossible de faire machine arrière ou d'estimer dépassée la date limite d'émerveillement. Je suis Martin Eden lisant les contes de London. »

Ringard, lui ? Sûrement pas. Ce fils naturel d'une évaporée naît à San Francisco en 1876. L'enfance est un cauchemar, les études ont un goût de papier mâché, les études ne l'aiment pas ou si mal, il vomit ce monde échelonné par la puissance et la cruauté. Partir lui colle à la peau, explorer les vastes ailleurs, la forêt, le bout du rail, le Grand Nord, l'immensité : « C'est moi, l'immensité », dit-il à Flaubert en espérant trouver les mots d'une pareille soif. C'est lui, oui, quand il se rue vers l'or du Klondyke, lui trimardeur, clodo, pirate, blanchisseur, ou quand il se bat contre les aigrefins d'une intelligentsia peu encline à choyer ce diable d' « insurgent ». Qu'irait-il ressembler à cette engeance dont hélas il dépend. Plus humains sont les bons enfants des îles Sous-le-Vent, tout cannibales qu'ils puissent être.

C'est à pied qu'il court la belle étoile, où qu'elle ouvre l'œil. Un jour viendront les *hobos*, les *tramps*, les *bums* et divers crados guitarisants d'un bivouac d'Eden, frères d'un Dieu qui multiplie la gnole et la came en attendant une aurore aux yeux de flic. Un jour Kerouac ira traquer sur les routes un temps perdu par d'autres. Un jour Pynchon n'aura plus qu'à décortiquer cette mouvance *woobly* portée coûte que coûte à la nostalgie. Mais c'est Jack, le premier bohémien, le premier *lonesome* routard à traîner son âme esquintée vers l'Ouest, ce non-lieu qu'il s'est donné pour ex-voto. Il crève la faim, défie son entourage, écrit. Il est refusé partout. Quand il ne l'est pas on le paie au lance-pierres, on lui plaint les cinq dollars sous contrat. Il hait les éditeurs auxquels il fera rendre gorge, un jour, trop tard pour avoir la santé d'en jouir. Et ce qu'il jette à la face du bourgeois dans *Martin Eden*, sa haine de l'individualisme blindé de thune, le bourgeois façon Babitt n'y voit que la célébration du *good american way of life* : le dollar sourit aux audacieux. London enrage. Libéral, lui !

À cultiver un socialisme ambigu, dévoyé sous l'influence de Nietzsche, il trouble son monde. De nos jours, cet écorché vif ferait un « Vert » de la plus belle eau.

Malheureux en amour – Ô Marbel ! – n'a-t-il pas reporté tous ses vœux sur le jardin d' « Eden » isolé des grands prédateurs de l'industrie, sur la planète Mer.

Quand il écrit les contes en 1911, il a toujours le *Snark*, son voilier. La misère a porté ses fruits, son *Martin Eden* fait un malheur. Les profs analysent à qui mieux mieux la société qu'elle flétrit. Ce renom pèse à Jack. Le succès ne vaut pas l'exil. Célèbre, il n'en reste pas moins aventurier dans l'âme, il piaffe. Heureusement qu'il y a l'alcool pour estomper le visage du monde.

Que trouve-t-on dans ces *mers du Sud* ? Un des phrasés les plus envoûtants qui soient en littérature, un amour des îles, une fascination pour l'humain quand il est sincère, en harmonie avec le dieu Nature qui est ce qui est. Qui préférer chez ces gens de mer ? McCoy, cette espèce de Christ à sang noir, pilote occasionnel d'un navire bourré de feu ? Otoo, lorsqu'il donne à croquer ses deux mains au requin blanc pour sauver son maître ? John Starhurst, le champion de Dieu dévoré par ses ouailles ? Maouki, le Nègre aux dents noires, aux oreilles percées de vis de cuivre, lorsqu'il pèle ni plus ni moins son bourreau d'Allemand avec une moufle en peau de raie ? Tous ils sont vrais, ils sont beaux, purs, violents comme tout ce qui vit et survit ici-bas : ils ne cherchent jamais à surpasser les dieux. C'est l'amour qui tue Martin Eden, qui tue Jack London l'incompris, le mal-aimé, l'étranger. Quelque chose ne s'est pas bien passé, entre Jack et les hommes, et il a préféré nous quitter, à quarante ans. Il a donné tout ce qu'il pouvait sur la Terre. La mort n'a plus rien à prendre.

J'écris ces mots sur la mort, et je me dis que pas une fois je ne suis monté dans un avion sans y penser : me demander si j'ai bien pensé à tout donner et si ce n'est pas le cas pourquoi je risque ma peau dans un objet volant susceptible de tomber en panne. La dernière fois c'était pour aller au Mont Saint-Michel en hélicoptère, la…

M

« Monsieur, dit-elle à son époux, vous porterez les bagages ! » Au bout d'une demi-heure, M. Fenouillard trouve le soleil lourd, la valise aussi. Tout à coup ces dames qui ont pris les devants le hèlent : « Ho, ha, hop ! M. Fenouillard ! Papa !... » On voit le mont Saint-Michel ! »

Une demi-heure après, le mont Saint-Michel semble tout aussi éloigné. Nos voyageurs s'échelonnent par rang d'énergie. En tête madame Fenouillard, ces demoiselles viennent ensuite. Quant à M. Fenouillard... il a disparu.

Pensant avec Montaigne dont il n'a jamais entendu parler "que la mollesse et l'incuriosité sont un doux oreiller pour une tête bien faite", M. Fenouillard s'est abandonné au sommeil.

Et dans la soirée, mesdemoiselles Artémise et Cunégonde redescendront seules des hauteurs du mont Saint-Michel, ayant perdu madame leur mère que le gardien a enfermée par erreur dans l'un des cachots.

Christophe

Mont-Saint-Michel

… la meilleure vue sur l'Archange de la basilique. Oh, ça va ! Ça va ! Je sais qu'il est normand, l'Archange, que le Couesnon est timbré, qu'il a dévié son cours exprès pour embêter les Bretons, et que si l'habit ne fait pas le moine, une petite rivière non plus ne fait pas mentir l'origine historique des lieux, vive la Normandie.

Voyons l'Hexagone. En haut à gauche : la Bretagne. En haut à droite : la Normandie. Au milieu : la baie du Mont-Saint-Michel, classée au patrimoine mondial de l'Unesco –, limitée par Granville à l'est, par Saint-Malo à l'ouest. Plus voyant poste-frontière que cet îlot-monastère entre les deux régions, entre la mer et la terre, entre l'homme et son Créateur, impossible à trouver. On y chante la gloire de Dieu à longueur d'année. Tout en haut, couronnant la flèche de l'abbaye à cent soixante-dix mètres au-dessus du zéro des cartes marines, saint Michel veille au grain. Un archange doré à l'or fin.

Que la destination spirituelle du mont ne nous fasse pas oublier pour autant les œufs battus en neige de la Mère Poulard ni les vendeurs de colifichets qui brassent la monnaie du million et demi de visiteurs dont l'Archange, plus sensible aux honneurs, pourrait se flatter chaque année. Et qu'il daigne baisser les yeux sur les vases amoncelées au pied des remparts, au risque de relier la merveille au plancher des moutons. Prions pour que la digue à claire-voie récemment inaugurée sauve enfin la haute mer autour du chef-d'œuvre, ce dernier réputé « en péril » depuis qu'il est né.

Le 21 mars 2015, se fêtait à l'ouest la marée du siècle. 119, le coefficient. Le maximum étant 120, du grand jamais vu s'annonçait sur les grèves atlantiques. On allait revoir les cloches de la ville d'Ys, retrouver les pièces d'or naufragées des Vénètes, capturer des bestioles jamais vues, et plus simplement marcher où marchent d'ordinaire les crabes et les fées.

De la 119, tous les médias s'étaient comme entichés : fuyez pour une fois nos chroniques à feu et à sang, partez à la mer le week-end prochain. À se demander combien de citoyens l'océan Atlantique aura pu ravir à leurs devoirs électoraux. Grande marée sur la côte, mini-marée dans les urnes désenchantées.

Un phénomène passionnant, la marée, élucidé depuis trois siècles à peine. Les flics de l'Inquisition ont tout fait pour cacher la lune aux croyants. Péché mortel d'oser mettre en doute le système antique de Ptolémée. Un manège intersidéral où la terre humaine ne bouge pas plus qu'une ampoule englobée dans un tourbillon de moustiques dont le soleil est juste le plus dodu. Tant pis pour les savants, tant pis pour le secret des mers, tant pis pour l'Homme, il y va de l'essence même de Dieu.

Tous à l'océan, le 21. C'est la ruée vers l'eau, vers le Mont-Saint-Michel. Quinze mètres de marnage (intervalle entre le haut et le bas des marées). Qui dit mieux sur la planète ? Halifax en Nouvelle-Écosse ? C'est quelconque, là-bas. Au Mont-Saint-Michel, n'importe quel coefficient suscite un désert à marée basse, un festin de sables dont se repaît la lumière du jour, et fait s'épanouir une île.

Autoroutes saturées, couloirs aériens, rail : plus un strapontin dans les TGV qui desservent métropoles et lieux-dits pour jeter l'ancre à Brest, à Saint-Malo. Et plus un hôtel, plus une auberge, un *bed and breakfast* en mesure de fournir gîte et chouchen au voyageur égaré. On réserve, à notre époque. On s'y prend à l'avance – quelle angoisse ! On envoie mail ou pigeon voyageur quand on veut voir ça. La mer ? La mer, non. La 119, nuance. Pour déclarer en regagnant ses pénates : j'y étais.

J'y étais. J'ai tout vu. Je me suis trouvé un strapontin miraculeux dans la voiture 3 du TGV 8091, à côté des toilettes. À Dinard m'attend… un strapontin (décidément, c'est la journée du strapontin !), dans l'hélico affrété par France 3 et M… pour aller tournicoter autour de l'archange saint Michel.

Nous sommes quatre à bord de l'Écureuil. À l'avant, Thierry G., le pilote, et Miko de France 3. À l'arrière, M. et moi. Nous décollons. Cap sur Saint-Malo niché dans un prestigieux rayonnement bleuâtre au nord-est. Une aubaine pour M. qui demande à photographier le Fort National. Permission de survol refusée par les contrôleurs du ciel. Un drone virevolterait dans le coin. Tant pis ! Cap sur le Mont-Saint-Michel. Les drones sont une plaie, nous dit Thierry. Ils montent à l'aise jusqu'à mille pieds. La réglementation n'a toujours pas trouvé la parade à ces « Gremlins ».

Nous survolons Cancale, le paradis des fruits de mer. La baie s'ouvre à perte de vue. Entre la mer et nous, cette immensité d'un blanc farineux, ondoyant, moiré, ces grands sables médaillés d'étangs où se réfléchit l'agitation d'un ciel emporté vers l'ouest, à contre-courant du flot. On ne voit pas la mer, trop basse, on ne l'entend pas. On entend la respiration hachée du rotor.

Nous piquons sur les pieux noirs des bouchots. Des barques sont amarrées dans quelques centimètres d'eau. Plus loin, ce sont les premiers pèlerins de la 119 pataugeant dans les flaques. Ils nous font de grands signes d'amitié. Nous descendons voler en rase-mottes, au-dessus d'une fourmilière humaine autant qu'amphibie. Ils sont des dizaines de milliers venus filer le parfait amour avec l'élément marin.

Le Mont-Saint-Michel est devant nous, presque à portée de main, semble-t-il. L'Écureuil s'immobilise en vol stationnaire, le temps d'une veille aux drones. Nous sommes au niveau de l'Archange debout sur la pointe du clocher. Il a des ailes : pas nous. Deux aéronefs d'un genre différent. En bas, l'humanité pullule, attendant la mer comme on attend Godot, maudissant probablement le boucan du rotor que nous déversons dans la baie. Survol de l'Archange interdit. Nous tournons autour du clocher dans le sillage des mouettes voguant sous nos patins, pas mieux penchées que nous dans leurs girations planées.

Et voici la marée. Elle afflue de toutes parts, raccommodant les losanges de l'Arlequin, les éclats du miroir brisé, redonnant à l'eau son unité primordiale. Au fait, où est passée la 119 ? La mer est là, mais pas la 119, enfin pas tout à fait. Il lui faut du vent portant, à la marée, sinon elle a tendance à bouder son coefficient. Comme si la mer avait des états d'âme, aucun sentiment ! Elle est fiable, une horloge. Elle ne manque jamais un rendez-vous fixé par les étoiles, mais…

Mer

… mais va savoir d'où elle revient quand elle arrive à la côte avec ses poissons du jour, quelle bonace ou quelle tornade elle a franchi, quel bateau coulé, quel dégazage subi, quels migrants noyés.

D'où ?

Ressortons du coffre à jouets le globe en ferraille de mon grand frère Hervé. Et tant pis si les hémisphères ne sont pas d'accord entre eux. La mer est partout, sur ce globe. Un enchevêtrement d'eaux rouillées dont chacune a ses lubies, sa faune et sa flore, ses fées, ses poissons d'avril et ses dieux. Elle règne dans l'hémisphère Sud ; elle partage équitablement les environs avec les reliefs dans l'hémisphère Nord ; se fait *no man's land* aux pôles Sud et Nord congelés autour d'un axe virtuel incliné, et ne sous-estimons pas la nostalgie océanique des lacs et des fleuves où la mer souterraine, la plus vieille maîtresse de Dieu, ne s'est jamais tenue pour battue par le ciel ouvert.

Qui est la mer ? Toutes les eaux s'unifient sous l'empire du mot. Goûtons l'océan : une eau salée mais pas trop vers l'équateur, il y pleut toute l'année ; peu salée vers les pôles où le gel solidifie les brouillards et les pluies ; archisalée en Méditerranée, le royaume à part des mers continentales, chaudes et presque fermées.

Aujourd'hui, on en sait long comme le cerveau d'Einstein sur les arcanes spatio-temporels ou sur nos propres gémellités irréfutables au sein des multivers où nage l'univers arpenté par les astrophysiciens. Mais dix pour cent des fonds marins sont cartographiés et quatre-vingt-dix pour cent des espèces marines restent à découvrir.

Qui est la mer ? On dit la mer comme on dit la nuit. On connaît moins bien la mer que la nuit. On est capable d'envoyer une « astromobile » explorer la planète Mars, à cinquante-six millions de kilomètres de Paris-Notre-Dame, mais on cafouille à la recherche du point le plus profond des océans. La fosse des Mariannes, semble-t-il, à 11 034 mètres du ciel ouvert, par 11° 21 N et 142° 12 E, dans le Pacifique. Jusqu'à plus ample informé.

Qui est la mer ? Marées noires, particules fines, déchets, solvants, pesticides, réchauffement, tous ces mots répondent à la question, mais répondent à côté.

Et si Madame Bovary ne peut pas dire en son âme et conscience : « La mer, c'est moi », tous les personnages de Flaubert, tous ses lecteurs et non-lecteurs, tous ses détracteurs, le monde entier des hommes est prié de lever la main et d'avouer.

Qui est la mer ? Le souffle de l'Histoire humaine, à chaque instant, le déferlement continu des migrants se bousculant aux portillons d'une Europe suffoquée par la misère du monde, écartelée entre son éducation samaritaine et l'espoir que la mer engloutira tout ça, vite : toutes ces larmes sales, ces familles accoutrées de sacs-poubelle sous la pluie, dans la boue, ces mal rasés geignards, indignes, avec leur smala, aussi ragoûtants que les Juifs au sortir des wagons à bestiaux, cette chose offensée qu'on appelle fraternité et qui tend sa main confiante pour sonner chez vous, s'installer, vous raconter ses méchants bobos, tous ses petits potins d'outre-tombe, *via* la…

Méditerranée

… *via* la Méditerranée, là que sont les mers homériques préludant à l'âge chrétien : l'univers clos d'une rêverie concentrée sur la mer Égée au cœur des îles foisonnant entre la Grèce et la Perse, entre l'Occident et l'Orient – ces deux villages d'une querelle fratricide jamais vidée. La mer Méditerranée, la plus vaste des eaux continentales, s'amorce dans l'Atlantique entre Gibraltar et Tanger, s'épanouit dans la vallée séparant l'Afrique et l'Europe, portée à l'est vers l'Arabie, au nord-est vers la

Russie par les mer Noire et mer Blanche, la mer d'Azov, rejoignant de fleuves en canaux la mer Caspienne aux confins de l'Asie. Elle s'en tient là, mais l'océan non, lequel n'est pas plus *Mare Nostrum* qu'il n'est Atlantique, Indien, Glacial ou Pacifique, mer Rouge ou golfe d'Aden, et qui recouvrit de toutes parts nos reliefs aériens avant la décrue. Petit Poucet géant, il va semant de lacs et de mers les steppes asiatiques sans fin pour atteindre la mer Jaune, sa jumelle.

Bon écolier français dressé aux Humanités, et aux deux Testaments, sans oublier Victor Hugo, je « lisais » depuis longtemps la Méditerranée lorsque j'y mis les pieds en 69. Quel âge ? Ingrat. L'âge est ingrat. J'arrivai en Finistérien borné pour qui la mer c'est l'océan. Pour qui la Méditerranée c'est… Eh bien c'est inexistant. C'est la mer sans être la mer, la marée n'y est pas, le beurre n'y est pas. On veut bien la supporter une semaine ou deux, regarder ailleurs, faire comme si… Je fus dix jours à me rincer l'œil sur un pédalo grinçant, à me plaindre de la chaleur, du sable poussiéreux, de ces gens bronzés, pommadés, affalés qui parlaient fort, à comparer leurs paysages avec les miens, leur albâtre avec mon granit, leur soleil paranoïaque avec les lumières de chez moi, à me demander pourquoi c'était si peu mystérieux, chez eux, alors qu'en Iroise on butait sur des fées à chaque pas. Quelque chose clochait, en Méditerranée, ils n'avaient pas l'air au courant. Il manquait une âme à leur « bassin », bassine, à leur bidet turquoise. Ni marée, ni pluie, ni beurre, franchement ! Et quand un bateau passe on dirait le fils d'une carte postale, on pourrait les déchirer, l'horizon et lui. J'ai repris mon train, soulagé, ouf ! C'était ça, leur « Côte d'Azur » ? Déjà que je n'aimais guère Trenet[1]. Quand la femme de ménage la ramènerait, la prochaine fois, son accent marseillais sur le bout des dents, elle entendrait…

Manque à virer

… elle entendrait causer du pays. Du pays breton. Elle retourna dans le Sud entre-temps, j'avais dû l'écœurer, trop de mauvaise foi.

Fini l'âge ingrat, je fus invité à passer du temps sur un vieux *Maïca,* une série mythique des années 50, bordage en acajou, mât d'origine, lest en fonte. Ce n'est guère logeable, ça prend l'eau, mais la fille du skipper a les yeux pers, comme la Vierge Athéna, et la promiscuité

1. Faut-il être sot ou malentendant pour ne pas aimer Trenet.

n'est plus un fardeau. Me voilà de retour en Méditerranée, à l'île de Giglio, en Toscane, entre la mer Ligurienne et la mer Tyrrhénienne, cette fois je me sens l'hôte des dieux. En Iroise je butais sur les fées : à Giglio la mer me semble munie d'yeux et de bouches, comme si les sirènes allaient chanter mon nom en grec : « Iannos », d'ailleurs elles chantaient.

Ce n'est pas tant le bleu vernissé du flot qui me frappe, là-bas, que le noir du ciel, la nuit noire. Elle est bleu foncé en Armor. Si je devais comparer ce « noir » je ne trouverais aucun exemple, car il est d'abord lui-même, intégral, aussi pur que les étoiles sont d'argent, pareilles aux pièces détachées d'un trésor. À califourchon sur l'étrave du *Maïca*, je rêvassais passionnément. La mer luisait à perte de vue, noire, comme fendue par une rivière d'argent. Elle ne parle pas qu'aux yeux, la nuit du Sud, mais à la nuit qui nous envahit l'esprit derrière les pièces détachées du trésor, au-delà des mots que nous ont donnés les Phéniciens. Imaginons-les à Byblos en leur petit théâtre marin, ces messieurs, surplombant la mer, observant la nuit. Ils cogitent. Le son, l'unité phonétique, c'est une chose. Mais le « voir » de ce qui s'entend, l'œil, on fait comment ? On écrit ce qu'on voit au ciel. Si n'est pas la Lune qui fut le modèle de l' « O », je veux bien m'enfermer au couvent. Il nous enseigne quoi, cet alphabet…

Mojitos, Mario Pellegrini

… cet alphabet tiré des archipels du néant ? Ce qu'était notre monde intérieur avant que les temples soient debout, les nombres d'or enclos dans la pierre angulaire des colonnes, et le signe gravé dans la main des mortels. Méditerranée, philosophie, espoir en l'homme, civilisation, brûlante haleine des dieux sur la mer encerclée d'avenir et de sang.

Hélas, au nom de Giglio, un bateau blanc pénètre dans mes souvenirs qu'il souille de son nom. Vous le connaissez tous : *Costa Concordia*, une larme pour les trente-deux morts que son commandant aperçoit dans la glace, chaque matin, s'il ose encore se raser en prison. Le naufrage de la connerie, comme le *Titanic*. La diabolique erreur à la passerelle pendant que la fête humaine se donne cours. On est maître de l'univers ou on ne l'est pas. 13 janvier 2012, 22 h 16 GMT. Voici Giglio, son clair de lune, ses terrasses, ses filles. Un peu de barre à bâbord, et le *Costa* va surgir de la nuit noire à seize nœuds, donner des frissons aux mangeuses de *gelati*, s'effacer comme un songe. 340, timonier, 350 ! OK, 340. Non, 350, timonier, au 340 on se prend les rochers. À tribord 10, timonier, à tribord 20, à tribord toute ! À tri… Il insiste, ce con. Il se dit, tout d'or et de blanc paré, maître à bord des *mojitos* et des *gelati* : ça va passer, ça doit passer. Quatre mille deux cent trente et une personnes à bord et ça va passer au ras des rochers, mais oui, on va lui friser les poils du cul, à Poséidon, ça va longer l'île en douceur et *buona sera* ! les îliennes et les étrangères court vêtues. Ça passe, c'est passé, pas bien passé, la mer a mordu l'étalon où ça fait mal, il ne lui reste plus qu'à sombrer tous feux éteints. Ah, un générateur auxiliaire veut bien jeter ses lueurs de frigo sur la cohue gentiment paniquée ici et là. Bonne fille, la panique, au début. Elle rit jaune, elle crie sans forcer, bouscule sans écraser petits et grands. Elle a payé son billet beaucoup trop cher pour se prendre au sérieux, pour se lâcher. Calmez-vous, disent les haut-parleurs, songez que tous nos techniciens sont en train d'écoper. À la passerelle, on compte les points. Ah bon ? Plus d'ordinateurs ? Plus d'électricité ? De pr pulsion ? De stabilité ? De flottaison ? D'étanchéité ? Plus d'espoir ? Champagne !… Rends-toi à l'évidence, commandant : ordonne l'abandon, sors les chaloupes.

Il se tâte, le commandant Schettino, il a rejoint sa cabine, le temps presse. Chipoti chipota : est-ce qu'il meurt à bord, dans la grande tradition maritime, ou est-ce qu'il se prend une chambre à l'hôtel de Giglio, la porte à côté, le temps d'y voir plus clair ? Il bâille, il n'en peut plus, il est seul, tellement seul. C'est épuisant, pour un commandant, la perte inopinée d'un paquebot plein à craquer de femmes et d'enfants d'abord, de noyés imminents, tous ces cris. Et puis zut, d'abord le commandant, allez ! Lui aussi, il a des femmes, des enfants. Depuis l'hôtel il pourra gérer l'évacuation du navire par téléphone, la tête sur l'oreiller. Faites préparer mon canot, c'est urgent, un naufrage me tombe dessus.

Il est extravagant, l'échange téléphonique entre le capitaine du port et le commandant lancé à dix nœuds vers sa chambre de haut standing avec vue sur mer.

— Vous êtes le commandant du *Costa* ?

— C'est moi.

— Je vous ordonne de retourner sur le navire. Vous refusez ?

Il ne répond pas : qu'est-ce qui vous fait croire ça ? Mais c'est tout comme. Ne pas refuser ne veut pas dire accepter. Il arrive à l'hôtel et monte à bord de sa chambrette. Par la fenêtre il voit son bateau, juste à l'entrée du port. Comme il est grand, comme il est beau avec ses feux rouge et vert. Selfie ? Pas selfie. C'est vrai qu'il est passé un peu près. Il ne les vole pas, les bravos, quand la manœuvre réussit. Il tire le rideau, qu'est-ce qu'ils ont à crier, dans la rue ? Avec ça, il n'avait pas fini de dîner. Il s'étend sur le lit, exténué, s'endort en smoking blanc pendant que tout Giglio, maire en tête – un héros celui-là, Mario Pellegrini –, se porte au secours du *Costa* pris dans les rochers à l'aplomb d'une fosse qui menace de l'engloutir, lui et ses passagers. On frappe à sa porte, soudain. Le petit déjeuner ? Un petit déjeuner à base de menottes, commandant, servi par des carabiniers en tenue. Homicide involontaire, moi ? Vous êtes sûrs que vous ne vous êtes pas trompés de chambre ?

Il a bien fallu qu'il se passe quelque chose, tout…

Mise au tas

… qu'il se passe quelque chose, tout de même, à cette passerelle de malheur. Une toute petite chose, une fraction de seconde ou plutôt deux, l'espace d'un malentendu entre le grand puissant chef et son imbécile de timonier.

La faute à qui ? Au timonier. Les timoniers ne sont plus ce qu'ils étaient, la mer est en faillite !

Le « manque à virer » du « tribord toute », ou du « bâbord », est un grand classique de la négligence à la passerelle, pas qu'en Méditerranée. Et si les cailloux bretons voulaient bien parler, « balancer leur porc de commandant » sur les réseaux, eh bien c'est toute l'année que les éditeurs produiraient des scoops hauturiers, côtiers. Pour le *Titanic*, le baiser de la mort aurait pu se limiter à la violence d'un choc maxillaire, si… (toujours « si », l'Histoire n'est rien d'autre qu'une usine à « si »…) si fermant les yeux, se bouchant les oreilles, faisant battre en arrière ses trois hélices sous-dimensionnées, le navire avait percuté son destin sans chercher à biaiser. L'étrave eût explosé, les infirmeries du bord affiché complet jusqu'à l'arrivée, mais c'est déjà mieux que des poumons envahis par la mort.

Un incident molénais récent me chiffonne l'amour-propre. Le mardi 3 septembre 2013, la vedette maritime *Fromveur 2* assurant la liaison entre Brest et les îles du Ponant est montée sur la roche basse Houriel à 10 heures 40 GMT. Comme dit le jargon nautique : elle s'est « mise au tas » avec ses trois cent soixante-cinq passagers. Brume épaisse, beau temps, marée descendante, elle est restée juchée sur le granit « comme un premier communiant sur la pièce montée ». La formule est de Fred, le marin molénais ayant pris part à la rescousse du bateau. « Vedette » suggère un petit bateau à moteur, un gros jouet. Avec ses quarante-cinq mètres de long, le *Fromveur 2* est un vrai navire d'acier.

« C'était basse mer quand je suis arrivé avec mon canot. On n'y voyait rien. Elle est apparue dans la brume, elle avait l'air échoué dans un bouchon de brume, très haut, ses deux hélices tournaient toujours, elles tournaient pour alimenter les batteries. J'entendais les voix des passagers dans la brume, je ne voyais personne. Les canots de sauvetage étaient là aussi, le *Jean-Cam* et le *Docteur-Tricard*, heureusement qu'il faisait beau ».

Il y avait aussi la *Rose-Héré*, une vedette de la compagnie concurrente. Tous cherchaient le meilleur moyen de transborder les passagers sans en perdre aucun. Aucun ne fut perdu. Tous furent déposés sains et saufs à Molène, beaucoup de personnes âgées. Le commandant fut-il courageux pendant les opérations ? Un chef se détacha-t-il de l'équipage en déclarant : je prends les choses en main, le commandant est destitué pour nonchalance. Il n'y a plus grand-chose à faire, aujourd'hui, sur une vedette sophistiquée, dans la taie du brouillard. Le GPS dit : tu es là. Il montre la balise, le caillou. Il montre le bateau grimpant sur le caillou, s'immobilisant. Pourquoi le commandant regardait-il ailleurs, à ce moment-là ? Mal lui en a pris. Il ne commande plus aujourd'hui qu'un véhicule de transport assuré pour quatre passagers, un taxi brestois. Je ne sais même pas si la plaque est à son nom. Régulièrement, il vient au Conquet attendre les clients à la sortie du bateau qu'il a failli couler. Il met les valises dans le coffre. Il demande si tout s'est bien passé, sur les îles, pendant la traversée, s'il doit prendre par la voie rapide ou la route côtière. Et tout en conduisant, il revoit tourner les hélices de la vedette échouée. Qu'est-ce qu'elles cherchent à lui dire, depuis cinq ans, avec leur tournis ? Il a l'impression qu'elles n'arrêteront jamais de tourner dans la brume, dans ses yeux, de le rendre fou.

Tous les commandants ayant perdu ou failli perdre leur navire dans un « manque à virer » ont un point commun avec Crésus, avec Cyrus, avec Napoléon, avec le pacha du *Titanic*, celui du *Champollion*, de la *Méduse*, du *Fromveur 2*, avec votre serviteur : l'infraction à la règle d'or des Grecs, *celle de la mesure, qui consiste à ne jamais tout désirer au même instant.* On ne peut pas engager son bateau entre le signal et le danger signalé sans exposer le sort de l'embarcation et des embarqués. On ne peut pas, de nuit, circuler à vingt-deux nœuds à travers un lâcher d'icebergs aveugles sans être : soit un puissant oiseau nyctalope, soit un paquebot trop sûr de lui, etc.

En Méditerranée, ce n'est pas…

Marc, Patrick

… ce n'est pas l'archipel grec qui concentre ma rêverie, mais l'île de Beauté, la Corse. Les Compagnons ou les Argonautes ont-ils jeté l'ancre, là-bas ? Les Celtes ont bien laissé leur *triskell* s'épanouir dans les épigraphes d'Héraklion, vieux de trois mille ans. Île de « beauté », la Corse, aucun doute. C'est le premier mot qui vient à l'esprit en débarquant. C'est beau, ça sent bon, c'est ailleurs, loin de tout. Et pas besoin d'explications. Aux îles Sanguinaires, c'est rouge, à Scandola c'est foncé, presque noir, ça tombe à pic dans la mer, au Capo-Rosso, c'est très haut, il y a des nids d'aigle dans la falaise, des forteresses de paille. Le Monte-Cinto couronne le tout de ses neiges éternelles. Beauté, mais aussi calme et volupté.

Luxe, également, pour ce qui est des tarifs pratiqués à la supérette. Quant à l'ordre il va et vient, on est en Corse. Ah, qu'on ne vienne pas me dire que le natif n'est pas commode. À part le petit voyou qui se croit grand, maffieux, il est charmant, le cœur sur la main (dans l'autre le pistolet, un jeu de cartes entre les dents, je blague). Comme le Breton, il est fiable, mélancolique, joyeux, il ne se laisse pas marcher sur les pieds. Il aurait tout du Breton si le fossé de l'huile d'olive et du beurre ne séparait pas leurs appétits respectifs. On peut franchir les mers, escalader les montagnes, on ne peut pas enjamber le précipice de l'huile et du beurre – salé.

En Corse, j'ai rencontré Patrick Morvan et Marc Linski, deux grands marins. Nous participions tous les trois à la course en équipage autour de l'île, un tournoi que les Italiens ont à cœur de remporter coûte que coûte, chaque année, quitte à s'aider au moteur.

Le « Pan ! » du départ retentit à huit heures en baie de Calvi, et la course s'élança, se traîna, s'immobilisa, se morfondit. La calmasse interdisant toute progression, les oursins défendus proliférant comme un harem, vers Gargallo, il n'était pas midi quand se trinqua le premier verre du « bon appétit », un patrimonio rosé fraîchi en glacière. Toute la journée, de plus en plus chaude, le vent brilla par son absence, la glacière prodigua son rosé tiédasse, la zone protégée ses oursins en bas âge. Dans la soirée, Marc nous fit découvrir les ressources utérines de la falaise, de profonds boyaux où, malgré ses vingt mètres de tirant d'air, un voilier peut s'aventurer sans arracher son mât. Il fait un peu sombre, dans l'utérus de pierre, un peu froid, la maternité sent la rouille, le tombeau. Rien à craindre, avec Marc, il s'y connaît, le risque est son métier.

Tirant d'air ou tirant d'eau, il tient son cap dans la grotte obscure. Un « pied de pilote » d'un demi-centimètre lui suffit pour jurer qu'on passe largement à condition de retenir son souffle et ses battements de paupières. Il pouvait être vingt et une heures quand nous arrivâmes en baie d'Ajaccio, toutes voiles dehors. La vedette officielle était partie. Les Français ayant perdu pour cause d'oursins, les Italiens gagné à l'italienne, grâce au fuel, à quoi bon battre des mains à la remise des prix ? « À bientôt et bon vent », nous sommes-nous…

Morvan (Patrick)

… nous sommes-nous dit en guise d'au revoir, phrase de marins qui parient d'abord sur l'heureux hasard.

Je n'ai pas moins d'admiration pour l'écrivain que pour le marin. Je ne parle évidemment pas de l'écrivain d'eau douce ou du marin du dimanche, mais de l'ultra-marin, de l'ultra-écrivain, ces voyants qui traversent les miroirs, les horizons, les heures de Greenwich et d'ailleurs, à la recherche du trésor. Quel trésor ? Le trésor : c'est le trésor, ce n'est pas un trésor en particulier, et quand on le trouve, pour son malheur, ça veut dire qu'on l'a perdu, qu'il n'y a plus d'horizon nulle part.

On ne fait pas plus simple qu'un écrivain, qu'un marin. Ils se devinent aussitôt. Lorsque nous avons fait connaissance à Calvi, Patrick et moi, nous étions amis depuis longtemps à notre insu. Il m'a dit : « Passe me voir à Riec », et j'y suis allé. C'est le pays natal des huîtres plates, Riec, sur la rivière de Belon, dans un Morbihan quasi finistérien. Là-bas, Patrick a son enfance, sa famille, ses amours. Je n'étais pas arrivé qu'il m'a prêté le voilier embossé derrière son grand voilier jaune, celui qu'il avait à Calvi, et je suis parti en mer, bon vent.

Ce n'est pas seulement son palmarès de marin à succès, qui me ravit chez lui, mais touchons-en un mot.

Il a gagné La Baule-Dakar en 83, gagné Lorient-Les Bermudes-Lorient, toujours en 83, gagné le tour des îles britanniques avec Loïc Pochet, sur *Dix de Lyon*, en 89, battu le record de la traversée de l'Atlantique sur *Jet Services*, le multicoques, en 84, il est arrivé second sur monocoque à la route du Rhum, en 90, etc. Il n'a jamais arrêté la course au large et en 2014, à soixante-neuf ans, il s'alignait encore au départ de la route du Rhum. Les amitiés marines ne se disent…

Malheur

… les amitiés marines ne se disent adieu qu'en cas de malheur. L'année où nous devions traverser l'Atlantique ensemble, Marc a péri en mer entre la Corse et Antibes. Lui qui enseignait toute l'année la navigation par gros temps, lui le magicien des mers en proie aux vents forts, s'est fait cueillir par la tempête avec son père alors qu'il convoyait son voilier en plein hiver. Pas plus que je ne m'habitue à l'absence de Tabarly je ne m'habitue à la sienne. Les marins ont l'air de n'être plus là, ils ne sont plus là : ils sont là quand même.

Je l'ai déjà vue violente, la Méditerranée, sur mon voilier, je l'ai vue méchante et violente un soir d'orage qui dura toute la nuit. Je l'ai vue très, très méchante, un jour de grand bleu, de grand vert à couteaux tirés, le vent soufflait vers la mer.

J'étais sur une falaise de la Costa Blanca – tant mieux ! – et soudain l'air est devenu fou, la mer folle, deux enragés, on voyait un dériveur sans mât tournebouler sur l'eau comme un ballon d'enfant, tantôt les œuvres vives, tantôt les œuvres mortes, avec entre les deux l'ombre d'une silhouette humaine cramponnée. C'était magnifique, c'était affreux. Qui prévenir ? Comment ? Pas de portable, pas de cabine. D'autres que moi se rinçaient l'œil, horrifiés, impuissants. On ne pouvait que penser la même chose, en regardant ça. La petite tache noire du quelqu'un en détresse, est-ce qu'elle va s'en sortir ? Encore aujourd'hui je me pose la question. Est-ce qu'un hélicoptère est venu ? Un canot de sauvetage ? Est-ce que le voilier était vide, quand on l'a récupéré ? Pas plus terrifiant que la Méditerranée quand ses nerfs lâchent, quand elle se soulève contre ses démons. Et pas plus dangereux, car elle ne prévient pas.

Débarquant un soir à Bonifacio, je me suis retrouvé nez à nez avec Florence Arthaud. Elle amarrait son voilier à la même..., au même anneau que moi. Elle partait en Sardaigne, moi en Espagne, de sorte que nous avons navigué de conserve une bonne partie de la matinée. Un peu avant Asinara, elle a piqué au sud, j'ai poursuivi à l'ouest vers Carthagène. On s'est perdu de vue dans le double sens du mot. J'ignore pourquoi, mais ces quelques heures de mer partagées, sur deux voiliers, tisseraient un début d'amitié entre Florence et moi. Et quand nous nous sommes retrouvés à bord du *Pont-Aven* de la

Brittany Ferries, au départ de la route du rhum, en 2009, à Saint-Malo, nous sommes tombés dans les bras l'un de l'autre, comme deux vieux copains. La Corse est associée dans ma vie à la disparition de ces deux magnifiques êtres humains : Marc Linski et Florence Arthaud. Mais deuil et soleil forment un…

Merveilleux

… deuil et soleil forment un équipage solide, en cette terre de beauté, de bonté, d'amitié. La Corse est aussi ce micro paradis du golfe de Piana où je vais régulièrement passer des heures inoubliables chez Mireille et Dominique : Mireille Dumas et Dominique Colonna, son Corse de mari, la tendresse faite homme. Je n'ai pas connu Antoine, le fils de Dominique, mais j'ai bien connu Anne, la maman de Mireille, qui attendit d'avoir cent ans pour fermer les yeux. Elle était d'origine italienne, institutrice, elle chanta « Bella Ciao » jusqu'à la fin, jusqu'à la centième bougie.

Ils ont leur maison en haut d'une colline ou d'une « montagnette », comme on dit dans les Abruzzes. Leur terrasse est un balcon sur l'éternité qui vient par la mer entre sud et nord, entre Capo Rosso et golfe de Girolata. La piscine, creusée dans le roc à la dynamite, fignolée à la barre à mine, est comme une eau suspendue à même l'azur. Quand on s'y plonge, corps et âme, on a la Méditerranée sous les yeux, on a la vision clignée du poisson volant sur l'univers marin, de vague en vague, sauf que lui ne bondit en plein ciel que pour échapper à la dent du limier. La nuit, ciel en contrehaut, mer en contrebas, la Lune vient ajouter son grain de folie à ces deux éternités sans paroles où prolifèrent les étoiles. Et chaque fois, grande, petite, amande, cercle ou berceau, elle a l'air d'avoir quelque chose à dire en langage lunaire, avec des sons lunaires, du silence lunaire, de la rogne lunaire. « On va regarder les ovnis », dit Mireille, et Dominique allume le télescope. Les ovnis passent, la Lune passe, meurt, on descend pêcher les calamars à la belle étoile. À chaque jour sa plénitude, sa liberté. Là-bas, chez Mireille et Dominique, j'ai une merveilleuse tanière d'écriture : *L'Homme de ma vie* s'en souvient, mais aussi mon *Dico breton* qui se levait aux aurores – elles sont plusieurs – pour embrasser la pointe de Pen Marc'h, sur la page, tout en guettant la flambée du premier soleil sur les falaises éteintes du Capo Rosso.

J'ai passé du temps en Méditerranée, navigué, musardé jusqu'à ses confins orientaux, changé d'avis sur le format du bassin qui n'en finit pas vers l'est quand on navigue à l'est et vice versa. Comme il est grand, ce bleu qui reçoit l'eau par le chas…

Musardise

… ce bleu qui reçoit l'eau par le chas d'une aiguille entre l'Afrique et Gibraltar, un va-et-vient de thons, langoustes, espadons – les entrants, les sortants, les indécis, les sous-marins.

J'ai longé en voilier la Tripolitaine et la Cyrénaïque, frôlé symboliquement Jérusalem à la croisée du futur immédiat, piqué au nord vers Dardanelles et Bosphore, mer de Marmara, mer Noire – aussi noire que l'azur de Tipaza aux *Noces* d'Albert Camus. Le bonheur de la mer à la voile, c'est l'évasion. On s'en va presque joyeux à destination d'une mer à sec reléguée au désert, et désert à son tour, et l'on oublie que la Méditerranée fait côte au nord-est à Rostov-sur-le-Don, la cime de la mer d'Azov. Près de mille kilomètres continentaux nous séparent d'Astrakhan, le fief portuaire de la Horde d'or sur la Caspienne. Et mille autres kilomètres par mer et par monts rejoignent le port d'Aral que baignait jadis une eau bleutée comme l'iris des sœurs Poliakov. C'est à Rostov-sur-le-Don qu'il faut se rendre à l'évidence : la Méditerranée est bien une mer épicontinentale, comme dit la géographie, une mer cernée par les civilisations qu'elle continue d'engendrer. Se rendre ? À des miroirs aux alouettes ? Plutôt mettre un point final à ce Dictionnaire amoureux, l'abandonner tel quel sur un musoir du port de Rostov, et libre aux souffles marins d'en disperser la complainte inachevée.

« Fermée », non, la Méditerranée ne l'est pas. Elle sourit d'un mot sans commune mesure avec ses entrelacs et fusions. Avant d'être la Méditerranée, elle est la mer, la mer unanime, issue d'un milieu océanique sujet à l'impulsion du feu liquide au revers des continents, obligé de se morceler pour se rejoindre et s'unifier. N'étant plus océan il est mer ; n'étant plus mer il est fleuve, il est rivière, il est lac : rivière à nouveau, fleuve, embouchure, delta – il renaît océan, la goutte d'eau ne meurt jamais.

Devenue mer d'Azov, la mer Méditerranée ne s'enferme pas dans la morosité, reliée qu'elle est au « Don paisible », celui-ci relié aux rivières Krassivaïa, Bystrïa, Tchir, Bitioug, Khoper, relié à la Volga reliée à la mer Blanche, à la Baltique, à la Caspienne.

Je me suis bien baladé en Méditerranée, mais pas suffisamment…

Mer Caspienne

… mais pas suffisamment dans les mers orientales où l'occasion n'a pas fait le larron à voiles que j'aurais aimé devenir dans la mer Caspienne, par exemple, une eau fermée, vingt-huit mètres sous l'océan. Comme si la mer, la seule, ne pouvait être que l'océan. Comme s'il existait de grandes et de moins grandes immensités. C'est désobligeant pour une mer qui ne baigne pas moins de cinq pays : l'Iran, l'Azerbaïdjan, le Kazakhstan, le Turkménistan, la Russie.

Où va-t-on, maintenant ? Vers l'est ? La mer nous précède, par-dessus, par-dessous, se fait mer d'Okhotsk et mer Jaune, part se fondre à l'océan Pacifique, aux sempiternels tournis des courants. Prêtons-leur une âme, à ces courants marins sans répit. Elle souffre l'enfer autour du monde, cette âme, impuissante à gravir l'échelle de Jacob, deux fois par jour, à monter sur la lune.

On peut aussi tourner bride, opter pour un bord à l'ouest, trois mille cinq cents kilomètres en direction du soleil couchant, et traverser en bateau la mer Caspienne, elle n'a pas encore dit un mot. Celui qu'elle a sur le cœur, c'est « mer », justement. Un chat est un chat comme un mot est un mot. Toutes les choses en sont là sous le soleil, à n'être « que ce qu'elles sont ». L'Administration russe lui fait des misères, à la mer Caspienne, la taxant d'imposture. Caspienne oui, mer : à voir. C'est tout vu. Sur le visa, le tampon russe s'abat, portant la mention « Lac ».

La mer, un lac !

Entre pays riverains, on se partage le pétrole de la Caspienne et les esturgeons de la Caspienne. Là-bas, quand on est roi du pétrole, on l'est aussi du caviar. Il n'y a plus qu'à borner les royaumes, sauf à en découdre. On s'en remet au droit international régissant les eaux territoriales, patrimoine commun ou propriété privée. Défense d'entrer, chien méchant. Deux paramètres à considérer : la lisière territoriale de chacun, à douze milles nautiques du trait de côte, et la zone exclusive économique s'étendant jusqu'à deux cents milles, pourvu qu'il y ait assez d'eau à courir. Telle est la répartition des gisements sous-marins que l'Iran veut l'application du droit maritime et la Russie, comme le Kazakhstan celui du droit lacustre fondé sur le partage *ex æquo*. On comprend que la Caspienne l'ait mauvaise. Quand on mesure deux mille kilomètres de long, que l'on est peuplé d'esturgeons, de dauphins, de phoques, incorruptibles témoins, ceux-là, d'un âge où ne faisaient qu'un la mer et l'océan glacial, on ne devient pas lac par la volonté d'une Administration. Imaginez la tête d'un homard se réveillant sous le nom d'écrevisse. C'est vrai qu'elle a des pinces, comme lui, mais comparées à ses brandillons…

Traversons la mer Caspienne entre le Turkménistan et l'Azerbaïdjan, là où traversaient les baroudeurs de la soie. Le navire, un ferry azerbaïdjanais nommé *Akademik Topchubachov*, n'a fière allure qu'au-dehors. Il fait la ligne Turkmenbashi-Bakou, les deux capitales. Cent soixante-dix nautiques. Il transporte les trains. Pas ceux des wagons-lits : les trains de marchandises. Il ne prend pas de passagers à bord, sauf arrangements préalables. Il peut exceptionnellement se louer une cabine, mais standard Grand Luxe uniquement. La voici, trois mètres sous la flottaison, au-dessous de tout. Un taudis qui n'a jamais respiré l'odeur de la mer ni vu l'ombre d'un aspirateur. Le lit tient jalousement à ses draps d'origine depuis qu'il veut bien dépanner des hôtes payants. Et le petit déjeuner ? Vodka. À toute heure. Il est possible aussi, moyennant un supplément à déterminer, de louer la cabine du marin qui vous fait visiter la cabine Grand Luxe. Il en est fier, de son *Akademik Topchubachov*, un bateau réputé pour son bon esprit et son confort à la mer par tous les temps. Si malgré l'odeur de pisse et les rats vous optez pour la cabine Grand Luxe, vous croiserez immanquablement le passager domicilié à vie sur le bateau. Voilà huit ans qu'il n'a pas voulu débarquer, le jour où *Akademik Topchubachov* l'amena à bon port. L'équipage est devenu sa famille, la cale grand luxe du bateau sa maison. Un clochard, aujourd'hui, sous la protection des marins qui lui donnent à manger et le cachent en lieu sûr lorsque les douaniers s'aventurent dans les fonds. Comme ils sont beaux, ces marins russes, capables d'adopter un de leurs semblables venu d'ailleurs, au seul motif qu'il se plaisait en leur compagnie. Qu'avait-il pu se passer en cours de traversée ? Il avait gagné aux dominos ? Battu leur champion tatoué au bras de fer ? Raconté une bien bonne sans dire la fin ? Il n'en faut pas davantage, au large. Et puis la vie se charge du reste, elle éternise l'instant sur la montre d'un bateau pour qui le temps ne se relie qu'à la mer, à la marée quand la lune arrive à s'en mêler. Il faut avoir de solides raisons pour ne pas débarquer du cargo, la traversée finie, fût-ce l'*Akademik Topchubachov*, où qu'en soient les dominos et le niveau dans les verres. Je n'ai pas réussi à en savoir plus sur ce passager entré en clandestinité comme en religion, sur la Caspienne, entre Turkmenbashi et Bakou. On se pose des questions avec un pareil loustic. Est-ce que la police lui voulait du mal ? Sa femme ? Sa maîtresse ? Je ne sais qui ? Est-ce que l'équipage d'un navire marchand honorable irait planquer des années durant, à la barbe du capitaine et des officiers, une âme noire en délicatesse avec la société ? Dernière question, je me la pose en m'apprêtant à l'écrire : est-ce qu'il est encore vivant, cet homme que je n'ai pas vu ? Encore chez lui dans les tréfonds malodorants de l'*Akademik Topchubachov* ? Quand ce dernier partira tôt ou tard à la casse, voué au chalumeau des ouvriers démolisseurs, est-ce qu'un mutant larvaire ébloui par le soleil surgira d'entre les tôles démembrées, demandant quel jour on est, de quelle année, s'il est en train de vivre un cauchemar ?

J'y suis allé une fois en des temps de pénurie soviétique, au port de Bakou, juillet 86, un petit soleil rouge congestionné en guise de crépuscule. J'étais invité à la fortune du pot. J'ai mangé sans rechigner la spécialité locale : l'esturgeon, le caviar, force caviar au bord de la mer où se pêchait monseigneur l'esturgeon. J'ai laissé de côté patates et crème fraîche, Tchernobyl venait d'exploser. J'étais envoyé dans la région par le magazine *Femmes* qui m'avait commandé un papier sur la…

Mer d'Aral

… un papier sur la mer d'Aral en souffrance, un peu plus à l'est, au nord du Turkestan, quarante mètres sous l'océan. Allons-y, roulons à travers la Russie – train, voiture, carriole –, pénétrons en Ouzbékistan. C'est plat, désert, gravats à foison, aucune envie de s'écrier Thalassa ! dans une étendue que les poissons hantaient jadis. On se demande s'il n'est pas sacrilège de fouler une marée basse obtenue en violation des lois du ciel. On longe un mur de sel, avant d'arriver au port, ce n'est pas du sel marin. C'est du sel terrien qui fut marin à l'âge où les dinosaures erraient bactéries dans l'océan rougeâtre qui nappait le monde entier, cloquant et fumant par endroits tel un coulis oublié sur le feu.

Voici le port d'Aral, un port sous vide, semble-t-il, en apnée. Ils peuvent être à marée basse, en Bretagne, ils ne donnent pas cette impression d'aridité maudite. Il y a des quais déserts, des grues, des entrepôts, des bâtisses à l'abandon, maintes fois pillées, désossées. Reste le vent sifflant qui vient ricocher sur un silence de mort. Au bout du grand môle, un garde-fou disloqué. On s'approche, on se laisse envahir par le sentiment du bleu marin, mais ce n'est à l'infini que mauvaises herbes ployées sous les rafales de sable salin. Des pistes sans issue vont quadrillant d'un labyrinthe acharné ce nulle part qui le cède à la mer à cent kilomètres du port. Allons-y, il y a de quoi se paumer. Un désert est une usine à mirages et les pistes ne semblent creusées par les roues que pour le plaisir d'y tourner en rond.

En mer on a besoin d'un capitaine, en montagne d'un guide expérimenté. En mer d'Aral, on va sur les talons ou dans les roues d'un professionnel du non-lieu. Cette ligne noire, là-bas où le ciel est nacré, c'est la mer ? Pas du tout. C'est l'horizon apparent, juste la commissure entre la planète et le sifflement du vent. Il monte, il descend, il ondule à un rythme régulier, crève de chaud, s'ennuie. Pas âme qui vive autour de nous à part des chameaux et des moutons nullement égarés. Le soir, ils savent où coucher. Tiens, des bateaux. Des bateaux ! Des ossatures rouillées, tronçonnées, les morceaux dont les ferrailleurs chinois n'ont pas voulu. Comme ils émettent un peu d'ombre autour d'eux, une végétation rabougrie leur en sait gré, couleur de peste elle aussi. Imaginons ces bateaux sur l'eau. Ils ont fait bonne pêche, ils rentrent, ils sont en « route maison », à un jour de mer. L'équipage s'affaire au nettoyage du poisson. Que se passe-t-il, on n'avance plus. Bientôt le sec a remplacé l'humide, le désert la mer d'Aral, on abandonne le navire au milieu du sable.

L'eau, on y est enfin. Le petit bleu d'une mer étrécie. Trois embarcations en plastique croisent devant nous, trois bateaux de pêche. Ils attrapent des poissons bizarroïdes, gavés à toutes les chimies dont le milieu est souillé. Celui qui les fait manger à sa famille a confiance en Dieu. L'île de Vozrojdénia se dresse au loin dans la chaleur. On dirait la montagne Sainte-Victoire, en moins élevée. Une île sèche, elle aussi, une île déshydratée. C'est là que les Russes, anciens maîtres autoritaires de la région, avaient leur laboratoire d'armes bactériologiques. Défense d'approcher, les garde-côtes veillaient au grain. Un laboratoire top secret, sauf pour les poissons qui rendaient leur âme à Dieu plus souvent qu'à leur tour. À Vozrojdénia, dans les années 50 et jusqu'en 92, à la chute du glacis soviétique, on stockait, testait, mariait les souches pathogènes comme l'anthrax, le typhus, la variole. Eh oui, *si vis pacem…* On s'enorgueillissait tout bas du plus grand site militaire d'expérimentation bactériologique ayant jamais dégradé milieu marin. En 92, la perestroïka battant son plein en Russie, le mot *décontamination* dûment crypté circula dans les courriers diplomatiques. *Poussière sous le tapis* eût été moins approximatif. Impuissants à reloger leur furonculose d'intérêt public, les militaires russes avaient jugé plus sage de l'ensabler sur son lieu de production. Onze énormes fûts d'anthrax : de quoi réduire au silence l'ensemble du genre humain. La mer partie régénérer les cotonniers du Kazakhstan, l'île en mer devint l'île à terre, un beau rivage accessible à tous – aux familles, aux amoureux, aux animaux, aux terroristes. Et paradoxalement ce sont les Américains qui furent sollicités et rémunérés pour donner un coup de ménage aux écuries d'Augias.

J'ai une tendresse, pour la mer d'Aral. Ce doit être ce mot d'« Aral » qui fait ça, tellement doux, comme un prénom d'enfant. C'est une mer éclopée. Je n'ai vu la mer d'Aral qu'une seule fois dans ma vie, en vitesse, et d'ailleurs je ne l'ai pas vue pour la simple raison qu'elle brillait par son absence, en plein soleil, sous un vent brûlant. C'est dire si je m'en souviens.

Quand on nous dit « la mer », la première sensation qui fourmille au bout des doigts, c'est la grandeur. La mer, c'est la plus grande eau qui soit au monde : plus grande que l'eau d'un lac, du plus grand des lacs, du plus puissant des fleuves, de tous les orages en même temps, à supposer qu'ils se mettent à pleuvoir ensemble. Et si quelque poète paradoxal se mettait à déclarer : ce n'est jamais qu'une grosse goutte d'eau, la mer, une larme salée par les volcans, eh bien, Dieu lui-même ne parviendrait pas à la verser. Il lui fallut d'ailleurs beaucoup de chagrins successifs pour enfanter la mer vivante, cette effusion plus riche en péripéties que les pleurs accumulés du genre humain.

La mer d'Aral était vaste comme la mer, autrefois, c'était la mer. Et pour les riverains, pas une mer ne la surpassait, ne l'égalait, pas un océan. Personnellement, quand je regarde l'Atlantique et que l'horizon fait cercle autour du bateau, baguant d'un seul trait l'univers et toute la nuit remplie de son grand maximum d'astres dissipés, je ne me dis pas : c'est grand, oui, mais dérisoire comparé à l'océan Pacifique, ce qui nous vient à l'esprit lorsqu'on regarde un minivoilier cingler effrontément vers le jet d'eau central du bassin du Luxembourg – symbole, celui-là, d'un ennui vaste et mortel comme l'océan. En tout cas pour moi.

Grande comment, la mer d'Aral ? Les zéros ne vous diraient rien. Ils ne disent rien à personne, excepté les amateurs qui s'en font des boulimies pour tromper l'angoisse d'être né. En vérité, je préfère ignorer le cubage officiel de la mer d'Aral en sa jeunesse, du temps qu'elle était l'immensité. Vous mesurez l'immensité, vous la « cubez », ce n'est plus qu'un mustang au cachot. Les chiffres sont des cachots. Au demeurant qui m'éclairer sur ce point mystérieux. Pourquoi mesure-t-on l'intérieur des objets en « cubes » ou en « tonneaux », selon ? Aucun exposé là-dessus ne m'a jamais rallié à ses vues. Étrange, de passer du cube au tonneau, sur les navires : du cubage au tonnage. Qu'en penses-tu, Capitaine Haddock ?

Fut donc un âge où l'horizon baguait l'univers et la nuit, sur la mer d'Aral, et l'océan n'aurait pas fait mieux. Et quand Lénine lui réclamait un geste nourricier en faveur des jeunes militants sans kopeck, à l'aube de l'Union soviétique, elle était à même d'expédier à Moscou, par train frigorifique, la bagatelle de quatorze wagons débordant d'esturgeons, le poisson royal ou plutôt révolutionnaire de ses entrailles. Mais rends service à Bertrand ! Rends service à l'Union soviétique ! Reconnaissante à sa manière, quelques années plus tard, la Russie considéra que les champs de coton kazhaks avaient soif, et que la soif des esturgeons ne valait pas celle des cotonniers. C'est ainsi que l'Amou-Daria et le Syr-Daria, deux fleuves géants qui traversent des pays comme l'Afghanistan, le Turkménistan, le Kazakhstan, l'Ouzbékistan, pour se déployer dans les eaux de la mer d'Aral – confusion du doux et du salé –, furent barrés et détournés au nom d'une priorité visée par les commissaires au Plan. C'est ainsi que la mer d'Aral devint la seule mer au monde à s'être vu couper l'eau, la seule mer à sec ou si peu mouillée que les chalutiers pris au dépourvu, cales pleines, se pensaient échoués dans un nouveau désert, ce qui devait s'avérer. Combien de marins pêcheurs, un jour, le pire de leur vie, abandonnèrent leur navire encalminé dans la poussière de sel pour rejoindre le port à pied, une caisse de poisson à l'épaule.

Elle est si belle, la mer d'Aral, belle comme la mer. Elle est le point d'eau martime le plus oriental du continent européen. Ne lui en veuillez pas d'être un peu à sec, l'homme est passé par là. Mais l'homme en cache un autre, et la soif de la mer d'Aral pourrait bien s'étancher dans les années à venir.

Passé la frontière russe, la mer n'y est plus. Mais peut-on refuser le titre de mer au lac Baïkal au motif qu'il n'est pas salé ? Est-ce le sel qui fait la mer ? Il est des lacs salés comme le Balkhach, au Kazakhstan, et il ne suffit pas de…

Mer Baïkal ou lac Baïkal

…et il ne suffit pas de saler un étang ou un rince-doigts pour qu'il soit mer, ni de boire un verre d'eau pour déglutir un lac. Surtout quand il peut loger intégralement la Méditerranée et que son point le plus bas, digne d'un bathyscaphe, se trouve à mille huit cents kilomètres du ciel ouvert. Mer et lac, telle est cette pièce d'eau que les Tatars ont divinisée. L'écrin dont elle est entourée, sur deux mille kilomètres de littoral, met bout à bout des immensités boisées.

Quand on vient par la Sibérie, on passe le fleuve Ienisseï – trop puissant pour son lit, disait Tchekhov, un connaisseur –, sur l'*Aleksandre Matrosov*, on franchit des horizons verts, noirs, blonds et bercés par les blés en germination, par les dieux invisibles, on traverse des forêts, on noue des rubans votifs aux arbres longs et fins comme des gratte-ciel, sous la protection des chamans. Le lac n'est plus qu'à deux pas en longeant la rivière Angara. Le voilà, vivier libre de l'« omul », un poisson qui ne vit nulle part ailleurs : certes sacré, mais sacrément apprécié des gourmands. D'abord on achète l'omul pour les beaux yeux verts de la marchande, ensuite on s'aperçoit que l'on n'a jamais rien mangé d'aussi bon. On a la même sensation en mangeant des huîtres n° 2 chez Yvon Madec à Prat-Ar-Coum, me direz-vous, ou des ormeaux sur le port de l'île Molène, ou les caplans de Saint-Pierre-et-Miquelon. C'est aussi l'instant présent qui veut ça, au bord de la mer Baïkal ou du lac, lui qui fait rêver des jours anciens où l'express interminable du Transsibérien, l'hiver, traversait les eaux glacées pour rejoindre la ville d'Oulan-Oude, en Bouriatie. Ce n'était guère sorcier. Ça n'est jamais bien sorcier, avec les Russes, mais à peine croyable. On boulonnait par tronçons la voie ferrée quand on était vraiment sûr, *prosit* ! que la glace avait pris et qu'aucun redoux ne lui ferait changer d'avis. Un rail de cent kilomètres posé directement sur l'eau, de novembre à… à quand ? Comment savoir ? La météo changeait tous les ans. On déboulonnait aux premiers bourgeons, premiers suintements. Un casse-tête pour l'Administration, le choix du déboulonnage après l'hiver. L'idée du Transsibérien englouti de bout en bout avec ses trois mille neuf cents passagers /voyageurs, par mille huit cents mètres de fond lui donnait des cauchemars. Catastrophe humanitaire, catastrophe économique.

À bord du train, on surveillait la glace. Très belle, un pur cristal bleuté, on voyait l'eau bouger à travers, les omuls ouvrir de grands yeux. Ça craquait, de temps en temps, comme les vieux rafiots rhumatisants. La glace est craquante, par nature, et ça ne signifie pas toujours qu'elle en train de céder. Il n'y a d'ailleurs pas d'exemple d'un Transsibérien ayant sombré dans la mer Baïkal, ce qui pour moi tient du miracle. Preuve que l'Esprit continue de planer sur les eaux. Preuve aussi qu'il est l'ami des wagons-dortoirs où s'entasse la comédie humaine, ses fêtards, ses richards, ses fuyards, ses braves gens, ses bandits et ses flics, tout ce beau linge copinant autour du quoi boire et du quoi manger. Le Transsibérien n'a jamais coulé sur ses rails de haute mer, mais pour autant le deuil n'a pas épargné la région. Nombreux les noyés du volant partis joyeux sur d'innommables tacots, de jour comme à la belle étoile. La glace tenait depuis des mois, on avait oublié la mer, les grands fonds liquides et mortels, la puissance de l'eau tiraillée par le printemps, on allait vite, vite, en toute confiance.

Si j'ai dit plus haut que la mer Baïkal – la mer à boire – conservait dans ses abysses au moins vingt pour cent de l'eau potable ici-bas – nuages compris –, je me suis beaucoup avancé. Et l'Antarctique, alors ? Comment puis-je laisser de côté la calotte glaciaire australe ? Quatre mille kilomètres de diamètre, mille cinq cents mètres de manteau neigeux empilé depuis des milliers d'années sur un continent grand comme vingt fois l'Hexagone. Attrapons le boulier : tout bien pesé, c'est quatre-vingt-dix pour cent d'eau raidie par le gel qui vit dans cette source plus sud que sud. Mais continuité il y a de la source antarctique à la source Baïkal, mer ou lac. Il y en a une entre toutes les gouttes d'eau, salées ou non, que la gravitation destine au plancher des albatros, des méduses ou des vaches, et bien sûr des omnivores tels que nous. Même si les gouttes d'eau, parfois, sont moins liquides ou fluides qu'ailleurs, comme il est inouï de le constater dans la mer Morte où je…

Mer Morte

… dans la mer Morte où je me suis baigné sous le regard de mon garde du corps. C'est de loin la baignade la plus chic et la plus étrange de toute ma vie. J'étais invité là-bas par Sa Majesté la reine Rania de Jordanie, grande lectrice des romanciers français, et bien sûr par le roi Abdallah, en vue de découvrir leur merveilleux pays et de m'en inspirer. Le matin, je travaillais au bureau du roi Hussein de Jordanie, à Aman, dans l'ancien palais royal. Je me pince en écrivant ces mots.

Morte, la mer ainsi nommée entre Israël et la Jordanie est la plus basse des mers du monde, gisant quatre cent vingt-deux mètres sous l'océan. Aucun poisson, aucune faune ou flore, rien, mais l'oued Araba lui déroule un ombilic de consolation vers la mer Rouge et, *via* l'océan Indien, la ramène à l'unité morcelée du flot marin autour de la planète.

Nulle part je n'ai entendu, comme en suspens au-dessus de l'eau, une telle absence de bruit, si ce n'est le jour où…

Marées noires, Marées vertes

… si ce n'est le jour où le pétrolier jumbo *Amoco Cadiz* en panne de gouvernail, impossible à remorquer dans la tempête, vint s'échouer à l'ouest du phare de Corn-Carhai, sur les roches de Portsall, prédestinant soudain le nom du pays à l'abomination.

Tout le monde débarqué par les hélicos de la Sécurité civile, ce fut un casse-tête pour les autorités, en pleine nuit, face à des marins en état de choc, de mettre la main sur le commandant dont une bourrasque avait emporté la casquette. Ils étaient tous en jean, mal rasés, exténués, ils puaient tous le pétrole et l'angoisse. La détresse n'a jamais bonne haleine, mais où donc était passé ce foutu commandant ? Pas d'uniforme : on s'y perd, et trop d'uniformes…

Monsieur

… et trop d'uniformes à clignotants, ce n'est pas mieux. Il faut compter les galons, deviner le grade, oser l'erreur. Dans l'aéroport, on prend volontiers le steward pour le commandant, et d'ailleurs il ne s'en plaint pas. J'en ai connu un, chauve, beau gosse, bronzé toute l'année. Disons qu'il s'appelait M., comme la lettre M. Nous avions un point commun – la mer, les voiliers. Dès qu'il avait un moment il partait régater en Méditerranée, son violon d'Ingres. Il n'avait rien contre la Bretagne, une mer très vivante, des plans d'eau intéressants comme La Baule ou Quiberon, et quelles huîtres ! Mais son vieux port de Cannes, il avait bien du mal à s'en décrocher. Il pilotait les 780 d'Air France au moins deux fois par semaine. Ça ne valait pas les A380 d'Airbus, mais c'était « vivant », un mot qu'il affectionnait. « Et des sensations comme on peut en avoir à la barre du voilier, quand ça se gâte… » Nous nous retrouvions à table chez des amis communs, et, c'est bien connu, les amis des amis évoluent dans un climat d'amitié partagée. Chaque fois, il revenait de Pointe-à-Pitre ou Rio, de New York. Il était modeste, ouvert, heureux du métier qu'il faisait : fier d'une compagnie qui faisait ses preuves aussi dans la maintenance des appareils, pour le monde entier. De temps en temps il avait eu un problème avec un réacteur, ou il n'avait vu la piste enneigée qu'à dix mètres du sol, au moment de poser ses roues.

Un jour, sur le vol AF Istanbul-Paris plein à craquer, survolté, j'ai vu miroiter par-dessus le trolley du déjeuner une calvitie qui me disait quelque chose. Les avant-bras aussi me disaient quelque chose, et quand la silhouette s'est dépliée, face à moi, je n'ai plus eu l'ombre d'un doute, c'était lui. Il portait un tablier sur sa chemise blanche, et je l'entendais répéter aux passagers : « Saumon ou poulet ?… Et comme boisson ? » Qu'est-ce que je n'aurais pas donné, à ce moment-là, pour disparaître sous mon fauteuil avec le gilet de sauvetage !

Il est arrivé à ma rangée :

— Saumon ou poulet ?

Nos regards se sont croisés.

— Saumon… Du vin rouge, s'il vous plaît.

Pas un battement de cils, pas un sourire. Il est passé à la rangée suivante :

— Saumon ou poulet ?

Et je ne l'ai pas revu.

Nous survolions toujours la Méditerranée lorsque l'hôtesse m'a apporté du champagne dans un verre de cristal :

— De la part du commandant, monsieur. Il vous présente ses excuses.

Honteux, mais beau joueur, de l'humour. Il n'était pas là quand je suis retourné dîner chez nos amis communs. Il n'a plus jamais été là. Mais oui, je continue d'aller à Istanbul.

La marine, aussi, prête à confusion, sur les grands bateaux à équipage. Ça brille doré vers les épaulettes, on s'imagine avoir affaire au capitaine. On veut avoir affaire au capitaine, au maître à bord, à celui qui fait mettre les chaloupes à la mer en cas de malheur et qui vous sauve au péril de sa vie.

Celui qui sombre avec son bateau.

— Tout se passe bien, mon capitaine ?

— Mais oui, répond le garçon de cabine, je passerai faire la couverture plus tard, si ça ne dérange pas.

Autrefois, on disait « mon capitaine » au capitaine du navire. On dit bien « mon général » ou « mon colonel » aux officiers du régiment.

« Mon », ce n'est pas « le mien », ou pas seulement. « Mon » est le diminutif de « monsieur », un titre respectueux, une marque d'honneur, justement.

En janvier 1805, un incapable de haute volée nommé Villeneuve, amiral de la flotte française, est prié par Napoléon de rallier Brest avec ses navires. Il désobéit, se rend à Cadix où mouille la flotte anglaise et met en joue la perfide Albion. Feu !... L'amiral Nelson en mourut, la Marine française en mourut, Villeneuve se suicida. Napoléon prit les marins en grippe et leur confisqua le titre de « monsieur ».

Depuis Trafalgar, on ne dit plus « mon capitaine » au capitaine du bateau, dégradé par la faute du traître Villeneuve. Mais, bon Dieu, pourquoi n'est-il pas allé à Brest, aussi, pourquoi les hommes...

Méduse

... pourquoi les hommes n'ont-ils que mépris pour les signes avant-coureurs du destin ? Pourquoi le capitaine Hugues Duroy de Chaumareys, marin fornicateur et soiffard commandant la frégate *Méduse*, quarante-quatre canons, estime-t-il que le bateau n'a rien à craindre du banc d'Arguin, au large du Sénégal, et va-t-il se jeter dessus ?

Nous en parlons, l'écrivain italien Alessandro Baricco et moi au café la Tour d'argent, place de la Bastille, un quartier qu'il apprécie. C'est la première fois que nous nous voyons. Vous voulez en savoir plus ? Il est né à Turin en 1958. Il partage son temps entre l'Italie et Paris, cité littéraire par excellence, ville du Nord et du Sud. C'est ici qu'il vient puiser l'exotisme léger dont ses romans sont empreints. Je connais son visage par l'une de ces photos d'agence où les écrivains ont tous l'air d'ennemis publics mis à prix. Un homme jeune, souriant, à peine méfiant – beau – s'assied en face de moi. L'auteur de *Soie* – 700 000 exemplaires vendus rien qu'en Europe – ne la ramène pas. C'est l'auteur d'*Océan mer*, son roman sur le naufrage de *La Méduse*, que je suis impatient d'écouter. À quarante ans passé, Baricco a gardé sur les traits une enfance intacte. La littérature à plein temps vieillirait prématurément. Baricco est aussi critique musical, pianiste, homme de théâtre. Il dirige avec quelques amis l'école de narration qu'il a fondée, établissement pilote où, par la mise en scène, on enseigne indifféremment la bédé, l'opéra, le scénario, la littérature.

Moi : *Océan mer* a été couronné en Italie du prix Viareggio. Quelle différence avec le Goncourt ?

Baricco : La dimension nationale et régionale du prix. Ce sont des centaines de jurés représentant l'ensemble du territoire italien qui l'attribuent.

M : Vous voulez dire que c'est mieux ?

B : C'est différent.

M : Peut-on résumer *Océan mer* ?

B : Vous pourriez, vous, le résumer ?

M : J'aimerais vous entendre, il n'y a pas d'histoire à proprement parler.

B : Un livre est irrésumable par son auteur. C'est au lecteur de savoir quelle histoire on lui a racontée. Quelle histoire il s'est racontée en lisant l'écrivain.

M : D'accord, je me lance. Ce roman met en équilibre instable plusieurs histoires au bord de la mer, dans un paysage utopique où il fait beau, tiens ! comme en Italie.

B : … ou au Portugal, en Espagne, dans le sud de la France au mois d'août.

M : Plusieurs histoires à des époques différentes, certaines indéterminées. Au bord de la mer, mais aussi par-dessus la mer, comme dans *Soie*. Ici nous avons la chronique estivale de la pension Almayer où séjournent des gens venus chercher beaucoup plus qu'un simple bol d'air ou dépaysement. Ils cherchent quoi, d'après vous ?

B : L'impossible. Elisewin : l'amour, le grand amour, celui qui fait accepter la mort. Ann Devéria : la paix des sens. Bartleboom : la femme inaccessible. Plasson, le peintre : le visage de la mer, visage qu'il veut poser sur la toile.

M : Le roman est multiple, alterné comme les *Palmiers sauvages* de Faulkner, avec des sous-livres distincts. « Le ventre de la mer » décrit le naufrage de la frégate *Alliance*, lequel ressemble fort à celui de *La Méduse*. Il y est surtout question de la vie quotidienne sur le radeau et des atrocités commises par les marins.

B : C'est bien de *La Méduse* qu'il s'agit. Pourquoi changer son nom ? Pour se dégager du stéréotype d'une affaire qui reste une énigme. Parmi les quatorze rescapés se trouvaient des matelots et des officiers. Leur version des faits n'a jamais concordé. Selon les officiers, les anthropophages étaient les marins. Selon les marins, c'étaient les officiers qui se nourrissaient de chair humaine. Personnellement, je me fie aux marins pour une raison simple : les officiers avaient les armes. Sur un radeau, c'est la loi du plus fort qui décide, comme partout ailleurs.

M : L'errance du radeau est un grand moment d'écriture. Elle nous est contée par la voix survoltée du Dr Savigny, l'un des futurs rescapés. Un anthropophage, d'après vous ?

B : Peut-être.

M : Il ne nous fait grâce d'aucun détail. Il nous dépeint l'océan dans toute son horreur quand il se fait perdition, quand les hommes en sont réduits à s'entredévorer pour lui échapper.

B : Hormis l'idée du radeau, tout a commencé par la première phrase et leitmotiv du Dr Savigny que j'ai trouvée en me promenant : « La première chose, c'est mon nom… » Phrase à laquelle il se raccroche au bord de la folie. À laquelle je me raccroche pour entrer dans sa folie, comme le noyé à la planche de salut. C'est comme une page de musique où la clé, « la note bleue », disait Chopin – *sol*, *ut*, etc. –, harmonise les différents éléments thématiques. Avec cette seule phrase de Savigny, le passage du radeau ne pouvait plus se dérober. J'avais la clé.

M : Et vous avez écrit le roman dans la foulée ?

B : Pas du tout. Le moment n'était pas venu. Durant plusieurs semaines, j'ai marmonné cette phrase qui m'obnubilait : « La première chose, c'est mon nom. » Par elle, je savais que la suite viendrait tôt ou tard. Elle était en moi, cette suite, comme un trésor enfoui profondément. J'attendais qu'il remonte à la surface, ce qui a fini par se passer.

M : Pour en revenir à l'intrigue générale d'*Océan mer*.

B : « Générale », si l'on veut. L'intrigue varie d'un personnage à l'autre. Chacun vit la sienne en aparté. Il y a parfois des rencontres. Ils ont tous en commun la pension Almayer. C'est un passage au sens physique et temporel. Ils l'empruntent en connaissance de cause, à leurs risques et périls.

M : Cette pension, vous l'avez inventée ?

B : Oui et non. Je l'ai trouvée plusieurs fois sur mon chemin, et chaque fois je m'étais perdu. Je me souviens d'un jour en Bretagne, à la pointe du Raz, par grisaille et grand vent d'ouest. C'était désert, inhospitalier, sauf une petite maison blanche sur la falaise. Une vieille femme louait des chambres et servait du café au lait. Je crois savoir qu'on lui a fermé son auberge, depuis, et qu'on lui a détruite. Un autre jour, au Portugal. Même impression de solitude et d'égarement au bord de l'Atlantique. Et soudain le miracle du vivre et du couvert dans une maison isolée. J'y ai dormi profondément, légèrement. Toute la nuit le bruit de l'océan comme une voix m'a tenu dans un demi-sommeil où les rêves s'enchevêtraient. J'ai été le premier personnage d'*Océan mer*, cette nuit-là, celui par qui le livre se ferait un jour.

M : L'inconnu de la septième chambre ?

B : Les choses sont-elles jamais si simples, dans un roman ? L'homme de la septième chambre, celui qui ne sort jamais, se montre en effet quand le livre s'achève, pour un public d'enfants qui reçoit de ses mains le secret de la mer : un mot. Quel mot ? N'allez pas croire qu'il n'existe pas, que l'écrivain fait faux bond au lecteur. Un jour, ce mot dira tout ensemble la mer, la mort, la vie. Il supplantera toutes les syllabes antérieures à lui. Les enfants le croient, ils repartent rassasiés, la pension n'a plus qu'à s'envoler au ciel et l'histoire continue en silence, jusqu'à la prochaine fois. J'ai longtemps hésité à l'ouvrir, cette septième chambre. Elle était tellement symbolique avec son numéro 7. Encore aujourd'hui, j'ai des doutes.

M : Pourquoi ?

B : La facilité. La porte est fermée, l'auteur l'ouvre avec son passe-partout quand il l'a décidé. Quand bon lui semble. Trop facile, non ? Même un sorcier n'a pas les pleins pouvoirs sur une histoire. Se les appropriant, il amoindrit son mystère, il empiète sur la destinée.

M : On ne peut pas dire que vous péchiez par facilité. Vous êtes italien, mais l'Italie est absente de vos livres.

B : Je suis tenté par un exotisme universel et bon enfant. Je m'éloigne donc de mon village et des habitudes que l'on m'y prête. Je m'appuie sur du loin pas trop éloigné. Du loin de proximité. Et de là je rebondis le plus loin possible, comme dans *Océan mer*. Même chose dans *Soie*. Je me suis installé dans les Cévennes et le personnage s'est rendu au Japon négocier des vers à soie. Je m'attache à montrer la solidarité naturelle du grandiose et du minuscule. De l'éternel et de l'instant. Je donne à voir des lieux qui n'existaient pas avant le roman, n'existeront plus après lui.

M : Il y a chez vous un système de références déguisées. Les noms propres, on a l'impression de les avoir tous entendus quelque part. La pension Almayer paraît une allusion claire à Conrad.

B : Comme Bartleboom l'est au Bartleby de Melville, Plasson au chef d'orchestre du Capitole, comme Abegg, le capitaine, au Schumann des *Variations*.

M : Le roman a-t-il encore un rôle à jouer dans une société en voie d'intelligence artificielle ?

B : Plus l'homme avance dans l'Histoire, plus il a besoin d'histoires. Plus il trouve, élucide, progresse, bouleverse les données du réel, plus il cherche à se ressourcer dans le mystère des origines. Le roman n'est rien d'autre qu'un perpétuel éloge du mystère. C'est tout le sens de l'art depuis les cavernes. La mer est une caverne jamais explorée jusqu'au bout du mystère. *Océan mer* est une expédition dans la caverne.

M : Par caverne océanique, on peut entendre aussi bien la mer que les grands fleuves marins, que d'ailleurs les bons livres où il y a toujours du…

Monsarrat (Nicholas)

… où il y a toujours du loin à explorer, d'une lecture à l'autre.

Du loin et du près. Du lui et du moi. Le livre est bon quand il veut bien m'écouter. C'est tellement délicat, la mer, les mots. Je ne crois pas qu'ils aient tant que ça d'affinités, malgré les suées des « bons en français ». L'Anglo-Saxon prend mieux la mer, hélas, quand il attrape un stylo pour traverser du mille océanique, se noyer, renflouer l'épave, etc. Ça bouge, ça siffle, on y croit, c'est naïf et rythmé. Les mots n'ont guère d'importance, ils font le job.

Ce petit jeune homme s'appelle Ferraby. Il est marin et même officier sur la *Compass Rose*, une corvette, un chasseur de sous-marins de cent quatre-vingts pieds, en novembre 39. La Compass Rose sort de chantier, neuve, une série low-cost, c'est la guerre. Elle a descendu la Clyde, elle fait route vers le nord, première sortie en mer. *Idem* pour Ferraby : première sortie en mer, et premier quart de nuit. Dans quelques jours ils auront affaire aux U-Boots, combattront pour Sa Majesté.

Ferraby vient du civil, employé de banque, marié de la veille, il n'a pas vingt ans. Ma petite femme, où es-tu ? Le voilà seul à la passerelle, le commandant est parti faire un somme. Il déprime. « Le bateau, avec ses armes, avec ses vigies, son équipage endormi, tout cela était à lui. » Moral au plus bas : « Il grelottait, entendait son cœur battre à coups profonds. Et s'ils croisaient un convoi ? Si quelque avarie l'obligeait à dénouer une crise imprévue ? Décidément, il ne se trouvait pas fait pour ce métier. » Mais la mer, le bateau, le tempérament secret des gens sur l'eau, la nuit… Ferraby prend confiance, au bout d'un moment, il devient le maître à bord, il aime ça : « Penché sur la rambarde, il voyait l'avant du navire blanchi par la lune. Au-dessus de lui, le mât décrivait un arc léger dans le ciel. À l'arrière, une mince frange phosphorescente bordait un large et long sillage. » Il se retourne : « Une pâle lueur rouge filtrait par l'habitacle. De chaque côté, la silhouette sombre et silencieuse des deux vigies, et lui au milieu, lui l'enseigne Ferraby, officier de quart. » Il n'a plus peur. La mer, presque absente de ses pensées, a fait du jeune marié chétif un inconnu bien dans sa peau, un homme qu'il ne soupçonnait pas.

Dans les bureaux de sa banque, personne n'y croirait jamais. Mais il écrirait à sa femme dès qu'il pourrait. Elle au moins le croirait.

— Vigie relevée à bâbord, lieutenant.

— Bien.

— Vigie relevée à tribord, lieutenant.

— Bien.

Le matelot Rose, plus tard, vient lui tenir compagnie sur la passerelle :

— Il y a du chocolat chaud dans la cuisine, lieutenant, faut-il en demander au bosco ?

— Bien sûr.

Le chocolat était épais et sucré. Ils le burent ensemble, coude à coude sous le ciel froid. Sous leurs pieds, le navire montait doucement à la lame, et, derrière lui, son sillage se perdait dans la nuit.

Ferraby s'occupait à noter une manœuvre sur le journal de bord, lorsque le commandant l'appela au porte-voix :

— Passerelle !

— Ici la passerelle, répondit Ferraby.

— Pourquoi avez-vous modifié la route, *midship* ?

— Une barque de pêche, commandant. Nous l'avons parée, mais comment vous en êtes-vous aperçu ?

Il attendit la réponse qui ne vint pas. Un léger ronflement lui fit comprendre qu'il était inutile d'insister. Au fond de lui-même, il se sentit fier de ce ronflement. C'était jusqu'ici le plus beau compliment qu'on lui eût adressé.

Cet épisode est extrait de *La Mer cruelle*, un roman de l'écrivain britannique Nicholas Monsarrat. La mer n'a pas rien dit. Non que je mette en doute le génie des mots, ce serait un…

N

Galère

Les capitaines arpentaient le pont en chantant,
mais nous étions en bas.
Ne nous délivrerez-vous jamais ?
Nous tombions défaillants, le front sur nos rames,
et vous ne voyiez point que nous étions oisifs,
car nous continuions à ballotter de-ci, de-là.
Ne nous délivrerez-vous jamais ?
L'eau salée gerçait nos genoux jusqu'à l'os,
nos cheveux nous collaient au front, nos lèvres fendues
montraient nos gencives, et vous nous fouettiez
parce que nous ne pouvions plus ramer.
Ne nous délivrerez-vous jamais ?
Mais dans peu de temps,
nous fuirons par les écubiers, comme l'eau
qui fuit sur la rame.
Ah, vous aurez beau dire aux autres de ramer,
vous aurez beau fouetter les autres,
Vous ne nous reprendrez jamais.

Chant de galérien écrit par le galérien Charlie,
petit employé illettré, qui le chanta
pour Rudyard Kipling.

Nantais, pays

… ce serait un peu fort de la part d'un écrivain. C'est plutôt leur énergie, qui m'inquiète, cette manie qu'ils ont de rafler la mise. D'en faire trop. Joachim du Bellay n'élève jamais la voix pour moduler sa nostalgie du petit Liré, célébrer la douceur du climat ligérien qui lui manque à Rome. Et lisant les *Regrets*, génialement dosés quant aux effets sonores, on n'imagine pas la puissance de la Loire faisant route vers l'Atlantique, et ne quittant son lit que pour se déployer dans l'océan, si puissante qu'on dirait un bras de mer.

Un phénomène, ce fleuve antiméditerranéen, le plus divaguant du sol français. Il naît dans la caillasse ardéchoise, et, tel un ours flairant la proie par-dessus la banquise, il vient mourir dans la houle atlantique, à mille kilomètres du terrier natal.

C'est lui, partance et retour, que les grands voiliers nantais empruntaient jadis. Ils allaient en Afrique, aux Amériques. Ils transportaient du nickel, de l'étain, du chocolat Menier ou Poulain, des biscuits Lu, du vin. Ils transportaient des esclaves africains. Trois cents ans de cauchemar. Voyez comme la ville est belle, un brin m'as-tu-vu, bourgeoise. Un faux air de Saint-Malo ou Bordeaux. Elle s'est embourgeoisée en enchaînant à fond de cale ceux qu'elle appelait des « Nègres », des « sous-hommes ». Nantes est l'une des villes les plus vivantes et créatives de l'Hexagone. Elle a ses Folles Journées qui font de la musique la déesse radieuse de la région. Elle a, sur l'île de Nantes, ce bestiaire faramineux du grand éléphant habitable, de la fourmi pachydermique et de l'arbre aux hérons. Pour faire oublier l'esclavage ? Adresser un clin d'œil à Jules Verne, un né natif, le premier ingénieur du *Nautilus* ? Choyer la mémoire de la duchesse Anne, la plus célèbre des Nantaises, à qui son père fabriquait des jouets ? Et si la ville de Nantes se veut bien ancrée dans un avenir ligérien, pour le moment, elle reste attachée aux riches heures de sa mémoire bretonne, elle est bretonne, et il s'en faut d'une…

Niger

… et il s'en faut d'une volonté politique de bon sens qu'elle ne rentre à la maison où son couvert est mis depuis soixante-deux ans. La Loire océanique me manque, elle me manque en Bretagne. J'y pense en lisant dans l'autocar de Brest au Conquet – un jour où je vais prendre le bateau pour Molène – un livre que je ne saurais trop recommander au monde entier, l'un des plus envoûtants qu'esprit humain puisse méditer. Le livre s'appelle *Ébène*, l'auteur Ryszard Kapuściński, un Polonais, et c'est Yann Armel de Lorient qui me l'a donné. Il parle de l'Afrique, de la sécheresse, de la mer, des fleuves et des hommes. Le Niger est un pays qui porte le nom du fleuve Niger, et *vice versa*. Le Niger est le Fleuve des fleuves pour les Touaregs, l'eau sacrée. Des Touaregs, j'ai la vision presque enfantine d'hommes drapés de bleu sur des chameaux dédaigneux, le visage caché à part les yeux. Des gens du désert comme il y a des gens de mer, sauf que les Touaregs n'ont jamais entendu parler des Bretons, encore moins des Finistériens. La mer, pour eux, c'est le fil de l'eau du Niger aussi long qu'un océan. « Personne n'a jamais compté ce peuple mobile, mystérieux, qui fuit les contacts, vit à part, enfermé non seulement physiquement, mais aussi mentalement dans son désert ingrat. Le monde extérieur n'intéresse pas les Touaregs. Il ne leur vient pas à l'esprit de chercher à connaître les mers comme les Vikings, de visiter l'Europe ou l'Amérique. Quand un voyageur européen qu'ils ont capturé leur dit qu'il veut atteindre le Niger, ils ne le croient pas : Pourquoi as-tu besoin du Niger ? Il n'y a pas de fleuves, dans ton pays ? »

Je regarde les champs par le hublot, je veux dire : par la vitre poussiéreuse de l'autocar, et je reviens à mon bouquin. Le Niger est un bras de mer illimité s'étirant sur quatre mille deux cents kilomètres, de Guinée au Nigeria, jamais à sec, divinisé comme le Nil. Une marée descendante, un jusant miraculeux se divisant en rivières, en canaux, en lacs parsemés d'îles, puis se rejoignant sur un lit de pierres, allaitant les pays de la soif, de la soif étanchée, pour se fondre dans l'Atlantique, comme la Loire. Au moins cent millions d'Africains lui doivent la vie, ceux du Mali, du Bénin, du Sahel, ceux du Sahara, du Niger, du Nigeria. Plus il fait sec, plus l'air est brûlé par les flammes du soleil, plus le débit du Niger se fait régulier dans sa lenteur et sa fraîcheur, son éternité.

Les hommes ayant décidément beaucoup d'influence sur la Nature et sa respiration, l'impensable s'est produit en 1983. Le Géant des Géants changé en pion d'échecs : le fleuve dieu en filet d'eau sous le pont Kennedy, à Niamey, capitale du Niger. Les hommes, inquiets, se sont réunis à Paris, cherchant solutions et remèdes, montrant du doigt les pollueurs, les déboiseurs, les prédateurs de climats. Depuis, sensible à tant d'égards, le Niger a recouvré son éternité, sa lenteur profonde et ses niveaux conquérants, mais le dieu qui l'enchantait s'est fragilisé, et régulièrement son eau vient à manquer.

Les sédentaires et les nomades font du commerce au bord du fleuve. Les hommes du Sahara, les tribus du Sahel. Ils se haïssent, et chacun voudrait que le sable éliminât l'autre. Le Bantou est un Africain noir, un inférieur pour le Touareg à la peau claire, un Berbère. Le Touareg est un bandit, un pillard, un terroriste pour le Bantou, il ne vaut pas mieux qu'un Français. L'harmattan, le vent gris, le vent qui rend fous les esprits du Niger, dans la plaine de Macina, réduit l'air en cendres sur les rives où les trocs ont lieu : le « commerce muet » des frères ennemis.

Les errants du Sahara échangent le sel contre l'or. Le sel est transporté, non par les Touaregs, mais sur la tête d'esclaves noirs ayant cheminé du Sahara jusqu'au fleuve Niger. Là se déroulent les transactions. Je lis ceci :

> « Quand les Nègres arrivent au bord de l'eau, voilà ce qu'ils font : chacun verse le petit tas de sel qu'il a transporté, le marque. Puis, abandonnant la rangée de monticules, ils repartent dans la direction d'où ils sont venus, en marchant une demi-journée. Sur de grandes barques arrivent alors des hommes d'une autre tribu nègre. Ces gens ne se montrent jamais à personne, ne parlent avec personne : venant probablement d'îles situées sur le fleuve, ils débarquent sur la rive et, après avoir examiné le sel, posent à côté de chaque petit tas une quantité d'or. Puis ils se retirent à leur tour en laissant et le sel et l'or. Une fois qu'ils sont repartis, ceux qui ont apporté le sel reviennent. Si la quantité d'or leur paraît suffisante, ils la prennent en laissant le sel. Sinon, ils ne prennent ni l'or ni le sel et repartent. Puis les autres reviennent encore. Ils emportent les petits tas de sel à côté desquels il n'y a plus d'or, rajoutent de l'or aux autres tas s'ils considèrent que c'est nécessaire, ou bien laissent le sel. C'est de cette manière qu'ils commercent entre eux, sans se voir ni jamais s'adresser la parole. Cela dure depuis très longtemps. »

Ce paragraphe est une citation tirée des mémoires du signor Alvise da Ca' da Mosto, un marchand vénitien du XVe siècle. Il m'intrigue, celui-là. Il marchandait quoi, sur les bords du Niger ? Sel, or, épices, ivoire ? Tout ça dans sa nef pansue ? Esclaves ? Pas sûr, pas encore.

Grosse mangeuse de captifs, au Moyen Âge – elle avait son quai des « Esclavons » au bout du Grand Canal, un marché prisé des Toscans –, la Sérénissime ne traitait pas encore les indigènes d'Afrique occidentale, elle y viendrait, patience. Peut-être le signor da Ca' da Mosto n'était-il qu'un artisan négrier… Peut-être aussi, comme l'Antonio du Williamissime, devait-il de l'argent au « juif Shylock », et guignait-il sa belle enfant Portia ? Peut-être n'était-il riche que du vent et des voiles de ses bateaux ? « Qu'est-ce que les bateaux sinon des planches et les marins des hommes, des écumeurs ? » Qui sait, perdus sous les flots marins ou les sables du Niger, si ne patientent pas d'autres mémoires intacts relatant le naufrage du négociant Ca' da Mosto mangé par les sirènes ? Vulnérables comme tout mortel, les marchands de Venise en croisière, attendus au printemps sur le Rialto.

Pour ma part j'arrive au Conquet, terminus, la mer est haute. Post-it vert adhésif à la page 327, je descends du car. Me voilà rendu au quai d'embarquement, à la coupée du nouvel *Enez Eussa.* J'aurais bien fait un crochet par le Niger ou par Venise où flotte un *Gwen ha Du* sur le Grand Canal, au fronton du palais Grassi.

Mais ai-je assez dit ma fascination pour ce fleuve-mer, l'un des plus mystérieux dans la confrérie des grands fleuves ? Le plus puissant d'Afrique après le Nil et le Congo ? On a mis des siècles à préciser son cours, sur le terrain, à situer le lac, le fleuve, la mer où il se jetait après avoir formé un delta intérieur grand comme une mer.

Son tracé a quelque chose d'anormal. Il prend sa source en territoire guinéen, s'écoule à travers le continent vers le centre du Sahara, se lovant et se délovant, puis semble changer d'avis comme rebuté par l'obstacle infranchissable du désert, et faisant un tête-à-queue de serpent, il part vers le sud-ouest se jeter dans le golfe de Guinée, près du Cameroun. Mais laissons le dernier mot à Kapuściński :

> « Mohamed est un jeune garçon, sans occupation précise, le bayaye typique qui vit de ce qui lui tombe sous la main. Son camarade, Thiema Djenepo, propriétaire d'une barque – il m'a donné sa carte de visite : « Thiema Djenepo, piroguier, BP 76, Mopti, Mali » –, nous a emmenés en ramant avec peine, car nous voguions à contre-courant, sur l'une des petites îles où se dressent des ruines de cases récemment détruites. Ce sont les traces d'une incursion des Touaregs contre un village de pêcheurs maliens. « Regardez, mon frère, me dit en français Mohamed, sur un ton de confidence, puis il poursuit d'une voix pathétique : Ce sont les activités criminelles des Touaregs ! » Je lui demande où on peut les voir. Il se met à rire avec compassion : « Autant demander un mode d'emploi pour se suicider ! » dit-il. »

Pour se suicider, l'Européen n'avait qu'à…

Nègre, esclave

… l'Européen n'avait qu'à se transporter en Afrique, il n'y a pas si longtemps. Pas plus tôt arrivé, il contractait la malaria et quittait la vie. Celui qui réchappait des virus rôdeurs et autres moustiques pouvait fonder un royaume, et, du haut de son illustre blancheur, se déclarer roi du cacao, roi des éléphants, roi du diamant, et surtout roi des « Nègres » : terme anthropologique désignant les individus fortement pigmentés. Les rois ont tous besoin d'argent pour régner, et si les rois pigmentés vendent leurs sujets aux navigateurs de passage, pourquoi les Blancs n'en feraient pas autant ? Ils s'étaient gênés, les barbaresques, avec les chrétiens blancs ? Ou les Vikings ? Le Français disait « bois d'ébène », pour le commerce des « Nègres », l'Anglais disait « ivoire noir », le Portugais « négro ». Qu'est-ce que ça changeait ? Rien à la marchandise, *nothing*, *nada*. Elle saignait quand on la piquait, riait sous les chatouillis, se vengeait sous l'outrage.

« Nègre » porte la mémoire calamiteuse d'une appellation violée, tellement violée qu'elle ne s'en remet pas. C'est un îlot maudit surgissant du langage usuel, comme le mot « Juif » imprononçable quand on n'est pas juif. Ne sont habilités à dire ces mots en public que les « Nègres » et les « Juifs », enfants naturels du cauchemar. Les autres ? Ils en ont des extinctions de voix, des chats éraillés dans la gorge – des chats noirs, des chats jaunes, endiablés d'inconscient.

À vingt-sept ans, mon père écrivit ces mots :

Les soldats monotones
Frappent de leurs souliers
Le grand sol monotone,
Les grands Sénégalais,
À tête monotone,
Frappent de tous leurs pieds
Contre un vieux souvenir
Qui ne veut pas mourir.

Je lus ce poème, un jour. J'interrogeai l'auteur :

— C'est qui, ces gens ? C'est quoi, ce « vieux souvenir » ?

Mon père éluda, me parla des tirailleurs sénégalais, des supplétifs de l'armée française en Afrique. « Ils ont aussi servi dans les tranchées. Des combattants très courageux. On leur a décerné la Légion d'honneur, en 1913. – Aux tirailleurs ? – Oui, enfin au drapeau du 1er régiment, leur drapeau. » Dans quelles conditions, mon père, ce Brestois au sourire si doux, réformé en 39, avait eu affaire aux tirailleurs sénégalais, je n'en ai aucune idée. Mais je suis sûr aujourd'hui que cet humble poème en dit long comme un cri sur son lien viscéral avec les peuples d'Afrique, avec les « Nègres ». Ces grands Sénégalais chaussés par l'armée sont des esclaves, des soldats capturés, offensés, brimés, « enfants d'une patrie » qui les envoie se faire étriper en première ligne, aux côtés des Bretons. C'est le désespoir de l'esclavage qu'ils foulent aux pieds, « de tous leurs pieds monotones », en un tam-tam de mort. Et mon père n'est pas le dernier à le fouler avec eux. Monotone est l'histoire humaine.

On ne parlait pas de racisme, chez nous, on se méfiait des grands mots qui mènent aux grands mots qui mènent aux grands mots qui mènent aux grands cris. On chargeait les livres de nous éduquer, rien qu'en les laissant traîner dans les couloirs de la maison : *La Case de l'Oncle Tom*, *Autant en emporte le vent*, *Bug-Jargal*, *Togo secret*… Ma mère me lisait et me relisait – j'avais l'âge que j'avais, c'est loin – une nouvelle de Guy de Maupassant qui nous bouleversait tous les deux, nous identifiait. Un jeune matelot normand rentre chez lui après deux années d'outre-mer, de guerre. Quelle joie pour ses parents, pour lui. Il n'est pas seul. Il y a quelqu'un à l'entrée du jardin. Sa fiancée qu'il a connue aux îles. Pauvre d'elle, elle est noire. Une beauté noire. Le fils ne la fait pas entrer, il disparaît dans la maison avec ses parents, leur explique la situation. Il aimerait la marier quand même. Le père ne dit rien, il est dans son rôle. La mère adore son fils et lui tient la main, boit ses paroles. Elle voudrait bien dire oui, mais… mais non, elle dit non :

— Allé trop noire.

— Elle est gentille, maman, elle s'occupera bien de la maison, des animaux.

La mère sort, va regarder la fiancée à l'entrée du jardin, revient :

— Oui, oui, elle est gentille. Brave petite… Mais allé trop noire.

Le matelot va voir sa fiancée :

— J't'aime bien, tu sais. Mais j'ai parlé avec maman. T'es trop noire.

La gamine baisse les yeux, s'en va.

Ma mère était tout à la fois la mère et la fiancée renvoyée. Moi j'étais le fils trop lâche pour dire : « C'est comme ça », et trop soumis pour surmonter l'idée qu'il est scandaleux d'oser ramener un être noir : une négresse, à ses vieux parents, des gens simples, croyants, assez marqués par la vie comme ça.

Comment aurions-nous réagi, elle et moi ?

Ce livre est un « dictionnaire amoureux de la mer », pas un « dictionnaire haineux du racisme », lequel aurait sa place à l'école, dès la maternelle. Or le racisme a fait les beaux jours des chantiers navals, en Europe, quatre siècles et demi durant, la mer s'en souvient, l'outre-mer lui souffle quand elle hésite. Elle se souvient des millénaires aujourd'hui mythifiés qui virent les Sumériens, les Égyptiens, les Grecs, les Latins, nos plus belles « Humanités » antiques, *alias* « civilisations », taper sur des hommes asservis, aliénés, pour dresser leurs temples sacrés, torcher leurs vieillards. Et qu'est-ce qu'on y peut si l'homme a toujours détesté l'Autre, son semblable, lui-même ? Plus récemment, elle se souvient du racisme « noir » transatlantique, fierté du littoral européen, à l'époque, grand œuvre d'évangélisation visant à regrouper les « moutons noirs » du troupeau sous le signe de la croix, l'Église bénissait Nègres et négriers. On verrait bien si Dieu s'y retrouvait.

Le « noir », d'après les experts en arc-en-ciel, n'est pas une couleur. C'en est une seulement pour flétrir les Noirs, les Nègres, gens de couleur. Et ce « noir », fils de noirceur, les disqualifie pour l'appartenance à la race humaine dont ils ne font que « singer » la mimique et l'aspect. L'esclavage est donc tout ce que le Noir peut attendre du Blanc. Le nuancier des coloris joue sur le nuancier moral, il change la vie du captif. « Noir » étant d'abord un mot coupable, un mot sorcier : investi du symbolisme chrétien qui l'apparente au mal, mieux vaut ne l'être qu'un peu, le moins possible. Pas du tout est un vœu qui ne s'exauce pas encore ici-bas. Clarifié au sang chrétien, par voie naturelle, un Noir se fait sang-mêlé : il est noir sans l'être, il est mieux traité que le Noir constamment redoublé de sang noir, incapable de s'amender – à lui les corvées, les tâches indignes, la chicotte, le fouet… Ce n'est pas méchant, de la part du Blanc, c'est disciplinaire, ancré dans la sensibilité chrétienne fondée sur l'espérance. Et que dit l'Évangile ? Que les faibles verront Dieu. Une espérance ambiguë, pour le Noir. Muette quant à la couleur innée des faibles. En attendant, arraché au pays natal, il est embarqué vers…

Nouveau Monde, outre-mer

… il est embarqué vers ce Nouveau Monde inventé par le Génois Christophe Colomb. Nouveau, ce monde le sera plus pour lui que pour n'importe qui d'autre. Qu'est-ce qui n'est pas nouveau, depuis qu'il s'est fait razzier dans son village natal ! La mer qu'il n'avait jamais vue, les entraves qu'il porte au cou, aux pieds, le Blanc qui lui fait ouvrir la bouche, les coups qu'il reçoit en vache, la prison où le voilà parqué dans la nuit, cette prison sur la mer qu'ils appellent bateau. Il n'a pas faim ? On l'oblige à manger. Il veut mourir ? On l'oblige à danser, on le fouette. Il se débat ? On le jette à l'eau. C'est ça, un esclave noir, Doudou. C'est n'être personne, l'étranger absolu, marqué au feu comme un bestiau.

L'Amérique appelle au secours, outre-mer, elle a des mines d'or et d'argent, des terres immenses : il lui faut des hommes forts pour les exploiter, percer les routes, barrer les rivières, bâtir les villes en longueur, les villes debout – les églises, les saloons, les McDo : initier le *good american way of life*. Trop fiers, les Indiens, trop fragiles, on ne peut pas compter sur eux ni leur parler d'un peu près sans qu'ils attrapent la rougeole ou la grippe, sans qu'ils meurent. Où trouver une main-d'œuvre de qualité, bon marché, prête à se retrousser les manches ? D'après les Portugais, les pionniers de l'esclavage africain, le Noir au travail vaut quatre Indiens. Et le Noir ne coûtant qu'à l'achat, il s'amortit dans l'année. La nouvelle se répand jusqu'à Versailles, à la cour du Roi-Soleil débutant. On se frotte les mains. L'outre-mer caraïbe a justement besoin de bras pour conforter l'hégémonie sucrière du royaume

– on ajoutera l'hégémonie négrière. Des bateaux se construisent un peu partout, dédiés au transport d'esclaves, au Nouveau Monde ! À l'avenir ! Les meilleurs d'entre eux, les plus ergonomiques, battent pavillon français. Ils sont petits, pansus, rapides, construits sur la Loire, aptes à remonter le cours des rivières après celui des fleuves, à farfouiller dans les marigots, à débusquer l'animal où qu'il se terre.

Le navire négrier n'est pas moins conçu pour vaincre la mer que le sentiment négatif des passagers stressés par le roulis. Sécurité d'abord. Ils sont disposés nus sur deux couches, femmes et enfants à l'arrière du bateau, hommes à l'avant. Tête-bêche. Sans éclairage aucun. Premier entrepont, deuxième entrepont, le troisième est réservé aux caisses d'eau. La hauteur sous barrots, 1,35 mètre, oblige à bien des acrobaties pour gagner son logement, quand on loge au fond. Là, pour des raisons humanitaires, il faut s'allonger sur le côté droit : le cœur fatigant moins. Et puis il y a du monde et la compressibilité du corps a ses limites, alors côté droit ! On pourrait parler d'un navire sardinier si les sardines, installées contiguës comme les Noirs – elles décapitées –, étaient enchaînées dans les boîtes. Non, le mécontentement trouve rarement à s'exprimer durant le « passage du milieu » la traversée. Il est toujours des exceptions pour confirmer la règle, et le risque zéro n'existe pas, mais comment s'emparer d'un bateau-prison ? Le diriger dans l'océan ? S'expliquer avec des sauveteurs ? Dans quelle langue ? L'*Amistad*, navire espagnol ralliant Cuba en 1839, vit les Noirs se rebiffer avec succès. Un marin pince-sans-rire leur avait dit qu'ils seraient tués, salés, changés en corned-beef. On voit bien la bêtise de la scène, sa cruauté, le marin hilare montrant sa gamelle de bouilli au captif, lui faisant un clin d'œil, réitérant son manège. Ça y est, toi comprendre ?

Le Noir chante, parfois, dans l'entrepont. Il chante et les autres chantent avec lui, et là-haut les marins se demandent ce qu'ils peuvent bien chanter en bas. À quelques jours de l'arrivée, on les fait monter sur le pont. Culture physique, messieurs-dames, lâchez-vous. On les invite à danser, un marin leur joue du violon. C'est du fouet que le capitaine leur joue dans les arpions, s'ils ne dansent pas. Il veut des Noirs en bon état, propres, appétissants, dansez ! Quel Blanc paierait pour ces loques, dansez ! Le toilettage se poursuit aux Caraïbes, en rade. C'est la quarantaine, soit quarante jours d'isolement sanitaire. On attend le coup de canon autorisant à débarquer. On en profite pour briquer la cargaison. Le « bois d'ébène » est lavé à grande eau, pomponné, oint, revigoré à la gnole. Parés pour les enchères ? On teint les cheveux des vieillards, on recoud les estropiés, on ensemence les gamines, elles vaudront plus cher si elles tombent enceintes, la tombola du deux-en-un.

Quand elle n'est pas vendue à bord, la « négraille » est amenée à la « nègrerie » du port, le hall d'exposition, ou, si l'on préfère, l'Oncle Sam n'étant pas loin : le showroom… Adjugé ! Vendu jusqu'au dernier papy, fortune est faite. À moitié faite. Avec l'argent des esclaves, on peut charger son navire en produits locaux : épices, sucre, cacao, rhum, et rentrer en Europe compléter son magot. Import-export. Le capitaine se détend. Tout s'est bien passé, une croisière de…

Noir (Code)

… une croisière de rêve. Elle porte un nom, la croisière de rêve. Les historiens l'ont recopié dans les rapports de mer des capitaines : « triangle noir », « triangle d'or ». De la belle image… Les trois angles sont les points de départ, de chargement, de livraison. À présent, regardez une carte marine, les côtes africaines. Elles sont des milliers d'îles à les entourer. À l'ouest les Canaries, le Cap-Vert, Gorée, Fernando Pó São Tomé, tant d'autres, etc. De vieilles connaissances, pour les marins habitués à relâcher, pêcher, pirater, brigander là-bas. La déportation négrière les y ramène. On part de Nantes, La Rochelle ou Bordeaux, deux mois plus tard on est au Sénégal et le commerce équitable peut commencer. Tout en longeant la côte, on fait son marché dans les rivières, dans les îles, on chine. On troque les Noirs contre des objets manufacturés par des Blancs. On a six cents Noirs à troquer, un bateau plein comme une hotte de Père Noël. Le courtier en Noirs est radin, le Père Noël aussi. Parole du capitaine du brick *Phénix*, armement nantais, compagnie de Guinée : « Nous avons payé vingt-trois captifs en ce qui suit : poudre noire en petits barils (douze), neuf fusils, des couteaux flamands à manche de bois, de la toile de Cholet, des mouchoirs de Morlaix, des pains de Saint-Yago, de l'eau-de-vie. » Eh ben, dis donc ! Tous les Pères Noël du trafic noir ont de quoi rincer la dalle au courtier mal luné. Plus il boit, plus il apprécie les mouchoirs de Morlaix. Ils sont qui, d'ailleurs, ces courtiers, ces maraîchers déguisés en rois mages ? Des Noirs aussi noirs que les autres, mais plus forts, des meneurs, des tombeurs. À la jungle comme à la jungle. Du temps passe, environ deux mois. La cargaison est à bord, l'alizé souffle à l'ouest, on se laisse glisser aux Antilles – la suite est connue…

Tel fut le boom négrier transatlantique, au XVIIe, avec l'éclosion du Nouveau Monde, Caraïbe incluse, qu'il fallut devancer Orwell. « Tous les hommes sont égaux, mais certains sont plus égaux que d'autres. » C'est d'Orwell. Colbert, Premier ministre français dit « le Nord », le savait déjà. Sentant la mort venir, sérieux jusqu'au bout, il rédigea le premier *Code noir* – signé par le Roi-Soleil en 1685 – établissant, *primo* : que les hommes naissent égaux entre eux ; *secundo* : que les hommes égaux entre eux sont inférieurs aux Blancs quand ils sont noirs ; *tertio*… Le *tertio* sentait le cadenas, la manufacture royale d'Amiens. Le *tertio* précisait le statut civil et pénal de l'esclave, un bien meuble baptisé d'autorité, christianisé Dieu sait pourquoi ; il détaillait les usages répressifs aux îles en cas d'insubordination, de récidive – fouet, oreilles coupées, jarret tranché, pendaison ; il envisageait tous les types de relations sexuelles entre Blancs et Noirs, entre esclaves et maîtres, tout le *Kamasutra* interracial qui permettrait à quelques veinards clarifiés au lit de naître égaux comme des Blancs – pas tout à fait blancs, pas tout à fait égaux. Les « mulâtres », eh oui, tout pareils à ces braves « mulets » intermédiaires entre la bourrique et le pur-sang.

Du grand cinoche d'État, le *Code noir*, une ordonnance à courants d'air viciés, une poudre aux yeux jetée sur la promulgation d'un nouvel impôt royalement cynique : la « capitation », le droit perçu pour chaque « tête de Nègre », chaque individu noir débarquant aux îles de l'Amérique française. Colbert avait devancé Orwell ? Son fils, grand argentier après lui, devancerait bientôt Gogol.

Le chiffre des pertes humaines, liées au scorbut, au suicide, à la dépression, lésant gravement les finances de l'État-c'est-moi, un deuxième édit parut en 1723. Il stipulait que la capitation serait exigible désormais pour les vivants et les morts. Un sou est un sou : un Noir est un Noir. De sorte que le génial Gogol n'avait rien inventé lorsqu'il publia *Les Âmes mortes*, en 1848. Qui sait s'il n'avait pas lu la prose du fils Colbert en songe ?

Le *Code noir*, bon an mal an, fit les beaux jours de l'Ancien Régime déclinant, vida l'Ouest africain, garnit les Antilles, assura le train de vie des premiers gentlemen-farmers, donna leurs grands airs métropolitains aux villes de Nantes et Bordeaux, séduisit un moment Napoléon qui s'en déprit, l'estima contraire aux intérêts du pays, et tout compte fait le révoqua par décret le 4 février 1794. Entre-temps la république d'Haïti s'était créée. Entre-temps le Haïtien Toussaint Louverture, « Premier des Noirs à écrire au Premier des Blancs », avait envoyé sur les roses le corps expéditionnaire de l'Empire, et l'Ogre s'était incliné. Pas d'or à Haïti, rien à en tirer.

C'en est fini de l'esclavage ? De la traite négrière ? Que nenni. Les bateaux réguliers se firent bateaux irréguliers, bateaux pirates, et le Noir se vendit sous le manteau, un peu plus cher qu'au bon vieux temps. La « croisière anglaise » – suprématie maritime oblige – surveillait la mer après avoir, elle aussi, croqué à n'en pouvoir mais du *black ivory* africain. Voile à l'horizon ? Pavillon anglais ? *Exit* la cargaison, tous les inégaux par-dessus bord, magnez-vous ! *Hello, sir. A cup of tea, perhaps ?* Mais faites donc, inspectez, *my dear*… Nous allons aux îles nous approvisionner en chocolat… Dans les faits océaniques, la traite négrière ne s'interrompit jamais. Elle s'étendit même aux enfants en âge de tenir un fusil ou de proposer l'apéritif maison à des touristes discrets en manque de câlins, de pureté, venus chercher leur innocent bonheur loin des on-dit.

Supprimé, le *Code noir* poursuivit ses ravages *underground.* Il n'y était plus, mais il y était comme avant. Pour la première fois, l'idéologie du mépris, Déclaration universelle des droits de l'homme ou non, scindait officiellement les vivants en deux catégories : les hommes et les sous-hommes. Les Blancs, les Noirs. De la barbarie noir sur blanc. Revue et corrigée maintes fois, peaufinée quatre siècles durant, toujours dans le sens du bon droit blanc. Saint Louis avait imaginé la rouelle jaune, « apanage » du Juif pourchassé dans la cité, Colbert instaura le *Code noir* qui se passe de rouelle ou d'étoile : la signalétique étant assurée spontanément par la peau du banni, du Nègre. La métaphore se laisserait bien décliner jusqu'à nous, *via* Pétain, Berlin, etc., mais elle fait assez mal comme ça et les *mea culpa* sont de rigueur partout. La mer s'en fout, des repentances à trémolos, elle tourne les pages du grand Livre humain et quand l'homme a confiance en l'homme, elle est sauvée, elle sauve.

Quatre cent cinquante ans ! Quinze à trente millions d'Africains surpris dans leurs habitudes, enchaînés et transportés par-delà les mers, sans autre mission qu'être noirs chez les Blancs, injuriés chez les Blancs, exposés au marché. « Comment l'Afrique se relèverait-elle d'une pareille mémoire ? Les îles d'Afrique ? Ces paradis changés en camps de concentration, en paradis noirs ? Zanzibar ne risque pas d'oublier, jadis foire aux esclaves de l'hémisphère Sud.

Transférés en bateau du continent sur l'île, ils sont mis en vente au marché. Ce marché s'appelle Mkunazini. Les prix varient : de un dollar pour un enfant à douze pour une fille jeune et belle. Ce qui est assez cher, vu qu'en Sénégambie les Portugais troquent un cheval contre douze esclaves. Les plus sains et les plus forts sont rabattus de Mkunazini au port : c'est tout près, à quelques centaines de mètres. Ils sont expédiés soit en Amérique, soit au Proche-Orient. Les esclaves gravement malades, pour lesquels personne n'a voulu donner même un cent, sont jetés sur la rive pierreuse à la fin du marché. Là, ils sont dévorés par des hordes de chiens sauvages qui rôdent dans les parages. »

Kapuściński est l'auteur de ces lignes. En les écrivant, il imagine les capitaines qui surveillaient l'embarquement des Nègres, depuis leurs cabines, tout en contemplant par le hublot les palmeraies et les plages inondées de soleil. Voyageur, reporter, fils spirituel d'Hérodote, Kapuściński veut connaître le monde, écouter les hommes et témoigner de leurs misères, de leur grandeur. Que vient chercher le Blanc en Afrique ? La source des fleuves, l'or, ou la révélation d'un ego qui…

Nil

… ou la révélation d'un ego qui ne trouve pas s'exprimer en Europe ? Telle est bien l'obsession de Richard Francis Burton, Britannique dévoyé, vilain petit canard de l'Union Jack, paltoquet génial d'une ère victorienne enragée d'interdits moraux. On se perd dans les casquettes et turbans divers qu'il coiffa : diplomate, écrivain, volcanologue, anthropologue, érotologue, aventurier, polyglotte, explorateur, derviche occasionnel, géographe, traducteur, chercheur d'or, tout ça pour jouir à sa mort d'une identité myriadaire où lui-même avait bien du mal à surnager.

Il m'a passionné, le livre de Jean-François Gournay, *L'Appel du Proche-Orient*. Il révèle un Burton inattendu. À toiletter son visage enfoui sous les oripeaux, il ramène au jour un Don Quichotte amoureux du désert. Les moulins qu'il pourfend sont les liturgies défendues, les talismans, les ailleurs interdits qu'il veut posséder, les sociétés fermées qu'il aime infiltrer, avec une prédilection pour les Orientaux, les plus versés dans l'art du mystère et du merveilleux, les plus méfiants. Pourtant Burton ne découvrit rien d'important, n'écrivit rien d'inoubliable, et sur le tard, consul au petit pied, cultiva l'aigreur de n'avoir pas su marquer son temps. À pénétrer dans le sanctuaire de l'islam, il n'en risque pas moins sa peau. Le voici devant la Kaaba, le nombril du monde, la Pierre noire du Prophète : « L'imagination qui fait naître les mirages prêtait des charmes étranges à l'énorme catafalque recouvert de son dais noir. C'était comme si les légendes poétiques des Arabes disaient la vérité, comme si les ailes des anges, et non la brise du matin, faisaient s'enfler le dais noir drapant le temple. Mais pour être sincère, en toute humilité, les autres étaient transportés par la foi religieuse, et moi par l'orgueil de la prouesse. »

Il est galvanisé par ce forfait mystique. Abdullah Burton récidive en Somalie, dans Harar, citadelle interdite, capitale musulmane au flanc de l'Éthiopie chrétienne. Il fait la rencontre d'un émir sanguinaire étendu sur des peaux de bête au milieu de courtisans mal rasés : « Il avait l'allure d'un petit rajah indien, jeune homme de vingt-quatre à vingt-cinq ans aux traits quelconques, à la barbe éparse, au teint jaune et aux yeux protubérants. Je lui dis que nous venions d'Aden pour contempler le visage resplendissant de Sa Majesté. » Roulette russe. L'émir va-t-il ou non le faire empaler ? Presque à sa confusion, Burton ressort vivant. « Comme nous franchissions les grilles, l'angoisse et la peur me tombèrent des épaules comme une chape de plomb. Dans le désert, le démon de la soif nous poursuivit impitoyablement. Le soleil nous cuisait la cervelle, les images nous trompaient à tout instant. »

Richard F. Burton a trente-cinq ans. Il se croit invulnérable. Ethnographe hors pair, il parle couramment vingt-huit langues, il n'aime rien tant qu'avoir peur, défier la chance et mettre sur pied des expéditions apparemment condamnées à mort. Prochain arrêt : les sources du Nil, le fleuve-dieu, le fleuve aux mille bras que ni les Égyptiens, ni les Grecs, ni les Romains ne sont parvenus à découvrir. Quel grand lac d'ampleur océanique peut bien nourrir un pareil géant ? Faut-il chercher du côté du Nil Bleu, celui qui descend des monts d'Éthiopie, au sud-est de Khartoum ? Ou encore, quitte à froisser James Bruce, le géographe écossais, tenter la voie du Nil Blanc qui court sud-nord au débouché des marais du Saad, un labyrinthe à fièvres, un coupe-gorge hanté par les trafiquants ? Que penser du récit des voyageurs qui situent la série des grands lacs à l'ouest des montagnes de la Lune ? Sans méconnaître les périls de l'Histoire, la guerre larvée des potentats locaux, ces petits rois pasteurs qui fournissent en esclaves et chair fraîche les négriers arabes installés sur la côte depuis le VIIIe siècle, Burton, accompagné du capitaine John H. Speke, prend la tête d'une véritable armée dans la touffeur équatoriale : « À l'entrée des villages, en guise de bienvenue :

des perches ornées de crânes humains. Dans la savane : le lion, le chacal et la hyène. Dans les marais putrides : les serpents, les sangsues, les insectes. Après les ulcères et la fièvre : le délire avec la conviction d'une identité double, les nuits sans sommeil et les hallucinations. » Deux cents jours de souffrance et de piétinement, et la caravane atteint le bord oriental du lac Tanganyika, là même où, quelques années plus tard, Stanley retrouvant Livingstone s'écriera : « *Dr. Livingstone, I presume.* » Burton entreprend de mesurer sa trouvaille et de la positionner sur la carte. Après des semaines de navigation le long d'un rivage infesté de crocodiles et d'insectes, il se rend à l'évidence : ces grandes eaux ne sont pas la providence nourricière du Nil.

Est-ce la déception qui terrasse Burton ? Le voilà cloué sur son lit plusieurs mois d'affilée cependant que Speke, poussant plus au nord, découvre le lac Nyanza, la matrice secrète du fleuve-dieu, mettant fin par son intuition miraculeuse à deux mille ans d'énigmes sacrées. Brouille à mort entre les deux hommes. Burton ne croit pas Speke ou plutôt se refuse à la vérité. « Les sources du Nil étaient probablement nées dans sa tête, dans son imagination, comme ces montagne de la Lune avaient surgi de son crayon. »

Cinq ans plus tard, retour d'Afrique – et pour Burton d'une virée chez les mormons –, le débat qui les oppose à la Royal Geographical Society, devant un public gagné d'avance aux thèses de Speke, est annulé. Pourquoi ? Les deux rivaux ne demandent qu'à s'étriper. Le lendemain, Speke se tue à la chasse. Accident, suicide, on ne saura jamais. Pour l'opinion, Burton a porté malheur à son ami qu'il jalousait.

Adieu, sangsues, brousse, crocodiles, mirages. Burton se marie, se range un tant soit peu dans la fonction diplomatique, souliers vernis, col blanc, calendrier bien réglé. Consul au Brésil, nostalgique d'un Orient de légende, il poursuit mécaniquement ses travaux d'anthropologie, notant par milliers des observations que polarisent les curiosités d'ordre sexuel. De passage au Cap-Vert, il est fasciné par un jeune hermaphrodite : « Le pénis est bien formé et mesure approximativement un pouce un quart de long pour un diamètre en proportion. Il n'y a pas trace de testicules, ni à la vue ni au toucher. » Il est nommé tour à tour à Santos, à Damas, à Trieste, diplomate acariâtre, écrivain manipulateur aux prises avec une traduction sans fard des *Mille et Une Nuits*, majorée d'une étude hors de propos sur les mœurs orientales, les techniques amoureuses et les stimulants vénériens. Plus que jamais, Burton cherche à provoquer ses compatriotes, à secouer leur pharisaïsme, à semer du poil à gratter sous les jupons trop amidonnés de Sa Gracieuse Majesté. Rançon du camouflet : la critique se déchaîna, vouant l'ouvrage aux égouts.

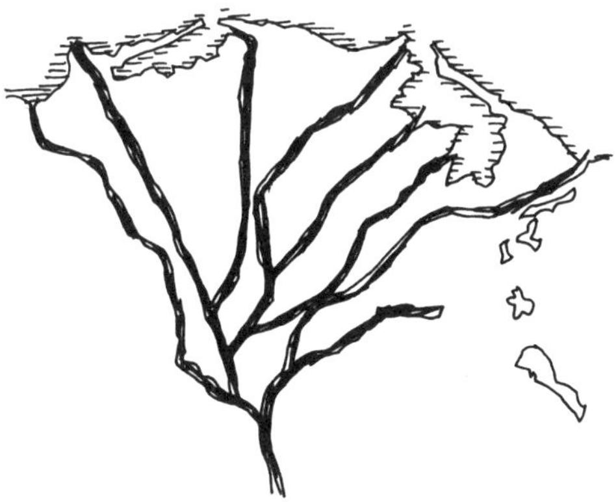

Que laisse Burton à sa mort ? Des récits de voyage haletants, des poèmes, des carnets, des journaux de bord. Une mémoire d'une richesse inouïe, mais entachée du soupçon d'avoir été peut-être un Anglais peu convaincu. Ne se prévalait-il pas d'un ancêtre français, un bâtard de Louis XIV ? Burton : un *frog* à sang bleu ! Bâtard qui plus est, *damned* !

Cette histoire, qui remonte à cent soixante ans, a le charme des photos éraillées du bon vieux temps. Les explorateurs étaient les maîtres du monde, au XIXe siècle, Phileas Fogg défiait les heures légales, et celui qui passait pour avoir vu la…

Nomenclature

… pour avoir vu la bête que l'autre ne verrait jamais, faisait office de héros national.

Peu importe que les choses évoluent, tant que le mieux est au rendez-vous. Mais la mort de la mémoire, de la tradition, tout inexorable qu'elle soit, fait toujours mal au cœur. La marine à voile ? Ce fut le calvaire des mousses, l'angoisse des officiers, le chagrin des épouses, le sempiternel deuil des familles. Ce fut une époque d'innocence et de poésie, la dernière. Un métier meurt, il emporte un dictionnaire amoureux dans la tombe, il en emporte des milliers, tous différents. Faut-il pleurer les terminologies défuntes ? Oui, quand un usage ignare, paresseux, crétinisé par du savoir globalisé, voue à l'oubli des tournures qui n'avaient rien d'obsolescent, comme… Non, quand elles n'ont plus d'objet à désigner, plus de sens concret. J'aimais beaucoup le temps de l'« apôtre » et du « brion », de la « serre-bauquière » ou de la « serre d'empointure », du « vit-de-mulet », etc., sur les barques profilées à la varlope et au rabot, mais il est vrai que ma larme à l'œil ne sera comprise que des anciens, une engeance volontiers taxée de ringardise, hasbeenisme. Qu'ils étaient rassurants, vissés ou boulonnés sur les gouvernails d'antan, ces « aiguillots » d'acier qui pénétraient dans les « fémelots » pour que le safran, souple, mobile, profond, apte à toutes les directions que le bateau se piquait d'emprunter, soit indissociablement assujetti à l'« étambot ». Mouchoirs : à vos poches ! Ça suffit. La mort d'un mot que le vieillissement a frappé, ou la négligence de la tribu, est toujours un crève-cœur pour le romancier en lutte contre l'invasion du discours par le n'importe quoi : barbarisme, solécisme, américanisme pied de nez. C'est bien joli, « food truck », mais « camion-soupe » ou « camion-restau », qu'est-ce qui gêne ? « Anti-souillure » ne vaut-il pas « anti-fouling » ? Qu'attend l'usage pour s'emparer d'une langue française outillée pour tous les services dont le citoyen a besoin, à terre, en mer, partout, quels que soient la tablette ou l'écran qu'il ait sous les yeux. Le dictionnaire n'est-il pas le plus bel animal de compagnie ? Doué de raison qui plus est. Malin, marrant, discret. Fou si le cœur nous en dit. N'imaginez pas que j'ai trouvé « nomenclature » sous le pied d'un cheval… Gamin des années 60, à l'école de la mer au bord du lac d'Hourtin, mais oui, j'écoutais le Dr Guilmard, surnommé tonton Boulon, un soi-disant loup de mer, m'enseigner la « nomenclature » navale, soit les noms de toutes les pièces qu'il faut assembler pour obtenir une carène en état d'aller sur l'eau. Mais vieux de soixante ans, un souvenir peut se laisser toiletter sans rougir. Il n'y a pas quinze minutes, le délai raisonnable d'une page d'écriture de quinze cents signes, évidemment rédigée au stylo, j'ai demandé à Petit Robert, mon animal de compagnie préféré – le plus disert et le plus silencieux des coéquipiers – la signification de « nomenclature », mot sur lequel débordait *nomenklatura*, soit la catégorie des privilégiés du régime soviétique en son temps. Nous voilà bien loin de la mer ? Elle n'est jamais si loin que ça, vous me direz, même au sommet de l'Everest, la neige n'étant qu'une vapeur océanique recyclée dans les flocons. En fait, c'est d'un mot ne figurant pas expressément à la nomenclature navale que je veux vous parler. Le mot « avant » qui fait corps avec « après », mais aussi bien avec « arrière ». L'arrière et l'avant sont les deux parties émergées les plus nobles et les plus attrayantes d'un bateau. Le capitaine ou le skipper en font grand cas pour des motivations esthétiques, nautiques, plastiques, fondues à l'érotisme sous-jacent des formes rondes.

Voici l'hommage infiniment simple d'un auteur anonyme – de toute évidence un marin – à « l'avant » des bateaux à voile. De l'arrière, on pourrait dire exactement la même chose, la poupe étant la plus exposée à la mer lorsque le bateau met en fuite et que les déferlantes n'ont de cesse de le rattraper avec une envie folle, d'une pichenette baveuse, de l'engloutir. Il m'est arrivé des dizaines de fois, pris dans le mauvais temps, d'imaginer mon voilier dépassé par les événements, cette fois, vaincu par la hauteur ou l'escarpement des lames, déchiqueté par un coup de boutoir intempestif, et je lui présentais mes excuses arrivé à bon port, sidéré d'être encore en vie, prêt à retourner en mer.

> « L'avant d'un bateau est naïvement parfait. Il est complet sans un effort. L'homme qui le fit ne sut pas qu'il faisait quelque chose de beau pendant que l'on infléchissait les planches en des courbes mystérieuses qui varient à l'infini. Sous sa main cela devient l'image d'une coquille maritime, comme si le sceau des flux des grandes marées et des courants de l'océan était imprimé dans son galbe délicat. Il le laisse là quand tout est fait sans un mouvement d'orgueil. Ce n'est qu'un travail simple, mais qui empêche l'eau d'entrer, et dès lors chaque planche est une destinée qui porte des vies d'hommes tissées dans les nœuds de son bois comme la voilure porte la mort dans ses plis. C'est une merveille si l'on songe à la grandeur de la chose accomplie. »

Une merveille aussi complexe et pure que la plume de…

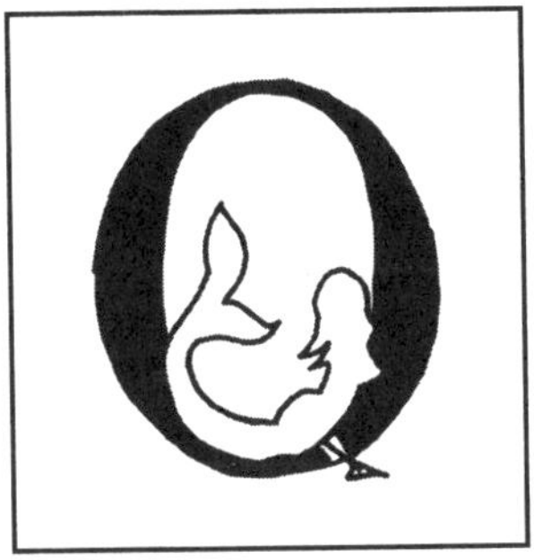

Armé du manuel du commandant, je tâchai de les identifier. Les petits oiseaux blanc et noir qui patinaient dans notre sillage étaient des pétrels-tempête ; les lourds voiliers bruns, des stercoraires ; les oiseaux semblables à des mouettes qui se maintenaient dans le vent à la hauteur de la cabine et, bord à bord, adaptaient leur vol à la vitesse du bateau, des fulmars. Mais les oiseaux qui l'emportaient sur tous les autres, les as des as de l'aéronautique, étaient les puffins des Anglais. Ils serraient les vagues sur des ailes aussi raides que celles des modèles réduits, glissant, virant, pivotant, plongeant, suivant le contour de l'eau à une distance si faible que l'on ne pouvait pas dire où finissait la vague et où commençait l'extrémité de l'aile de l'oiseau. Penché sur une trajectoire parfaitement parallèle au front d'une déferlante, les puffins scellaient avec l'océan leur union de casse-cou. Avec leur air d'avoir été composé de balsa, de papier de soie, et de dopant, ces oiseaux rendaient comique cet Atlantique Nord autrement si lugubre.

Jonathan Raban

Oiseaux

… aussi complexe et pure que la plume de l'oiseau sur son aile, à chaque instant du vol. À ma grande honte, je ne connais rien aux oiseaux. Rien non plus aux fleurs, aux poissons, aux arbres, aux papillons. Je vais faire un effort. Le papillon est-il un insecte ? Qu'est-ce qu'un insecte ? Je ne saurais borner cette engeance, Il me semble que la fraise est un réceptacle charnu, pas un fruit. La patate un féculent, pas un légume.

Les oiseaux qui fréquentent la mer sont des enchanteurs cruels, affamés et cruels comme les humains. Ils s'approchent des voiliers en mer, ils dansent au-dessus du sillage, ils plongent sur les morceaux de pain, même les bouchées imprégnées d'alcool. Le spectacle d'un grand oiseau marin en état d'ivresse entre ciel et mer est si théâtral, si figuratif et varié qu'il paraît exécuter avec inspiration les gestes aériens d'un ballet répétés maintes fois dans les coulisses du vent. Il tournoie, il s'éloigne, il revient, se heurte à la crête des vagues, il bondit vers l'azur, vacille et dégringole en culbutant : il occupe à lui seul la scène radieuse de l'infini que même les étoiles d'août ont du mal à meubler.

Je n'y connais rien, aux oiseaux blancs des mers, mais j'ai toujours le cœur serré en les croisant au large et je me pose la même question qu'eux : où vont-ils ? Une question sans réponse dans les deux cas. C'est une émotion différente, le poisson volant, l'oiseau nageant. On se demande s'ils sont idiots quand ils s'abattent sur le pont. Espèce de chauffard. Imagine que tu aies eu le format d'un cachalot, des ailes d'avion ! Ils sont frêles et beaux comme les désespoirs du peintre qui font aussi le désespoir de l'écrivain désirant mettre des mots tchékhoviens sur la nuance active des choses. Ils ont un regard, nous aussi. Nous un téléobjectif, eux une longue-vue tous azimuts. Échange muet, incompréhension, pitié réciproque. On les remet à l'eau avec la pelle à poussière, on a l'impression de noyer des arcs-en-ciel volants, des petits princes de la mer changés en arcs-en-ciel par les vilaines fées jalouses.

Un matin, devant Santander, j'ai trouvé un oiseau perché sur le balcon arrière d'*Aeleutheria*, mon ketch d'acier dans les années 80. Pas une mouette, pas un albatros, et pas, non, un paille-en-queue, une mésange, une sterne, les cinq espèces que je sais distinguer à coup sûr entre mille. Un oiseau de mer, forcément… Ou pas. Guère plus épais qu'un moineau. Une couleur de vieux wagon délavé, comme les moineaux des jardins publics. Mais qu'est-ce que foutait un moineau dans les jardins mouvants du golfe de Gascogne, et quand m'avait-il choisi pour perchoir ? De quel rayon d'action dispose le moineau qui veut regagner ses foyers après une escapade ? Il boudait. L'oiseau est boudeur, lorsqu'il s'est perdu. Il est vexé. Faim ? Soif ? Je l'ai nourri. L'être humain chasse les oiseaux, pêche les poissons, tue ses congénères, abat les civilisations, mange la vie d'autrui, mais que sa pitié le démange en mer où il va seul, et le voilà prêt à tout sacrifier pour un moineau espagnol en difficulté.

Il s'appelait Carlos. C'est parfait, Carlos, pour un oiseau naufragé. Carlos m'a tenu compagnie les trois jours suivants, jusqu'aux eaux bretonnes. La nuit, je cherchais son ombre ratatinée sur le balcon, toujours à l'arrière, jamais au même endroit. Chaque matin, je m'assurais qu'il était toujours là, que la rafale ou la beigne d'un paquet de mer ne l'avait pas surpris et désarçonné. Dans la journée, je l'oubliais ou je lui parlais comme Alain Bombard parlait à sa poupée, et comme ce cambusier polynésien tombé à la mer parlait à la tortue surgie du néant des flots pour lui rappeler qu'il était courageux, vivant, et qu'en luttant la vie peut toujours plus que ce qu'elle croit pouvoir. C'est tellement vrai qu'il a pris la plume, un jour, le cambusier, lui qui n'avait jamais écrit, pour dire à la tortue qu'il ne l'oublierait jamais.

À l'île de Groix, mon copain Claudius – qui répondait alors au surnom bien mérité de tonton Pastis – m'a rejoint sur *Aeleutheria*.

Ce n'est pas un épervier, m'a dit ce fils des Cévennes, et j'ai compris que le nom des oiseaux du ciel n'était pas son fort à lui non plus. Je m'attendais à ce que l'ami Carlos ayant respiré la tiédeur champêtre de l'air groisillon s'évanouisse dans la nature et j'avais raison. Quand il s'envola, en douce, je n'avais jamais entendu sa voix. Il me manqua, cette touffe de plumes renfrognée. Comme quoi on s'attache aux êtres vivants. Est-ce que l'on peut s'attacher à une mouche, à une fourmi ? La fourmi n'est-elle pas un être vivant ?... Passé quelques jours à Groix, les doigts de pieds en éventail, j'embarquai des hôtes payants venus de Namur pour s'initier à la haute mer, et, le vent portant au nord-ouest, le soleil étant chaud, la météo souriante, je mis le cap sur les îles Britanniques, une de mes destinations chouchoutes. Oui, c'était l'époque où je m'imaginais gagner ma vie, et celle de mon voilier hors de prix, en échangeant des milles marins contre des sommes d'argent que j'avais bien du mal à fixer d'avance, en termes de budget. Il suffisait que le client n'ait pas l'air dans son assiette, à son premier contact avec le clapot, pour que je lui fasse grâce du deuxième acompte. Il n'avait qu'à vomir pour naviguer à l'œil. Et je m'estimais grassement payé quand une bonne ambiance régnait à bord – quand on avait tous partagé la mer comme du bon pain, la journée finie. C'est vous dire si nous doutions de jamais arriver à joindre les deux bouts, mon merveilleux voilier de fer et moi. À telle enseigne que nous avons dû nous séparer[1].

Passé la bouée des Grands Pourceaux – la cardinale nord des îles des Glénan –, ce fut un véritable concert à

1. Pour ceux d'entre vous qui voudraient savoir ce qu'il est devenu depuis trente-huit ans, je n'en savais rien jusqu'à ces jours-ci. J'ai reçu de sa part le mot suivant, adressé chez mon éditeur. « Salut. Actuellement je zone à Singapour. J'organise à bord des soirées pour payer les frais de port et les à-côtés. J'aurais besoin d'une nouvelle peinture, car vraiment je fais pitié, et j'ai de plus en plus tendance à rouiller d'un peu partout. Je ne suis plus tout jeune, comme toi. Si tu peux m'envoyer de quoi me payer une glycérophtalique satiné, même un surplus dans un coloris imposé, je suis preneur. Je devrais m'en sortir avec un pot de vingt-cinq litres. Viens me voir à l'occasion, je ne sais pas où je serai. Voilà, je n'ai pas grand espoir d'avoir de tes nouvelles. » Vous en pensez quoi ? Vous répondriez à ma place ?

l'arrière du voilier. Carlos, mais quel bon vent ! Et moi qui te croyais muet. Il me disait quelque chose, ou il m'écrivait une lettre à voix haute, ou il me chantait sa légende en espagnol d'oiseau, façon ménestrel, ou il se plaignait d'avoir mal. J'étais incapable de comprendre un traître de ses « cui » lancinants qui ravissaient la compagnie : Claudius et mes cinq passagers dont trois enfants : deux filles et un garçon.

— Non, dit la femme du mari, ce n'est pas un « moineau franc ».

Elle avait l'air de s'y connaître.

— Et c'est quoi ?

— Un ancien reptile... Il ne fait plus assez clair pour voir ses pattes.

Nous étions massés dans le cockpit en tee-shirt, nous déhalant au moteur à trois nœuds sur une mer d'huile comme versée par la lune en train d'émerger. La femme buvait un whisky dans mon vieux pichet en plastique. Elle fit alors un discours étonnant dont j'ai retenu ceci : les ailes des oiseaux correspondent à nos bras qui correspondent aux pattes antérieures des reptiles qui vivaient sur terre il y a cent quarante millions d'années. Ce sont les mutations successives, causées par le besoin de sauter de branche en branche et d'échapper aux prédateurs, qui ont changé les pattes en ailes et les écailles en plumes. La plupart des oiseaux plongeurs – Carlos en est peut-être un – sont des voiliers sous-marins évoluant dans les profondeurs sus aux poissons, à leur vitesse de nage. Les cormorans et les canards, eux, sont des rameurs sous-marins. Ils utilisent leurs pieds palmés pour se mouvoir sous l'eau, étirés au maximum comme des fusées. Les pingouins, macareux, guillemots, mergules pourchassent les petits poissons comme d'autres les insectes à ciel ouvert, question de goût. Ce sont moins des oiseaux aériens que des oiseaux nageurs. Le pétrel noir, lui, l'oiseau fou des tempêtes – pas exclu que Carlos soit un pétrel –, est un hybride heureux dans l'air comme sur l'eau démontée. Il vole au ras de la mer de-ci, de-là, battant des ailes avec frénésie pour attirer l'attention des proies dans l'eau remuée, et lorsqu'il saisit sa victime, pattes pendantes, il donne l'impression de marcher sur l'eau. Pas étonnant qu'on l'ait surnommé l'oiseau-Jésus.

Le miracle du volatile hauturier, c'est précisément qu'il n'est pas un poisson. Il n'a rien à faire en mer. Il a le sang chaud, lui, c'est *a priori* un frileux. Il doit sans cesse composer avec la nature et les éléments pour évoluer dans un milieu dont la physique et la chimie lui signifient : dehors et plus vite que ça. Il a sur le bec des évents spécialement affectés au rejet du sel, une troisième paupière dite « nictitante » – comme le chat – pour garder les yeux ouverts en plongée – le chat devrait essayer –, des reins spécialement adaptés à la préservation de l'eau douce, fluide vital pour les oiseaux, les poissons, pour tous les êtres vivants. Quant à leurs plumes galbées, hypertrophiées, ramifiées : se prêtant à l'atterrissage, à l'essor, au vol, ce sont de formidables thermorégulateurs agissant en continu par vasoconstriction. La plume, enduite de cire graisseuse, est un écran supérieur au poil de l'ours ou du vison pour combattre la rigueur du froid. Même les pattes font office d'échangeurs thermiques à bord de l'oiseau long-courrier qui ne vit pas en mer, mais par-dessus comme s'il ne cessait de survoler un garde-manger. Non, la vie ne se lasse pas d'être vivante et carnassière autour du monde, autour de la mer.

L'un des plus beaux oiseaux marins – un plongeur-né, rapide comme l'éclair – pourrait estimer que Mère Nature lui a joué un bien vilain tour en le privant de cet enduit graisseux qui préserve les tissus du mouillé et du froid. Le noir, l'infortuné cormoran, après chaque baignade, est obligé de chercher un lieu sûr et sec pour se sécher le corps et les ailes déployées en croix. Après l'oiseau-Jésus : l'oiseau-crucifix.

J'ignore si Carlos était un oiseau magique ou non, une bête à bon Dieu, toujours est-il que cette nuit-là fut enchanteresse entre l'archipel des Glénan et celui des Scilly. Une espèce de Noël au mois d'août, un moment où rien n'est trop beau pour le bonheur de la mer, où chaque embrun se veut aussi mystérieux qu'une étoile et où les cargos du rail ont l'air de Rois mages illuminés de rouge, de vert, en route pour Bethléem. Au lever du jour on voyait les Scilly, terre promise comme toujours les îles à l'horizon. Carlos avait disparu et je n'ai jamais su quel était son nom, s'il avait les pattes lobées, palmées, s'il était un rameur ou un voileux de la chasse sous-marine, s'il n'était pas tombé à la mer d'épuisement en voulant gagner trop tôt le sol britannique.

Non, je ne connais rien aux oiseaux des mers, des campagnes ou des villes, ou si peu. Je m'en tiens aux célébrités ordinaires, aux hirondelles, aux pigeons, aux cygnes, et j'ai pour la volaille un faible anthropomorphique d'amateur de sot-l'y-laisse et d'œufs en meurette – pour faire court. Mais je suis fidèle à la beauté du monde, à la beauté des mots, et des noms tels que vanneau, bouvreuil, fou de bassan, alouette, fauvette, mauviette ou chardonneret, condor, me donnent envie de passer des moments éternels, sur la Terre, et de leur trouver un goût de pas assez.

Il y avait deux cygnes d'une blancheur de neige, à l'île d'Hoëdic, la plus méridionale du Morbihan. Ils cherchaient vainement à s'envoler. Un pêcheur de homards leur avait rogné les ailes, craignant qu'ils n'aillent à l'île d'Houat, à sept vagues de là, puis à Belle-Isle-en-Mer, puis à Groix, Dieu sait où encore, pour ne jamais revenir à Hoëdic, l'île qui les avait recueillis plus morts que vifs et nourris, sauvés du destin des oiseaux perdus en mer ; l'île qui les aimait aujourd'hui comme elle aimait ses chats, ses chiens, son ouistiti Mickey, don d'un pêcheur, qui gardait les toilettes de l'hôtel de la Plage, ricanant et jetant sur les inconnus des excréments frais.

Lorsque je venais mouiller mon voilier devant la cale du courrier, les cygnes ne tardaient pas à rappliquer, déployant des moignons d'ailes impuissantes, essayant de m'impressionner par un envol raté qui les humiliait. J'ai repensé à eux des années plus tard en regardant le film de Jacques Perrin sur la mer et les marins. On voit des pêcheurs japonais trancher leurs ailerons aux bébés requins vivants pour en faire des soupers fins. Les bébés requins mutilés sont remis tels quels dans la mer. La caméra les suit, chutant les yeux ouverts, tournoyant dans les profondeurs sans pouvoir se diriger. Ils n'ont rien d'humain et l'on éprouve une empathie réelle, on veut signer des pétitions. Ce qui se passe au fond de l'eau pour ces nouveau-nés, toute la jungle est unanime à s'en faire une raison. Seul l'homme, le plus déprédateur de tous les morfals, le couteau pensant, seul l'homme a pitié. À la soupe !

Maintenant, si je dois choisir dans mon cœur – une région contiguë à mon enfance, à ma mémoire –, le plus beau regard que j'ai posé sur des oiseaux en mer, je vous emmène au pays des Français d'Amérique du Nord, l'archipel de Saint-Pierre-et-Miquelon. Beaucoup le voient du côté des Marquises, cet archipel, entre les tam-tams et les vahinés des océans où l'on ne va jamais, trop onéreux, là-bas où l'on ne sait pas très bien où c'est, d'ailleurs, comme le paradis. Quand vous y allez en février, on vous dit : « Quelle chance vous avez ! N'oubliez pas vos maillots de bain. »

Saint-Pierre-et-Miquelon est un paradis froid baigné par les eaux du Labrador voisin, dans la partie méridionale de Terre-Neuve. C'est à Saint-Pierre-et-Miquelon que les goélettes de Paimpol venaient s'abriter, et parfois sombrer, lors de la pêche à la morue sur les grands bancs. Que le brouillard se dissipe et l'on est aux Hespérides, à Saint-Pierre-et-Miquelon. On se gorge d'un air bleu, on prend l'horizon dans ses mains, la mer a des lueurs de cristal et fait battre le cœur du monde entier. Tout est loin, tout est là. Un paradis, vous dis-je.

Il y a des îles et des îlots autour de l'archipel. Le Grand Colombier, au nord de Saint-Pierre, est un chahut continuel d'oiseaux marins, une rave d'oiseaux marins. Ce fut aussi le point d'atterrissage de la course à la voile Saint-Malo-Saint-Pierre. Ils devaient être magnifiques, ces grands voiliers parmi ces milliers d'oiseaux. On ne m'enlèvera pas de l'idée que le voilier est aussi un oiseau. Il cherche à s'envoler et les oiseaux lui font la fête, lorsqu'ils se croisent au large, et pas seulement pour cueillir au vol des rondelles de saucisson. Les voileux ne sont peut-être pas des oiseaux, mais leur monde est celui du grand air hauturier respiré par les oiseaux marins. Je ne perds jamais mon temps lorsque je…

Ah ! la mer et ses prairies intimes d'algues roses, la grande mer qui fait hou ! hou ! avec ses bras, je ne la trouve pas si grande que ça. Une espèce d'aïeule rabougrie, cernée d'épaves mouillées. Je me tiens à quatre pour ne pas l'envoyer dinguer contre le mur de sa tanière, elle et son crachat monotone, elle et ses yeux bleus dans sa face en peau de rat. La première fois qu'on la voit, oui, on en reçoit un coup. Mais elle est immobile, au fond, comme la chronique des morts. Elle nous sert toujours les mêmes tempêtes, les mêmes odyssées, la même langouste mayonnaise. Elle peut crever !

Audiberti

Peyron (Loïck)

... lorsque je bavarde avec un marin, la conversation part en mer et je n'ai aucune envie d'arriver à destination. Comme l'autre jour aux voiles de Saint-Tropez où j'avais rendez-vous avec Loïck Peyron. Et alors : Saint-Tropez ! Ne levez pas un sourcil dédaigneux, s'il vous plaît. Ne vous laissez pas gagner par la méfiance : ce Breton cachait un abominable Parisien, un traître, un faux voileux bluffé par le théâtre des humanités milliardaires mangeant merguez et fumant cigare à la vue des humanités ordinaires venues consommer en famille cette gratuité sans prix. Non, mais quel zoo, ces gens somnolents attablés sur leurs yachts et ces gens piétinant devant Sénéquier pour regarder se gaver ou chipoter les seigneurs de l'or noir. La léthargie des envieux, l'ennui supérieur des nantis. Et moi cherchant au bout du quai le Village des Voiles de Saint-Tropez, une manifestation réunissant chaque année les plus beaux voiliers du monde. Encore du milliard, me direz-vous, mais le milliard n'a pas tous les torts, et quand il bâtit du rêve océanique, quand il garde vivants les grands yachts à voiles d'autrefois, et vivant le savoir-faire des chantiers navals, celui des équipages et des capitaines, qu'irait-on l'estimer voler au commun des mortels nécessiteux. Le milliard pour tous est un bon milliard, même à Saint-Tropez, un village de cocagne où la lumière du soir vaut celle du Rialto, cristalline et satinée. Venez-y en gondole, venez compléter cette illusion adriatique, on a la même sur la berge du Sillon, à Saint-Malo.

J'ai rendez-vous avec Loïck Peyron, un enchanteur de la course au large, un héros d'excellence sereine et de simplicité. Outre son génie sur l'eau, il a ce don rarissime de ne parler qu'à bon escient, sans y perdre le sens de l'humour. Il y a du déchet quand on parle beaucoup, pas chez lui. Voilà pourquoi sa vision des choses de la mer à l'heure qu'il est, à la veille de l'heure qu'il sera, me paraît avoir sa place dans mon Dictionnaire amoureux des éphémérides nautiques.

Le voilà, bermuda pastel gris, tongs, tee-shirt *Voiles de Saint-Tropez*, M. Tout-le-Monde : il a remporté trois fois la Transatlantique anglaise en solitaire, il est vainqueur de la Transpacifique Los Angeles-Honolulu. Il est plus médaillé que Tabarly lui-même, notre maître à tous. La différence avec le patron des *Pen Duick*, c'est qu'Éric Tabarly, skipper et pilote d'avion, fut le premier Breton-Français à oser réinventer la forme des voiliers sans autre but que le degré supérieur du podium : celui des vagues et celui des vivants faisant fête au champion. Et Dieu sait qu'il faut les risquer, sa peau, son talent, sa solitude en mer, pour épater les siens.

Ici ? Ici. Table haute, tabourets, Loïck m'apporte un café court, il s'en apporte un, s'assied en face de moi, je sors mon cahier chinois, mon stylo japonais à encre gel bleue. Dans les yeux clairs de Loïck, la beauté du monde s'est mirée tant et plus, mise à nu comme elle ne le fait jamais que pour les mortels résignés d'avance à la fatalité du *hic et nunc*, là-bas, en mer, à la source de l'aube et du coucher du soleil, sur le traîneau virtuel des méridiens.

Moi : Merci pour le café. Ta prochaine navigation ?

Lui : Très amusante, je pense. Une compétition de Stars à Providence. Un plan d'eau vert lagon, le rêve. Première fois de ma vie que je monte sur un Star, l'ancêtre du dériveur à bouchain. Tu te rends compte ? Le dessin du Star a plus de cent cinq ans. Il n'en reste plus beaucoup, mais en parfait état.

M : C'est où, Providence ?

L : Une île des Bahamas à côté de Nassau, la capitale…

Une vie belle et joyeuse, je pense en écoutant Loïck. La mer chaque jour du calendrier. La mer où l'on va, la mer d'où l'on ne revient que pour se languir d'y retourner, toujours à la recherche du vent. Monocoque, multicoque à foils, dériveur du « revival » de nostalgie (notion moins débile qu'on dit, la nostalgie, tant qu'on n'en fait pas un vortex). À cinq nœuds, à dix nœuds, à quarante-cinq nœuds : casqué, assuré par du câble, toujours mû par le souffle du temps qui passe, emporté vers cet horizon qui tient tout entier dans la main du marin : soi-même, aucune chance de l'atteindre jamais.

M : La hantise de la mer et du vent.

L : Comment ?

M : Excuse-moi, je... Comment tu vois la mer aujourd'hui ?

L : Comment je ?... Tu es bien sûr de ta question ? Attends, elle m'intéresse beaucoup. Tous les regards sur la mer ont changé depuis quelque temps. Le regard du terrien, celui du marin, je parle du marin à voile, du compétiteur de métier sur son multi.

M : C'est la vitesse qui veut ça ?

Loïck regarde son café. Le café se mélange à l'océan, Le café resplendit dans sa prunelle océanique.

L : Il n'y a pas plus monotone que la mer, en mer. Une monotonie sans commune mesure avec l'ennui. Cette monotonie devient une ivresse, à la longue, on se défonce à la monotonie. Et pourtant la mer ne se ressemble pas. Toutes les vagues sont différentes, il n'y a pas une vague jumelle de l'autre, pas une goutte d'eau, pas une seconde, mais qu'est-ce que tu vois quand tu regardes la mer : la mer. Et ce qui se passe à chaque instant si différent soit-il de ses non-pareils : le temps. C'est pourquoi le marin a du mal à désigner ses émotions sur l'eau. Alors, comment c'était ? C'était monotone, le temps passait. Quand il entend ça, le journaliste se demande à quel genre de fumiste mal bercé il a affaire, et si le marin n'a pas fumé du plancton. Et pourtant c'est la vérité. Jusqu'au début des années 60, le voileux hauturier regardait la mer sans même savoir qu'il la voyait. Il oubliait de la voir et de voir qu'il ne voyait rien d'autre. De temps en temps, un « c'est beau » civilisé lui traversait l'esprit ou l'envahissait. C'est beau le ciel étoilé, la mer étoilée. Puis la monotonie le rattrapait, le ciel étoilé finissait dans l'oubli, comme la mer. C'est magique, en mer, l'oubli, c'est une défonce paisible, va le dire au journaliste qui t'attend sur le quai : j'ai oublié. C'était comment ? J'ai oublié. Va le dire au JT, à des millions de gens qui payent leur redevance télé, dis-leur qu'il n'y a pas de secret, au large, à part la mer. Tu n'as rien oublié d'essentiel, en mer, non, c'est dans ta peau et ça ne veut pas s'identifier à des mots, ça ne se dit pas. Il y a une intelligence des choses, en mer, qui ne veut rien savoir de l'esprit formulé.

M : Olivier de Kersauson est bavard, lui, revenu à terre.

L : Olivier est un écrivain de la voix haute, ça ne veut pas dire qu'il dit ce qu'il a sous la peau.

J'ai lu des livres de Kersauson, notamment *Oceans' Songs* dont le titre me déplaît. J'ai été frappé par le génie des images appliquées à la mer et aux sensations nautiques. Mais, en écoutant Loïck, je me demande si l'écrivain parleur n'a pas forgé de la phrase et du visible métaphorique là où la mer n'a laissé qu'un oubli bâtisseur d'addiction à cet espace-temps bagué par le fil de l'horizon. Je me demande si le parolier supérieurement doué n'est pas l'alibi du marin subjugué comme les autres marins par le silence de la mer. Si le batelier n'est pas un bateleur, ce qui n'enlève rien au génie du batelier.

M : Tu dis que les regards sur la mer ont changé. Quel rapport avec la monotonie ?

L : Il y a trente ans, les voileux naviguaient comme Christophe Colomb. On y allait à l'estime, un seul instrument à bord, le bitte-sextant-couteau. La grâce de Dieu. Les voiles étaient en coton, l'Opinel rouillait. En trente ans, et même en dix, la mer à la voile a fait plus de progrès qu'en cinq cents. La mer n'a pas le temps d'être monotone, sur un multi en course. À chaque seconde, tu fais attention aux creux, aux bosses autour du bateau. Que tu en oublies un au mauvais moment et c'est la cabane sur le chien. Il y a trente ans, tu regardais l'horizon. Tu n'en savais rien, mais c'était lui ton animal de compagnie. C'est fini. Quand tu t'intéresses à lui, désormais, c'est qu'il faut parer un cargo ou un caillou, denrée rarissime au large. La pétole te tombe dessus, le bateau s'encalmine, et brusquement la mer est là, tu n'y pensais plus. « Depuis combien de jours je n'avais pas vu la mer. » Tu te poses la question. Tu la regardes et si le regard se prolonge, tu l'oublies. Tu lis. Qu'est-ce qu'on lit bien, en mer. J'ai lu un bouquin de toi pendant le Vendée Globe 2013, redis-moi son nom.

M : Un roman ?

L : Je n'en sais rien.

M : Comment le saurais-je ?

L : J'ai oublié.

Je n'ose lui demander si le bouquin lui a plu. Quand on oublie la mer en traversant l'océan, on peut fort bien traverser un livre et n'en garder aucun souvenir. On ne lit pas en mer comme on lit à la plage. On lit de tout son être en communion avec l'univers, avec le bercement du voilier. Et qu'importe l'oubli si le bouquin vous est entré dans la peau.

Je ne suis pas peu fier. Un oubli de Loïck Peyron, rendez-vous compte, un oubli comme seule la force de l'océan peut le déployer sous la peau d'un loup des mers.

M : Tu parlais du regard du terrien.

L : Le terrien, oui, le badaud. Il s'imagine connaître la mer, parfois. Il te dit : moi aussi, vous savez, je fais du bateau. Il s'égale à toi. J'imagine qu'il existe aussi des « terriens » de la plage blanche : moi aussi, j'écris. Et ils s'égalent à toi. Irait-on dire à Federer : moi aussi, je fais du tennis ? Autrefois, le terrien ne comprenait pas grand-chose à la mer. Ou il en avait peur ou il se prenait pour un marin.

M : Et aujourd'hui ?

L : Tabarly a tourné le regard du public vers la mer, la mer au large. Il a dessillé les badauds.

M : Tu veux dire que la mer est plus aimée qu'autrefois ?

L : Pour bien des raisons. La voile est à l'origine de cette évolution. La mer incarne la vérité pour celui qui se croit dans l'impossibilité de mariniser son existence. La mer est un milieu hostile, une empêcheuse de tourner en rond. C'est aussi l'eau même de la vie pour tout ce qui rêve ou non. Il y a une prise de conscience naissante du désordre écologique de la planète bleue.

M : Justement, la pollution…

L : … existe bel et bien. Je me bats à mon niveau pour limiter le recours aux énergies fossiles. C'est paradoxal, mais on en consomme énormément dans le milieu de la voile. Rien que la Coupe de l'America, sanctuaire de la voile pure, avec ses unités de surveillance motorisées chacune d'une bécane de 6 000 CV. Tu imagines, la débauche de CO_2, l'effet de serre ? Je pourrais te parler aussi des climatiseurs à plein régime dans les hangars à bateaux.

M : L'horreur.

L : Il y a pire. En tout cas moins connu du grand public. La mer n'appartient à personne. C'est la seule région du monde où le fisc n'envoie pas ses avis. Google a donc en projet des mouillages off-shore pour stocker des millions de data, la mémoire de nos ordinateurs, dans des conditions de refroidissement idéales, parfaitement naturelles. *Gratis pro deo*, la clim'. Tu as aussi cet Elon Musk qui envoie des engins dans l'espace et fait rentrer à la maison les rétropropulseurs, ceux-là capables de se poser sur des plates-formes en mouillage hauturier, même par mer formée.

M : Dingue ? J'éviterai d'en parler dans mon bouquin… Et moi qui m'étais juré de ne pas être rabat-joie. Tu ne connaîtrais pas quelqu'un qui me tiendrait des propos rassurants sur l'avenir de la mer ?

L : Tu l'as devant toi. Je suis un optimiste, je ne suis même que ça. L'optimisme consiste à savoir de quoi on parle en gardant le sourire. Elon Musk et Google ne sont peut-être pas des pollueurs d'océans. Mais tout ce qu'on nous dit sur la pollution est vrai. Il n'y a pas le miroir aux alouettes d'un défaitisme comploteur inventé pour casser le moral des troupes. La banquise fond, la mer s'échauffe, les espèces vont voir ailleurs, les thons rouges souffrent d'hépatite, l'ozone est troué, le huitième continent n'est pas un monstre d'opérette, malheureusement, et je l'ai vu de mes yeux vu au sud d'Hawaii, en faisant route vers le Japon. Un peu plus au nord, en visant cette fois San Francisco, on est sûr de taper dedans. À quoi ça ressemble ?

Un pandémonium de plastiques variés harcelé par les oiseaux, comme si l'océan Pacifique, en ce point précis, faisait office de mère de toutes les déchetteries de toutes les communautés humaines en fraternité d'effluents toxiques et autres reliefs industriels non dégradés, non dégradables. Les saloperies de surface, plus choquantes et moins délétères, finalement. Une broutille en comparaison des effluents nucléaires et des nano-plastiques déglutis par tous les membres actifs de la chaîne alimentaire à tous les niveaux. Eh bien, oui, la pollution, oui…

M : Et tu restes optimiste.

L : Plus que jamais. Optimiste et fataliste, une morale de marin. Autrefois, à Bali, on pique-niquait à la plage sur des feuilles de bananier. Le pique-nique fini, on repliait les feuilles de bananier sur les déchets. La nature n'avait que de la nature à recycler. Depuis, le mammifère humain a mis au goût du jour les produits de synthèse et l'avenir ne s'emballera plus jamais dans les feuilles de bananier, l'industrie ne sait même pas comment ralentir la course à l'industrie. Même le diesel, officiellement reconnu calamité publique, va de l'avant, et les pesticides ont de beaux jours devant eux.

M : Il est très sombre, ton optimisme.

L : La planète n'est pas en danger, le genre humain peut-être. Tout va trop vite.

M : On n'est pas à l'abri d'une bonne surprise. Regarde les marées noires. L'épave de l'*Amoco Cadiz*, le pétrolier géant coulé en 78, est bourrée de crustacés. Il n'y en a jamais eu autant. On va même jusqu'à immerger des épaves ici et là pour les attirer.

L : Tout simplement parce qu'il était interdit de s'approcher. Les eaux n'étant plus pêchées, l'espèce a eu tout loisir de se multiplier. Mais ce n'est pas l'odeur du pétrole qui la fait saliver. Tu te rappelles le temps où les casiers étaient peints au coaltar ?

M : Tous les Bretons s'en souviennent.

L : C'est la même chose. Ce n'est pas parce qu'il y avait du coaltar sur les casiers que les bestioles entraient dans la nasse. Le coaltar ne servait qu'à la protection du bois. Mais la légende du coaltar gourmand, irrésistible péché mignon, du crustacé en maraude, a longtemps circulé. Pareil avec le « brent » lourd de l'*Amoco*. N'en faisons pas le complément alimentaire indispensable au métabolisme du bigorneau.

M : Après les Bahamas, d'autres projets marins ?

L : La Route du Rhum 2018. Je t'attends à Saint-Malo pour le départ. Tu n'auras qu'à m'apporter ton dico sur la mer. Je le lirai en mer et j'espère que tu ne m'en voudras pas si…

Partir

… si j'oublie le nom de l'auteur et la tête du bouquin après l'avoir lu. La mer ne retient que l'essentiel, comme je t'ai dit.

C'est vrai qu'on lit merveilleusement bien, sur un voilier, loin de tout, sitôt oubliés les trois millimètres d'acier qui vous mettent à l'abri des profondeurs, des poissons mangeurs d'hommes, de toute cette voracité que la chair d'un noyé humain aux yeux ronds fait saliver.

Avant de partir en mer, je ne raffine pas trop sur le bagage, le sac de marin fermé par un cadenas. Je ne sais pas vraiment ce qu'il contient. De quoi parer les coups lorsque la mer et le vent se mettent à deux pour taper. De quoi parer la nuit, la lune froide et les astres autour, la noirceur qui n'en finit pas d'allaiter le dedans touffu du sillage. Et puis des bouquins, trop, la peur de manquer. Toujours un Proust, un Audiberti, un polar, un nanar dernier cri par une Amerloque au courant des angoisses de la femme actuelle et de ses prises de bec avec le patron, les collègues, le mari, l'amant : l'Homme, le mâle, le guerrier, l'éternel salaud de la femme au foyer, celui-là même qui plantait sa cognée entre les sourcils crépus des aurochs, jadis. Et toujours le *Livre d'or de la poésie française* par Pierre Seghers, la mer se piquant d'avoir du rythme et d'apprécier les poètes maudits.

Je pars longtemps à l'avance, quand je pars en mer. C'est d'abord un départ immobile, à la maison, une plongée à travers les cartes du SHOM et les Instructions nautiques. Je pars de tout mon cœur avec le sentiment de n'être jamais tout à fait revenu. J'y vais attendu par mon bateau, par moi sur mon bateau. Depuis combien de temps l'ai-je quitté ? Nous sommes un peu dépaysés, intimidés. Nous nous retrouvons comme des enfants. J'ai deux jours pour m'assurer que tout fonctionne correctement à bord. Que c'est long, deux jours. J'aimerais lever l'ancre aussitôt. J'envie ces marins, dont j'ai été jadis, et qui vivent toute l'année sur leur voilier, en symbiose avec lui, et qui ne pourraient pas débarquer sans y laisser leur peau. Eh oui, je l'ai fait. Je suis revenu sur le plancher des vaches. J'ai l'air d'être vivant, mais pour avoir cet air-là j'ai dû tuer quelqu'un qui n'était autre que moi

La veille du départ, je dors mal, j'écoute, je gamberge, je monte sur le pont. Je me demande si j'ai perdu la main. Sitôt la voile hissée, je ne me pose plus ce genre de question, mon bateau revit. Je suis tout à lui, tout à la mer, et d'ailleurs sachez que je… Une balade autour de la Bretagne, chez moi. J'espérais changer d'océan, cette année. J'avais en tête les îles Éparses où je n'ai jamais navigué. Pas le temps… Parole bidon, je sais, indigne d'un marin, d'un écrivain. Je pars demain. J'aimerais inverser ma relation fausse avec les éléments. Je voudrais passer en mer mes jours et mes nuits, vivre en mer. À terre de temps en temps, de loin en loin… La terre humaine, si belle et douce vue d'un bateau, d'un avion, avec les yeux du Petit Prince. Regardez ces ports, leurs balises de fête foraine, leurs clins d'œil bariolés, leurs fanaux, leurs élancements protecteurs. Qui peut s'imaginer la violence des hommes en arrivant dans un port un soir de mauvais temps. Je pars en mer demain, dès l'aube, à l'heure où blanchit l'air marin. J'écrirai la mer en mer, si la mer le veut bien. C'est en mer que Jules Verne a fini son roman *Vingt Mille Lieues sous les mers*. En mer que Jack London a écrit les *Contes des mers du Sud*, et Monfreid *Les Secrets de la mer Rouge*, Maupassant *Le Horla* : en mer que Signac a peint l'énergie cinétique du crachin fourmillant d'arcs-en-ciel émiettés sur la houle irisée, devant Concarneau… On compte sur les doigts d'une main les écrivains français yachtmen. Rabelais a l'air de s'y connaître, il a dû naviguer sur le bateau des autres. Il y eut aussi Dumas, Corbière, Marin Marie, Simon Leys… Diantre, quelle main nombreuse !… Excusez-moi, mais je n'ai pas vu l'heure passer et je…

Port

… et je dois y aller, j'y vais. Il fait nuit quand j'arrive au port de Dahouët sur le voilier, un Élan 35 amarré au ponton. Il est blanc, monocoque, taillé pour la régate. Nous sommes deux à bord : la skipper et moi. On prend la mer demain avec la marée. Je m'endors, me réveille alerté par un clapotis. Le soleil du soir s'est fait soleil du matin. Il a bouclé son demi-tour du monde entre-temps, et le voilà gisant dans les taillis qui bordent le bassin à flot. Un canot à moteur deux temps – tikiti tokoto – gagne la sortie, passe au ralenti entre les deux gardiens du seuil, l'un coiffé d'un triangle vert, l'autre d'un cylindre rouge, on croirait des personnages de Lewis Carroll. Ils sont quelques-uns, de ces bonshommes rouges et verts, à baliser le chenal zigzagant du port. Là-bas, dans la passe, l'horizon couleur de plomb n'a rien d'engageant. Le crachin annoncé devrait bientôt lâcher ses araignées. Sur la pointe avancée du port, au nord-est, sous un clocheton, Notre-Dame-de-la-Garde bénit la mer.

Il est sept heures, je vais me doucher à la capitainerie. Pas âme qui vive. Deux euros le jeton, comme au camping. Plus de jeton. Je récupère les deux ou trois litres restant du jeton précédent. Je retourne au bateau. La mer descend depuis une heure, il faut sortir maintenant. Avec un tirant d'eau supérieur à deux mètres, l'Élan 35 risque de talonner sur le seuil limité à deux mètres. Il sort, il est en mer. Grand-voile hissée bout au vent dans la baie, génois déroulé, vent d'ouest à quinze nœuds : l'Élan fait route au bon plein, cap sur l'île de Bréhat invisible sous un grain à quinze milles de là.

Qu'est-ce que le près bon plein ? C'est quand le voilier happe le vent et n'en démord plus, comme le chien qui refuse de lâcher prise. La plaisance au sens premier du mot. On penche, on va vite, on se croit plus fort que la mer et les heures. On se dit : pourquoi s'arrêter à Bréhat ? Pourquoi faire escale à Paimpol, ce soir ? Pourquoi ne pas filer sur l'Amérique ?

Nous atteignons Paimpol à cette heure tranquille où le temps du bateau ayant fait sien tous les temps, on ne sait plus qui est le jour, qui la nuit. On a déboulé à huit nœuds, parfois neuf. On s'est gavé de lumière et d'embruns salés. Et maintenant, guidés par les bouées, nous parons les innombrables dangers dont sont hérissés les abords de Paimpol. Barre à droite après l'île Saint-Riom, cap sur la pointe de Brividic. Profondeurs variées dans le chenal. Du couvrant, du découvrant. Gare à la casse. Dire que les goélettes des terre-neuviers, des Islandais, passaient par là jadis, manœuvrant sans radar ni GPS dans ces menus corridors truffés d'invisibles cailloux.

Ponton E33. Notes au primesaut. Sous mes yeux le quai central, la mémoire de la mer. J'ai l'impression de voir sur le quai – vision mélodramatique et banale au siècle dernier – une jeune fille en pleurs tenant la main d'un enfant. Elle attend quoi ? Le bateau sur lequel son fiancé a pris la mer un an plus tôt. Un morutier du Grand Nord. Voilà deux mois qu'elle vient chaque jour aux nouvelles. Au bureau de l'armateur, au bout du quai, la liste des goélettes rentrées à Paimpol est affichée sous l'auvent. Il y a aussi le nom des bâtiments « espérés » avant l'automne. « Espérés » : un mot glaçant. « Désespérées », les goélettes le sont bien des fois. Elles ne préviennent pas, quand elles font naufrage. Aucun adieu. Aucun deuil à raconter. L'absence prolongée du bateau, rien de plus. Il devait rentrer en mai, c'est bientôt Noël. Pas de bateau, pas d'homme, pas d'argent. Pas d'assurance. Une générosité locale de temps en temps. On se serre les coudes entre Paimpolaises, entre veuves réduites à la charité. On va tenter sa chance à Paris. D'autres l'ont fait. On passe quelques jours au Palais de la Femme, une institution pour les honnêtes filles en quête d'un emploi. Bonne à tout faire, ça vous dit ? À la sortie du Palais, sur leur trente et un, les marlous d'Afrique sont là. Bonne à tout faire, un beau brin de fille comme toi ? Ça ne serait pas si l'on tombait amoureux, nous deux, pour la vie ? Déjà il te faut un bon repas et une belle robe neuve.

Un bateau meurt, on monte à Paris. Heureusement qu'il n'y a pas de sot métier. Heureusement que Bécassine n'a pas de bouche pour dire sa façon de penser.

Minuit. J'écris à la table de navigation du voilier. Je suis vanné. Hier Paimpol, aujourd'hui Tréguier, le pays d'Ernest Renan. C'est la porte à côté, Tréguier, par la route, quand on vient de Paimpol. Il n'y a pas de « porte à côté », en mer, au sens temporel des choses. En mer, on arrive à l'heure où la mer veut bien, quelle que soit la distance parcourue sur l'eau. Elle vient de m'en donner la preuve. Il n'y a guère qu'une poignée de milles, entre Paimpol et Tréguier, en suivant le chenal du Ferlas jusqu'à l'embouchure du Trieux, puis en suivant le chenal du Trieux jusqu'à la sifflante des Sirleaux qui ne siffle plus, le GPS ayant ringardisé le courant et la brume.

Journal. Nous visons la bouée des Sirleaux. Un bord de puissance au près serré dans un force 4 fraîchissant. Après la bouée, il n'y aura plus qu'à viser le grand phare des Héaux de Bréat au large de Tréguier. Puis, glissade au portant vers l'estuaire du Jaudy, la rivière de Tréguier.

Facile, et même fastoche !

Aux Sirleaux, le vent monte à l'ouest et le phare des Héaux, contrairement à mes prévisions, ne nous fait pas cadeau d'une route au portant. Il faut tirer des bords pour le doubler. C'est la troisième heure marée, le speedo affiche huit nœuds sur l'eau, deux nœuds sur le fond : deux milles à l'heure. On est ralenti par le courant au maximum de sa puissance. Nous marchons à huit nœuds, lui à cinq dans la direction opposée : lui à six quand nous virons de bord. La route ne s'allonge pas en distance mais en longueur de temps, elle bouleverse nos délais, nos plans. Le flot donne accès au chenal d'entrée, puis à la rivière, mais il faut faire vite. À marée descendante, on n'entre plus, à marée basse on se met au tas. Alors ? Alors le passage des Héaux ne se fait pas au pifomètre. Le parer dans les règles de l'art, pour sauver sa peau, c'est parer la cardinale nord, qui déborde le plateau des brisants, là où le courant accéléré dans les corridors des hauts-fonds atteint sa vitesse maximale. La cardinale nord, on n'y est pas. Quand on y est, il a fallu tirer pas moins de quatre bords d'une demi-heure chacun. Est-ce qu'on y est, d'ailleurs. Oui et non. Elle paraît si proche. Elle se dandine à quelques mètres du voilier, comme un jouet de fer, à moitié couchée dans la mer brassée par les efforts opposés du courant et du vent. Je peux lire son nom : HEAUX NORD. Un remous digne d'un cargo bouillonne sur la panse noire du flotteur. Il n'est pas normal de la voir d'aussi près, aussi longtemps. Une bouée se double en vitesse, on ne reste pas à sa hauteur, dans son aura inhospitalière. On fait du sur-place à huit nœuds, la vitesse du remous sur la bouée.

Je l'ai connue à cloche, cette bouée. Entendre la cloche par mauvais temps signifiait se fourvoyer, faire route entre la bouée et les brisants qu'elle signalait. La cloche avait quelque chose de lugubre, la nuit, la main squelettique d'un péri en mer semblait l'agiter. Parfois, au milieu des ding-dong emportés, on entendait se briser la mer sur les brisants. On ne savait plus où aller. Ils arrivent de partout, ces ding-dong, de la mer, de l'intérieur du crâne, ils se mêlent aux battements de cœur, ils rendent fou. C'est la brume qui les multiplie, la brume aux sortilèges acoustiques de fin du monde.

On a supprimé les bouées à sifflet, les bouées à cloche. Elles ne servaient qu'à faire peur, d'après l'Administration, et la peur n'évite pas le danger. On a supprimé le mugissement des phares à la côte, et ça pour des motifs étrangers au péril de la mer. Des riverains ont écrit, des notables. Ils ont dit qu'ils n'en dormaient plus. Ils payaient des impôts, ils connaissaient leurs droits. Ils priaient l'Administration d'en finir avec la brume ou la corne de brume, en tout cas d'arrêter ce concert de malheur chaque fois que les hectopascals dégringolaient sur leur échelle graduée. Ils étaient prêts à se plaindre en haut lieu. Ils faisaient partie du haut lieu. Ils n'auraient pas eu leur maison bâtie sur la falaise, à deux pas du phare, si la loi littorale avait pu leur chercher noise. Les GPS ne mugissaient pas. Les GPS étaient précis, ils étaient fiables, et la corne sonore avait fait son temps.

Ça l'arrangeait, l'Administration, dans un sens, c'était moins de frais. Déjà qu'elle n'a pas le sou pour l'entretien des phares. Même eux, les phares, elle se verrait bien les éteindre tous, au motif que le GPS voit plus loin, plus clair, et qu'il ne coûte rien aux finances publiques. Il est d'ores et déjà noté dans l'*Almanach du marin breton* et dans les guides à l'usage des marins : « Les phares ne sont plus indispensables à la navigation. » Je me demande quel ingénieur boutonneux, ou collège d'ingénieurs crétinisés par l'adoration technologique, a pu mettre bout à bout des mots d'une telle absurdité. Indispensable, en mer, veut dire indispensable à la sécurité. Vous qui naviguez, vous savez ce qu'il en est, vous qui n'allez pas sur l'eau sans vous assurer que votre Visa Premier couvre bien les frais d'un éventuel sauvetage en mer, laissez-moi vous…

J'aime les phares. Aimer la mer – aimer les phares, même amour.

… laissez-moi vous en toucher un mot. (La phrase d'avant s'est interposée comme le flux d'un contre-courant. Qui dit phare dit : contre-courant, danger, SOS.) Le phare est construit là où la mer a des lueurs de faux, sur les rochers, au milieu des sables. Il porte un nom : Cordouan, Kéréon, la Jument, Ar-Men… Celui qui croit parer Ar-Men au GPS est un enfant de chœur. Ar-Men – la Pierre –, ce sont deux roches à tête de granit, deux sentinelles hauturières à l'ouest de la Basse Froide, au large d'un écueil sous-marin dit chaussée de Sein, dans le prolongement de la squelettique pointe du Raz. Pointe du Raz qui met fin aux dix-huit mille kilomètres du continent asiatique. Tout s'achève ou s'amorce avec Ar-Men, le phare du bout du monde, selon que l'on vient du flot ou qu'on y va. On ne compte pas les navires dont Ar-Men a fait bombance avant l'érection de l'impossible phare, toujours debout malgré les prévisions.

Ar-Men, outre les rochers, c'est aussi la tempête, la brume, le courant. Le GPS dit au navigateur où il est : il modélise la présence du joli bateau croisant dans les parages, indiquant les eaux saines et les autres, mais du bateau le courant fait son jouet d'une seconde à l'autre et c'est la fin, le monde à part des rochers sous la dérive des eaux, et quel intérêt de savoir au centimètre près si je vais me tuer ici ou là. Pire la nuit, quand la fatigue met son grain de sel hallucinogène dans l'œil du skipper ayant perdu la notion du danger.

Tiens ! pendant que j'y suis, voici par MM. Bonnefoi et Pâris la description du mot « danger » tel que le voileux est susceptible d'avoir affaire à lui pour la première et la dernière fois.

Danger : « Terme générique par lequel on entend les roches, bancs, banches, basses, barres, battures, berges, hauts-fonds, récifs, écueils et autres de même nature sur lesquels le navigateur est exposé à toucher, et qui sous une dénomination particulière quelconque se trouvent dans l'étendue des mers. »

Le courant ? Le courant est une force naturelle qui nous veut du mal et du bien, pas un danger en soi. Le navigateur lui-même est un ami qui peut se révéler catastrophique, par exemple en prenant son GPS pour la panacée du pilotage côtier, la carte marine traditionnelle n'étant plus qu'un poids mort dans…

Peur

… n'étant plus qu'un poids mort dans les tiroirs du voilier. J'ai eu chaud, un soir, sur le bateau d'un ami, d'un ancien ami : un soir de nuit noire, de vent, de crachin mitrailleur. Nous faisons route à vingt nœuds dans le chenal de la Teignouse, le pastis à la main. La technologie resplendit à la timonerie, les écrans affichent leurs mesures avec au centre le visualiseur satellite Navigator détaillant les centaines de cailloux au travers desquels nous fonçons en toute sécurité. Tout brille, tout s'éteint. Tout va bien, tout va mal, très mal, si mal que l'ancien ami néglige de réduire les gaz.

— Réduis les gaz.

— J'allais le faire.

— T'as une sonde à main ?

— Une surtension, la panne classique… Je vérifie les dirupteurs.

— Va sonder.

Il s'éclaire au portable.

— OK, les dirupteurs, OK, la batterie, OK, le compteur général, tout est OK… Je vais sonder, OK, le temps de trouver la sonde.

— À part le mini-rayon zigzagant du portable, on ne voit rien, même pas le phare de la Teignouse. Ah si, on le voit, ce ne peut être que lui, cette chose coagulée couleur de sang. On est dans le rouge.

— Il est loin.

— S'il était loin, on ne se baladerait pas dans un chenal à son nom au ras des cailloux.

— Je savais bien que j'avais une sonde à suif. C'est obligatoire sur les bateaux équipés d'une sonde électronique.

— Magne-toi.

Même à bord du *Titanic*, ils avaient une sonde à main et ils sondaient. Mais nous, le temps de la mettre en œuvre, on aurait besoin d'une écope.

— Sonde, putain !

— Ça va nous porter la poisse.

— Alors mouille une ancre !

J'aime aussi la mer pour cette folie, ce rien-ne-va-plus impossible à prévoir.

— Je crois que j'ai une idée.

— …

— La même que toi.

Je n'avais aucune idée si ce n'est casser au plus vite la dérive du bateau.

Je suis sorti pour mouiller l'ancre. Élémentaire, sur un navire en panne, jouet du courant. Sauf que l'emmerdement maximum, ce soir-là, recouvrait le guindeau tout neuf d'un tissu étanche fermé par un cadenas. La brise glacée m'est tombée dessus, soudain, transperçant mon tee-shirt, je me suis mis à claquer des dents. Devant moi, l'œil rouge du phare dansait dans la nuit.

— Ce ne serait pas mieux avec une clé ?… Essaie celle-là.

Eh non, ce n'est pas la bonne clé, la fortune de mer est en train de prendre le plus mauvais des plis, ce n'est plus qu'une question de minutes. Je suis père de famille et demain j'aurai les honneurs d'une manchette encadrée à la une du *Télégramme de Brest*. À cause d'un connard que j'ai bien envie d'envoyer à la patouille.

On s'en est sorti grâce à des pêcheurs. On s'en sort souvent grâce à eux. Le 6 juillet 69, tempête du siècle sur la Bretagne, des pêcheurs me prennent en remorque au large de Noirmoutier, m'amènent au port de l'Herbaudière, toute l'électricité a sauté, des femmes pleurent sur le quai. Ce fut cette nuit-là que le canot de sauvetage de Pornic sombra. Je suis très admiratif, des pêcheurs, des gens de mer, de ces jeunes passionnés qui traversent et la mer et la tempête administrative, la tempête financière pour se payer un bateau de pêche en bon état. Le Finistérien…

Pêche

… Le Finistérien Pierre-François Cuillandre, vingt-cinq ans est de ceux-là. À quand remonte sa vocation ? Il met du temps à répondre. Sa grand-mère habite Le Conquet face au chenal du Four, dans l'est de la pointe Saint-Mathieu. Son terrain de jeux depuis toujours. Les soirs de lune, ils allaient pêcher sur le môle, tous les deux. La belle image, ce petit garçon pêcheur avec sa grand-mère au bout de la jetée, dans la nuit. À leurs pieds, la grande avenue des balises illuminées jusqu'à Molène et Ouessant. À douze ans, il embarque sur les bateaux de pêche, découvre l'univers périlleux des cailloux, la brume, les courants, la mer comme un désert nu, mais sillonnée de pistes et de chemins qu'on ne voit pas. Un pays sans pitié, la mer, un guet-apens, chacun lutte pour son espace vital, même le vent. Il sort au large avec Milo, se fait mousse et matelot : préparation des lignes, éviscérage, conditionnement du poisson en mer. Pourquoi tu fais ça ? J'apprends le métier. Tu en es déjà sûr, à douze ans ? Oui, mon grand-père Joseph était marin pêcheur. Tu prends la relève, alors ? Il ne répond pas. C'est trop beau, à l'heure folle des *big data*, ce jeune homme de douze ans qui ne veut que pêcher à l'ancienne, avoir son bateau à lui, sa mer à lui, ses poissons. Il navigue avec Milo et d'autres marins du coin, mais il n'oublie pas les études, il passe le bac. À quoi sert le bac ? À cadrer la personnalité, à prouver que l'on est libre de ses choix de vie. Pierre-François choisit la mer, la pêche, il suit une formation de mécanicien de marine. À dix-huit ans, il a son permis de conduire les moteurs marins jusqu'à 250 CV. Le voilà pêcheur à son tour. Il a son propre bateau, le *Tri Men,* il peut enrôler un matelot. Et vous arrivez à vous payer, à deux, rien qu'en pêchant ? La pêche côtière est un secteur où l'on manque de main-d'œuvre, un métier d'avenir. Combien d'heures, la journée ? Dix à douze heures, ça dépend. On passe la nuit en mer, parfois. Mais je croyais qu'il n'y avait plus de poissons, dans l'océan ? La ressource a pris une claque, mais ça va. Il faut être courageux, responsable, respecter les normes. Homards, crabes, araignées, y a ce qu'il faut, la langouste revient. Tu sors par tous les temps ? Jusqu'à force 9 si le matériel est à l'eau. C'est l'enfer, dans le coin, force 9 ? Ça brasse bien devant Saint-Mathieu. Il en pense quoi, ton matelot ? Il a pris peur dans la brume, un jour, vers l'île de Sein. Il m'a dit qu'il ne reviendrait plus, un gars de parole. Tu pars seul ? Pour le moment. Toujours le *Tri Men* ? J'ai changé pour un plus grand, plus sûr. Un sacré « canot' » de 1984, en bois, refait par le chantier Yves Tanguy, à Douarnenez. Le moteur ? Une horloge, un 200 CV Volvo. Tu as une vie de famille ? Femme et enfant. Une belle âme, ce Pierre-François, un bel homme : blond cuivré, les yeux verts, une dégaine d'acteur, et pas une parole de trop. *Pourquoi tu pars en mer depuis que tu es né ? Pour mettre en phase mon esprit et mes sens. Pour être moi, mon vrai moi, pas un moi appris à l'école. Pour échapper à la vie domestique, et, comme disait Huckleberry Finn : « Parce que tante Sally veut m'adopter et me transformer en civilisé. » Tu n'es pas civilisé ? J'aime la mer, je suis libre…* Et libre à moi de choisir l'italique pour exprimer ce que je pense être l'intime conviction du marin pêcheur Pierre-François Cuillandre, enfant de l'archipel Molène, fils d'Annaïg et François – et petit-fils de son grand-père Joseph.

Il repart à pied, de ce « pied » que l'on dit…

Pied

… de ce « pied » que l'on dit « marin » et qui l'est sur le pont des bateaux comme à terre, lorsqu'il va cherchant les ondulations du flot. Aussi important, aussi noble que la « main », le « pied », dans la marine. Un pied vaut 304 millimètres, rien que ça. Il avait de sacrés arpions, dites-moi, le matelot qui prêta son panard à ce format naval étalon. Je viens de mesurer mon pied droit, pour voir, avec mon double décimètre Super Linex, le meilleur des coupe-papier. 270 millimètres ! J'ai honte du résultat. Je chausse du 44, pourtant. C'est en « pieds » que se mesurent les bateaux à voiles. Mon frère Tanguy et moi, jadis, nous étions les angoissés propriétaires d'un Galapagos 50. On ne peut s'empêcher d'imaginer cinquante pieds en chair et en os, bout à bout sur le pont du voilier : talon à la poupe, orteil majeur à la proue – ongle dûment rogné, s'il vous plaît. Qu'est-ce qui nous angoissait ? Le prix de tous ces pieds destinés au tour du monde, il n'y a pas de pieds plus onéreux que ceux des voiliers, qu'ils naviguent ou pas. On les revend un jour ou l'autre, on s'aperçoit qu'ils ne vont nulle part en mer, que l'esprit de liberté peut ruiner son homme, et le voilà pendu au bout du fil de l'horizon.

Là où le pied marin s'invite et se complaît sans retenue, c'est dans l'expression « prendre son pied », que les amoureux occasionnels ont fini par banaliser. « Jouissance » égale « pied ». Originellement, la formule ne traduit pas l'extase charnelle. On prend son pied quand on est pirate, voyou des océans, et qu'on a la plante ou la semelle posée sur la part de butin dévolue par le capitaine, juste après l'action. D'accord avec le partage : on « prend son pied », ce qu'on a sous le pied. Pas d'accord, on subit le sort de l'amateur imprévoyant du vase de Soissons, lorsque Clovis lui fracassa la boîte crânienne, pour mémoire – un souvenir éclair. Mon père ne serait peut-être pas allé jusqu'à lever sa…

Pollution

… jusqu'à lever sa hache sur le coupable, mais il fulminait ce jour de grand beau temps où je le vis ramasser sur la plage une galette de coaltar. Il en avait les larmes aux yeux. Il ne prononça pas le mot « pollution » – terme sulfureux réservé dans les années 60 aux émois intempestifs des adolescents blottis dans les bras de Morphée –, mais il dit : Salauds ! Les salauds ! Qui visait-il ? Beaucoup de monde, à mon avis. Tous les vandales du moment, les marins qui faisaient dégazer leurs cargos en pleine mer, les armateurs voyous recommandant ces pratiques à leurs salariés, les banquiers de mèche avec les armateurs, les roitelets du pétrole à gogo, les suppôts d'un progrès fondé sur le dividende exponentiel et sur le tuyau d'échappement, les naufrageurs de la beauté du monde, tous ces nantis et futurs nantis pour qui la biosphère n'était qu'un hochet d'illuminés. « La bagnole ! me dit mon père en regardant la galette noire. La bagnole ! Voilà l'ennemie ! »

Il n'avait pas toujours raison, mais il était visionnaire. Le 18 mai 1967, le pétrolier *Torrey Canyon* se fracassa dans la brume sur les Cornouailles anglaises et le coaltar en veux-tu en voilà dégoulina sur l'Armor. Six autres marées noires allaient suivre, une série dont la Bretagne est toujours marquée. L'*Olympic Bravery* en 76, le *Boehlen* en 76, l'*Amoco Cadiz* en 78. Le *Gino* en 79, le *Tanio* en 80, l'*Erika* en 2008. On vit la nature en souffrance, en deuil – la mer, les poissons, les oiseaux, le bleu des vagues, les riverains intoxiqués par les émanations, brûlés par les substances répandues. Le mot « pollution » quitta la literie des adolescents pour stigmatiser une époque en proie au vertige de l'apprenti sorcier, comme le Dr Folamour. On fit l'état des lieux, l'avenir allait mal, il y avait du mouron à se faire. Le progrès industriel, oui, d'accord, mais quel progrès, jusqu'à quel point ? Un pêle-mêle de malheurs insoupçonnés dégringolait sur les générations montantes : le réchauffement du globe, l'ozone antarctique, la montée du niveau des mers, l'acidification des océans, les perturbations du climat, les particules fines, la santé du vivant. Mais qui a fait ça ?

Nous voilà bien loin de la galette de coaltar ramassée à Penfoul, déchet symbolique de la tuerie diffuse perpétrée par le roseau penseur chez les vivants. Appelons ce chat un chat, s'il vous plaît, et tant pis si l'ombre du chat vient épouser la nôtre. Est-ce l'homme, le fauteur de ces différents aléas ? Le pronostic vital du futur, on en dit quoi ? Elle devient quoi, l'espérance de vie planétaire calculée sur les bouliers compteurs de nos astrophysiciens, les as du trou noir annoncé dans cinq milliards d'années ?

L'esprit, le mauvais esprit n'est pas encore là, rassurez-vous. Et plaise à Dieu comme à l'humain qu'il n'y soit jamais. Disons que l'avenir est un défi comme il ne l'a jamais été pour ceux qui ont en charge de pallier le battement d'ailes du papillon. La théorie des engrenages, vous vous rappelez ? Ce brave papillon s'ébroue sur une fleur au Brésil, et sur le Mexique finit par s'abattre un ouragan – celui-ci né de l'effet multiplicateur d'un incident mineur ayant enrayé la cybernétique ouvragée des écosystèmes où se valent le petit et l'immense, et *vice versa*.

On n'empêchera pas le papillon de battre des ailes, de fondre la glace de mer ou l'océan de se dilater au-delà des coefficients approuvés par l'usage et le délinéament des terres avancées : on saura maîtriser, domestiquer la nouvelle évolution des choses de la Nature, parce que la Nature elle-même nous en donne les moyens, parce que nous sommes la Nature, bon gré mal gré, nous sommes la Mer, les enfants de l'eau, nous sommes le papillon générateur de tornade, et parce qu'on n'a pas le choix, les amis. Nos gènes sont-ils suicidaires au point que nous assistions à leur élimination par la Nature que depuis un siècle nous dénaturons à qui mieux mieux ? Comme si nous faisions bande à part de nous-mêmes ? Bien sûr que non. Nous sommes des prédateurs, mais aussi des sauveteurs. Adieu les énergies fossiles – vive les temps non carbonés, vive le soleil.

Préoccupants, mais nullement insurmontables, les aléas dont souffre la mer sont aujourd'hui connus pour la plupart, honte à nous de leur avoir donné libre cours.

Citons les plus nocifs d'entre eux :

Le plastique, abrasé, broyé, lacéré, micronisé, dispersé dans tous les océans, jusqu'au sud de la convergence antarctique, frontière extrême entre deux zones hydrologiques réputées incompatibles, le plastique accumulé en soupe de haute mer par les courants giratoires marins : des soupes de microdéchets dont la plus étalée, au nord de l'archipel Hawaii, peut contenir six fois l'Hexagone. Que font les poissons ? Ils en mangent, pardi. Les oiseaux ? Ils en font leurs nids, ils en nourrissent leurs petits. Même les huîtres en mangent, même les ours polaires qui mangent phoques et pingouins, lesquels mangent des poissons nourris d'autres poissons empoisonnés au pyralène, aux pesticides, aux fibres synthétiques régurgitées par nos lave-linge à obsolescence programmée, même les tortues qui confondent nos sacs-poubelle avec les voilettes de mariées des méduses. Même nous pour qui la mer est la panacée, le remède à la civilisation des adjuvants et des colorants. Le battement de la nageoire après celui de l'aile du papillon. Quoi d'étonnant si deux cents baleines, en janvier 2017, sont venues s'échouer et mourir sur une plage du Canada pour des motifs qui dépassent l'entendement. Anecdote pour emballage de carambar : une couche-culotte naufragée dans les abysses peut tabler sur une espérance de vie de cinq siècles au bas mot.

Ce n'est pas noircir le tableau que de regarder la mer comme elle est depuis cent mille ans que l'homme va sur l'eau, considérant les fonds marins comme d'invisibles tiroirs qu'il peut remplir de n'importe quoi. Les tiroirs dégorgent, ils n'en peuvent plus. Dégradée, la mer ne l'est pas que par les couches-culottes et autres matières plastiques mondialisées. On peut sans exagération parler d'une intolérance océanique aux ruissellements continus des eaux pluviales et fluviales saturées d'herbicides, pesticides, fongicides et autres suicides furtifs comme les solvants et les molécules pharmaceutiques à profusion.

On peut gloser sur le mercure, le plomb, le cadmium présents dans les eaux marines. Sur les déchets nucléaires stockés en milieu sous-marin loin des yeux et des peurs. Sur l'impact environnemental du premier « boum » atomique dans le désert du Nouveau-Mexique, en 1945, quelques mois avant la flambée d'Hiroshima. Sur le sort des deux cent quatre-vingts millions de tonnes d'eau irradiées en refroidissant le réacteur 5 de la centrale de Fukushima en 2011. On en fait quoi, du lolo mortel ? On va le noyer en mer ? On peut se demander si la régression des calottes glaciaires Nord et Sud se vérifie sur le terrain par la seule remontée du flot ou si le froid des pôles, échange thermique de bon aloi, forme un couple vertueux avec le chaud des tropiques, une harmonie qu'il serait catastrophique de désunir. On peut se demander pourquoi l'on a récemment pêché du crabe royal au large d'Ouessant, le royaume des tourteaux.

On a du pain sur la planche, aucun doute, mais la simplicité du bémol climatique a l'avantage de sauter aux yeux. Soit nous cohabitons avec la Nature, avec nous-mêmes, et nous sommes la Nature, soit la Nature se passera de nous et la Mer de nos déclarations d'amour hystériques à la louange du grand bleu. Homogène, exogène, il est qui, l'homme, à vouloir écraser la force des choses ? Il est ce qu'il est, prépondérant, le verbe haut, plus guérisseur que prédateur, jusque-là, et sûrement pas assez dégénéré pour liquider Hamlet et jeter la clé d'or sous les alluvions des littératures. Mon credo ? La conscience de chacun, la *bonne volonté*, l'influence des États, une gouvernance internationale, et bien sûr l'intelligence des solutions secondée par la foi dans un futur à visage universel, moins prométhéen qu'il n'était ces jours derniers.

Il est grand temps, en 2018, il est urgent de rendre aux dieux le pouvoir du feu. C'est au soleil que nous l'avons dérobé : c'est le soleil et lui seul, dans ses enlacements fusionnels avec l'océan, qui sauvera les deux formules de résurrection galvaudées par des apprentis sorciers au cœur sec :

> *To be or not to be ?*
> $E = mc^2$.

L'évidence est là : écartons les doigts, voyons. Si nous sommes les enfants de l'eau, la mer est l'enfant du Soleil. Osiris. L'éternel Osiris qui sauve et qui tue. L'Alpha et l'Oméga. L'énergie, la source du feu. Pétrole, charbon, gaz enfouis dans les marais lagunaires souterrains du paléozoïque, c'est lui. Et c'est nous qui les extirpons, les machinons, les transformons en CO_2, les supprimons. C'est lui aussi, la Lune et la gravitation, et partant l'éolien, l'hydrolien, le chauffage au bois, l'agro-carburant, la méthanisation des résidus végétaux, le flux et le reflux des courants marémoteurs, la géothermie dans son essor, la fée Voltaïque ou Volta, la genèse recommencée. Recommençons-la. Chacun ne la recommence-t-il pas à sa manière, lorsqu'il…

Q

Étymologie

Queffélec, mot breton, vient de « kefeleg » qui traduit « cheval ». On a « cefel » et « chefel », en vieux-breton, toujours « cheval », différent de « march » qui traduit « cheval de selle », « étalon ». Le vieux-breton « cefel » a donné « kaval ». On retrouve « kaval » et « march » dans les toponymes littoraux : « Cap-Caval » et « pointe de Pen March ». « Kefeleg » est formé exactement comme son doublon « marcheg », les deux ayant eu pour sens premier chevalier et cavalier.

(Merci à Hervé Le Bihan, spécialiste de langue bretonne.)

Queffélec (Henri)

… lorsqu'il arrive au monde et que tout est à lui, tous les temps. Je suis venu, j'ai vu, j'ai pensé… Quoi ? Je n'en sais rien. C'est dilué, impossible à saisir, à modeler. C'est la mémoire avant les mots, ni loin ni près. Mon père était là, grand, beau, bien coiffé, les yeux bleus, le teint « rose et frais », disait maman, appétissant comme une fleur, il m'a tout de suite plu. Il aimait la mer, la contemplait, la disait : un « dictionnaire amoureux » sur pied. Il marchait sans cesse au bord de la mer, ramassant les coquillages brisés, cueillant les pâquerettes rosées sur la dune, parlant aux poissons. Il était né à Brest même, 3, place du Château, sa maison dominait la rade. Un homme de son temps et des temps dionysiaques, édéniques, enfant d'un monde où le Nazaréen n'avait pas été crucifié, où les hommes n'avaient aucun besoin de clouer la chair de leur Dieu quand il se prenait pour l'un d'entre eux, un damné. Il regardait la mer et il voyait son Créateur. Il aimait son Créateur, le voyait partout, dans la Nature et dans les mots qui prononçaient la nature aimable du Créateur de la vie : l'océan, les forêts, les arbres, la neige, le sable, l'horizon, le vent, le vin, la nuit, etc. Personnellement je mentirais en ne disant pas que le calvaire est moins divin pour moi que le souffle du vent d'ouest errant sur les îles de Kemenez, Molène ou Litiry où j'ai vu mon père en arrêt devant la mer, abasourdi par la beauté du moment, n'osant plus bouger, « pris sur le fait ».

Est-ce que, moi, je lui plaisais ? Est-ce qu'il était heureux de m'avoir pour fils ? Je n'attends plus aucune réponse à cette question. Un jour de mon enfance, de ses belles mains inhabiles au travail manuel, il m'a fabriqué un bateau en liège, un voilier sans mâture effilé au couteau de cuisine. C'est quoi, ce bateau, papa ? C'est un cap-hornier. Il m'offrait un rêve, son rêve à lui, son voyage en mer qu'il n'avait jamais fait, qui le hantait comme un deuil. Je l'ai fait pour lui au bas de l'escalier du jardin, à marée montante. On est allé aussi loin que peut aller l'imagination d'un enfant qui ne sait pas où aller : qui tourne en rond autour de ses pieds nus, devenant son père, le cap Horn, le bateau.

Il était drôle, maman riait, on riait tous. J'ai ri plus fort que les autres, j'ai été drôle, il m'a dit : « Tais-toi. » Maman riait à mes drôleries, ma sœur Anne riait, j'étais le drôle de la fratrie : mon père levait les yeux au ciel, me rappelait que j'étais un mauvais élève, toujours classé dernier. Ma sœur Anne et mon frère Hervé : premiers. Moi : dernier. Comment aurais-je osé me parer d'aucun humour charmeur devant lui ? Il rirait quand je décrocherais mon bac avec mention. Il a ri, d'après vous ?… Moins il riait, plus je m'efforçais d'attirer son attention, erreur. En amour, c'est bien connu, il ne faut jamais s'imposer, « forcer la main », et prendre son mal en patience, jamais insister.

Il a fini par me coller en pension chez les Frères des écoles chrétiennes, à Dreux, en Normandie ! Une manière pour moi de prendre le voile, comme dans les « romans pour jeunes filles ». Il n'aimait pas trop, le week-end, quand je bramais au water l'hymne du pensionnat :

J'me souviens, mon père m'aimait,
Et je suis chez les Frères,
J'ai pas tué, j'ai pas volé,
Et il m'a mis aux galèr… eu !…

Il riait jaune. Mes galères lui coûtaient bonbon. Chaque matin, à son bureau bancal, dévissant le capuchon du Waterman fétiche – ce cher vieux Waterman à plume or dont j'ai hérité –, il se disait : J'ai la pension à payer, au boulot. Il faut en pelleter, des paquets de mer et des coups de tabac, quand on est « romancier de la mer », pour venir à bout des factures en souffrance, chaque mois, et en plus il ne fout rien, pas une rame ! Il y a toujours eu des sous, à la maison, à la pension. Je n'ai jamais été un galérien mauvais payeur. J'écrivais à l'auteur de mes jours : « Merci pour tout, cher auteur de mes jours… » Phrase de petit malin. Il me répondait : « Travaille et dors, la conscience plus tranquille. Appuie-toi à la prière comme au mât d'un bateau… » Quelles prières dématées n'ai-je pas adressées là-haut, là-bas où « il fait Dieu ». Pendant les cours de physique-chimie, j'apprenais ses romans par cœur, et dans tous mes devoirs de français je glissais une ou deux phrases issues du Waterman paternel. Aucun prof ne s'est écrié : Génial ! Aucun n'a lu ma copie à voix haute, sauf une fois où c'était ma mère qui l'avait écrite.

Il était génial, fou, il nageait dans l'irrationnel. Il parlait grec, latin – français, je ne vous dis pas ! –, mais c'était la langue bretonne, sa lyre, sa musique, la phrase immémoriale de ses grands-mères – *Ti Zef et Ti Gwed*, qu'il ne parlait d'ailleurs pas. Il s'arrangeait, bidonnait, il avait honte. Bien la peine d'avoir fait Normale sup' avec Julien Gracq et Georges Pompidou si l'on n'est pas fichu de parler comme ses grands-mères, ses aïeux. Il était plutôt marri quand *Le Cheval d'orgueil* est sorti. Son orgueil en a pris un coup. Comme si Pierre-Jakez Hélias lui donnait une leçon. Vous imaginez ? Un Finistérien comme lui, ancien prof de lettres comme lui, agrégé comme lui, n'en bretonnant pas moins sa liberté d'expression bâillonnée par l'État sur mille pages de mémoires écrits en langue maternelle, en breton, *hou gast* ! Il s'est mis à douter secrètement, après *Le Cheval d'orgueil* : cheval breton en breton, en français, traduit dans le monde entier, ovationné comme l'œuvre du plus bel esprit breton jamais lue depuis Chateaubriand. Et moi ? s'est dit le « recteur de l'île de Sein ». Et mon Waterman ? Pourtant, chaque fois qu'il publiait un roman où il disait la mer, la disant comme nul autre dans l'Hexagone, je n'avais pas de mots pour lui déclarer mon admiration. Lisez *Les Enfants de la mer*, et parlons-en. Comment ne pas être subjugué ? Julien Gracq l'était, il me l'a dit, il l'a écrit.

Un jour que nous rentrions à pied du Zeyer, après un long tête-à-tête ou verre-à-verre à la bretonne, mon père m'a dit de but en blanc, s'arrêtant net sur le trottoir : « Non, je ne suis pas un grand écrivain », puis il s'est remis à marcher. Ma mère n'était plus de ce monde, et moi je n'étais pas crédible, taxé de légèreté, mauvais élève à la vie à la mort. Ça m'a bouleversé, comme s'il venait de jeter son œuvre par-dessus bord et de sauter lui aussi, abandonnant sur le pont son vieux Waterman mal revissé, pour moi si le cœur m'en disait. Pas un jour où je ne vais extirper la vérité dans l'un de ses romans, la vérité sur les mots, sur la mer quand elle cherche à parler, me parler, dire son nom. Mais si la vérité sur la mer portait le nom de…

Quarante-trois

… si la vérité sur la mer portait le nom de « quarante-trois », je ne suis pas sûr que ses livres me seraient d'un grand secours. Eh bien quarante-trois mille milliards de cigarettes se fumeraient chaque année, et quarante-trois mille milliards de mégots, additionnés de bouts filtres pour les fumeurs bio, iraient à la mer[1].

L'homme, jamais à court d'idées, songe à dresser pies et corbeaux pour s'emparer des mégots sauvages et les déposer dans des centres dédiés. Un jour, des corbeaux artificiels s'en chargeront. Un jour le meilleur des mondes aura vaincu les mégots, les briquets, les pinces à linge, les écouteurs, les sacs-poubelle, les jouets, les médicaments, les fauteuils de jardin, les parapluies, les tongs, les pailles coudées, les landaus, les sondes auditives, les sacs de congélation, les films étirables, les vannes, les persiennes, les lunettes, les montres fantaisie, les ordinateurs, les sachets de nouilles instantanées : tous les sachets, les couvertures pelliculées, les rubans adhésifs, les colles, les brosses à dents (poils et manches), les brosses à ongles (poils et porte-poils), les préservatifs, les faux ongles, les implants valvulaires, les implants mammaires, les implants dentaires, les boutons pressoirs, les embouchoirs, les carènes des voiliers, les voiles, les cordages, les usines à cordages, à voiles, à voiliers, les déambulateurs, les chauffages d'appoint, le fil électrique, la fibre optique, le câble continental et transcontinental, les portables, les piles, il en a sur la planche, du pain, le meilleur des mondes : la planche en vinyle, la planche à voile, la planche à repasser, la planche à découper, la planche à roulettes, les wishbones, les calandres, les cirés, les doudounes, les ceintures, les tiroirs, les Lego, les bavoirs synthétiques, les

1. Éric Vuillard, prix Goncourt 2017 avec son récit *L'Ordre du jour*, nous apprend que le compositeur allemand Anton Brückner, victime d'un glissement des neurones, comptait les poils de ses chiens… Aujourd'hui, il pourrait s'attaquer aux mégots.

piscines thermoformées, etc. Tout sera vaincu, survaincu, et l'on peut raisonnablement se demander comment fera le prochain Victor Hugo pour…

Quatrevingt-treize

« J'ai eu deux affaires, dans ma vie.
Paris et l'Océan. »

… comment fera le prochain Victor Hugo pour valoir son aïeul, celui-ci le plus grand consommateur d'objets que la Terre ait mis en circulation. D'objets littéraires, s'entend, de noms d'objets : de mots par qui la mer est la mer, et l'écrivain le génie qu'il nous fait l'amitié d'incarner. La mer ? Chasse gardée. Il veut nous la livrer pieds et poings liés. « Livrer » : en faire un livre qui la contient toute, elle ne peut plus sortir, lui échapper. Est-ce qu'il y parvient ? Il passe un vieux caban d'opérette, lève l'ancre, en avant lente, et cap sur l'Hugolie. La mer a bien du mal à baigner les rivages de l'Hugolie, malgré ses efforts. Elle a beau tourner autour du monde, autour des îles et des continents, des volcans engloutis, demander conseil aux poissons, aux ouragans… Suis-moi, lui dit Victor Hugo, par ici, tu as peur ? Ce n'est pas la mer qu'il emporte avec lui dans son monde intérieur, ce sont les mots, les tonnes de mots qu'il a pu glaner dans les manuels ou la bouche des marins, ceux-là mêmes qui portent les cabans décousus au crépuscule, les vareuses délavées : les travailleurs de la mer.

Mais de quoi se plaint-on ! La mer n'est pas la mer, chez Victor Hugo, pas que la mer, elle est d'abord de nature pythique, prophétique, elle atteint des profondeurs divinatoires inouïes dont il n'est même pas satisfait. Il est en chasse, il revient bredouille à la raison, chaque fois. Il suspecte Dieu de se cacher dans la mer sinon d'être la mer. C'est lui qu'il s'efforce de harponner avec toute la rage et tout l'amour d'un capitaine Achab, prêt à se laisser crucifier sur la baleine vaincue. On n'a pas la mer au sens marin des choses, en lisant V.H., on a Victor Hugo. On a ce monstre d'écrivain dégoulinant d'Apocalypse, pantelant d'incertitude, de foi, visionnaire des abysses dont son imaginaire est crevassé, pour le renflouement duquel il ponctionne à tout-va le plasma des mots, par torrents, paquets de mer, jamais trop.

La mer lui sert de bloc opératoire. La créature ouvre son créateur, urgence. Elle en sait presque autant que lui. Elle est Victor Hugo. Elle échafaude, elle devine, elle outrepasse au besoin ce qu'elle ne sait pas. Elle tire un soleil du ventre de l'araignée, seul Dieu l'aurait fait, respect ! Elle cherche la mort, l'introuvable mort. Elle veut la guérir du néant. Il n'y a que Victor Hugo et les grands professeurs en blanc pour s'y intéresser d'aussi près, comme des intimes. Eux sur un plan vital, lui sur un plan total, eschatologique. La mort, la vie, la mer : trois sœurs de lait – c'est Dieu qui donne le sein !

Lui, presque son égal, son « alter Hugo », il donne le change. Il recrée la mer de toutes pièces en la déclinant, la clamant, la murmurant, la roucoulant : il hugolâtre les éléments, nous mène en bateau – un bateau ivre du génie d'un homme qui se veut « Chateaubriand ou rien », phrase bébête à souhait, indigne de son auteur (surtout quand on s'appelle Victor Hugo, qu'on fait tourner les tables). En proie au vertige zénithal de la page, il voit les choses d'en haut, du ciel et des cieux, au ras des étoiles filantes, zyeutant Caïn dans sa tombe, zyeutant ce vieux marquis de Lantenac, prince en Bretagne, à la poupe de la corvette *Claymore*, le soir du 1er juin 1793, à Jersey, tous feux éteints dans la baie de Bonne-Nuit (du Hugo tout craché !).

Corvette, la *Compass Rose*, corvette, la *Claymore*, deux bateaux prêtés par les Anglais, *O tempora*.

La *Claymore* est sur le point d'appareiller, d'emmener en France le vieux marquis déguisé en digne paysan breton. Pourquoi déguisé ? La guerre de Vendée fait rage, les Blancs contre les Bleus, les régicides pullulent, les tueurs de Dieu massacrent la parole de Dieu : les prêtres, les Évangiles, ils saignent les familles, violent, fondent les cloches pour en faire des canons, car « on mitraille les hommes avec ce qui sauve les âmes », en ces heures de malédiction. Le marquis de Lantenac, officier de guerre fidèle à son roi, se porte au secours des Vendéens, au secours de Dieu. La *Claymore* est en mission secrète, comme la *Compass Rose*, et comme elle en guerre à bon droit. Mais si Ferraby donne satisfaction pendant son quart, le matelot canonnier en charge des caronades, sur la *Claymore*, commet l'erreur de sa vie : au premier roulis, une caronade se détache et tue cinq marins dans l'entrepont, un carnage.

Une caronade en liberté, l'horreur !

Il n'y a plus qu'à sortir la « brague » et le « combleau », non ? C'est ce que vous feriez ? Moi aussi. La caronade ayant foutu le camp, tout lecteur de bonne foi se jetterait sur la brague et sur le combleau.

On dirait du Pierre Dac : « Le jeu de la vratouille se joue avec une pamoise et un corbechin. Et c'est en déclutant le… »

Arrêt momentané sur Victor Hugo. Est-ce qu'il va bien ? Est-ce que sa tête va bien ? « Dites trente-trois, monsieur Victor. » Un manque de fer, peut-être, ou d'oméga 3 ? Une cure de magnésium ? Quel psy n'aimerait pas l'écouter s'épancher, « l'homme qui rit », qui pleure en catimini, proclamer sa conviction organique d'être bien V.H., le véritable V.H. : le « V » de Victoire, le tutélaire « H » de Notre-Dame de Paris contemplée du parvis, à genoux, en adorant les tours jumelles au-dessus du portail de la Vierge. Oui, conviendrait V.H. à lui-même, les oreilles me tintaient du grondant trésor lexical de l'univers, le « bourdonnement des mondes », à ne plus démêler si la mer était l'océan, la nuit la nuit, le soleil l'araignée, si Dieu avait la moindre chance d'exister en dehors des mots que je semais dans sa « bouche d'ombre » pour singer les étoiles. C'est par le nom, par le verbe sensibilisé que Victor Hugo s'empare des choses et les fait graviter autour de nous. C'est lui qui tire les ficelles du tout et du rien. Dieu est sa doublure, les soirs de méforme, son laquais, et Dieu fait tapisserie depuis qu'il est né.

« Caronade », « Brague », « Combleau »…

Tout un programme !

Une prose hallucinée :

« Une des caronades s'était détachée. Rien de plus terrible ne peut arriver à un navire de guerre au large et en marche. Cette masse court sur ses roues, a des mouvements de bille de billard, penche avec le roulis, plonge avec le tangage, va, vient, s'arrête, paraît méditer, reprend sa course, traverse comme une flèche le navire d'un bout à l'autre, pirouette, se dérobe, s'évade, se cabre, heurte, ébrèche, tue, extermine. C'est un bélier qui bat à sa fantaisie la muraille… Ce bloc forcené a les sauts de la panthère, la lourdeur de l'éléphant, l'agilité de la souris, l'opiniâtreté de la cognée, l'inattendu de la houle, les coups de coude de l'éclair, la surdité du sépulcre. Il pèse dix mille et il ricoche comme une balle d'enfant. Ce sont des tournoiements brusquement coupés d'angles droits. Et que faire ? Comment en venir à bout ?… Vous pouvez raisonner un dogue, étonner un taureau, fasciner un boa, effrayer un tigre, attendrir un lion ; aucune ressource avec ce monstre, un canon lâché. »

On est heureux de l'apprendre, merci, on a le premier fin mot. La caronade est un canon sur ses roulettes. Et dans son va-et-vient à tout casser, elle paraît s'acharner sur les cinq matelots à « terre », écrabouillés. La chose fait la guerre à l'homme, c'est son droit.

« Les quatre roues passaient et repassaient sur les hommes tués, les coupaient, les dépeçaient et les déchiquetaient, et des cinq cadavres avaient fait vingt tronçons qui roulaient à travers la batterie ; les têtes mortes semblaient crier ; des ruisseaux de sang se tordaient sur le plancher. »

On a beau être insensible au mal de mer, ça vous remue les boyaux. Une simple caronade en cavale, une simple pièce de 24, et voyez le charnier ! À quoi pouvait ressembler un navire de guerre, jadis, après la bataille à boulets rouges, par mer formée ? Aucun film ne s'est risqué à l'exposer ; *Master and Commander* limite le bain de sang, la boucherie, la triperie, le gamin s'en tire avec un moignon d'argent ; les secouristes intervenus à Nice, le 14 juillet 2015, ont dû voir à peu près ce que virent les rescapés cinglés d'effroi sur leurs vaisseaux mutilés d'un ultime sauve-qui-peut, on les salue !

Mais cette folle de caronade, sur la *Claymore*, la faute à qui ?

« La faute était au chef de pièce qui avait négligé de serrer l'écrou de la chaîne d'amarrage et mal entravé les roues du canon. Ce qui donnait du jeu au châssis et à la semelle, désaccordait les deux plateaux, et avait fini par disloquer la brague. Le combleau s'était cassé, de sorte que le canon n'était plus ferme à l'affût. La brague fixe n'était pas encore d'usage à cette époque », et patin couffin que j't'embrouille...

Élémentaire, mon cher Victor !

Il va de soi que V.H. n'a pas l'ombre d'une idée sur l'emploi de la « brague » et du « combleau » dans le système actif d'une pièce de marine qu'il est trop heureux d'appeler « caronade », comme un vrai servant diplômé d'État. Ça sonne bien « caronade », un mot pour lui, une belle rime d'alexandrin : caronade, grenade, et braoum : canonnade !

En attendant, caronade ou canon, la « chose » poursuit son grabuge à travers la cale, elle fracture les mâts, fait des trous ici et là, ébrèche les bordés, l'eau commence à ruisseler, panique à bord. Intervient l'homme d'expérience, l'homme âgé, le vieillard anonyme – pour les marins – que la *Claymore* amène aux braves de Vendée. La force tranquille, toujours la même avec V.H. : un avatar de V.H., lui en Jean Valjean, Monseigneur Bienvenu, Marius, Gilliatt, marquis de Lantenac, lui la Providence, le bagnard béatifié, le clodo conservé en joie l'être nimbé, lui ce Robin des Bois transmis par Walter Scott, en sous-main, le sauveur de veuves et d'orphelines, toujours du côté des gueux et des jolies pauvresses en lambeaux.

S'avançant dans l'entrepont, la frimousse épique, le naseau palpitant, V.H. de Lantenac parvient à fourrer un ballot de faux assignats dans les pattes du monstre, à savoir sous les roues jumelées du canon. Un tacle bien vicelard, sauvé ! « Ce mouvement décisif et périlleux n'eût pas été exécuté avec plus de justesse et de précision par un homme rompu à tous les exercices décrits dans le livre de Durosel sur la *Manœuvre du canon de mer.* » Il ne manque pas d'air, le V.H. ! Le Durosel en question, il l'a sur les genoux en écrivant ces mots. C'est tout bonnement le vade-mecum nautico-naval qui lui fournit sa démo « caronade pour les nuls » avec les options « brague » et « combleau ». Notre soi-disant expert national ne vaut pas mieux qu'un siphonneur de Wikipédia. Les génies sont des fumistes.

Au fait, si la « caronade » est un canon : la « brague » est une grosse corde. Et le « combleau » ? Une grosse corde aussi. Durosel *dixit* – comme de bien entendu.

Mais que devient la *Claymore*, canonnée de l'intérieur, quasi désemparée ? Et que devient cet infortuné chef canonnier par qui le malheur de tous est arrivé ? Il s'est fendu pour réparer sa faute, disons-le. Il a risqué sa vie tel un matador, un dresseur de mustangs, se présentant face au canon pour lui passer la bra…, je veux dire la corde au cou. Cent fois, il a failli périr écrabouillé par la chose en folie. Sauvé in extremis par le vieillard (V.H. adore ce mot, son œuvre est truffée de vieillards plus forts que les jeunots), il se découvre, dit merci, un genou au sol. Tu as été courageux, lui dit le marquis. « Il décrocha la croix de Saint-Louis du capitaine et la noua à la vareuse du canonnier », déclenchant les hourras. C'est beau, mais jamais assez pour V.H. « Et maintenant que l'on fusille cet homme », ajoute le vieillard aux longs cheveux argentés, le mystérieux marquis. « Être en mer, c'est être déjà devant l'ennemi. » Peine de mort à toute faute commise en présence de l'ennemi ». Requiem pour un canonnier anonyme, « Bam ! » Et beau, ça va l'être encore bien davantage, de ce « beau » hugolien qui violente le bon goût bourgeois, l'enchosaille au-delà du mélo Le vieillard surnaturel a parlé d'ennemi : il arrive, l'ennemi, trahison, branle-bas, huit navires en ordre de bataille, sabords levés, la *Claymore* est perdue. Le spectateur, le lecteur supplie V.H. d'épargner cet étrange vieillard de série B, si terrible soit-il. Rassurons-nous, V.H. ne lui veut aucun mal, bien au contraire, son cœur bat dans la poitrine du marquis. Pour l'épargner il lui suffit de mettre à la mer l'un de ces canots à rames dit « youyou », un transbordeur de rade, et de le confier aux bons soins d'un vigoureux matelot qui s'est porté volontaire en disant : Moi ! Le marquis et son hardi rameur accostent sain et sauf en un temps record. Comment ce youyou lâché dans la nuit sur une mer agitée n'a-t-il pas sombré ? C'est aussi merveilleux que Simon Pierre foulant aux pieds le lac de Génésareth. Quel loup de mer, ce matelot ! Comment t'appelles-tu ? Halmalo. Beau nom, pour un marin. Je suis le frère du canonnier que vous avez tué. Ah ! Et je vais vous tuer.

Bel effet d'annonce, mais V.H. n'a pas froid aux yeux. Il a des choses à dire. Là, sur la grève, au frère du canonnier qui prétend lui brûler la cervelle, la main sur son pistolet. Un discours si bien torché que le matelot commence à s'énerver. « Je… Je vous donne une minute, monseigneur », et il arme son pistolet.

— Pourquoi m'appelles-tu monseigneur ?

— Parce que vous êtes un seigneur, cela se voit.

— As-tu un seigneur, toi ?

— Oui, et un grand.

— Où est-il ?

— Je ne sais pas. Il a quitté le pays. Il s'appelle monsieur le marquis de Lantenac, vicomte de Fontenay, prince en Bretagne. Il est le seigneur des Sept-Forêts. C'est lui mon maître.

Le lecteur peut respirer.

À propos de forêts, soyons clair. C'est dans la forêt de Sherwood que cette scène magnifique de reconnaissance et d'abnégation eut lieu pour la première fois. Les protagonistes n'ont pas le pied marin, *a priori*, ils ont le pied anglais. Ils s'appellent Richard Cœur de Lion et Robin des Bois, *alias* Ivanhoé. L'auteur : Walter Scott. On reconnaît bien là le syndrome de Durosel & Wikipédia. Ce qui d'ailleurs n'entache en rien la toute-puissance du génie de Hugo, écrivain célébrissime, auteur méconnu, trop peu lu.

Qui est-il, au fait, ce M. Hugo ? Ça vous ennuie s'il répond lui-même ? En alexandrins ?

Ce siècle avait deux ans ! Rome remplaçait Sparte,
Déjà Napoléon perçait sous Bonaparte,
Et du premier consul, déjà, par maint endroit,
Le front de l'Empereur brisait le masque étroit.
Alors dans Besançon, vieille ville espagnole,
Jeté comme la graine au gré de l'air qui vole,
Naquit d'un sang breton et lorrain à la fois,

Un enfant sans couleur, sans regard et sans voix.
Si débile qu'il fût, ainsi qu'une chimère,
Abandonné de tous, excepté de sa mère,
Et que son cou ployé comme un frêle roseau,
Fit faire en même temps sa bière et son berceau.
Cet enfant que la vie effaçait de son livre,
Et qui n'avait pas même un lendemain à vivre,
C'est moi.

« Abandonné de tous, excepté de sa mère… » Elle est bretonne, sa mère, Sophie Trébuchet. Elle est nantaise. Ça n'est jamais dit, mis en avant, sauf par lui, son fils chéri. Elle est bretonne, elle est royaliste, elle est chouanne, elle aime en découdre. Elle a pour amant le général Lahorie, un républicain risque-tout qui finira fusillé. C'est Lahorie, parrain de V.H., qui révèle à son filleul surdoué les poètes grecs, les rythmes antiques, c'est lui qui l'initie aux sortilèges des mots. V.H. grandit entre sa mère et son amant secret. Ses premières sources d'inspiration sont révolutionnaires : Quiberon, la Vendée, les malheurs de Louis XVII, la rage de l'Ouest. Ses premières admirations : malouines avec Chateaubriand, Lamennais, Surcouf. « Être Châteaubriand ou rien », vous vous rappelez ? On a le choix, aujourd'hui : être Chateaubriand ou Victor Hugo. Ou rien. Ou soi-même.

À dix-huit ans, il veut publier *Les Lettres bretonnes*, une revue dédiée à sa mère. C'est dire l'influence de ses attaches armoricaines, de sa chouanne de mère. Les manuels de français n'en font pas cas. On porte aux nues le père Hugo, Sigisbert, un soudard de l'Empire, un fricoteur. Mais il suffit, bon garçon, que V.H. écrive : « Mon père, ce héros au sourire si doux… » pour voir surgir un héros, un vrai, validé par la parole d'un fils aimant. Aimant ? C'est sa mère qu'il chérit, c'est elle son maître à penser. Il s'en fiche, des batailles gagnées, d'une gloire acquise en recrutant de force et sacrifiant des jeunesses raflées à l'Europe, il méprise la gloire de Napoléon, « l'Ogre ». Ses héros, ses martyrs sont des chouans vendéens ou bretons, ses frères.

Deux événements vont transfigurer son œuvre, l'extirper du vert paradis où son génie lui tient lieu de lendemain qui chante : la mort de Léopoldine, sa fille bien-aimée, l'exil à Jersey, puis Guernesey, en 51, suite au coup d'État qu'il a dénoncé. À cette époque Nerval, Baudelaire ou Rimbaud sont meilleurs que lui. Et c'est là-bas, dans le cocon prométhéen des îles du nord, qu'il est visité par les rayons et les ombres, par des êtres d'abîme à la fois chair et démons, par les revenants, les anges. C'est là-bas qu'il entre dans la peau du vieux roi de Ker Ys, du dernier des burgraves, de Marc et Gradlon. Là-bas qu'il devient Victor Hugo, hélas : hélas pour ses pseudo-admirateurs qui ne l'ont jamais lu, le prenant pour Victor Hugo.

Les maîtresses ? Il en est couvert. On citera Juliette Drouet, actrice aux abois, fille de Fougères, une Bretonne qu'il rejoignait en Bretagne à Dol et qu'il aimera cinquante années durant. « Tu n'es pas jolie, tu es pire », lui disait-il. Combien l'ont entendu, attendu, l'ont dégusté ce « pire » enflammé qui faisait d'elles, à l'instant décisif du oui ou non, l'unique et la dernière, la bien-aimée. Des conquêtes, il en eut sans cesse, et de tous les âges pas trop avancés. Quand prend fin « le combat du jour et de la nuit », le 7 mai 85, la République lui fait des obsèques nationales, arc de triomphe crêpé de noir, chevaux noirs à panache blanc, Panthéon, tout le pays en larmes. À signaler que l'on rasa gratis quatre jours d'affilée, dans les rues chaudes, à Paris et partout ailleurs dans l'Hexagone, en signe de regrets éternels. Entendez par là, *de profundis*, que les filles de joie se donnaient corps et âme aux inconsolables passants – *gratis pro* Victor Hugo.

Dire que les marins en mer éplorés comme les autres, excités par ce deuil hors du commun colportés par les oiseaux, n'avaient pas encore la radio pour le vivre à distance. Mort vingt ans plus tard, Victor Hugo aurait connu cette fée qui permet à la…

R

Le novice du Tamaris

Et ce fut un moment extraordinaire, pour Jean-Yves, car en même temps qu'il observait le grand vautour des mers, ses yeux semblables à deux agates humides, un désir fou naissait en lui. Cette pensée lui disait que puisque la bête possédait un tel regard, éclairé de la même lumière que la pupille des hommes, c'est qu'il n'y avait pas d'obstacles à ce que leurs deux existences fussent réunies par le même anneau d'amitié.

Yves Le Scal

Radio

… qui permet à la voix des marins loin des côtes, utilisant les pouvoirs électromagnétiques des ondes lumineuses, en vint à se déplacer à travers l'étendue. Fée électricité, fée radio, ubiquité sans limites. Edison, Branly, Hertz, Maxwell, Marconi, Popov, et tant d'autres collègues physiciens aussi méconnus que géniaux, sont les inventeurs d'un progrès dont se louent les équipages depuis cent vingt ans. Mais la fée se borne au transport des ondes, et l'être humain étant ce qu'il est (vaste chantier), les impondérables n'ont rien d'exceptionnel. Oyez ce dialogue au ras des vaguelettes entre gens de mer ne se voyant pas, des Galiciens et des Américains cramponnés à leur orgueil autant qu'à leur micro, le 16 octobre 1997. Et l'on s'étonne que des guerres éclatent. Galicien : Ici A-853. Veuillez, s'il vous plaît, modifier votre trajectoire de quinze degrés vers le sud pour éviter une collision. Vous faites route sur nous à une distance sur l'eau de vingt-cinq milles nautiques. À vous. Américain : Et nous,

nous vous conseillons de modifier votre trajectoire de quinze degrés vers le nord pour éviter la même collision. Galicien : Négatif. Nous répétons : modifiez votre trajectoire de quinze degrés vers le sud pour éviter la collision. Américain (autre voix) : Ici le commandant d'un bâtiment de la marine des États-Unis d'Amérique. Corrigez immédiatement votre trajectoire de quinze degrés vers le nord pour éviter la collision. À vous. Galicien : Nous ne considérons pas que cela soit faisable ou nécessaire. Nous vous conseillons donc de modifier votre trajectoire de quinze degrés vers le sud. Américain (ton impérieux, exaspéré) : Ici le capitaine Richard Howard, commandant du porte-avions USS *Lincoln* de la marine des États-Unis d'Amérique. Ceci est le deuxième plus grand navire de guerre de la flotte nord-américaine. Nous sommes escortés par un groupe aéro-naval se composant de quatre sous-marins SNA, deux croiseurs cuirassés, six destroyers et plusieurs unités de combat susceptibles de nous porter assistance à tout moment. Nous faisons route vers le golfe Persique en vue d'une manœuvre secrète avec nos alliés. Je ne vous conseille pas : je vous ordonne de corriger votre trajectoire de quinze degrés vers le nord. Galicien : Ici Juan Manuel Salas Alcantara. Nous sommes deux personnes de quart. Nous sommes escortés par notre chien, notre repas, deux bières et un canari qui est en train de dormir. Nous avons le soutien de la chaîne Cadena Dial de La Coruña et du canal 106 pour l'appel d'urgence en mer. Nous ne faisons route nulle part, car nous nous trouvons au phare A-853, cap Finisterre, sur les côtes de Galice, à vous.

C'est bien joli, nulle part, mais au milieu de nulle part, en mer, c'est déjà quelque part. Au milieu de nulle part, un iceberg à la dérive en train de fondre et de s'amenuiser après deux ans d'errance au sud du Groenland, peut fort bien…

Rond

… peut fort bien se frotter au plus puissant des navires britanniques – né le même jour que lui – et l'envoyer par le fond dans la nuit du 14 au 15 avril 1912. Même au milieu de nulle part, la terre est ronde : elle tourne, elle fait tourner les étoiles, tourner le bon sens des meilleurs officiers obligés de refaire leurs calculs pour éviter la catastrophe, et de se prendre mutuellement à témoins de leurs précautions réitérées. Ronde, la Terre ? Si ronde que ça ? l'Amirauté anglaise demande à voir. C'est rond, c'est anglais, puisque Newton l'a certifié, laissant tomber à ses pieds une pomme de laboratoire : preuve que la mer et les étoiles ont des atomes crochus. Et s'il avait tort ? Moins pour vérifier que pour corriger le tir des canonniers navals de Sa Majesté, lors de la seconde guerre de Chine, en 1858, lord Palmerston, Premier Ministre, fit tirer un boulet en l'air, à la verticale, par vent nul. Parvenu à culmination, le boulet retomba là précisément d'où il était sorti, dans son canon d'origine, intact, prêt au combat. L'horreur ! Sa Majesté prit l'affaire au sérieux. Top secret, trop d'intérêts en jeu. On mena de coûteuses expériences balistiques en mer, on fit feu sur les étoiles, scandalisé, chaque fois, de voir le boulet revenir au terrier. Entre la montée du boulet et sa retombée, pourtant, la Terre aurait dû bouger, tourner, et donc le boulet s'écraser, paf ! à côté du canon. Qu'est-ce que foutait la science ? La philosophie ? Allez me chercher Galilée ! Newton ! Giordano Bruno ! Brûlez-moi tout ça.

Cette histoire en dit long sur l'incrédulité qui s'empare de l'esprit humain pour un oui ou pour un nom : pour la chute d'une pomme aux pieds d'un savant, quand elle a le pouvoir d'entraîner la planète autour d'un axe virtuel. C'est par une incrédulité jalouse que fut accueilli…

Robinson Crusoé

… que fut accueilli le naufragé Robinson Crusoé quand il se prétendit le survivant d'un séjour de quatre ans dans une île déserte du Pacifique où personne n'était jamais allé avant lui, comme si l'océan lui-même pouvait n'être qu'une vue de l'esprit. Le livre ne m'a pas été offert. Je l'ai soutiré du naufrage des bouquins que mes frères et moi, compagnons de chambrée, ne cessions d'alimenter autour de nos lits respectifs, chacun son naufrage, ses pillages. Ce roman décousu, défraîchi, taché, graissé par les doigts enfiévrés d'excitation de mon frère aîné, semblait provenir de la *Nina*, le galion sur lequel avait sombré Robinson. Il dit quoi, le sinistré anglais ? Une histoire vraie, pas une once de fiction. Il dit qu'après un naufrage accidentel dans l'océan Pacifique, il s'est réveillé plus ou moins amoché sur une île déserte et qu'il a réinventé, loin du monde civilisé, l'usage de ses membres et de son esprit. Il dit qu'il a découvert l'empreinte d'un pied moulé dans le sable humide, un soir, sur la plage : un petit pas pour l'homme, un pas terrifiant pour lui. Il dit qu'il a vu des « Nègres » se manger entre eux. Il dit qu'il en a trouvé un, de « Nègre », un jeune et beau « sauvage » qu'il a baptisé Vendredi, doux comme un agneau noir. Il dit…

Il dit ce qu'il veut, en réalité, il est narrateur, il est roi, il tire à sa guise les ficelles de son histoire vraie. Et quand l'écrivain se voit accusé d'avoir tout inventé, d'avoir triché, c'est Robinson qui vole à son secours dans une préface signée Defoe, et répond vertement aux enquiquineurs, lui l'intéressé, mieux placé qu'un journaliste pour distinguer le vrai du faux : « Moi, Robinson, étant à cet instant parfaitement sain d'esprit, déclare ceci : j'affirme sans détour que mon histoire, bien qu'allégorique, est aussi historique… » On se pince. Trop balèze, l'Anglais, le Defoe Daniel. Garry et Pirandello n'ont plus qu'à l'imiter. Le personnage en guise de témoin face aux chicaneurs : la vérité, rien que la vérité. La fiction, rien que la fiction. La tête ailleurs, j'écoutais deviser Robinson, emporté dans sa voix comme Alice au pays des merveilles, j'étais la mer, le naufragé, l'île aux mirages, le temps rythmé par le soleil sur un calendrier sans lendemain, ignorant que des pirates me sauveraient la vie.

Mensonge, vérité ? Par ici, la cuisine, au fond du couloir à côté des toilettes. Alors c'est là, M. Defoe, que vous mijotez vos petits plats et vos grands. Il y a quelqu'un, dans le four, c'est normal ? Mais bien sûr, je veux savoir qui c'est. Selcraig ? Alexandre Selcraig ? Connais pas. C'est fou ce qu'il ressemble à Robinson, une bonne bouille de menteur, comme vous. En cinq sec vous êtes au courant. Selcraig, c'est Selkirk, Defoe n'a jamais fait mystère de sa dette envers lui. Mais lui qui ? Pour quel montant ? De Selcraig à Robinson, *via* Selkirk, il y a la parenté d'une vache avec la côte de bœuf servie à la moelle. C'est ça, un cordon-bleu en écriture, en mentir vrai. Un fait-divers bien costaud aurait servi d'accroche au roman. Il se présente ainsi dans le journal de bord de la *Duchesse,* capitaine Woodes Rogers, en 1709 : « Le dix avril 1704, suite à un différend avec le capitaine William Dampier, le *master-sailing* du vaisseau *Cinque Ports*, Alexander Selkirk, aurait demandé à débarquer sur l'île Juan Fernández. Oublié du monde, il y aurait passé quatre années en compagnie des chèvres, sans voir personne jusqu'à notre arrivée ». Un « différend », voyez-vous ça. C'est donc ainsi que l'on appelle une bouteille de rhum sur un vaisseau corsaire. Il y a « différend » quand on vous l'a brisée sur la tête. Là, je suppose, on demande à quitter le navire tout alcool cessant. Il semblerait que Defoe, grand jongleur d'archives, ait d'ailleurs malaxé plusieurs journaux de bord citant des cas d'abandon humain sur Juan Fernández, notamment celui de William et Robin, deux frères indiens mosquitos originaires de Panama. Il gâche au mortier tout ce petit monde et tous ces almanachs : de quatre ans il fait vingt-huit, de l'île de la Mort l'île de la Vie, et le Nègre à genoux vient gentiment poser sur son front le pied *sui generis* de Robinson, en signe d'allégeance : l'Homme a donc un frère, ici-bas, qui lui veut du bien, et tant pis s'il est noir.

Ce « Récit d'Aventures Extraordinaires », ce grand roman pose mille questions jamais tranchées sur l'Homme, et sur l'Homme seul au milieu de nulle part ; ici la mer n'est qu'une espèce de néant régulièrement tenté par la présence de quelqu'un.

Ce quelqu'un, plus nombreux que les grains du sablier, me dit quelque chose, une promesse que je vous…

Retrouvailles

… une promesse que je vous ai faite à je ne sais plus quelle page du dico, quelle importance d'ailleurs ? Chose promise chose due, n'est-ce pas ?… (Un écrivain bien intentionné n'aurait aucun mal à vous tricoter un Dictionnaire amoureux des Choses promises.) Vous vous rappelez le Grand Claude ? L'homme qui m'a sauvé la vie quand le *Diz-Kuiz* a coulé par ma faute, à Groix, devant Port-Lay, en présence de la Lune ? C'était à la lettre G, et je vous avais promis de reprendre contact avec lui. On se perd de vue, on se revoit après cinquante-deux ans – sensationnel ! Je sais, je m'étais engagé à vous raconter nos retrouvailles à l'entrée ménagée spécialement pour cet épisode. Eh bien, je suis au regret de vous informer qu'elles n'ont pas eu lieu. Quelque chose est arrivé que je m'étais interdit d'envisager, me défiant du zodiaque. Voulant donner toutes ses chances à ce rendez-vous espéré dont je me faisais une joie. Vous avez deviné, je suppose, qu'il convient désormais de parler du Grand Claude à l'imparfait. Adieu, Grand Claude…

Adieu et merci.

Il est des prénoms vertueux comme des talismans. Tous les Claude que j'ai croisés sur ma route, et j'en ai croisé un certain nombre, à terre, en mer, tous m'ont peu ou prou sauvé la vie. Peu ? La vie ne reconnaît pas toujours qu'elle a frôlé la catastrophe, elle se drape, elle poursuit fièrement son bonhomme de chemin, sans desserrer les dents : elle minimise, oublie. Il ne faut jamais négliger les sauveurs du moment, les effacer, ni leur en vouloir de notre mauvaise action pardonnée. Il y a eu le Grand Claude, pour moi, il y en a eu d'autres, hommes et femmes, et je ne les citerai pas tous. Il y a eu Mme Stephan, à Lorient, la patronne du Victor-Hugo – comme par hasard. Elle était veuve, elle a eu pitié de ce clochard des mers aux yeux battus d'insomnie. Est-ce qu'elle s'appelait Claude ? Impossible qu'il en soit autrement. Il y a eu mon père, il s'appelle Henri. Il faut bien de temps en temps que l'exception confirme la règle. Il m'avait caressé la joue, c'était nouveau, je ne m'y attendais pas. Cette caresse est imprimée dans ma chair. Il y a eu mon frère Tanguy. Il y a eu le capitaine italien du pétrolier *Octane*, dans le raz de Sein, quand il a fait barrage de son mastard en lourd, face à la tempête où mon voilier suffoquait. Je ne lui ai pas demandé son prénom, pas besoin. Un jour, un gars sur le port m'a payé à déjeuner, je n'avais pas de quoi manger. Les marins ont toujours tendance à sauver les marins, et ça ne coûte rien de…

Remerciements

… et ça ne coûte rien de leur dire « merci ». Rien d'observer que la lettre R est la première de *Remerciement* – geste social recommandé par le savoir-vivre. Mais qui pourrais-je bien remercier à ce stade du dictionnaire amoureux ? Une foule de gens qui m'en voudraient si, feuilletant ces pages, ils ne trouvaient pas leur nom dans une liste de courtoisie mariée comme toujours avec l'épithète « Exhaustif », mot terriblement guindé, grand monsieur d'origine anglaise. Je commencerai par la mer que je remercie comme je ne me savais pas capable de remercier jusque-là. Et disant merci à la mer, je dis merci à tout ce qui fait marcher la mer dans le sens des cycles naturels, pour qu'ils tournent rond, que le plancton ni l'ours ne reste sur sa faim. De tout mon cœur je remercie Henri et Yvonne, mes parents, je remercie mon cousin Vincent, mon cousin Malo, ma cousine Marie-Louise, je remercie mon frère Tanguy, ma sœur Anne, mon frère Hervé, mon cousin Yves Penau, mes cousines Marianne, Corinne, France, ma famille, mes amis dont le premier, Claude Courbier dit Claudius, n'est pas le meilleur par hasard. Je remercie les marins du premier au dernier qui vaut le premier, et puisqu'il me faut un volontaire pour les représenter ici, je choisis l'as des as : Éric Tabarly, je remercie les marraines : Françoise Verny, Marie-Hélène Goret, Anicet Frey. N'oubliant pas, comme dit Cervantès, que « l'honnêteté est la meilleure des stratégies », je remercie les écrivains du premier au dernier, pas que les bons marmonneurs à la manière de Giraudeau ou Kersauson. Et puisqu'il m'en faut un pour les incarner tous, je choisis Victor Hugo qui savait si bien marmonner, si bien tout faire, hélas ! Je remercie les musiciens qui font pleurer la mer quand ma sœur Anne les joue au piano, les musiciens de la mer : Debussy, Ravel, Chopin, Liszt, Koechlin, Satie, Hahn, tous ces loups de mer de la note océanique et des profondeurs insondables du mystère humain où seule la musique va. Je remercie les peintres et je choisis pour les représenter celui qui montrait la mer immense en peignant ses brodequins délacés côte à côte, deux souliers échoués dans la solitude et la misère de l'incompréhension des hommes, je choisis Vincent Van Gogh. Je remercie les bateaux du premier au dernier, on ne remercie jamais assez les bateaux qui sont des âmes, à la longue, les âmes de ces milliers de mains dont ils sont comme les enfants, et je choisis pour les représenter le *Saint-Gildas* sur lequel j'ai appris à godiller, aussi merveilleux qu'un brodequin de Vincent Van Gogh. Vais-je remercier les femmes, ces créatures de l'eau ? Ne serait-ce pas un peu malin ? Bien sûr, je remercie les femmes, presque toutes, et bien sûr je choisis la mienne, Servane, pour être celle auprès de qui je veux vivre tous les jours de ma vie. Je remercie les jours de ma vie, je remercie les heures de ma vie – un seul et même instant commencé le 4 septembre 1949 –, et qui de systole en diastole m'ont porté jusqu'à ces mots que je remercie également du premier au dernier sans en choisir un seul. Je remercie les inconnus qui font connaissance en lisant les livres, sans avoir besoin d'échanger des regards ou des inflexions : les amis inconnus que sont toujours pour lui les lecteurs d'un écrivain. Je remercie les livres du premier au dernier, tous des barques échouées, tous des souliers pour nos pieds orphelins, je remercie celles et ceux qui font exister les livres en tant qu'objets sacrés, achevés, rejoints, sauvés, débarrassés des sueurs de l'angoisse et des mauvaises haleines de l'insomnie, et puisqu'il me faut choisir quelqu'un pour les symboliser, ce sera madame Cécile Kilburg, chef correctrice des Éditions Plon, qui ne me refusa pas une seule de mes virgules supplémentaires alors que ce manuscrit amoureux tombé aux mains de Vincent Barbare, mon éditeur, attendait harcelé, prisonnier et bâillonné chez lui de partir en fabrication. Je clos cette liste de remerciements par la lettre « R », ce vieux galet rouleur dont je me demande sérieusement pourquoi il ne roule plus dans le gosier des chanteuses d'opéra, tandis que la…

S

C'est alors que l'assassin rampant, le poulpe, sort furtivement de sa tanière : il avance lentement, doucement, à la manière d'une brume grise, feignant tantôt d'être mauvaise herbe, tantôt rocher, tantôt viande pourrissante, tandis que ses méchants yeux de chèvre guettent froidement. Il suinte et flotte autour d'un crabe en train de festoyer ; dès qu'il s'approche, ses yeux jaunes s'enflamment, son corps rougit de convoitise et de fureur. Puis, tout à coup, il se met à courir sur la pointe des bras, légèrement, avec toute la férocité d'un chat prêt à l'attaque, il bondit sauvagement sur le crabe, lance une bouffée de fluide noirâtre, obscurcit la bataille d'un nuage sépia, et massacre le crabe. Sur les rochers, les coquillages chantent.

John Steinbeck

Sarnia

… que la lettre S continue de siffler dans la bouche des serpents qui coiffent les reines jalouses, se contorsionnant pour attirer l'attention des créateurs de l'alphabet. Ils étaient méditerranéens, et c'est dans les eaux atlantiques de la Manche, au début du siècle dernier, que l'île de Guernesey – Sarnia pour les intimes – a vu naître G.B. Edwards, l'auteur de *Sarnia*. Un roman déguisé en biographie, un pseudo récit. L'île est son héroïne, la mer son héroïne, la nature humaine se fond à la nature océanique dont il est assez peu question dans l'ouvrage, sauf qu'on a la mer en fond d'écran. On la respire, on en est grisé, on l'oublie. Et si les mots ne disent pas sans cesse la mer, ils en font tinter les clés et donnent l'envie d'embarquer. En nous racontant son histoire, G.B. Edwards retrace une chronique familiale sur trois générations : « Une chose épouvantable est arrivée à mon oncle Nat. Il n'avait pas encore quarante ans quand il a perdu toutes ses forces et a eu la cervelle dérangée, bien que les mauvaises langues aient prétendu que c'était uniquement parce qu'il était trop paresseux pour travailler. Il restait couché toute la journée sur la Jonquière à broder des tableaux de bateau sur de la toile avec des laines de couleur. C'étaient des tableaux de bateaux en détresse sur des mers déchaînées et ses sœurs en ont hérité quand il est mort. Il y en a un sur le mur devant moi en ce moment, je le trouve parfois plus saisissant qu'un vrai bateau sur une vraie mer. »

J'ai lu *Sarnia* à l'Aber en juillet 62, j'avais treize ans. Je m'en souviens, car c'est l'été pourri où ma tante Jeanne reçut du Viêtnam la mue d'un serpent python décapité par mon oncle André. Je comprenais d'autant mieux ce que devait éprouver G.B. Edwards devant les tableaux de l'oncle Nat. De mon côté, je trouvais saisissante la tête du serpent tricotée par ma tante Jeanne au fond d'un manoir finistérien dont les accessoires navals, les marines, les ex-voto, le grand aviron vermoulu dans la cage d'escalier, les voilures déployées au grenier, les bourrasque étaient autant d'allusions à ce fils qui promettait d'arriver, calfeutré dans son lointain Viêtnam et dans sa guerre toujours recommencée. Les laines de l'oncle Nat et les laines de ma tante Jeanne se mélangeaient dans mon esprit, tricotaient le même ouvrage de solitude à quatre mains, l'oncle Nat débordant sur le python, ma tante Jeanne sur les bateaux en perdition.

Un soir, Marie me fit porter le cageot des chatons qu'elle voulait noyer derrière le gros rocher, à marée haute. Je les entendais miauler sous le *Télégramme* du jour. Six chatons. Ce fut Marie qui lança le cageot à la mer en lançant je ne sais quel mot breton. Plus tard, je lus cette page dans *Sarnia* et j'eus l'impression que G.B. Edwards m'avait suivi partout.

Une des filles a demandé : « Vous ne vous sentez pas seul, l'hiver, à vivre ici sans personne ? – J'ai l'habitude de vivre seul. » Un des gars a dit : « Pourquoi n'avez-vous pas un chien pour vous tenir compagnie ? – Il mourrait. – Ou alors un chat ? a dit une des filles. – Je n'aime pas les chats. C'est des sales bêtes. » Je leur ai raconté l'histoire de Mirouse, le chat qu'avait ma mère dans le temps. C'était un beau chat noir et costaud, avec un plastron blanc. Pour finir, malgré ma mère, mon père a dit qu'il fallait s'en débarrasser. Il allait le noyer. Alors un soir il lui a attaché une brique autour du cou, et il l'a jeté dans l'étang du Vale. « Comme ça, quand je rentrerai du travail le soir, il restera quelque chose à manger dans le placard », a dit mon père ; mais il se trompait. Le lendemain matin, quand il a regardé par la fenêtre de la chambre, Mirouse était là. Il avait bu toute l'eau de l'étang et il était assis sur la brique.

J'eus la riche idée d'aller pêcher à la ligne. J'y passai un après-midi catastrophique. De désespoir, je serais presque allé mordre mon hameçon. Le soir, G.B. Edwards me racontait ceci :

> « Ils étaient bien une demi-douzaine de gars à pêcher sous le phare, mais à eux tous ils n'avaient pas attrapé un seul poisson. Le jeune Etor me dit : « Pas de chance, ce soir, monsieur Le Page. – Qu'est-ce que tu t'imagines donc, à marée descendante !… – Oh, ça leur arrive de mordre quelquefois. » L'espérance ne meurt jamais dans le cœur des hommes, paraît-il. Si on donne à un gars une canne à pêche et un fil, il peut rester toute la nuit près d'un puits asséché à espérer une touche. »

De vous à moi, jamais un écrivain ne s'est mêlé de mes affaires comme G.B. Edwards. Et pour les jeunes filles du bord de la mer il avait aussi des antennes, il me sidérait, dire qu'il savait tout sur moi, cet écrivain inexistant. Il ose écrire ceci :

> « — Qui est venu te voir ce soir, m'man ? – Qui viendrait me voir un samedi soir ? Personne », a-t-elle répondu. Ou bien elle me mentait, et à ma connaissance ma mère n'a jamais proféré un mensonge, ou elle possédait le don de double vue. Et ma mère considérait que la double vue était du ressort du Démon. Je désespère de jamais pouvoir expliquer comment les nouvelles se propagent à Guernesey. »

Je ne voyais pas qui d'autre que moi avait pu lire *Sarnia*. Je ne pensais même pas que put exister un autre exemplaire de *Sarnia* que celui de mon oncle André au grenier du manoir de Kervaly. Je ne vous dis pas ma stupéfaction quand mon ami Jean Lallouët m'en parla incidemment et dans les mêmes termes que moi, comme si…

Sedov

… comme si le livre avait été écrit spécialement pour lui par un auteur dont on n'était même pas sûr qu'il soit jamais né.

À cet instant précis, nous déjeunons sur le *Sedov*, un quatre-mâts mythique, le plus beau navire-école de la marine russe avec le *Kruzenstern*, et aussi le plus grand voilier du monde. Il se trouve à Brest pour les Fêtes maritimes 2005, et le commandant Dmitri Poliakov arrose dignement notre passage à bord, c'est-à-dire à la russe. Ne me demandez pas combien de toasts il a fallu porter sans fatiguer pour prouver aux Russes que nous tenions l'alcool aussi bien qu'eux.

Force 8 dans la baie. Le *Sedov* est mouillé sur deux ancres devant Douarnenez. Et comme dit Jean Lallouët, l'hôte d'honneur, « il y est comme un aigle dans le nid d'un coucou ». Cent dix-huit mètres de long et cinquante-huit mètres de tirant d'air : la ville en contrebas fait l'effet d'un modèle réduit, même le clocher.

Le vent hurle dans la mâture.

Le commandant fume, le commandant boit : l'amitié fume et boit côté russe et breton, jamais l'humanité ne s'est aussi bien portée. Le déjeuner fini (tard), on attend que le vent daigne mollir pour débarquer. Il donne un tour de vis supplémentaire et cette fois la tempête fait rage dans la baie.

Le commandant du clipper neuf *Stadt Amsterdam* demande au commandant Poliakov la vitesse moyenne du Sedov.

— Dix-huit nœuds, répond Poliakov.

— Le *Stadt Amsterdam* peut faire vingt nœuds, dit le Hollandais.

La vodka ne fait qu'un tour dans le sang du Russe :

— *Stadt Amsterdam* « peut » pas, dit-il. *Sedov* « peut » et il « a ». *Sedov* a traversé l'Atlantique à vingt-cinq nœuds entre New-York et le cap Lizzard. *Sedov* a fait deux fois, *prosit* !

On aperçoit par le hublot l'horizon comme taillé au ciseau à ongles. Il est dix-huit heures. À dix-neuf heures un vin d'honneur est offert à la mairie en l'honneur du capitaine du *Sedov*, il faut débarquer. On n'attend plus que la vedette de la SNSM pour descendre à terre. La voici. Elle informe les Russes par radio que l'accostage est impossible.

Poliakof sort sur le pont, tout le monde le suit.

— Impossible « pas *Sedov* », dit-il.

Il ôte sa veste de quart, enjambe le bastingage et plonge pour rejoindre la vedette à la nage. Et tous ses invités hollandais ou bretons d'en faire autant pour ne pas vexer l'hospitalité russe et passer pour des minables en invoquant la sécurité.

Cet épisode un peu fou aurait enchanté le marin breton à la mesure de…

T

Celui qui n'est jamais allé sur mer
n'a jamais prié Dieu tout son saoul.

Proverbe russe

Tabarly

… le marin breton à la mesure de Dmitri Poliakov : Tabarly le magnifique – grand nageur, grand godilleur, grand tourneur de winchs, costaud comme pas deux –, drôle à mourir.

Pourquoi est-il tombé à l'eau, la nuit du 13 juin 98, à l'entrée du canal Saint-Georges ? Pourquoi le *Pen*

Duick Ier a-t-il désarçonné le maître qui l'avait sauvé du grabat des vases ligériennes ? Pourquoi certains absents sont-ils aussi présents ? Immense est notre dette envers Éric Tabarly, l'homme océan. Parce qu'il arrivait premier avec un panache inégalé ? Parce que l'ego national s'est pavané grâce à lui, le moins frimeur des marins ? Disons tout simplement qu'il a réinventé la mer, l'amour de la mer, et que Florence Arthaud, Marc Pajot, Olivier de Kersauson, Catherine Chabaud, Franck Cammas, Thomas Coville, Armel le Cléac'h, Jean-Louis Étienne et Bilou, tant d'autres voileux illustres ou non, disparus ou vivants, sont les enfants spirituels d'Éric, de feu l'immortel Éric, et pas des enfants ingrats. Il nous a légué la mer, l'espoir en l'homme, il n'a pas d'autre testament.

J'étais son enfant, moi aussi, quand je construisis avec mon frère Tanguy l'*Aeleutheria*, un ketch de fer de cinquante pieds sur lequel j'ai vécu sept ans, bourlingué, traversé plusieurs fois l'Atlantique et remonté la mer jusqu'au cap Nord, espéré vainement accomplir mon rêve de gamin : le tour des mers par les trois caps de l'hémisphère Sud – Horn, Leeuwin, Bonne-Espérance. Et durant tout ce temps-là je me suis imaginé pouvoir mener de front ma double vocation : l'écriture et la mer, la page blanche et la page bleue. À la manière de Monfreid ou de Moitessier, au fil de la plume et des horizons. Durant tout ce temps-là, sous les tropiques ou dans un fjord alambiqué du cap Nord, ou dans les bonaces du golfe de Gascogne, en écoutant planer les Pink Floyd ou Béla Bartók, j'ai repensé à Tabarly, à nos conversations sur la mer : sur l'homme et la mer, ce besoin d'y aller au risque de se perdre, plus fort que la peur, plus fort que l'amour.

Au fait, qui est la mer ? On dit la mer comme on dit la nuit. On connaît moins bien la mer que la nuit. L'ingénieur est capable d'envoyer une « astromobile » à roulettes espionner la planète Mars, à cinquante-six millions de kilomètres d'ici, mais il cafouille à la recherche du point le plus profond des océans. La fosse des Mariannes, affirme-t-il, dans le Pacifique, à 11 034 mètres du ciel ouvert, par 11° 21 N et 142° 12 E. C'est précis, vertigineux. C'est inexistant comparé à la nuit. C'est la nuit des profondeurs de l'eau. Il y a du monde, en bas. Des animaux nommés « piézophiles », une limaille éphémère soumise à des pressions de 1 100 atmosphères. Pour la limaille, du nanan. Jacques Picard, descendu voir la zone en bathyscaphe, en 67, aurait croisé une sole abyssale de quarante-cinq centimètres de long. Les scientifiques avaient déjà du mal à croire aux « piézophiles », alors une sole !… Et pourquoi pas une poêle à frire ?… Ils sourient du record de profondeur détenu par les Mariannes. Un hasard de sonde, une mesure vieille de cent cinquante ans. Entre l'écho-sondeur et la prunelle nyctalope du satellite géostationnaire, on devrait sans tarder rajeunir les données et s'aventurer encore plus loin sous les jupons inviolés des mers. Qui sait quelles surprises attendent l'explorateur dans les abysses du futur ? Quelles civilisations ont laissé des vestiges ? Quels naufrages des bateaux à faire oublier…

Titanic

… des bateaux à faire oublier l'épave du paquebot *Titanic*, le plus coûteux objet du monde en 1912, le plus grand, le plus beau, le plus sûr jamais construit. Il est en fer, il a des cloisons étanches, des pompes, des verrouillages automatiques, des chaudières de rêve, des téléphones de bord Edison, une radiotélégraphie Marconi, des fours électriques, une banque, un cinéma, une piscine, un gymnase, un chenil, un quartier par niveau social, comme à la ville : c'est une ville flottante, dit la presse, un pur joyau de l'intelligence humaine, Mère Nature n'a qu'à bien se tenir. Et comme c'est Dieu le Père, Mère Nature, on se dit qu'avec le *Titanic* l'apprenti sorcier peut commencer à bidouiller les robots pensants – la chair désincarnée, l'hostie pour incroyant *made in China*, l'éternité sans pilote, sans l'homme au sens où Dieu s'était dit un beau jour : plus on est de fous…

Il vous épate, le *Titanic* ? Et moi donc. Un naufrage épatant. Du grand requiem océanique, digne d'un opéra. S'il ne s'était pas suicidé à la première occasion, belle lurette qu'on n'y penserait plus. Ce n'est pas Dieu qui l'a puni, qui s'est vexé en le voyant se pavaner sous les étoiles arctiques, c'est lui qui s'est mis à mort tout seul, corps et âme, un clin d'œil au Dr Folamour, au Diable.

La Fata Morgana ? Elle tire la langue à ses procureurs, la Fata Morgana, le jour du procès. Elle a du répondant, de l'accablant :

Le gouvernail,
les chaloupes,

les jumelles,
les rivets,
le capitaine.

Elle se permet de mettre en cause le capitaine Smith, un vieux notable de la White Star Line, l'as des as de Sa Majesté Britannia, un QI d'iceberg – même pas !

Acquittée avec les excuses du jury, la Fata Morgana.

C'est mon père, le premier, qui me raconta le naufrage insensé du *Titanic.* Je croyais avoir affaire au capitaine Smith en personne quand il en parlait. Pauvre type, soupirait-il, quel mauvais quart d'heure il a dû passer avant d'y passer. Mets-toi à sa place, moi je m'y mets. Il est vieux, il dort, il s'attend à des honneurs en arrivant à New York, et le voilà réveillé par un abordage avec il ne sait pas quoi. Une île de glace, paraît-il, une île à la dérive. Et c'est à lui qu'on demande si c'est grave, s'il y a lieu d'alarmer les passagers, d'envoyer les fusées, un message radio. On n'y pensa jamais, au capitaine Smith, disait papa, jamais en bien. Trop facile d'incriminer les morts, surtout les capitaines. Quels poux ne lui a-t-on pas cherchés dans la tête après l'accident. Il n'aurait pas dû ceci, cela, un coupable idéal. Papa s'échauffait comme si c'était lui qu'on accusait du naufrage. Il est vrai que le capitaine Smith avait un faux air de Victor Hugo dont papa se croyait l'avatar brestois, et que Victor Hugo, Celte fervent, n'était pas homme à trembler devant l'adversité. La solitude du capitaine Smith, petit vieux, penses-y. La solitude de Victor Hugo. La mienne. Ô combien d'écrivains, combien de capitaines…

Une autre raison expliquait ce lien viscéral de mon père avec le paquebot naufragé. Rue d'Ulm, en 33, il avait eu pour labadens – outre Louis Poirier et Georges

Pompidou – le philosophe Michel Navratil, fils de Michel Navratil, passager du *Titanic* lors de sa croisière au bout de la nuit. Il était donc le mieux placé pour en parler. Il savait tout par Navratil fils qu'il n'appelait jamais par son prénom – l'usage des étudiants de haute volée. Il aimait beaucoup ce cri patronymique de Navratil ! Pas étonnant, avec un nom pareil, que le père ait embarqué sur le navire de malheur. Et que la mort l'ait vu d'un bon œil ne pas trouver place à bord d'une chaloupe de survie.

Mon père était un grand lecteur du *Marin*, je le suis devenu. Chaque fois qu'un bateau sombrait de par le monde, il se demandait s'il n'y avait pas matière à roman. Après la mort de maman, c'était moi qu'il consultait. Tu en penses quoi, petit vieux ? Petit vieux n'allait pas contrarier son vieux, son grand vieux. Il en pensait du bien. Pour petit vieux, *Le Marin* ne chroniquait pas une fortune de mer sans que Victor Hugo jette un œil entre les paupières de papa, et sans que Navratil reçoive un carton d'invitation, cabine 27, pour faire au commandant E.J. Smith l'honneur de vouloir bien dîner à sa table, le dimanche 14 avril 1912, 21 heures précises, smoking exigé.

En farfouillant chez un brocanteur de Vannes, l'autre jour, vers le port de plaisance, je suis tombé sur le menu du repas servi au commandant Smith, donc à Navratil, le soir du 14 avril 1912, trois heures avant que l'infortuné *Titanic* ait l'appétit coupé jusqu'à la fin du monde. Mazette ! C'est Gargantua ou Falstaff, le concepteur d'un pareil gueuleton ? On a l'eau à la bouche, expression aquatique de circonstance, hélas ! Un autre soir, on se glisserait volontiers parmi les convives, jugez plutôt.

RMS Titanic 14 avril 1912

DÎNER PREMIÈRE CLASSE
Hors-d'œuvre variés, huîtres, consommé Olga, crème d'orge
Saumon sauce mousseline
Filet mignon avec foie gras et truffe noire
Sauté de poulet à la lyonnaise, garniture de courgettes farcies
Agneau avec sauce à la menthe
Canard rôti et compote de pommes
Aloyau avec pommes de terre Château
Petits pois, crème de carotte, riz nature
Pommes de terre sautées nouvelles Parmentier
Salade romaine
Pigeon rôti au cresson
Asperges à la vinaigrette
Foie gras, céleri
Pudding Waldorf
Pêche en gelée avec chartreuse
Éclairs au chocolat ou vanille, glace à la vanille
Fruits frais, assortiment de fromages

Voilà qui laisse rêveur. On a du mal à dire : bon appétit. C'est le moment de s'interroger sur la quantité de victuailles transportées dans les chambres froides du *Titanic*, et qui n'auront pas manqué de trouver preneurs chez les poissons, amateurs de truffes noires, pourquoi pas ?

Voyez-vous, vois-tu, papa, quelque chose ne va pas. Je m'étonne, en écrivant ces mots qui sont les tiens, et qui m'enchantent, que tu ne l'aies pas imaginé toi-même, ce roman vrai du *Titanic*, en l'absence de Victor Hugo, Conrad, Melville, Shakespeare, Rabelais, non mais quel boulevard ! Qu'est-ce qui a bien pu t'en empêcher ? Le personnage de Navratil te tendait les bras, t'appelait au secours dans la nuit désemparée. Petit vieux t'aurait dit les larmes aux yeux : vas-y, papa, fonce ! Ton *Titanic* sera ton *Moby Dick*, tes *Misérables*, ton *Lord Jim*, ton *Enfer*, et tu n'auras pas besoin de te raser de frais, le matin, pour échapper aux avances de Victor Hugo. Imagine ce qu'il en aurait fait, lui, du *Titanic*, ce que toi tu en aurais fait, ce que vous en auriez fait. Au lieu de ça, modeste Breton fou d'orgueil, Finistérien universel et soupe-au-lait, tu nous as fait mettre sac à bord du HMS *Drummond Castle*, paquebot britannique assez niais, le 17 juin 1896, abusé par le champagne et la poudre de riz musqué, pour enfiler la Manche en toute sécurité soi-disant, quitte à se rétamer sur des hauts-fonds molénais plus forts que les triples rivets d'une étrave. Même scénario qu'à bord du *Titanic*. Un capitaine barbu trop sûr de lui, de ses galons. Un vieux loup de mer lotionné qui fait briller ses yeux à l'approche des passagères parfumées. La mer fait moins de chichis. Et la mort, donc !… Il est bon, ce roman du *Drummond Castle*, il est excellent, il fait peur, il émeut, il image bien l'accident catastrophique, mais tu ne m'enlèveras pas de l'idée que le *Titanic* t'aurait donné la pleine puissance du souffle des mots visionnaires qui te gonflaient les poumons, parfois, quand tu pensais à l'océan devant tes pages blanches, dans ton bureau.

Le paquebot RMS *Titanic* de la White Star Line – le pavillon concurrent de la Cunard – quitte les chantiers Harland & Wolff le 22 mai 1911, sur la rivière Lagan, puis Belfast le 8 avril 1912, destination Southampton. Le 10 avril à 18 heures, il jette l'ancre devant Cherbourg – la ville européenne des transatlantiques – et les transbordeurs *Nomadic* et *Traffic* embarquent bagages et passagers. Ils sont 2 301 âmes à bord, sans compter les clandestins. Le soir même, avec une heure de retard, il appareillait pour Queenstown. Musique, champagne et tralala. Temps beau et brumeux. R.A.S.

R.A.S., c'est vite dit. Numéro No Pope, remous à Southampton, pas de jumelles dans le nid-de-pie. Les passagers superstitieux font grise mine.

Dans la journée du 14 avril, le *Titanic* capte les messages de plusieurs bateaux croisant à proximité : le *Caronia*, le *Baltic*, l'*Amerika*, le *Californian* et le *Mesaba*. Tous ont vu des blocs de glace à la dérive au large du Canada. Le radio transmet à la passerelle aussitôt, bien reçu. À 22 h 30, le *Titanic* parvient au sud de Terre-Neuve et reçoit un message optique du cargo *Rappahannock* de la compagnie Furness Whity provenant d'Halifax. Il vient de zigzaguer au milieu des glaces à fleur d'eau, son gouvernail est endommagé. Bien reçu, merci, répond le *Titanic*, et il poursuit sa route à 21,5 nœuds, c'est la première fois qu'il va aussi vite. Ouvrez l'œil, dit seulement le capitaine Smith aux officiers de quart, et il va se coucher. Ouvrez l'œil, disent les officiers aux hommes de la timonerie, ouvrez l'œil, disent-ils aux deux matelots chargés d'assurer la veille dans le nid-de-pie, à quarante mètres au-dessus des flots sans lune.

Le règlement prévoit des jumelles pour les veilleurs de la hune. Introuvables, les jumelles, au départ de Belfast. C'est à l'œil nu que se fait la vigie sur la ville flottante, à l'œil nu que les matelots Fleet et Lee inspectent l'horizon marin pur de tout relief. Il souffre, l'œil nu, par ce froid, avec ce vent glacial accéléré par la vitesse du navire lancé à 23 nœuds, il a bien du mal à accommoder… À Fleet l'hémisphère bâbord, à Lee l'hémisphère tribord, entre les deux marins la cloche d'alarme assurée par une garcette. Une légère buée joue sur la mer, haleine furtive de la fée des glaces. Il fait si clair, par instants, que les étoiles paraissent laper leur reflet sur l'eau.

Où en est la boule de cristal du *Titanic* en ce moment précis ? Il doit bien se trouver de par le monde quelque gitane aux pieds nus pour dire ce qu'elle a vu, prévu : un bateau noir, des lumières partout, il avançait doucement sur elle en frôlant les étoiles, et c'est quand elle a voulu le prendre dans ses bras…

Mettons-nous à la place de Fleet et Lee. Nous sommes Fleet et Lee perchés dans leur nid comme deux oiseaux transis. Papa se mettait à la place du commandant Smith en pyjama, moi à celle des deux vigies, les deux à la fois. Contrairement à papa, j'ai beaucoup veillé la nuit sur les voiliers, contrairement à lui je m'abstiens de porter un pyjama pour dormir, et je suis plus à l'aise dans l'étoffe du matelot que dans la soie monogrammée d'un officier supérieur couronné d'or.

Fleet et Lee échangent leurs impressions qui n'ont rien à voir avec le *Titanic* – le foot, les femmes, la paie. Ils dorment à moitié, battent la semelle, surveillent la montre. Peut-être Fleet dit-il à Lee : Tu n'as qu'à tourner le dos au vent pendant cinq minutes, après ce sera moi. Peut-être Lee dit-il à Fleet : Tu la sens, cette odeur ? C'est la buée. Pas n'importe quelle buée, une buée plus froide que l'air, une buée comme en soufflent les icebergs. « Les éléphants n'ont pas d'odeur, dans la jungle, mais les carcajous, tu les sens venir de loin, tu ne le vois qu'au dernier moment, comme les icebergs. – Quand c'est trop tard. » Et chacun d'eux, à tour de rôle : Ce n'est pas normal qu'on aille aussi vite.

Le commandant Smith est le toutou d'Ismay. Le commandant Smith est plus souvent au salon qu'à la passerelle.

Ismay, c'est le président de la White Star Line, une espèce de flambard méprisant. Sa devise : toujours moi, toujours plus. Son idée fixe à bord du bateau : la vitesse. Qu'est-ce qu'il attend le vieux capitaine Smith pour faire cracher aux jeunes cheminées actives du *Titanic* la pleine puissance de ses vingt-quatre chaudières dont cinq n'ont pas encore brûlé leur premier boulet ? C'est maintenant qu'il faut dégoûter la Cunard, messieurs ! La Cunard et toutes les compagnies aux dents longues affriandées par cet énorme pudding baptisé Atlantique Nord.

La gitane a vu le transatlantique s'avancer comme un rêve à la rencontre du destin : Fleet, à 23 h 38 GMT, voit le malheur émerger du rêve à l'avant du bateau, là-bas : « Iceberg droit devant ! », hurle-t-il à Lee, l'index pointé. La gitane n'est plus qu'à cinq cents mètres du bateau, on voit briller dans la nuit son regard de cristal.

23 h 40. Le *Titanic* va bientôt couler, il n'en sait rien. Il brille encore de tous ses hublots écarquillés, il danse, il boit du champagne, il fait l'amour. C'est un gag, cette collision, un poisson d'avril, personne à bord ne la prend au sérieux. Il va couler, mais il va d'abord souffrir sa passion, célébrer son désespoir de créature ingénue grugée par son créateur : il n'a pas le pied marin, on lui a menti, il n'est qu'un trompe-l'œil, un corbillard. Il en devient beau, dans son hurlement d'agonie, d'une beauté supérieure à la mort : la beauté lui survivra.

Comment va le *Titanic*, à 23 h 45 ? On n'en sait rien. La coque est-elle emboutie, percée, les panneaux étanches descendus ? On n'en sait rien. Ah, voilà des nouvelles, pas bonnes. Le navire fait eau sur une longueur d'au moins quatre-vingt-dix mètres, sous la flottaison. La salle du tri postal est envahie, les sacs barbotent. Les cloisons d'abordage ne montant pas jusqu'au pont, l'eau passe par-dessus. De stupides vases communicants, ces compartiments réputés à toute épreuve. Une fois les seize compartiments remplis, le navire submergé n'aura plus qu'à couler.

Quel délai ? Une heure et demie. *Dixit* Thomas Andrews, l'ingénieur du *Titanic* présent à bord du bateau.

Minuit. Réunion de crise à la salle des cartes autour des plans détaillés du géant. Va-t-il ou ne va-t-il pas couler ? Il ne va pas, dit Wilde, le capitaine en second. Il va peut-être, dit Smith. Vous en pensez quoi, Ismay ? Il ne coulera pas, dit le président de la White Star Line, homme lâche, veule, homme de pouvoir et d'argent. Il a déjà commencé, dit Thomas Andrews. Il aura fait son trou final d'ici à deux heures, le fond est à 3 800 mètres, il mettra vingt-cinq minutes à l'atteindre.

Abandonner le navire ? Jamais ! dit Wilde.

Jamais ! dit Ismay.

Les officiers regardent leur chef.

Évacuation immédiate ! ordonne Smith, alerte générale. Faites affaler les chaloupes, envoyer les fusées, intervalle de cinq minutes entre deux fusées, les femmes et les enfants d'abord, que les officiers n'hésitent pas à tirer sur les resquilleurs – musique !

Les sonneries d'alarme retentissent dans les coursives. On ne rêve plus, on cherche le pont des embarcations.

Minuit et deux minutes, station radio de Cape Race à Terre-Neuve.

L'opérateur capte les appels de détresse du *Titanic.* D'abord le code international C.Q.D., puis le nouveau code S.O.S., *Save our souls.* Trois points, trois traits, trois points. C'est la première fois dans l'histoire de la navigation que le message est lancé. L'opérateur se frotte les yeux. Le *Titanic* en train de sombrer... Comment va-t-il oser répercuter une absurdité pareille ? Il risque sa place. Tant pis, il transmet la nouvelle, il sème le branle-bas chez les terriens du continent. Personne n'y croit.

Il n'a jamais dit son dernier mot, le *Titanic*, il renaît depuis cent ans. Il ne s'habitue pas à la mort. Il se donne encore une petite chance de virer à temps. Un mauvais rêve, cet iceberg, un cauchemar d'enfant. Il va se réveiller sur la mer, frais et dispos, et s'il faut alors combattre le vent, la tempête, il donnera raison à son nom. Tout le monde essaie d'y croire, au mauvais rêve du *Titanic,* depuis cent ans. N'est-il pas heureux, puissant, vigilant, n'a-t-il pas tout prévu ? On le voit passer à table avec le commandant Smith, le 14 avril au soir, avec Navratil. R.A.S. Mer d'huile. Vent nul. Ciel de feux d'artifice. Danger : néant. Arrivée triomphale à New York après-demain, mardi 16 avril à 17 heures GMT, excellent, ce pétrus 1899. Dehors il y a l'horizon pur de tout relief, il y a cette odeur de buée qui porte loin l'imminence du destin, dehors il y a la mer. Dehors le doux *Titanic* s'imagine le plus fort, et c'est à 22 nœuds qu'il court à sa perte. On lui crie : « Attention ! Attention ! », comme les gosses au guignol. On le voit mourir comme si c'était maintenant et comme l'ont vu les étoiles.

C'est bientôt la fin. L'avant submergé disparaît sous la mer, l'arrière se soulève et le gouvernail sort de l'eau, puis les trois hélices éblouissantes qui tournent encore lentement, la cheminée 4 s'abat sur le pont-promenade, écrasant de riches étourdis en pyjama, la pente s'accentue sous les pas des naufragés, le navire se casse en deux par le milieu. C'est inconcevable, ça, beaucoup trop pour les sens de celui qui n'y était pas, sur le navire, le soir du 14 avril 1912, mais comment s'empêcher d'imaginer la scène, le bruit, le froid, le silence de la mer et dans la nuit la mort, toute douce, l'air de rien, patiente jusqu'au bout. Comment ne pas s'imaginer soi-même à bord du navire en détresse, horrifié jusqu'aux os, courageux, lâche, suppliant, qu'est-ce qu'on en sait !

Combien d'ordres doit-il donner, un capitaine en perdition, sur sa ville flottante, sa ville mourante, pour que les habitants ahuris de bien-être et d'orgueil daignent quitter la nuit qui rêve pour la nuit qui meurt, pour un cauchemar d'acier composé de millions d'objets… Mon père se transformait en paquebot à l'agonie, quand il me racontait ça. Il se laissait envahir par une multitude de passagers affolés, s'assurant du regard que je me changeais en passager affolé, moi aussi, et que je me demandais par où passer pour atteindre le pont des embarcations sans me faire tirer dessus par ~~Victor Hugo~~, par ~~papa~~, par le capitaine Smith. La chaloupe 13 ? Elle est déjà pleine à craquer, elle craque, les bossoirs vont-ils tenir ? (Papa se transformait en chaloupe, en bossoir fléchissant.) La chaloupe 10 ? Elle est à peu près vide, un chauffeur terrifié s'approche, déguisé en femme, halte-là ! L'officier sort son pistolet. Les femmes et les enfants d'abord, monsieur ! Reculez. (Mon père se transforme en chauffeur, ~~en femme~~, en pistolet, mon père était fou d'objets courants, la clé ! la clé ! le décapsuleur, son stylo, son rasoir, son peigne, les mots – même les hommes étaient des objets, le regard, l'odeur, les tics.) La vapeur hurle dans les cheminées éteintes, mais c'est le silence qu'on entend rôder sur la mer autour du bateau blessé. (Mon père à perte de vue, mon père se transforme en nappe d'eau, en nuit d'océan câlinée par la mort.) La chaloupe 9 ? La chaloupe 9 heurte la chaloupe 10 en descendant, elle heurte le flanc riveté du paquebot, bousculade, hurlements, sanglots. La chaloupe 7 ? Ça va mieux, sur la chaloupe 7, elle descend droit, poulies bien graissées, les passagers voient briller dans les hublots les salons d'apparat du *Titanic*, les fauteuils grenat, les lustres et les grands miroirs muraux où la mer va pouvoir se mirer, bientôt. (Mon père en miroir mural, impavide, les yeux fixes, le tain bleu, moi en gilet de sauvetage.) L'orchestre joue toujours, là-haut, il joue comme s'il continuerait à jouer quand le *Titanic* se poserait délicatement sur le fond, lumières allumées, cadavre monumental. Les passagers se demandent s'il ne vaudrait pas mieux remonter à bord écouter les musiciens, oublier tout ça.

Une scène m'a bouleversé dans le film de James Cameron sur le *Titanic.* Le bateau vient de sombrer. Pas un bruit. Une eau plus noire que du taffetas. Le marin d'une chaloupe irréelle promène un fanal sur la mer et demande s'il y a quelqu'un ici. « *Is there somebody, here ?* » Aucune réponse. On aperçoit des taches sombres, on distingue des silhouettes figées. Tout un cimetière gelé dérive à la surface de l'océan.

Qu'est-ce qui est plus beau : « Somebody » ou « Quelqu'un » ? Je me pose la question.

Les rescapés du *Titanic* furent secourus au petit matin par le paquebot *Carpathia.* Ismay était du nombre, anonyme à souhait dans la chaloupe 7. Il se réfugia dans une cabine et n'en bougea plus jusqu'à l'arrivée à New York, deux jours plus tard. Et même arrivé à New York, le navire à quai, il hésitait à sortir. Il voulait avoir l'assurance qu'il ne restait plus à bord un seul rescapé du bateau maudit. Il avait été assez lâche pour sauver sa peau, sa peau d'abord, il s'y cramponnait. Il ne tenait pas à l'exposer à des représailles, et pas davantage à répondre aux questions des journalistes venus de partout recueillir ses impressions à chaud.

Bruce Ismay fut cité à comparaître, au procès, en juin 1912. Aucune charge ne pesait contre lui. Les chaloupes, les cloisons, le gouvernail : voyez l'assureur, voyez l'ingénieur. L'homme lâche et puissant témoigna, sauva sa peau. Il périt bêtement quelques années plus tard, d'un phlegmon.

Attention, je n'ai pas un faible pour les bateaux malchanceux, mais une pitié qui les rend inoubliables. Je leur sais gré d'avoir une aussi belle histoire à nous dérouler au coin du feu. Ils sont à la fois des bateaux et des songes. Ils n'ont pas l'air d'être morts, d'ailleurs, mais de vivre au milieu des poissons et des fleurs. Et je m'inquiète un peu que mon amour de la mer aille s'épanouir aussi dans la représentation imaginaire des calamités d'autrui.

Plusieurs épaves sont chères à mon cœur, le *Titanic*, *La Méduse*, le *Batavia*, le *Drummond Castle*. Les plus douloureuses sont les plus récentes : l'*Estonia*, le *Koursk* et le *Bugaled Breizh*.

Pour en finir avec la fin du *Titanic*. Résumons-nous, achevons-le. N'aurait-il pas accosté l'iceberg, ce que personne ne lui demandait, il serait arrivé sain et sauf à destination, j'ose l'espérer : bateaux-pompes, hymnes nationaux et tout le tralala. Au demeurant c'était une passoire. Une passoire garnie de cloisons étanches, ça reste une passoire. Et pas que ça. Le gouvernail : trop petit. Les rivets : poreux, mal fixés, pas le temps. Les canots de sauvetage, le capitaine Smith : on n'en parle même pas. Si le 14 avril 1912, magnanime, le destin avait dit : allez, je passe, le destin suivant aurait dit : ras le bol, je ne passe pas, et d'un court-circuit le *Titanic* aurait flambé, girandole de carnaval. Ce serait d'un incendie, vraisemblablement, qu'il serait mort aujourd'hui, ou d'un autre iceberg, ou d'une collision avec un confrère. Je veux dire par là que ce *Titanic* s'était mis les fées à dos avant même d'appareiller, celles-ci ne supportant pas l'arrogance des…

U

Nid

Je suis au bord de la mer. Je vais y bâtir un nid dans lequel je serai incapable de rester. J'aime le mouvement et je pose des fondations. Peut-être parce que je sais que moi aussi, un jour, je serai immobile. Alors je construis des navires ancrés définitivement dans lesquels, plus tard, je nourrirai mes rêves. Tu viendras ?

Bernard Giraudeau

Usine à galets

… celles-ci ne supportant pas l'arrogance des vantards, les humains déteignant toujours sur leurs bateaux. Toute personne s'estimant passée dans une catégorie supérieure à l'humain peut s'attendre à l'immanence des fées dont le rôle est de rappeler à chacun qu'il est ce qu'il est : une chance sur des milliards d'autres qu'il n'est pas utile de détailler.

La fée ne ressemble jamais à l'idée qu'on s'en fait. Dans les contes : elle peut être jeune et moche, elle peut être belle et moche, elle peut être une enfant, elle peut être vieille et bossue. À quoi la reconnaît-on ? On ne la reconnaît pas, mais elle dit quelque chose qui change tout.

Il y a longtemps, très longtemps, j'allais jouer à lance-galets sur la grève de Tréguennec. L'homme est lanceur. Il lance tout ce qu'il peut lancer, les crachats, les pommes, les javelots, et même les galets. La règle du jeu vaut pour à peu près tous les lancers de n'importe quoi. On lance, on va au résultat constater qui a lancé le plus loin. On peut difficilement concevoir règlement mieux adapté à l'intelligence humaine, quel que soit le quotient intellectuel du lanceur. Jamais, lançant les galets sur la grève de Tréguennec, il ne me serait venu à l'esprit qu'ils sont les inestimables rescapés d'un génocide granitique aux dépens du littoral breton, et que ce sont eux – ou plutôt leurs incalculables cousins d'Armor broyés systématiquement par les esclaves de l'occupant – qui constituent la chair invulnérable du mur de l'Atlantique.

Elle est toujours sur la grève de Tréguennec, l'usine à galets. C'est une horrible bâtisse tout en longueur construite par les Allemands sous l'Occupation. Par les Allemands, c'est-à-dire par les esclaves des Allemands. Jour et nuit on broyait les galets, on mettait le gravier dans des sacs, et un petit train qui tirait des wagonnets venait les chercher pour les besoins du mur.

À l'autre bout de la grève, on peut louer une vieille maison de pêcheur bien plus ancienne que l'usine à galets. Elle a du succès, cette maison. Elle donne sur la mer, elle est en pleine nature à la limite d'un marécage. Pour un amateur de tranquillité, c'est la maison idéale. Elle appartient à une veuve que l'on paye de la main à la main. La veuve était une espèce répandue, en Bretagne, au siècle dernier, du fait des tempêtes et des guerres.

Se présente un couple d'Allemands intéressés par la maison. Ils ont lu l'annonce à la boulangerie et le prix leur convient. Ils demandent à la visiter. Ils visitent à fond, demandent à refaire un tour des lieux. Lui se penche sur un premier robinet : Ah, mais ze n'est pas zaux normes zeuropéennes. Sur un second robinet : za non plus, pas normes zeuropéennes. Sur une prise électrique : pas normes zeuropéennes. À la fin la veuve le tire par le bras et l'emmène voir l'usine à galets qui défigure la grève :

— Et ce que ton grand-père nous a laissé en partant, c'est aux normes européennes, d'après toi ?

Je regarde l'heure et je m'aperçois qu'il est trois heures et demie du matin. Brisons pour une fois le miroir symbolique entre l'écrivain et son double, entre toi…

Us et coutume

… entre toi et moi, lectrice ou lecteur, et voyons comment s'écrit un Dictionnaire amoureux. Un tel ouvrage a son rituel, son petit cérémonial de superstition, sa journée type que voici. Elle commence la veille au soir, la veille au matin, quand l'auteur se couche, ignorant s'il fait jour, s'il fait nuit, s'il a dîné, s'il est dans le bon lit. Est-ce qu'il dort, ce cheval fourbu ? Il prétend que non. Que l'écriture a définitivement chassé le sommeil de sa vie. Preuve en est qu'il écrit bien au chaud sous les draps, les yeux ouverts ou fermés, en ronflant. Il ne fait pas exprès : il est écrivain à toute heure, c'est plus fort que lui, il brasse de l'écriture chaque fois qu'il jette un coup d'œil à l'intérieur de sa caboche – son atelier, le grand foutoir de son âme en flux tendu. Donc, il ne dort pas, fait le quart, veille aux phrases errantes qu'il apprend par cœur, dialogue avec un tas de gens dont la plupart sont morts ou n'existent pas, se souvient à profusion des instants sans limites où il ne faisait qu'un avec le voilier sur la mer, inséparables qu'ils étaient, se lève à six heures quarante-cinq, mais il jurera qu'il était cinq heures et demie, qu'il n'a pas fermé l'œil, et vite, vite, expédié une toilette de chat, de poisson d'avril, il retourne à son manuscrit là-haut sous le velux, il reprend la mer sur la page. Conseil d'ami, le jour où ce sera vous l'auteur d'un dico marin : ne fermez jamais les yeux sous la douche, à cinq heures et demie – l'eau devient la mer, la mer devient mémoire, la mémoire sort un stylo, vous dormez profondément en écrivant n'importe quoi, vous écrivez sur de l'eau chlorée comme si vous y étiez, sous le Velux, avec les étoiles, vous déversez le grand foutoir de l'âme en mélangeant le ban et l'arrière-ban – l'épave du *Titanic*, la femme de ménage qu'il faut payer, la migration des méduses, les sous à réclamer à l'éditeur, le dictionnaire s'emballe, devient fou, la journée s'est tranchée les veines en un clin d'œil, un clin d'œil de trop, tout ça parce que l'eau du robinet ruisselait sur vous. Ne les fermez pas, s'il vous plaît, c'est très important, le sommeil sous la douche n'est qu'un miroir aux alouettes, un tueur d'écriture. Lavé, peigné, on monte à la page blanche, convaincu d'avoir beaucoup à lui soutirer, mais rien, pas un mot, désolation, peur. Une page insaisissable comme la « grisaille de lait » dans « Brume », la nouvelle fantastique de Stephen King. Tu m'en veux ? De quoi ? Inutile de leur poser la question, à la brume, à la page. Elles n'ont jamais parlé sous la torture. Le mieux c'est… Eh, mais je ne vais tout de même pas vous révéler tous mes trucs, chacun les siens.

Un matin que je roupillais sous ma douche, j'ai surpris cette conversation comme si…

V

Voici comment se forment les vagues qu'on peut surfer. Une tempête bat la surface au large, hachurant la mer et créant des vaguelettes désorganisées qui grossissent peu à peu, finissent par s'amalgamer en une mer démontée. Ce que nous guettons sur nos lointains littoraux, c'est que l'énergie libérée par ces vagues pénètre dans les eaux calmes sous la forme de vagues qui se déplacent ensemble, et de manière organisée. Chaque vague est une colonne d'énergie mise en orbite, dont la plus grande partie reste sous-marine. Tous les trains de vagues causés par la tempête constituent ce que les surfeurs appellent une houle, et celle-ci peut traverser des milliers de kilomètres. Plus un orage est puissant, plus elle ira loin. En voyageant, elle s'organise et l'intervalle entre les vagues augmente. Un train de vagues à long intervalle signifie que l'énergie de chaque vague peut s'étendre à plus de trois cent mètres sous la surface de l'océan. Quand les vagues d'une houle approche du rivage, leur extrémité inférieure commence à labourer le fond…

William Finnegan

Verny (Françoise)

… comme si deux inconnus se parlaient à voix basse, sauf que les deux étaient moi.

— … mais ne fais pas l'innocent, tu as parlé d'une inconnue qui t'aurait dit : « Ne pars pas », le jour où tu partais autour du monde. Le milliardaire s'énervait, elle aussi.

— Ah bon ?

— Dans le prologue, oui. Tu n'insistes pas, d'ailleurs. Pourquoi ?

— C'est privé.

— C'était où ?

— Quai Louis-Bourdelle.

— À Belle-Isle-en-Mer, port du Palais, fais un effort ! Et c'était qui, cette bombasse ? Une brune ? Une blonde ?

— Il faisait nuit et il pleuvait, je n'ai rien vu. J'ai juste entendu sa grosse voix.

— Grosse ?

— En fait, je ne partais pas, ce soir-là. Ça, c'est la version romantique, la version Dictionnaire amoureux. Je venais de tomber en panne de moteur au beau milieu du golfe de Gascogne, et j'étais entré dans le premier port qui se présentait. Sous voile, en catastrophe, ça piaulait. Je ne te dis pas le binz pour amarrer le ketch entre les bateaux qui roupillaient, quinze tonnes d'acier dans la bergerie, les voisins gueulaient.

— Qu'est-ce qu'elle fichait là ?

— Je ne lui ai jamais demandé. Elle m'a invité à manger des langoustes rosées à son hôtel, sur la côte sauvage.

— Pourquoi : « langoustes rosées » ? C'est le champagne qui est rosé ?

— Il y avait les deux. Et aussi des patates. Elle adorait les patates, visiblement.

— Tu étais seul avec elle ?

— On était trois. Il y avait Claudius, mon pote de toujours et mon équipier, un Cévenol.

— Et elle vous a régalés comme ça.

— Ouais, une bonne fée, tout le monde était à ses petits soins, la resservait en patates et tout ce qu'elle voulait.

— Et toi, tu mangeais des langoustes…

— … et des patates, à m'en faire péter la sous-ventrière. Et je biberonnais sa veuve-clicquot en toute indiscrétion, les serveurs me bichonnaient comme si j'étais Sindbad le marin. Je parlais, je parlais, tout ce que je disais la passionnait. Tout, sauf…

— Tout sauf ton bateau.

— Elle ne voulait même pas en entendre parler. Elle me disait : On s'en fout, de ton horrible bateau ! Je déteste les bateaux. Ça coule et c'est trempé. Tant mieux, s'il est cassé, c'est ce qui pouvait t'arriver de mieux.

— De quoi te couper l'appétit.

— J'avais trop faim… Et puis je ne sais pas, elle me disait : « Qu'est-ce que tu serais allé foutre autour du monde en bateau ! C'est où, le tour du monde ? Tu ne crois pas que tu es assez perdu comme ça ?

— Drôle de bonne femme. Mais qu'est-ce qui la passionnait, à part les patates ?

— Ma mère. Quand je lui ai dit que j'avais perdu ma mère, elle a repris un whisky. C'est à ce moment-là qu'elle a commencé à s'intéresser à moi : « J'adore ta maman, parle-moi d'elle. Tu es sûre que tu l'as perdue ? Tu as peut-être une chance de devenir un bon, un grand écrivain. »

— Un vrai discours d'éditeur, tu buvais du petit-lait.

— Elle travaillait chez Grasset, si j'ai bien compris. Directrice littéraire. T'imagines le bingo ? La tempête te chasse à la côte, et tu te fais repêcher par la directrice littéraire de Grasset. Ça a plus de gueule que d'envoyer son manuscrit par la poste ou d'avoir du piston.

— Une scène de roman.

— Ouais. On a parlé jusqu'à trois, jusqu'à cinq heures du matin, il y avait des langoustes partout, les serveurs dansaient et faisaient la fête avec les serveuses, son fils descendait régulièrement pour lui dire de monter se coucher… Je pense que j'étais un peu saoul, à la longue, je pensais à mon bateau, il me manquait. Je n'arrêtais pas de m'en aller, elle de me dire : ne pars pas…

— … Je vais pleurer si tu t'en vas.

— … Juste : « Ne pars pas, on a plein de choses à se dire, tu me caches des choses. »

— Incroyable.

— Il faut savoir ce que tu veux, chéri. » Elle appelait tout le monde chéri, les serveurs, les serveuses, le maître d'hôtel, Claudius... Qu'est-ce que je voulais ? Ça fait peur, dit comme ça, avec la tempête dans la nuit, derrière la baie vitrée, avec le bruit du vent qui posait la même question qu'elle : « Qu'est-ce que tu veux ? »

— ...

— Je ne supportais plus les rires des serveuses bourrées, ma saoulerie, ma soirée, les langoustes en pièces démontées sur la nappe, les mayonnaises renversées, mon voilier bousillé... Je me suis levé pour de bon et elle a dit : « Où tu vas ? Je veux ton livre ! »... Elle n'a pas dit : « ton livre », non, elle a dit : « Ton Livre », comme elle aurait pu dire à Moïse : « Écris-moi l'Ancien Testament, chéri ». Elle m'a répété : « Ton Livre, je veux Ton Livre », et je suis rentré à pied comme si j'avais des coussins d'air sous les talons, d'égal à égal avec la tempête et la nuit – Mon Livre...

— Excuse-moi, mais tu n'as pas spécialement le physique de Charlton Heston, alors Moïse...

— Tu t'es regardé, pauvre pomme ?

— Bateau, Livre, un sacré dilemme.

— Livre ou pas, elle pouvait toujours se brosser pour que j'abandonne la mer. Après tout, j'étais à Belle-Isle et mon tour du monde avait commencé. En attendant la réparation, j'ai amené mon ketch au fond du port, au bassin à flot. J'avais la bonne place, sous le Café des Matelots. Malheureusement, c'était l'ensemble du moteur qu'il fallait changer, une dépense au-dessus de mes moyens. Résultat : j'ai dû m'incruster quelque temps à Belle-Isle, sous le Café des matelots, un piège à tentations. Le matin, à la table à cartes, j'écrivais mon livre, celui qui deviendrait mon premier roman.

— *Le Charme noir.*

— En personne.

— Et tu réalisais ton rêve, Non ? Être romancier sur un voilier ? Dans une île du bout du monde ? C'est vrai, quoi, Belle-Isle, pour un Tahitien, c'est le bout du monde.

— Je n'ai peut-être pas la gueule de Charlton Heston, mais je n'ai pas non plus celle d'un Tahitien.

— Tu as…

— Ferme-la ! Je l'avais rêvé en pleine mer, mon rêve, tant de fois, et la première fois, sous le sceau du secret, j'en…

Vincent

… j'en avais parlé à mon cousin Vincent au large du Trez-Hir, dans la rade de Brest. Nous étions agrippés à un poisson volant pas facile à maîtriser. Il s'agissait d'un radeau pointu, un prototype, l'ancêtre de la planche à voile. Qu'avais-je dit ? Les mots exacts se sont envolés, mais les mots n'ont pas besoin d'être exacts pour dire exactement la même chose, à savoir qu'un avenir continental me donnait froid dans le dos, et qu'un jour ou l'autre, armé d'un stylo et d'un bateau à voile, je partirais courir ma chance autour de la mer. Seul ? Avec mon frère Tanguy et mon Cévenol de copain Claudius. Vincent n'avait pas dit qu'il se joindrait à nous bien volontiers. Il avait regardé la mer de son étrange regard où il y avait beaucoup plus qu'il n'avait déjà vécu, ne vivrait jamais.

Nous avons crié des poèmes, ensuite, en claquant des dents. Ce jour-là, j'ai promis à Vincent de lui prêter les trois recueils du Russe Nicolas Raiewsky auxquels je tenais comme à la prunelle de mes yeux. J'ai tenu parole, et rentré à Paris je lui ai prêté la prunelle de mes yeux. Il m'a redit le poème de Lewis Carroll qu'il avait crié sur le poisson volant. Je ne l'ai jamais revu. Est-ce qu'il se disait des poèmes, le jour de l'accident ? Il y avait du brouillard et la 2CV qu'il conduisait a percuté un camion. Son corps a été projeté dans un champ à dix-sept mètres du point d'impact. Pourquoi lui avais-je prêté les Raiewsky quelques jours avant ? Pourquoi m'avait-il redit le poème de Lewis Carroll ? Il y a un sens à tout cela. Tous les signes seront élucidés, un jour, tous les *sens-à-tout-cela* nous diront de quelle unité brisée nous sommes issus, et pourquoi je n'ai jamais relu mes Raiewsky. Comme *L'Ennemi silencieux*, ces poésies ne m'ont laissé que des bribes de souvenirs. C'est d'autant plus frustrant qu'autrefois, redoutant l'impondérable qui me fixerait dans une île vierge, j'apprenais par cœur les textes qui m'intéressaient, et peu m'importait leur longueur. Je voulais être un cerveau bibliothèque, et j'avais l'impression d'y parvenir assez bien.

C'est à bord du poisson volant, comme s'il s'adressait aux esprits de la mer, que Vincent récita ce poème de Lewis Carroll qui m'avait mis mal à l'aise, et je sais aujourd'hui pourquoi :

Notre vie ne serait-ce qu'un rêve
Saisi dans l'or des clartés brèves,
Sur les flots noirs du Temps sans trêve ?
Pris dans un sombre tourbillon,
Ou riant au moindre histrion,
C'est l'homme, insouciant papillon.

Sa vie d'un jour il brûle. Il danse
au gai midi et point ne pense
À voir ce qui sans bruit s'avance.

Adieu, Vincent.

Si je pâlis au nom de Vancouver, je suis bien davantage ému par ce fabliau médiocrement rythmé de l'Espagnol Fray Luis de Léon. J'aurais aimé l'écrire moi-même, comme tous les textes qui m'ont bouleversé. Il dit l'amour enfantin pour les bateaux. Enfantin, divinateur, voyant. Et paranormal comme tout ce qui touche au bateau sur la mer.

Que serait belle une aventure
sur les eaux de la mer,
comme celle du comte Arnaldos
un matin de Saint-Jean.
Un faucon à la main
Il s'en allait chasser
Quand une galère il vit venir
Qui voulait à terre aborder.
Le navire avait des voiles de soie
et des agrès de cendal.
Le marinier qui le pilotait
venait disant une chanson
qui apaisait la mer,
adoucissait les vents,
faisait monter à la surface
les poissons qui vivent dans le fond
et les oiseaux qui volent
se poser sur le mât.

Alors parla le comte Arnaldos,
écoutez bien comme il parla :
« Pour Dieu, je te prie marinier,
apprends-moi cette chanson. »
Le marinier lui répondit,
cette réponse lui fit :
« Je n'apprendrai cette chanson
qu'à ceux qui viendront avec moi. »

Une chansonnette, soit, mais une chansonnette de génie, l'illustration exemplaire de l'idée que je me fais du bonheur consacré par l'apparition d'un bateau venu d'ailleurs à travers l'horizon, comme si la signification des choses en dépendait – comme s'il apportait son âme à l'univers, une âme d'enfant. Et dans le même esprit me revient souvent cette phrase issue d'un livre oublié : « Je ne veux pas mourir, moi ! Je veux vivre à jamais, ne serait-ce que pour voir passer les navires. »

On les voit passer, on voit passer les vagues, on voit courir le vent sur la…

Vagues

… on voit courir le vent sur la voile et sur l'eau. Comment naît la mer au gré du vent ? D'une simple chair de poule au début, elle commence à respirer fort, à respirer rauque, ensuite on ne la tient plus, elle s'envoie en l'air à la vie à la mort, un pied qui n'est pas vraiment celui du marin témoin de ses grands orgasmes hauturiers sous les coups de boutoir du vent qu'elle a toujours eu dans la peau.

C'est vivant, la mer, animal en diable, ça ne fait cas de rien, d'où sa perfection et sa continuité. Elle revêt tous les aspects du fantasme enclin à personnifier la nature. Elle parle, elle se tait, se pourlèche et pique un roupillon. Elle est murmure, chanson, rugissement, silence. Elle est fauve, elle est bétail figé dans sa léthargie, elle peut bondir en une fraction de seconde. Elle fait la sieste, une grosse couleuvre repue, elle se met en chasse et dévore le vent. Mille-pattes écarquillé, elle devient aurochs, le mufle et la bave, le vice, on ne l'a pas vue venir, et soudain la corne est là, un coup rageur un seul, une beigne à vous flanquer les barres de flèche dans l'eau avec le bonhomme abasourdi par tant de haine – mais qu'est-ce que je t'ai fait, merde ? On est dans la savane, en pleine mer, ça mâchonne en douce, c'est embusqué dans les fourrés. On ne sait pas trop quel genre de bête attend son heure : pas Moby Dick ou kraken, ou le K, la mer elle-même avec ses dents de scie, ses patoches de velours hérissées d'ongles rétractiles, ses empoignades de sumo.

Retour des Açores, un soir, une vague de bon aloi pas plus ébréchée que ça, un dandinement balourd de vieux zébu mal voyant. Quelle mouche la pique, je n'en sais rien. La voilà prise de panique, cette folle. Elle se cabre et retombe en mille morceaux sur *Aeleutheria* submergé de l'arrière à l'avant. Il en perd sa flottaison, titube à l'aveuglette, se débat sous l'eau. Encore aujourd'hui, je me demande quelle fée l'a sorti sain et sauf de la gueule du monstre, car c'en était un.

On en voit aussi débouler à l'horizon, plus hautes que leurs consœurs. Elles ont l'air de vous chercher depuis des siècles, munies d'un contrat immémorial contre vos intérêts vitaux, et ce qu'elles ont à vous chuchoter au creux de l'oreille est un secret que personne ne veut écouter, se rappeler. Je n'ai même pas envie d'en parler, d'ailleurs, tellement c'est moche, tellement ça fait peur... Cette vague rousse roulant sa bosse au large du Maroc, un soir d'août embrasé d'un soleil au ras de l'eau, motus, oreilles cousues. Elle finirait par me retrouver, un de ces quatre, et l'adage sicilien gravé dans l'écume : il en savait trop...

On se méfie des vagues, on a bien raison. Un voilier qui prend une vague à la légère peut finir en voilier perdu. Avant d'y passer il n'aura qu'un mot pour lui signifier son mépris : « Scélérate ! Espèce de vague scélérate ! » Ce n'est pas le voilier mourant, mais le journaliste à sensation qui dit ces mots. Le même assez malhonnête, chaque année, pour accuser « l'arbre » de tuer par milliers les automobilistes français amateurs de polyphénols. À bas les arbres ! Arbres scélérats ! Vive la bagnole. On ne disait pas : « vague scélérate », jadis, on disait « lame de fond », et surtout : « vague sourde ». Elles n'entendent rien, ces imbéciles, on a beau leur dire : « Attention ! », elles font n'importe quoi sur la mer. Pas du tout. Leur itinéraire étymologique les relie au verbe « sourdre », vocable puissant qui veut dire « émerger », « surgir ». Le surgissement contre toute attente se manifeste clairement dans l'appellation technique : « vague sourde », et la scélératesse de la mer est une sottise de biffin qui regarde l'eau comme le misogyne frustré voit passer les femmes : « Salopes ! » « Salopes de vagues ! »

À l'opposé, toujours les vagues, il y a les hyper féministes des arrondis mammaires de l'eau célébrant son retour à la terre humaine ; les anges du surf pour qui la vague est Notre-Dame, toujours. Ni sourdes ni scélérates, les géantes australiennes de Melbourne, belles et bleues comme la naissance intarissable du monde. Les surfeurs appellent ces hauts lieux des « spots ». Ils font corps avec l'enroulement d'une eau dont la spire abolirait des métropoles. Ils se laissent planer, épouser par le fil de perpétuité que la vague ébauche à travers l'horizon depuis des siècles, parfois – vaincue par les bonaces, engrossée par l'ouragan, déviée par les courants, aspirée, fondue au noir calme plat des gouffres inviolés du Pacifique, là où dorment enlacées la lumière et la nuit, puis expulsée, pétrie par le souffle circulaire de l'Antarctique, et déposée comme une offrande à l'éternel féminin sous les pas du surfeur extasié, prêt à mourir au sommet de la mer et du vent pour être ce qu'il est.

Certains gestes ont besoin d'éternité pour s'épanouir dans la perfection, le surfeur le sait bien. Le golfeur, le joueur de violon, de piano, de boules, le comédien, le serveur de smashes, le tireur à l'arc, le baiseur, la baisée, le tourneur de mayonnaise, le batteur d'omelettes, tous les artistes à tous les niveaux ont l'idéal pour objectif, l'azur.

On en avait, des vagues, à l'Aber-Ildut. Des « bien de chez nous ». Tante Jeanne en confectionnait sur le tambour du canevas *Naufrage du vapeur Hilda.* Elles me terrifiaient, ces vagues de poussière brodées à l'aiguille. Je pense qu'elles terrifiaient ma tante Jeanne aussi. Ne risquaient-elles pas un jour, parvenues aux confins du tambour, de descendre sur le tapis indochinois et d'apporter la noyade aux objets précieux réunis par mon oncle André dans sa gentilhommière de Kervaly ? Il ne faut jamais tenter le diable qui a des tanières où ça lui chante, même dans les vagues de la mer quand elles empoignent les marins en difficulté. Pour conjurer le mauvais sort, et rendre moins longues les heures d'une maman bretonne séparée du fils de sa vie, ma tante Jeanne alternait broderie et tricot. Deux ouvrages sans fin. *Vapeur Hilda* et tête du serpent décapité par mon oncle sur la terrasse de son hacienda. L'animal, un python gris comme la nuit, sept mètres de long lovés dans l'ancien panier du chien-loup Sam, avait tout son temps, comme le vapeur *Hilda*, ma tante et chacun d'entre nous. Il s'enorgueillirait tôt ou tard du plus gros des faciès jamais tricotés pour un serpent défunt par la mère de son meurtrier. Moins sûr que le vapeur *Hilda* morde un jour la poussière des grands fonds, les vagues assassines tardant à le submerger, lui et sa petite cheminée rouge et noire, ses invisibles passagers calfeutrés dans les cabines.

On en parlait souvent, des vagues, à l'Aber. C'était un vrai débat passionné, à table, les jours où les anges passaient en file indienne et repassaient, toujours les mêmes, comme les makis à la queue leuleu sur le tapis roulant des restaurants japonais. La hauteur des vagues – après la pluie, le beau temps, les ragots – était un bon sujet pour tenir en haleine les grands, les vieux, les chargés d'âmes, les payeurs d'autrui. Excepté mon père et mon oncle André, qui chassait le tigre mangeur d'hommes et le python buissonnier plutôt que de passer l'été en famille, personne ne s'était approché d'une tempête si près qu'il puisse en évaluer la hauteur des vagues ; les clichés fusaient :

— Quatre mètres.

— Cinq mètres.

— Six mètres.

— Avec ou sans le bourrelet d'écume ?
— Six mètres vingt avec l'écume.
— La hauteur du menhir de Kercadiou ?
— Un bon menhir et demi.

À dix mètres, mon père intervenait prudemment, sans la ramener. À sa connaissance, il n'existait pas d'appareil à mesurer la hauteur des vagues, et rien n'était plus difficile à déterminer sur un objet en mouvement. La hauteur par rapport à quoi ? Je suis d'accord avec Henri, disait mon grand-père en tapant son poing velu sur la table. Mon père avait raison, ses fils avaient tort. Mon père était très, mais alors très diplômé, « ès lettres » qui plus est, la fine fleur, le sel attique. Priorité aux agrégés, aux normaliens. Ce sont les capitaines, disait papa, qui sont les plus fiables en matière de vagues. Ils ont le compas dans l'œil. (Le compas dans l'œil, pour un garçonnet boutonneux, c'est avoir l'œil crevé, je plaignais ces capitaines éborgnés.) Certains avancent une hauteur de six mètres pour l'Atlantique Nord, et pour le Pacifique, plus puissant, une hauteur supérieure à douze mètres, par tempête. Des monstrueuses de vingt, voire de trente mètres ont infligé leur baiser de la mort à des paquebots. À moins d'une rétine graduée comme l'objectif à double foyer des jumelles marines, je ne vois pas comment l'œil humain fût-ce celui du capitaine Nemo, se permettrait…

Qui dit vague dit…

Vent

Le vent et moi

… dit vents, ils sont légion. Dans sa *Petite Encyclopédie des vents de France*, Honorin Victoire en dénombre déjà six cent trente, avec trente-quatre roses des vents. La rose des vents bretonne est issue de la tradition celtique irlandaise. Pour définir l'orientation de l'espace et du vent, on fait face à l'aurore. Le nord est à gauche, le sud à droite, l'ouest sur nos talons, l'est devant. Cette rose a quatre régions : *hanternoz* (minuit, nord), *kreitez* (midi, sud), *sav-héol* (levant, est), *kuz-héol* (couchant, ouest). L'hémisphère Sud-Bretagne est le *dehou*, l'hémisphère Nord-Bretagne est le *kleiz.*

Si la boussole de l'île de Groix a trente-deux vents, la *rod en aveliou* des Côtes-d'Armor en a vingt-deux. Dans Le Robert, Alain Rey nous dit : « Le *biz norzh* fait partie des grands vents hivernaux qui gèlent la Bretagne entière. Sa vitesse moyenne est de cinquante kilomètres-heure, tandis que le *biz huel* peut souffler à soixante-dix kilomètres-heure : son cours fait trente kilomètres de large sur deux cents kilomètres de long. Le *gwalarn* (galerne) a un cours de cent quarante kilomètres de large pour deux cents kilomètres de long, sa vitesse moyenne est de cinquante kilomètres-heure. Quant au *gwalarn gornaoueg*, c'est un vent craint par les pêcheurs entre le phare de la Vieille et le phare de la Plate, dans le raz de Sein, là où la marée lève parfois des courants supérieurs à six nœuds. » On ne peut pas se contenter, avec le raz de Sein, d'une fiche signalétique où ses faces et profils, le régime de ses courants le désigne à l'attention du marin comme un hôte un peu particulier sous le toit duquel…

Vannetais

… sous le toit duquel il n'est pas inconcevable de trouver la mort : aubergiste de stricte obédience qui ne transige pas sur les heures de fermeture. On omettrait l'essentiel en taisant les variations hygrométriques de chaque instant, que l'on pourrait qualifier « d'horloge thermique », un invisible mécanisme aux milliers d'engrenages entraînant à longueur d'éternité les visibles accords prismatiques de l'arc-en-ciel vers de nouveaux accords, en une seule et même vibration interprétée par chaque ciel de l'Ouest. Ce Graal fut la quête, et l'est toujours, des peintres de Pont-Aven. On ne va jamais assez à Pont-Aven. C'est à Pont-Aven que l'artiste a su renouer avec Lascaux, le chaos primitif. Il s'appelait Moret, Maufra, Sargent, Harrison, Boudin, Sérusier, il se disait « Prophète » ou « Nabi ». Par-dessus tout, il se disait Gauguin, Paul Gauguin, un ancien matelot turbulent. C'est en voyant la mer vers Pont-Aven, en 1886, qu'il a vu bleu, qu'il a vu jaune, qu'il a vu rouge, vu la mer comme jamais – une gueule noire et muette où le monde entier s'est engouffré sur ses pas.

Pont-Aven : tout le monde descend !

En contrebas, caressé d'un souffle quasi méridional, le pays vannetais englobe un Morbihan qui court en louvoyant jusqu'à la Vilaine. Il va aux îles, aux montagnes Noires, aux landes de Lanvaux, épousant les à-peu-près frontaliers qui l'attachent à la Cornouaille, au pays de Saint-Malo, de Saint-Brieuc, au pays nantais, à la *mor bihan*, la petite mer fermée – pas tout à fait –, ce golfe moussaillon du golfe de Gascogne où Jonas chanta l'*Ave Maria* dans le ventre du poisson. C'est au fond de la *mor bihan*, derrière la presqu'île de Conleau, que Vannes apparaît. Vannes, la cité des Vénètes : peuple vaillant et secret que les Romains, venus en force avec César, eurent tant de mal à romaniser – qu'ils ne romanisèrent jamais. « Bien-être » est la devise des Vannetais. Paysage, esprit marin, climat, génie breton, gastronomie, modernité servie par le Bagad Melinerion, on ne voit pas quel bémol épingler. Si la Semaine du Golfe attire les passionnés, chaque année, le Salon du livre attire au pied des remparts une fraternité mêlant tous les publics, auteurs, lecteurs, badauds, familles.

On est à la campagne, à Vannes, on n'est pas moins à la mer. Le port, au cœur de la ville, est encadré par les bistrots. Une croisière à la journée vous emmène à Belle-Isle, à Houat ou Hoëdic, destinations de rêve. Groix, plus au nord, vous retiendra pour la nuit. Commençons par Groix, l'île des anciens thoniers. Il reste un seul dundee visible à Port-Tudy, le *Biche*. Les autres, quand ils n'ont pas coulé en 1930, font leurs vieux os dans les vire-courts de la rivière d'Étel ou du Blavet. Moins étendue, moins variée, moins au large que Belle-Isle-en-Mer, Groix possède une aura maternelle, due peut-être à son format. On en fait le tour à pied d'un seul bord, en un seul jour. On a vu le phare de Pen-Men – « mon phare », disait « Bleimor », le poète groisillon Jean-Pierre Calloc'h –, on a vu scintiller les pouce-pied dans les contre-jours du ressac, vu la seule plage convexe d'Europe, à la pointe des Chats, un isthme de sable doré s'étirant sans fin dans une eau vert paon ; on a traversé le village au-dessus du port, vu bondir le germon de zinc en haut du clocher, le poisson tutélaire qui fait corps avec Dieu dans l'esprit des îliens.

Filons sur Belle-Isle, vingt milles au sud. Notons la qualité du bleu marin ceinturant la tourelle des Birvideaux, moins foncé, moins dense qu'en mer d'Iroise, et comme lustré par les rayons du soleil. À Belle-Isle, on fera bien de prendre un vélo, déjà, pour s'efforcer d'aller partout – partout où la beauté d'un milieu à la fois terrien et marin s'en donne à cœur joie : la plage de Donnant, les aiguilles de Port-Coton, le port gallo-romain de Sterwen, avec son tumulus, la campagne et ses villages de poupée, tel Arnaud-en-Locmaria. Trop souvent Belle-Isle est comparée à un bijou, perle ou diamant, et rubis dans la soirée. Belle-Isle est victime de sa beauté, le tourisme afflue. Hoëdic et Houat ne sont guère mieux lotis. À la différence de Groix, la grande plage occidentale de Houat, d'un blanc cristallin, se recourbe à la manière d'un cil ou d'un croissant de lune, on aimerait l'avoir pour soi tout seul. Hoëdic est l'îlot du Petit Prince, un rêve, le nid matriciel qui permet d'oublier que le monde est jaloux, sur le continent, et le mauvais sort constamment aux aguets.

Retour au golfe du Morbihan, quarante-deux îles et des courants marins dignes du raz Blanchard, huit nœuds par vives eaux. C'est ici, la mer fermée, la marée glébeuse au mitan des marais, les vaches broutent à même l'eau salée. Pas chaîne alimentaire plus vivace que la *mor bihan* – noce continue des deux planctons géniteurs – animal et végétal, bon appétit, la mer ! Et pas réserve mieux fournie en mégalithes indéchiffrables, bardés de signes *a priori* celtiques. Du cairn de Gavrinis, un îlot désert entre Larmor-Baden et Port-Navalo, on dit qu'il célèbre la féminité – la naissance, l'amour, la mort – par les orbes hallucinatoires de ses dalles tatouées il y a cinq mille ans, mais par qui ? Quels géants primitifs aux doigts de fée ? Si les lieux ont du génie, les objets une âme, c'est bien à Gavrinis. À l'île aux Moines, l'approche des pierres sacrées se fait sans chichis, le génie des lieux écope de « selfy » *ad nauseam*. Elles sont la hantise du Morbihan, ces pierres levées, couchées, *menhirs* ou *dolmens*, émergeant à basse mer de l'aube ou de la nuit des temps, déployant leurs alignements sibyllins autour de Carnac, à dix kilomètres au nord de Gavrinis. Morbihannais, vannetais, ce pays des eaux et des pierres n'est pas moins chez lui à la Trinité-sur-Mer – « la Mecque » des grands « multi » – qu'au fil de ses rivières océaniques à travers champs – Ételi, Crac'h, Bono, Blavet, Laïta, Scorff ou Vilaine, celle-ci rejoignant à Redon le canal de Nantes à Brest.

Loin, la mer, ici, loin la vision banalisée d'une Bretagne à casquette de marin pêcheur, un homard sur l'épaule. On est passé de l'Armor à l'Argoat. Il n'y a plus, « par sauts et gambades », qu'à musarder vers Rochefort-en-Terre ou la Gacilly, les landes Cojoux, s'enfoncer dans un pays secret qui songe à la mer quand la marée fait monter les bateaux au gré des rivières ou quand passent, ivres de vent iodé, les grands ciels transatlantiques repus d'infini marin. Et tout ce pays vannetais semble vouer sur le mode verlainien à fiancer la nuance et la contradiction. Il est terraqué par excellence, pieds dans l'eau et…

Valéry (Paul)

… et pieds dans la terre ondable des marais omniprésent. Il est Brière, il est golfe du Morbihan. Il est océan, il est fleuve et rivière. Il est noir par les mortas, blanc par le sel, doré par le sable du Sud. Il a la délicatesse indéfinissable de l'ormeau que l'on peut regarder indéfiniment sans lui trouver aucune ressemblance avec rien si ce n'est la lumière des environs.

J'eus la chance, un jour, de mettre la main sur une écaille d'ormeau. Je n'en avais jamais vu. Elle arrive de Molène, expliqua mon père, amenée par le courant. Il était émerveillé. Je l'étais aussi : par son émerveillement dont j'étais la cause. Alors à quoi ressemble l'ormeau pour ceux d'entre vous qui l'ignorent… Je ne suis pas doué pour la description des visages, encore moins pour celle d'un ormeau, sorte de pierre habitée par un individu sans visage. Imaginez une huître bien creuse, déjà, pas trop. Rabotez-la, arrondissez-la, faites-en quelque chose de bombé, ovoïde : rose et gris au-dehors, et dedans… Décidément non, je n'y arrive pas. Le soir où je rapportai l'ormeau, mon père me récita par cœur ce texte de Paul Valéry qui convient à tous les coquillages de la mer, je crois, et à tous les écrivains désespérant de les montrer à leurs lecteurs.

« À l'abri du rempart solide que bâtit le bord du manteau, le reste de cet admirable organe élabore les délicatesses de la paroi interne. Pour les songes d'une vie trop souvent intérieure, rien de trop doux ni de trop précieux ; des couches successives de mucus viennent tapisser de lames aussi minces qu'une bulle de savon la cavité profonde et torse où se rétracte et se concentre le solitaire. Après sa mort, la substance exquise qu'il a formée en déposant alternativement sur la paroi le produit organique et la calcite de ses cellules à nacre, verra le jour, séparera la lumière en ses longueurs d'onde, et nous enchantera les yeux par la tendre richesse de ses plages irisées. »

On va en avoir besoin de plages irisées pour l'entrée qui s'annonce. Tout va bien, tout va toujours bien à la seconde où tout ne va plus aller nulle part, et ça y est, c'est…

W

Je me jette dans l'espérance
Comme l'affamé se jette sur le pain
Comme le vent se jette dans la vallée
Comme la mer se jette sur les rocs
Homme est mon nom définitif

Nicolas Raiewsky

William

… c'est le crash, l'avion a perdu l'équilibre, les adultes sont morts, et presque tous leurs collégiens d'enfants reviennent à eux sains et saufs sur l'île qui n'est rien d'autre que l'île : un lieu désert pour accueillir les naufragés humains dont l'avion finit de flamber à quelques mètres de là. Il leur faut des chefs, aux humains, il leur faut des dieux, les gestes forts par lesquels s'échafaudent les mortelles civilisations, il leur faut des ennemis pour les tuer, des amis pour les cajoler, des idéals antisuicide – les petits d'hommes ont tout ça.

Quel chef-d'œuvre n'a pas écrit là le Britannique William Golding, prix Nobel 1983, avec ce roman insulaire bien supérieur à Robinson Crusoé (pour moi), dont il est le descendant direct. *Sa Majesté des Mouches*, c'est *The Lord of Flies,* c'est Belzébuth, et les mouches, c'est nous tous bourdonnant autour du totem de l'immortalité.

Voilà ces blancs-becs en deuil qui remettent la pendule à zéro, vieux tic de l'humanité quand le malheur a soufflé la bougie tremblante du monde et des convictions ; quand ne reste plus à se mettre sous la dent que la…

X

Sonnet

X x x x x x x x x x x x x X
x x x x x x x x x x x x X x
x x x x x x x x x x x X x x
x x x x x x x x x x X x x x

x x x x x x x x x X x x x x
x x x x x x x x X x x x x x
x x x x x x x X x x x x x x
x x x x x x X x x x x x x x

x x x x x X x x x x x x x x
x x x x X x x x x x x x x x
x x x X x x x x x x x x x x

x x X x x x x x x x x x x x
x X x x x x x x x x x x x x
X x x x x x x x x x x x x x

Jean Tardieu, 1949

X

… quand ne reste plus à se mettre sous la dent que la grande inconnue du « *to be* » symbolisée par l'X, signe fatal entre tous, dont la forme n'est pas sans imiter celle du crucifix ou de l'écartèlement. Porter plainte contre X, c'est porter plainte contre le mal et l'inventeur du mal, deux inconnus pour l'humanité vouée à se délivrer du mal, à ne plus souffrir, plus mourir, plus tuer, plus subir la vengeance originelle d'un Dieu. N'y a-t-il pas la malignité d'un être supérieur à l'ordre des choses chez cette Xynthia dont le nom si tendrement féminin s'amorce par cet X d'Ancien Testament ? Et le symbole de l'inconnu ne passe-t-il pas en zone érogène avec la féminisation systématique de la fureur du ciel ? Qui fournit les prénoms des ouragans ? Vos épouses et petites amies, messieurs les grands météorologues internationaux ? Bizarre, non ? Ne sont-ce pas elles, sur les fonts baptismaux des ouragans nouveau-nés, les marraines de ces êtres hermaphrodites appelés comme leurs anges gardiens : Claudette, Rose,

Wanda, Nicole, Bonnie, Florence, Nadine, Sara, Valérie, Teresa, Paula, Virginie, Julia, Marlène, Olga, Chantal, Ophelia, Karen, Fiona, Cindy, Nana, Gabrielle, Irma…

Dans l'hémisphère Sud, on est pour la paix des ménages, l'ouragan porte un nom de fleur. Bande d'hypocrites ! Comme si les femmes n'étaient pas des fleurs, rose ou jacinthe (Xynthia !), daphné. On leur donne aussi des noms d'oiseaux. Comme si les femmes n'étaient pas aussi des oiseaux : colombe, tourterelle ou caillette, mais aussi : poule, dinde, pintade ou pie, et même harpie ! Drôles d'oiseaux, ces météorologues.

Elles en pensent quoi, vos douces et tendres, dans l'hémisphère Nord, en voyant leur énorme petit protégé s'étoffer, faire ses dents sur une première île, accélérer sa toupie ronfleuse sur les habitations humaines, casser les ports, les bateaux, la mer ? Ça les amuse ? Pas du tout. Elles font un procès chaud comme l'œil d'un ouragan. Elles gagnent en 1979 à Toronto. Drôle de victoire. On dirait une justice familiale privilégiant les intérêts de l'enfant. On ne débaptise pas les ouragans : on leur organise un foyer, on songe au futur. Parité. Garde partagée. Alternance. Chacun à son tour, comme s'il existait des cyclones mâles et des cyclones femelles. OK, disent les femmes aux avocats, et elles rentrent à la maison. Désormais, c'est vous, messieurs les machos, qui parrainerez ces monstres que nous ne supportons plus d'allaiter sous vos ricanements. Sont tombés des nues, les premiers Tobias, David, Otto, Richard, Gaston, Rafael et Victor… Puis ce fut Hélène, en 1980, la star des aberrations climatiques récentes, puis Xynthia, en 2010, la superstar, puis en 2017 la douce Irma, la star des superstars.

On parle du tempérament féminin, de la veulerie masculine, et l'on néglige le héros – le cyclone au berceau. Quand il s'abat ici, d'où sort-il ? De quelle cuisse de Jupiter ou Feretrius ? Production standard. Ils sont tous conçus à la même enseigne d'origine contrôlée, tous originaires du Cap-Vert à quelque 10 ° minimum au nord de l'Équateur, à l'ouest du Sénégal, de la Guinée et du Sierra Leone. Encore en devenir, ils tètent l'humidité de la mer au plus fort de l'été. Le soleil tropical en mer, c'est de la gnole dans le biberon. À même pas quinze jours, bébé ouragan fait son premier tournis dans son parc, enjambe la barrière et fiche le camp. Toupillant sur lui-même, il part en dérapage à la surface de l'Atlantique, passe la fracture du Cap-Vert et la dorsale de Barracuda, et, tournez manèges, vient frapper la fosse de Puerto Rico. Il s'est fait mastard, entretemps, certains l'appellent Maryline ou Carmen, à la météo. Il va bobinant allègrement des souffles de cent cinquante nœuds, et plus il bâfre plus il a les crocs. Plus il a chaud, meilleur c'est pour lui, et pire en dessous chez les humains. Repu, il ne l'est jamais. C'est le froid, qui lui explique la vie, à Carmen ou Maryline, quand elle veut brandir son rouleau à pâtisserie sur l'Atlantique Nord. C'est fini, elle ronronne, elle a tout oublié. On naît cyclone sous les tropiques, on se lâche, on ne se prive de rien, puis on fait connaissance du froid, on change et l'on se blottit tempête de premier niveau dans les bras d'un océan qui en a vu d'autres et qui vous accorde un naufrage de temps en temps. Cette fois, la mégère est apprivoisée, d'ailleurs elle change de nom.

Née le 30 août 2017 au Cap-Vert, la douce Irma battrait tous les records d'espérance de vie, pour un cyclone, avant de faire les yeux doux à l'Atlantique Nord. Douze jours de rage maximale, enflée d'une haleine atteignant les trois cents kilomètres heure, elle cassa la baraque aux Antilles et fit même un crochet par la Floride où des millions de gens furent évacués. Cent trente-quatre morts, la douce Irma, douze chez les Français. Quant à l'île de Saint-Martin, le 12 septembre 2017, on aurait dit la ville de Brest au lendemain du bombardement par les alliés.

Tu nous as gâtés, Irma, vraiment. À se demander si ce n'est pas toi, ou ta mère, sous le nom d'Yrma, au temps où les bêtes parlaient, qui aurais jeté son dévolu sur la ville d'Ys, au nord de…

Tristan et Yseult

« … Tu le sais, que ta force me domine et que je suis ta serve ! Ah que n'ai-je avivé naguère les plaies du jongleur blessé ? Que n'ai-je assené sur lui, quand il gisait, le coup de l'épée déjà brandie ? Hélas, je ne savais pas encore ce que je sais aujourd'hui.

— Iseult, que savez-vous ? Qu'est-ce qui vous tourmente ?….

— Ah ! tout ce que je sais me tourmente, et tout ce que je vois. Le ciel me tourmente, et cette mer, et mon corps et ma vie. »

Elle posa son bras sur l'épaule de Tristan ; des larmes éteignirent le rayon de ses yeux, ses lèvres tremblèrent ; il répéta :

« Amie, qu'est-ce donc qui vous tourmente ? » Elle répondit : « L'amour de vous. » Alors il posa ses lèvres sur les siennes. Les amants s'étreignirent ; dans leurs beaux corps frémissaient le désir et la vie. Et quand le soir tomba sur la nef qui bondissait plus rapide vers la terre du roi Marc, ils s'abandonnèrent à l'amour. »

Béroul

Ys

… qui aurais jeté son dévolu sur la ville d'Ys, séjour de dieux marins à cornes de crabe et barbe de biquette, et non moins de la terrible demoiselle Dahu, fille du roi Gradlon *alias* le roi Marc. Vous vous rappelez, la ville d'Ys ? La baie des trépassés, le versant nord de la pointe du Raz. Deux religions s'affrontent. Les vieux cultes armoricains des druides et le christianisme naissant. Merveilleux païen. Merveilleux chrétien. La mer emporte tout.

Marc signifie « cheval » en breton. Marc'h apparaît dans « cauchemar », un mot celte qui se découple ainsi : calcar marc'h, soit « le cheval qui marche ». Il nous marche dans la tête, la nuit, il est noir comme la mort, il nous rend fous. Le roi Marc est fou, Gradlon fou de sa fille Dahut qui a la beauté du diable et se laisse aimer par tous les pauvres pécheurs du péché mortel, charnel, tous sauf un : son père, ce malheureux père aux oreilles de cheval, conseillé par le triste nain Frocin de violer cette fille indigne, roi tout-puissant qu'il est, roi-cheval. Qui sait si Dahut n'a pas elle aussi les appendices maudits ? Elle ne les montre jamais, ses oreilles, coiffée d'immenses cheveux d'or ondulés comme la mer dont ses amants font leurs délices.

À demi vêtue, comme elle l'est toujours, elle entre un soir dans la chambre du roi qui dort en pyjama d'or, ses oreilles honteuses dissimulées dans un bonnet d'or. Une clé d'or lui pend autour du cou. Pas n'importe quelle clé : la clé de la mer, la clé de la ville d'Ys. Que cette clé tourne une seule fois dans la porte de la mer et la ville sera noyée. Dahut s'empare de la clé, le cheval noir hennit dans les fantasmes du roi qui pousse un cri d'horreur. Trop tard, la ville d'Ys fait naufrage, les passagers hurlent à la mort. Marc'h s'enfourche lui-même et disparaît sur la mer au triple galop, laissant un sillage d'or derrière lui, le sillage même de l'âge des temps qui boucle son odyssée par les étincelles du…

Z

Je me jette sur l'espérance
Comme la mer se jette sur les rocs.

Nicolas Raiewsky

Zéro

… par les étincelles du futur immédiat. L'année zéro vous vous souvenez ? La première entrée du dico ? Zéro, c'est l'âge que j'avais quand ma mère, appelons-la maman, s'est embarquée à Brest sur le *Roi Gradlon* pour aller à Molène. C'était en août 49, elle était enceinte de moi : seul de ses quatre enfants né cette année-là. J'ai sa photo sur mon bureau. Sa photo qui est aussi ma photo. J'y suis dans la situation du mouton quand le Petit Prince demande au mécano Gérard Philipe, du cambouis jusqu'aux yeux, de lui dessiner un mouton. Que celui qui n'a pas la vision du mouton vivant dans le ventre d'un boa veuille bien le dessiner dare-dare, ou filer chez son marchand de journaux lui commander Saint-Exupéry. « Zéro », c'est moi sur le point d'exister – et ce fut moi pour mon père, après ma naissance, bien trop souvent –, « zéro », c'est la photo argentique où se lit clairement *ROI GRADLON* sur la tôle en noir et blanc du vieux mouilleur de balises.

Pourquoi je vous raconte ça ? Pour faire honneur à la lettre « Z » ? Parce que si légende il y a, c'est qu'il y a signe à travers les âges. La ville d'Ys, que d'aucuns ont vu comme je vous vois – à marée très, très basse, au fond d'un verre où les mouettes à sec chantaient en breton –, c'est notre histoire, c'est l'humanité succombant à la tentation finale, subjuguée par la clé d'or qui prélude au chaos, toujours. Vivant parmi les vivants nous le sommes comme tous les autres vivants : chou, hibou, caillou, genou, gnou, baleine, albatros, ou pélican, comme le grain de sable ou les vents hallucinés du cap Horn, le pollen ou les neiges du *Titanic.* Mais nous avons ce que la Nature n'a pas, nous avons la liberté du futur – tombe ou trésor ? Alors, tu choisis quoi ? Ma mère me pose la question sur la photo. Je ne vois pas d'autre raison pourquoi elle s'embarquerait sur un navire appelé *Roi Gradlon*, le 27 août 1949, à Brest, et me le ferait savoir à travers les années. Ah, je suis du 4 septembre, *Virgo Maria*, reine des flots. Et vous ?

Table

DU MÊME AUTEUR

Romans

Le Charme noir, Gallimard, 1983.
Les Noces barbares, Gallimard, 1985. Prix Goncourt.
La Femme sous l'horizon, Julliard, 1988.
Le Maître des chimères, Julliard, 1990.
Prends garde au loup, Julliard, 1992.
Disparue dans la nuit, Grasset, 1994.
Noir animal, Bartillat, 1995.
La Force d'aimer, Grasset, 1996.
Happy Birthday, Sara, Grasset, 1998.
Osmose, Laffont, 2000.
Boris après l'amour, Fayard, 2002.
Vert cruel, Bartillat, 2003.
Moi et toi, Fayard, 2004.
Les Affamés, Fayard, 2004.
Ma première femme, Fayard, 2005.
La Dégustation, Fayard, 2005.
L'Amante, Fayard, 2006.
Mineure, Blanche, 2006.
L'amour est fou, Fayard, 2006.
Le Plus Heureux des hommes, Fayard, 2007.
La Puissance des corps, Fayard, 2009.
Les Sables du Jubaland, Plon, 2010.
Ma nuit d'Armor, Le Seuil, 2014.

Autres ouvrages

Béla Bartók, biographie, Mazarine, 1981. Édition revue et corrigée, Stock, 1993.
Le poisson qui renifle, livre pour enfants, Nathan, 1994.
Le Pingouin mégalomane, livre pour enfants, Nathan, 1994.
Le soleil se lève à l'ouest, beau livre, photographies de Jean-Marc Durou, Laffont, 1994.
Bretagne, horizons, beau livre, photographies de Philip Plisson, Le Chêne, 1996.
Idoles, beau livre, peintures de Jeanne Champion, Cercle d'Art, 2002.

La Mer, beau livre, photographies de Philip Plisson, La Martinière, 2002.
Tendre est la mer, photographies de Philip Plisson, La Martinière, 2006.
Passions criminelles, avec Mireille Dumas, Fayard, 2008.
Tabarly, L'Archipel, 2008.
Adieu, Bugaled Breizh, Le Rocher, 2009.
Cadavres exquis, ouvrage collectif, Play Bac, 2011.
Dictionnaire amoureux de la Bretagne, Plon, 2013.
On l'appelait Bugaled Breizh, Le Rocher, 2014.
Désirable, Le Cherche Midi, 2014.
L'Homme de ma vie, Guérin, 2015.

Dans la même collection

Ouvrages parus

Philippe Alexandre
Dictionnaire amoureux de la politique

Albert Algoud
Dictionnaire amoureux de Tintin

Claude Allègre
Dictionnaire amoureux de la science

Metin Arditi
Dictionnaire amoureux de la Suisse

Pierre Assouline
Dictionnaire amoureux des écrivains et de la littérature

Jacques Attali
Dictionnaire amoureux du judaïsme

Alain Baraton
Dictionnaire amoureux des jardins

Christophe Barbier
Dictionnaire amoureux du théâtre

Jean-Baptiste Baronian
Dictionnaire amoureux de la Belgique

Alain Bauer
Dictionnaire amoureux de la franc-maçonnerie
Dictionnaire amoureux du crime

Olivier Bellamy
Dictionnaire amoureux du piano

Yves Berger
Dictionnaire amoureux de l'Amérique (épuisé)

Adam Biro
Dictionnaire amoureux de l'humour juif

Patrice BLANC-FRANCARD
Dictionnaire amoureux du jazz

Denise BOMBARDIER
Dictionnaire amoureux du Québec

Éric BOUHIER
Dictionnaire amoureux de San-Antonio

Hervé BOURGES
Dictionnaire amoureux de l'Afrique

Jean-Claude CARRIÈRE
Dictionnaire amoureux de l'Inde
Dictionnaire amoureux du Mexique

Jean DES CARS
Dictionnaire amoureux des trains

Michel DEL CASTILLO
Dictionnaire amoureux de l'Espagne

Antoine DE CAUNES
Dictionnaire amoureux du rock

Patrick CAUVIN
Dictionnaire amoureux des héros (épuisé)

Jacques CHANCEL
Dictionnaire amoureux de la télévision

Malek CHEBEL
Dictionnaire amoureux de l'Algérie
Dictionnaire amoureux de l'islam
Dictionnaire amoureux des Mille et Une Nuits

Jean-Loup CHIFLET
Dictionnaire amoureux de l'humour
Dictionnaire amoureux de la langue française

Catherine CLÉMENT
Dictionnaire amoureux des dieux et des déesses

Gérard DE CORTANZE
Dictionnaire amoureux des sixties

Xavier Darcos
Dictionnaire amoureux de la Rome antique
Dictionnaire amoureux de l'école

Bernard Debré
Dictionnaire amoureux de la médecine

Jean-Louis Debré
Dictionnaire amoureux de la République

Alain Decaux
Dictionnaire amoureux d'Alexandre Dumas

Didier Decoin
Dictionnaire amoureux de la Bible
Dictionnaire amoureux des faits divers

Jean François Deniau
Dictionnaire amoureux de la mer et de l'aventure

Bertrand Dicale
Dictionnaire amoureux de la chanson française

Alain Duault
Dictionnaire amoureux de l'opéra

Alain Ducasse
Dictionnaire amoureux de la cuisine

Jean-Paul et Raphaël Enthoven
Dictionnaire amoureux de Marcel Proust

Nicolas d'Estienne d'Orves
Dictionnaire amoureux de Paris

Vladimir Fédorovski
Dictionnaire amoureux de Saint-Pétersbourg

Dominique Fernandez
Dictionnaire amoureux de la Russie
Dictionnaire amoureux de l'Italie (deux volumes sous coffret)
Dictionnaire amoureux de Stendhal

Franck Ferrand
Dictionnaire amoureux de Versailles

José Frèches
Dictionnaire amoureux de la Chine

Max Gallo
Dictionnaire amoureux de l'histoire de France

René Guitton
Dictionnaire amoureux de l'Orient

Claude Hagège
Dictionnaire amoureux des langues

Daniel Herrero
Dictionnaire amoureux du rugby

Homeric
Dictionnaire amoureux du cheval

Gilles Jacob
Dictionnaire amoureux du Festival de Cannes

Serge July
Dictionnaire amoureux du journalisme

Christian Laborde
Dictionnaire amoureux du Tour de France

Jacques Lacarrière
Dictionnaire amoureux de la Grèce
Dictionnaire amoureux de la mythologie (épuisé)

André-Jean Lafaurie
Dictionnaire amoureux du golf

Mathieu Laine
Dictionnaire amoureux de la liberté

Jack Lang
Dictionnaire amoureux de François Mitterrand

Gilles Lapouge
Dictionnaire amoureux du Brésil

François Laroque
Dictionnaire amoureux de Shakespeare

Michel LE BRIS
Dictionnaire amoureux des explorateurs

Bernard LECOMTE
Dictionnaire amoureux des papes

Nicole LE DOUARIN
Dictionnaire amoureux de la vie

Jean-Yves LELOUP
Dictionnaire amoureux de Jérusalem

Évelyne LEVER
Dictionnaire amoureux des reines

Paul LOMBARD
Dictionnaire amoureux de Marseille

Peter Mayle
Dictionnaire amoureux de la Provence

Christian MILLAU
Dictionnaire amoureux de la gastronomie

Richard MILLET
Dictionnaire amoureux de la Méditerranée

Pierre NAHON
Dictionnaire amoureux de l'art moderne et contemporain

Alexandre NAJJAR
Dictionnaire amoureux du Liban

Henri PENA-RUIZ
Dictionnaire amoureux de la laïcité

Gilles PERRAULT
Dictionnaire amoureux de la Résistance

Jean-Christian PETITFILS
Dictionnaire amoureux de Jésus

Jean-Robert PITTE
Dictionnaire amoureux de la Bourgogne

Bernard Pivot
Dictionnaire amoureux du vin

Gilles Pudlowski
Dictionnaire amoureux de l'Alsace

Yann Queffélec
Dictionnaire amoureux de la Bretagne
Dictionnaire amoureux de la mer

Alain Rey
Dictionnaire amoureux des dictionnaires
Dictionnaire amoureux du diable

Pierre Rosenberg
Dictionnaire amoureux du Louvre

Élisabeth Roudinesco
Dictionnaire amoureux de la psychanalyse

Marcel Rufo
Dictionnaire amoureux de l'enfance et de l'adolescence

Ève Ruggieri
Dictionnaire amoureux de Mozart

Danièle Sallenave
Dictionnaire amoureux de la Loire

Elias Sanbar
Dictionnaire amoureux de la Palestine

Jérôme Savary
Dictionnaire amoureux du spectacle (épuisé)

Jean-Noël Schifano
Dictionnaire amoureux de Naples

Alain Schifres
Dictionnaire amoureux des menus plaisirs (épuisé)
Dictionnaire amoureux du bonheur

Robert Solé
Dictionnaire amoureux de l'Égypte

Philippe Sollers
Dictionnaire amoureux de Venise

Michel Tauriac
Dictionnaire amoureux de De Gaulle

Frédéric Thiriez
Dictionnaire amoureux de la montagne

Denis Tillinac
Dictionnaire amoureux de la France
Dictionnaire amoureux du catholicisme

Trinh Xuan Thuan
Dictionnaire amoureux du ciel et des étoiles

André Tubeuf
Dictionnaire amoureux de la musique

Jean Tulard
Dictionnaire amoureux du cinéma
Dictionnaire amoureux de Napoléon

Mario Vargas Llosa
Dictionnaire amoureux de l'Amérique latine

Dominique Venner
Dictionnaire amoureux de la chasse

Jacques Vergès
Dictionnaire amoureux de la justice

Pascal Vernus
Dictionnaire amoureux de l'Égypte pharaonique

Frédéric Vitoux
Dictionnaire amoureux des chats

Jean-Michel Wilmotte
Dictionnaire amoureux de l'architecture

À paraître

Luc FERRY
Dictionnaire amoureux de la philosophie

Jean-Louis FOURNIER
Dictionnaire amoureux du Nord

Pierre LEMAÎTRE
Dictionnaire amoureux du polar

Pour en savoir plus
sur les Éditions Plon
(catalogue, auteurs, vidéos, actualités…),
vous pouvez consulter notre site Internet
www.plon.fr
et nous suivre sur les réseaux sociaux

Editions Plon

@EditionsPlon

@editionsplon

Cet ouvrage a été achevé d'imprimer en mai 2018
dans les ateliers de Normandie Roto Impression s.a.s.
61250 Lonrai
N° d'impression : 1801015

Imprimé en France